# 아트만 프로젝트

**THE ATMAN PROJECT**
by Ken Wilber

KEN WILBER
# THE ATMAN PROJECT

켄 윌버 지음 · 김철수 옮김

· * ★ * ·

# 아트만 프로젝트
## 나는 깨달음의 어디쯤 와 있는가

정신세계사

**일러두기**

1. 이 책은 켄 윌버의 《The Atman Project: A Transpersonal View of Human Development》 (Quest Books, 1996) 신판을 완역한 것이다.
2. 원서의 이탤릭체는 진한 글자체로 바꿔 표기했으며, 의미 전달을 위해 필요한 경우 우리말 옆에 한자와 영어를 병기했다.
3. 문장 중 ( )는 자신의 말을 풀이하는 용도로, [ ]는 다른 사람의 말을 인용하면서 추가적인 단어나 설명이 필요할 때 저자가 사용한 부호이다.
4. 본문의 '역자 주'와 '주요 인물 및 용어 해설'은 독자의 이해를 돕기 위해 옮긴이가 추가한 것이다.

## 아트만 프로젝트

ⓒ 켄 윌버, 1996

켄 윌버 짓고, 김철수 옮긴 것을 정신세계사 김우종이 2026년 3월 20일 처음 펴내다.
배민경이 다듬고, 변영옥이 꾸미고, 한서지업사에서 종이를, 영신사에서 인쇄와 제본을,
하지혜가 책의 관리를 맡다. 정신세계사의 등록일자는 1978년 4월 25일(제2021-000333호), 주소는 03965 서울시 마포구 성산로4길 6 2층, 전화는 02-733-3134, 팩스는
02-733-3144이다.

2026년 3월 20일 펴낸 책(초판 제1쇄)

ISBN    978-89-357-0481-1  03180

• **홈페이지** mindbook.co.kr       • **인터넷 카페** cafe.naver.com/mindbooky
• **유튜브** @innerworld           • **인스타그램** @inner_world_publisher

# 《아트만 프로젝트》에 대한 찬사의 서평들

"엄청난 독창적 성취… 시시콜콜하지 않으면서 학술적이고, 모호하지 않으면서 형이상학적이다."

— 스탠리 크리프너Stanley Krippner,
인본주의 심리학 연구소, 프로그램 디렉터

"아무도 시도조차 못 해본 동서 심리학의 눈부신 통합."

— 클레어 마이어스 오웬스Clare Myers Owens,
《선과 숙녀》(Zen and the Lady)의 저자

"켄 윌버는 출간되는 책마다 서서히 그러나 착실하게 진정한 동서 심리학의 기반을 다지고 있다."

— 휴스턴 스미스Dr. Huston Smith,
시러큐스 대학교 철학 및 종교학 교수, 캘리포니아 버클리 대학교 종교학 초빙 교수

"… 의식의 발달에 관한 우리의 이해를 확장시켜준 중요한 기여…"

— 케니스 링Dr. Kenneth Ring,
코네티컷 대학교 심리학 교수

"오랫동안 찾아왔던 의식 연구의 아인슈타인."

— 존 화이트John White,
《명상이란 무엇인가》(What is Meditation)의 저자

"인간 발달에 관한 참신하고, 근본적이며, 뛰어난 재구성."

— 제임스 패디먼Dr. James Fadiman,
초개아 심리학회 전 회장

"켄 윌버만큼 서양 심리학에 대해 폭넓게 파악하고 깊이 있게 이해하는 사람은 거의 없을 것이다. 나는 (그를) 오늘날 의식과 초개아 심리학 분야에서 가장 뛰어난 세계적 저술가라고 생각한다."

— 로저 월시Dr. Roger Walsh,
캘리포니아 의과대학교 정신의학과

# 차 례

· * ★ · ★ ·

《아트만 프로젝트Atman Project》는 동양과 서양, 인습과 관조, 정통파와 신비주의를 하나로 응집시켜 단일한 틀로 통합하는 데 성공한 최초의 심리학이었다고 말할 수 있다. 그렇게 통합하는 과정에서 《아트만 프로젝트》는 프로이트Freud에서 붓다에, 게슈탈트Gestalt에서 샹카라Shankara에, 장 피아제Jean Piaget에서 요가챠라Yogachara에, 로렌스 콜버그Lawrence Kohlberg에서 크리슈나무르티Krishnamurti에 이르기까지 수많은 주요 접근 방법을 포함했고 통합시켰다.

1976년 나는 자매 책이라 할 수 있는 《에덴에서 천상으로》*(Up from Eden)와 함께 《아트만 프로젝트》를 집필하기 시작했다. 나는 언제나 이 두 권이 — 한 권은 개체 발생을 다루고, 다른 한 권은 계통 발생을 다룬다 — 함께 출판되기를 바랐는데, 정말로 그렇게 해준 퀘스트 북스Quest Books 출판사에 감사드린다.

《아트만 프로젝트》를 집필한 지 거의 20여 년이 지났음에도, 나는 이 책의 기본적인 틀이 그때와 마찬가지로 지금도 견고하고 충실하다는 사실을 알게 되었다. 그 사이에 있었던 많은 후속 연구

---

* 국내 번역서의 제목은 《에덴을 넘어》이다(한언, 2009). 이하 모든 각주는 역자가 단 것이다.

증거와 이론들은 실제로 그 틀의 타당성을 향상시켜주기도 했다. 이론적인 지평에서 볼 때 이 책의 구조, 이 책의 역동성, 이 책의 단계를 위협하는 것은 전혀 없어 보인다는 점, 따라서 아트만의 일반적인 원리들에 대해서 나는 여전히 확신한다고 말할 수 있어서 이 또한 기쁘다. 여기저기 사소한 미세조정만 거치면, 이 책은 꽤 오랫동안 효과적으로 타당성을 유지할 수 있을 것이라고 생각한다.

일부 비평가들은 내가 다양한 자료 원천을 단지 문헌에 의존했을 뿐이고, 나의 접근 방법이 임상 증거나 실험 증거에 기반을 두고 있지 않다고 불만을 토로했다. 그러나 이는 전혀 솔직하지 않은 비판이다. 내가 의존했던 대다수 이론가들은 그들 자신이 직접적인 임상 증거나 실험 증거들을 개척했던 학자들이었다. 장 피아제의 임상법(method clinique)에서 마가렛 말러Margaret Mahler의 철저한 영상기록물 관찰, 로렌스 콜버그의 획기적인 도덕성 연구 방법에 이르기까지 그러하고, 게다가 관조 전통에서 제시한 엄청난 양의 현상학적인 증거는 말할 것도 없다. 《아트만 프로젝트》는 60명이 넘는 연구자들의 수많은 접근 방법에서 나온 직접적인 증거(그리고 비공식적으로는 수백 명의 다른 연구자들)에 기초해 있다. 독자들은 이 책에 포함된 20여 개의 도표에서 상당수의 그런 연구자들을 만나볼 수 있을 것이다.

이 책에서 독자들이 보게 될 많은 상관연구에 대해서 한마디 하자면, 나는 그 상관연구들의 정확한 성질을 계속 (특히 기본 구조와 자기 단계로 구분해서) 개선해왔는데, 관심 있는 독자들은 이어서 출판된《아이 투 아이》Eye to Eye》, 《의식의 변형》*(Transformation of Consciousness), 《성, 생태, 영성》(Sex, Ecology, Spirituality), 그리고 아마도 가장 접근하기 쉽고 최신의 정보를 담고 있는 가장 인기 있는 책《모든 것의 역사》(A Brief History of Everything)에서 이런 개선 작업의 결과를 볼 수 있을 것이다. 하지만 이 책에서 일반적으로 제시한 것처럼 그 개요와 상관물들은 여전히 매우 많은데, 이어지는 장에서 직설적인 방식으로 분명하게 설명할 것이다.

《아트만 프로젝트》는 나의 낭만주의를, 구원의 근원으로 퇴행하도록 유도하는 낭만주의적 시도와의 불장난을 끝장낸 저술이기도 했다. 사실 나는《아트만 프로젝트》와《에덴에서 천상으로》두 권을 낭만주의 관점의 타당성을 입증하려는 의도로 쓰기 시작했다. 그 관점에서 남녀 인간은 — 개체 발생과 계통 발생 모두에서 — 신과의 무의식적인 합일 상태, 일종의 지상 낙원 같은 에덴 동산에서 분별없는 매몰 상태로 시작한다. 그 후 소외와 고립을 통해 이 합일 상태가 분할되고(고립되고 분리된 자아), 그런 다음 다시 신으로, 이번엔 의식적이고 영광스러운 합일 상태로 돌아온다.

따라서 인간의 발달은 이를테면 무의식적 천국에서 의식적 지옥으로 옮겨간 다음, 다시 의식적 천국으로 진행해간다는 것이다. 나는 이 두 권의 책을 이런 관점의 타당성을 입증하기 위해 쓰기 시작했다.

그러나 책을 써나갈수록 낭만적 관점이 철저하게 혼동하고 있

---

\* 국내 번역서의 제목은《의식의 변용》이다(학지사, 2017).

다는 사실이 점점 더 명백하게 드러났다. 낭만적 관점은 한두 가지 매우 중요한 진실에다 터무니없는 몇 가지 혼동을 결합시켰고, 그 결과 이론적인 악몽을 초래하고 말았다. 이 엄청난 문제를 풀어내는 작업은 수년간 — 실질적으로는 거의 10여 년간 — 지속적으로 주요 부분을 형성했으며, 일생에서 가장 험난한 이론적 고난의 시기이기도 했다. 내가 전前(pre-)/초超(trans-) 오류와 단일경계(single-boundary) 오류 같은 것들에 대해서 많은 글을 썼던 이유는, 낭만주의자들이 많은 오류를 범했었고 나 역시 충실한 낭만주의자로서 충성스러울 정도로 그런 오류를 범했었기에, 그 관점을 너무나 친밀하게 사적으로 내부로부터 이해하고 있었기 때문이다. 바로 이런 이유로 나는 많은 사람들이 낭만주의에 대한 치명적 비판이라고 느꼈던 글들을 쓸 수 있었다. 사람은 자신이 최근에 스스로 받아들였던 이론을 뒤집을 때 가장 신랄하고 잔인한 비판을 하게 된다. 하지만 낭만적 관점의 결정적인 오류를 이해하는 일은 그다지 어렵지 않다. 아동기를 예로 들어보자. 앞에서 보았듯이, 낭만적 관점은 유아가 무의식적 천국 상태에서 출발한다고 여긴다. 즉, 유아의 자기(self)는 주변 환경(또는 엄마)과 아직 분화되지 않았기 때문에, 유아의 자기는 역동적인 존재의 근원(Ground of Being)과 실제로 — 물론 무의식적인 방식으로 — 하나이다. 그러나 이 자기는 — 행복에 넘치는 멋지고 신비로운 낙원 상태인 — 무의식적 천국에서 곧 추방될 것이고, 언제나 또다시 그 낙원 상태로 돌아가고 싶어할 것이다.

그러면서 낭만적 관점은 계속해서, 생애 중 처음 몇 년 어느 시점에선가 자기가 환경으로부터 분화해서 역동적 근원과의 합일을 상실하게 되고, 주체와 객체로 분리된 채 무의식적 천국에서 의식적 지옥, 즉 자아의 소외와 억압, 공포와 비극의 세계로 옮겨간다고 말한다.

그렇지만 행복한 설명이 그 뒤를 잇는다. 자기는 발달 과정에서 일종의 유턴을 할 수 있으며, 이전의 유아적 합일 상태로 복귀해서 위대한 존재의 근원과 전면적으로 재결합하는데, 다만 이번엔 오로지 완전히 의식적이고 자기 실현된 방식으로 천국을 되찾는다는 설명이다.

따라서 전반적으로 낭만적 관점은 다음과 같다. 사람은 무의식적 천국, 신과의 무의식적 합일 상태로 삶을 시작한다. 그 후 이 무의식적 합일 상태를 **상실하고,** 의식적 지옥으로 추락한다. 그런 다음 이번에는 더 고차적이고 의식적인 방식으로 신성한 합일 상태를 회복한다.

낭만적 관점의 유일한 문제는 신과의 무의식적 합일 상태를 상실하는 첫 번째 단계가 절대로 일어날 수 없다는 데 있다. 만물은 신성한 근원과 하나이다. 신성한 근원이 곧 만물의 근원이다. 그 근원과 하나인 상태를 상실한다는 것은 곧 존재하기를 멈추는 것과 같다.

이 부분을 조금 더 자세히 살펴보자. 신성한 근원과의 관계에서 우리가 취할 수 있는 입장은 두 가지뿐이다. 만물은 그 근원과 하나이기 때문에, 우리는 그 일체성을 알아차릴 수 있거나, 알아차리지 못할 수 있을 뿐이다. 즉 우리는 신성한 근원과의 합일을 의식하거나 의식하지 못할 뿐이고, 이 두 가지가 우리가 취할 수 있는 유일한 선택지이다.

낭만적 관점의 경우, 유아 시절 당신은 근원과 무의식적 합일 상태로 시작하기 때문에 **그 합일 상태를 상실할 수 없다.** 당신은 **이미** 그 합일 의식을 (의식하지 못한다는 점에서) 상실했기에, 그 합일을 더 상실할 수는 없는 일이다. 당신의 존재 자체가 끝장나지 않는 한 말이다! 따라서 존재론적으로 말하자면, 합일 상태를 무의식으로 시작한다면 당신은 더 이상 나빠질 수 없는 상태라는 것이다. 그 상태는 이미 소외의 구렁텅이다. 당신은 말하자면 이미 지옥에서 살고 있는 것이고, 이미 윤회에 잠겨 있지만 그런 사실을 알지 못할 뿐이다. 당신은 이런 사실을 알아차릴 수 있을 정도의 인식력을 가지고 있지 않다. 따라서 그 상태는 유아기 자기의 실질적인 상태, 즉 무의식적인 지옥이다.

그러다가 당신은 자신의 내면과 주변에서 소외된 세계를 알아차리게 되고, 그로 인해 무의식적인 지옥에서 **의식적인** 지옥으로 옮겨간다. 지옥을 의식하는 것, 윤회를 의식하는 것, 존재의 괴로움을 의식하는 것이 소외와 비참함이라는 악몽으로 성장해가도록, 즉 어른이 되도록 이끌어간다. 유아기의 자기는 비교적 평화로운데, 그 평화는 천국에 살고 있기 때문이 아니라 주변이 온통 지옥의 화염으로 불타고 있다는 사실을 알지 못하기 때문이다. 유아는 명백히 윤회에 파묻혀 있지만 단지 그런 사실을 모르고 있을 뿐이고, 알아차릴 수 있을 만한 인식력이 없을 뿐이다. 따라서 깨달음은 이런 유아기 상태로, 또는 이런 상태의 '성숙한 모습'으로 되돌아가는 것이 분명코 아니다! 유아의 자기도, 우리 집 강아지도 죄의식과 불안, 고뇌로 몸부림치지 않는다. 그러나 깨달음은 이런 것을 모르는 강아지 의식(또는 '성숙한' 형태의 강아지-의식)을 회복하는 것과는 전혀 다르다.

유아의 자기는 의식과 인식력이 성장해감에 따라 서서히 존재의 본질적인 고통, 윤회의 본질적인 괴로움, 현현顯現 세계에 본질적으로 내포된 광기의 기제를 알아차리게 되고, 고통받기 시작한다. 자기는 사성제四聖諦 중 첫 번째인 고성제苦聖諦로 유입되고, 지각의 세계가 충격적으로 개시된다. 그 세계의 유일한 수리數理는 충족되지 않고 충족시킬 수도 없는 욕망의 고통을 유발하는 화염뿐이다. 이 세계는 유아의 이전 '멋진' 잠김 상태에는 없던 욕망에 휘둘리는 세계가 아니라, 그런 상태를 무의식적으로 지배해온 세계, 자기가 이제 서서히 고통을 겪어가면서 비극적으로 알아차리게 되는 세계이다.

그러므로, 의식이 성장해가면서 자기는 무의식적인 지옥에서 의식적인 지옥으로 옮겨간다. 무엇보다 원초적이고 누더기 같은 감정을 무디게 해줄 위안, 깊이 새겨진 비참함을 희석시켜줄 위안을 추구하면서 자기는 그 지옥에서 일생을 보낼 수도 있다. 그 자기의 일생은 모르핀(마약)의 지도가 되고, 마약이 주는 온갖 보상에 마취된 열광 속으로 스스로를 몰아넣으면서 적어도 라벤더와 장밋빛으로 물든 사랑스러운 홍조 속에서는 이원론적인 세상이 전적으로 아름다운 것이라고 자신을 설득할지도 모른다.

그러나 이와는 전혀 다르게, 자기는 분리된 자기 감각(self sense)

을 초월해서 진정으로 영적인 영역으로 계속 성장하고 발달하여 지고의 신 안에서 해방될 수도 있다. 무의식적이긴 했지만 처음부터 존재했던 신과의 합일 또는 일체성이 이제는 의식 속에서, 번뜩이는 이해(illumination)와 지극히 평범한 것들이 주는 전율 속에서 뿜어져 나온다. 아마도 청명한 봄날 시원하게 부는 바람만큼이나 너무나도 명백하게 영(Spirit)과의 지고한 일체성을 알아차린다.

그러므로 인간의 실질적인 개체 발생 과정은 무의식적인 지옥에서 의식적인 지옥으로, 그런 다음 다시 의식적인 천국으로 이행해가는 과정이다. **어떤 지점에서도 자기는 근원과의 합일을 상실하지 않는다.** 스스로 존재하기를 멈추지 않는 한 말이다. 달리 말하면, 낭만적 어젠다는 두 번째와 세 번째 단계(의식적 지옥과 의식적 천국)에 대해서는 옳지만, 유아 상태 자체에 대해서는 전적으로 혼동했다는 것이다. 유아기 자기의 상태는 무의식적인 천국이 아니라 무의식적 지옥이다.

따라서 유아기 상태는 무의식적인 초<sup>超</sup>-개아<sup>個我</sup> 상태가 아니라 기본적으로 전<sup>前</sup>-개아 상태이다. 그 자기는 초-합리적이 아니라, 전-합리적이다. 유아의 자기는 초-언어적이 아니라 전-언어적이며, 초-자아적이 아니라 전-자아적이다. 이런 식으로 인간의 발달 과정 ─ **또한 대규모 진화 과정** ─ 은 잠재-의식(subconscious)에서 자기-의식(self-conscious)으로, 다시 초-의식(superconscious)으로, 전개아(prepersonal)에서 개아(personal)로, 다시 초개아(transpersonal)<sup>*</sup>

---

\* 초개인, 초인격, 자아초월 등으로 번역되기도 하지만, 본서에서는 초개아로 옮겼다.

로, 마음 이하(under-mental)에서 마음(mental)으로 다시 마음 너머
(over-mental)로, 전-시간(pre-temporal)에서 시간(temporal)으로 다시
초-시간(trans-temporal), 즉 영원으로 진행해간다.

낭만주의자는 단순하게 전(pre)을 초(trans)로 혼동했고, 그로 인
해 이전 상태를 초월의 영광으로 격상시켰다(마치 환원주의자들이 초
월 상태를 이전 상태로 퇴행한 것이라고 주장하면서 무시했던 바와 같다). 이
와 같은 두 가지 혼동, 즉 격상주의자(elevationist)와 환원주의자
(reductionist)의 혼동이 전/초 오류에서 나타나는 두 가지 주요 형태
이다. 이 오류는 이 책 본문에서 최초로 밝혀졌고 약술되었다. 결
정적으로 중요한 점은, 발달이란 자아(ego)에 봉사하는 퇴행이 아
니라 자아를 초월하는 진화라는 것이다.

이렇게 해서 나의 낭만적 관점에 대한 집착은 끝이 났다.

\* \* \*

이제 지고의 신으로부터, 영(Spirit)으로부터, 최초의 근원으로
부터 **떨어져 나가는** 일이 실제로 일어난다는 점은 분명해졌다. 낭
만주의자들이 전/초 오류를 범하고 있다는 것을 모르면서 의미
하려고 했던 진실은 이것이었다. 이렇게 떨어져 나간 일을 **내화**
內化(involution)라고 부른다. 이 내화 운동으로 인해 만물은 근원과
의 합일 의식을 저버리게 된다. 그 결과 만물은 스스로를 분리되
고 고립된 모나드monad(單子)라고 상상하게 되며, 소외시키고 또
소외받는 존재가 된다. 그런데 일단 내화가 일어나면, 그렇게 해

서 영이 자신의 낮은 수준과 가장 낮은 수준의 현현에 무의식적으로 관련되면 그 이후에 **진화**가 일어날 수 있게 된다. 영은 (이어지는 본문에 제시된 내용을 보게 되겠지만) 빅뱅으로부터 물질(matter)로, 감각(sensation)으로, 지각(perception)으로, 충동(impulse)으로, 심상(image)으로, 상징(symbol)으로, 개념(concept)으로, 이성(reason)으로, 심령(psychic)으로, 정묘(subtle)로, 원인(causal occasions)으로 전개해가는데, 그런 전체 과정을 통해서 영 자신의 충격적인 자기-인식, 영 자신의 자기-실현이자 자기-부활에 도달한다. 또한 물질에서 신체, 마음, 혼, 영으로 이어지는 진화의 각 단계에서 점점 더 의식적이 되고, 점점 더 알아차리게 되고, 점점 더 실현하게 되며, 점점 더 깨어나게 된다. 그 깨어남의 변증법에는 본질적으로 온갖 환희와 온갖 공포가 수반된다.

영이 자신에게로 복귀하는 이런 과정의 매 단계에서, 우리 ― 당신과 나 ― 는 한때 우리가 신과 의식적으로 하나였다는 사실을, 어쩌면 희미하게, 어쩌면 생생하게 기억해낼 것이다. 이러한 기억의 흔적은 우리가 누구이고 무엇인지를 기억하도록, 알아차리도록, 깨닫도록 밀고 당기면서 이미 언제나 우리의 인식 배경에 자리 잡고 있다.

실제로 만물은 자신들의 근원이 영 그 자체임을 각기 나름대로 직관한다고 우리는 추측한다. 만물은 이런 알아차림을 드러내도록 조종되고, 촉구되고, 당겨지고, 밀쳐진다. 하지만 그런 신성한 깨달음에 이를 때까지, 만물은 실제로는 영의 실현을 저해하는 방식으로 영을 추구한다. 그렇지 않다면 우리는 지금 바로 실현할 수 있을 것이다. 우리는 그런 실현을 저해하는 온갖 방식으로 영을 추구한다. 다시 말하면, 어찌 되었든 우리는 영을 추구하기는 한다는 뜻이다.

우리는 영을 시간의 세계에서 추구한다. 그러나 영은 시간을 초월해 있기에 거기서는 찾을 수 없다. 우리는 영을 공간의 세계에서 추구한다. 그러나 영은 공간을 초월해 있기에 거기서는 찾지 못한다. 우리는 영을 반짝이고 매력적인 대상, 명성과 행운이 가득 찬 이런저런 대상에서 추구한다. 그러나 영은 대상이 아니기에 온갖 대상이나 소란의 세계에서는 볼 수도 손에 쥘 수도 없다.

달리 말하면, 우리는 실현을 저해하는 방식으로 영을 추구하면서 억지로 대리만족으로 타협하려고 한다. 그것이 우리를 시간과 공포, 공간과 죽음, 죄와 분리, 고독과 위안으로 얼룩진 비참한 세계에서 살아가도록 내몰며, 그런 세계 속에 가둬놓는다.

그것이 아트만 프로젝트이다.

\* \* \*

아트만 프로젝트란 영을 저해하고 가로막는 방식으로 찾으면서 대리만족을 강요하는 시도를 말한다. 본문에서도 보겠지만 현현 우주의 구조 전체가 아트만 프로젝트에 의해 조종되는데, 이 프로젝트는 당신과 나, 곧 우리가 시간과 공간, 욕심과 절망의 세계에서 찾고 있는 영의 대체물이 아니라 영 그 자체로 깨어날 때까지 계속 이어진다. 역사의 악몽은 아트만 프로젝트의 악몽이다. 결국 시간을 초월해 있는 것을 속절없이 시간 속에서 찾는 일, 본질적으로 공포와 고통을 자아내는 추구, 죄책감으로 마비되고 억압으로 황폐화된 자기, 비참한 소외의 냉담과 열망으로 시달리는 자기 ─ 이러한 고통은 오직 이 엄청난 추구가 멈출 때, 진정한 신이든 대용품 신이든 신을 찾으려는 시도로 인한 자기-위축 상태가 완화될 때 밝게 빛나는 가슴 속에서 비로소 해소된다. 시간 속에서의 활동은 위대한 불생, 위대한 불멸, 위대한 공空인 온 우주 자체의 가슴 속에서 해소된다.

따라서 독자들이 이 책을 읽으면서 이런 사실들을 기억해주길 바란다. 당신이 숨을 내쉬면서 이 온 우주 전체를 창조해냈던 위대한 사건을 기억하라. 그저 무슨 일이 일어나는지 보기 위해 당신 자신을 온 세계로 내던졌던 위대한 비움을 기억하라. 당신이 여기까지 오면서 ─ 은하계에서 행성으로, 태양에 도달하려 우뚝 솟은 초록색 식물로, 밤낮없이 안절부절 먹거리를 추적하는 동물로, 빛을 갈망하는 최초의 남녀 인간을 통과해서 지금 이 책을 쥐고 있는 바로 그 사람에 이르기까지 ─ 통과해온 온갖 형상과 힘들을 기억하라. 당신이 누구였고 무엇이었는지, 무엇을 했고 무엇을 보았는지, 신과 여신의 그 모든 위장과 가면, 당신 자신의 본래 얼굴을 가린 여러 가면 뒤의 당신이 실제로 누구인지 기억하라.

거창한 추구를 청산하자. 지금 즉각적인 알아차림에서 자기-위축 상태를 해소하자. 당신이 곧 근원인 만큼 온 우주가 당신의 존재 안으로 돌진해 들어오도록 하자. 그러면 아트만 프로젝트는 결코 일어난 적이 없음을, 당신은 결코 움직인 적이 없으며 모든 것이 있어야 할 그대로임을 기억하게 되리라. 찬란한 아침, 울새가 울고 빗방울은 사원 지붕을 두드린다.

# 서문

이 책의 주제는 기본적으로 단순하다. 발달은 진화이고, 진화는 초월이라는 것(에리히 얀치Erich Jantsch의 멋진 구절, "자기-초월을 통한 자기-실현으로서의 진화")[199], 그리고 초월은 아트만Atman, 즉 오직 신 안에서의 궁극적인 합일 의식을 최종 목표로 삼는다는 것이다. 모든 충동은 초월 충동의 부분집합이고, 모든 욕구는 초월 욕구의 부분집합이며, 모든 압력은 초월 압력의 부분집합이다. 그리고 그 모든 운동은 우리가 아트만 프로젝트라고 부르는 것, 즉 신을 향한 신의 충동, 붓다를 향한 붓다의 충동, 브라만을 향한 브라만의 충동이지만, 애당초 인간의 정신을 매개로 진행하다 보니 그 결과는 황홀한 상태로부터 비참한 상태에 이르기까지 광범위하다.《에덴에서 천상으로》[427]에서 설명했던 것처럼, 남녀 인간이 궁극적으로 아메바에서 출현했다면, 그게 사실이라면 인간은 궁극적으로 신을 향해 가는 도정에 있는 셈이 된다. 그러나 그 과정에서 그들은 아트만 프로젝트로 알려진 중간 지점의 지배를 받는다. 그리고 이런 진화의 전반적인 운동이 부분적 합일(unity)을 거듭하다가 결국 오직 최종 합일(Unity)만이 남을 때, 아트만 프로젝트는 그 아트만의 충격으로 마침내 해소된다.

이 책은 〈리-비전Re-Vision〉이라는 학술지에 게재하기 위해 쓴 일련의 논문들로 시작됐는데, 이 글들은 당연히 그 학술지 처음 네 개 호에 게재되었던 것이다.[412,415,416,424] 그러나 전반적인 출판 기간은 1년 반 이상, 거의 2년에 걸쳐 있어서, 그동안 이 주제에 대한 나의 생각도 자연스럽게 더 진전되었고 성숙해졌다. 따라서 〈리-비전〉에 실린 일련의 논문으로 시작됐던 이 책의 현재 모습은 그때 논문과 가벼운 유사성을 띠고 있을 뿐이다. 그럼에도 이 책은 당시 그 긴 논문들을 읽고 지속적으로 관심을 보여줬던 독자들 덕분에 나올 수 있었기에 그분들에게 힘입은 바가 크다.

〈리-비전〉에 실린 당시의 논문들은 신생아의 상태, 곧 엄마와 주변 환경이 불가분하게 **혼융된** 가장 초기의 유아기가 모든 성인의 완벽한 초월적 합일 상태이자 황홀한 일체성 상태의 모델이 된다는 여러 서구 연구자의 제안을 주요 출발점으로 삼았다. 만일 그런 제안이 사실이라면, 이 초기 혼융-합일 상태에서 벗어나는 어린이의 필연적인 발달은 전혀 유쾌한 상태가 아닐 뿐만 아니라, 자연스럽게 형이상학적으로 고차적인 **상위** 상태의 근본적인 결핍, 융Jung 학파 학자들이 말하는 '낙원의 상실'이나 '진정한 자기로부터의 소외'를 나타내는 것으로 보인다. 그러나 더 나아가 여러 학자들이 제안했던 것처럼, 이 '고차적인 상위 낙원'을 성인은 성숙하고 건강한 모습으로 **되찾을** 수 있다. 융 학파 학자들, 노이만Neumann,[279] 노만 O. 브라운Norman O. Brown,[57] 말러Mahler와 카플란Kaplan,[218] 뢰발트Loewald와 신新정신분석학자들,[246] 와츠Watts,[390] 쾨스틀러Koestler와 캠벨Campbell[66] 등이 전반적으로든 부분적으로든 이런 관점이나 이와 매우 유사한 관점을 지니고 있었다. 나 역시 최상의 경의를 표하면서 그런 학자들의 관점을 공유하고 있었지만, 심사숙고하면 할수록 그런 특정 생각은 점점 더 지지할 수 없는 관점처럼 보였다. 그런 관념은 유아기를 초개아 영역과 이상야릇하게 잘못 비교하도록 만들 뿐만 아니라, 우리가 (웨스콧Wescott[395]을 따라서) '전(pre-)' 상태와 '초(trans-)' 상태라고 부르게 될 것들 간의 엄청난 차이점을 이해하지 못한다는 사실에 기초해 있는 것처럼 보였다.

유아의 혼융 상태는 (뒤에서 보겠지만) 정말로 일종의 '낙원'이긴 하다. 하지만 그 낙원은 초-개아적 깨달음이 아니라, 전-개아적 무지의 낙원이다. 유아에 대한 피아제의 진술, 즉 "이 단계의 자기는 이를테면 **물질적이다**"[297]라는 구절을 우연히 접할 때까지, 나에게는 전-개아적인 유아의 혼융 상태의 진정한 성질이 어떤 것인지가 예민하게 떠오르지 않았다. 그런데 **물질적 합일**은 (앞으로 알게 되겠지만) 가능한 모든 합일 중 가장 낮은 합일이다. 그 합일에는 형이상학적으로 '높은 것'이라곤 전혀 없다. 사실상 그 합일은 주체/객체(subject/object) 분화가 일어나기 이전 상태를 진정한 상위 합일인 초-주체/객체(trans-subject/object)와 동일한 것으로 잘못 본 합일 구조이다. 내가 〈리-비전〉에서 제시했던 전반적인 개요는 나에게 명백하게 드러난 올바른 지점에서 스스로 재조정되었고, 이 책 전체가 자연스럽게 자리를 잡게 되었다. 〈리-비전〉에서 제시했던 실제 자료들은 거의 바뀌지 않았지만, 그 자료를 제시했던 맥락(**전/초**)이 바뀜에 따라 나의 이해는 새로워졌고, 그로 인해 일부

전문용어 사용에서도 약간의 변화가 있었다.

하지만 '우로보로스$^{Uroboros}$'는 ('플레로마$^{Pleroma}$'와 함께) 유아의 전-개아적인 물질적 혼용 상태를 나타내기 위해 그대로 유지했고, '켄타우로스$^{Centaur}$'는 이제 엄밀하게 신체와 자아-마음(ego-mind)의 성숙한 통합 상태를 나타내기 위해 그대로 유지했다. 다만, 신체와 자아가 미분화된 유아기(프로이트의 '신체-자아' 단계)를 나타내기 위해 '티폰$^{Typhon}$'이란 용어를 새로 도입했다. '초-개아$^{超個我}$(transpersonal)'라는 용어는 엄밀하게 자아-마음(ego-mind)과 신체를 초월한, 성숙한 성인$^{成人}$의 모습을 가리킨다. 내가 사용하는 '진화$^{進化}$'와 '내화$^{內化}$'라는 용어는 힌두교의 용법(예컨대 오로빈도$^{Aurobindo}$)과 일치시켰으며, 내가 (쿠마라스와미$^{Coomaraswamy}$에 기초해서) 그런 용어를 사용한 원래의 용법은 '외향 호$^{弧}$(Outward Arc)'와 '내향 호(Inward Arc)'로 바꿨다. 아트만 프로젝트라는 관념은 전혀 바뀌지 않은 채 남아 있다. 하지만 이상적인 황홀한 합일 상대는 전혀 '유아의 우주 의식'이라는 전-개아적 혼용 상태가 아니라 원인-궁극 영역(causal-ultimate realm)의 초-개아적 합일 상태이기 때문에, 아트만 프로젝트의 맥락도 나의 원래 논술에서 그랬던 것보다 훨씬 더 분명하게 그런 궁극의 합일 상태로 자연스럽게 바꿨다. 위에서 말한 내용들은 전부 다 내가 할 수 있는 한 직설적으로 행간에 제시해놓았기 때문에, 원래 논문의 행간을 읽어 나가면서 그때그때 이해할 수 있으리라고 믿는다.

이렇게 해서 아트만 프로젝트에 대한 이야기가 뒤를 잇는다. 이 이야기는 내가 보았던 것들의 공유이자, 내가 기억하는 것들에 대한 작은 나눔이다. 이 이야기는 당신의 신발에서 털어내야 할 선 티끌(Zen dust)이자, 끝내는 오직 홀로 존재할 뿐인 그 신비의 얼굴에 감춰진 거짓말이기도 하다.

**1978년, 겨울**

**네브래스카 주, 링컨 시에서**

— **켄 윌버**

모든 생명체는 본질적으로 신처럼 되려고
추구한다는 점을 알라.

— **마이스터 에크하르트**Meister Eckhart

모든 생명체는 합일을 추구한다. 모든 다양성은
합일을 위해 투쟁한다. — 모든 생명체의 보편적인
목표는 언제나 이 합일에 있다.

— **요한 타울러**Johann Tauler

우주와 하나인 존재, 신과 하나인 존재 — 알든
모르든 그것이 우리가 가장 소망하는 존재이다.

— **프리츠 쿤켈**Fritz Kunkel

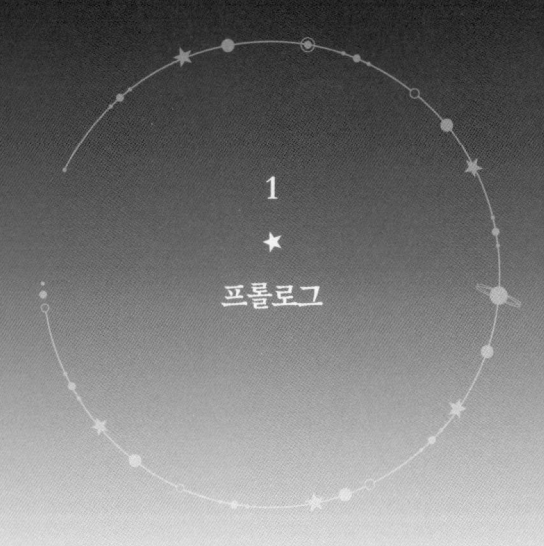

1

★

프롤로그

철학자 얀 슈무츠*는 "자연의 모든 곳에서 우리가 보는 것은 오직 **전체**(wholes)뿐이다"라고 말한 바 있다.[354] 그 전체는 그저 단순한 전체가 아니라, 각각의 전체가 더 큰 전체의 부분이며, 그 더 큰 전체는 보다 더 큰 전체의 부분인 위계적인 전체이다. 각기 모두가 또 다른 각기 모두와 서로 얽히고설킨 장(field) 속의 장 속의 장들, 이 위계적인 전체가 우주 전체로 확장해 나간다.

나아가 슈무츠는 "우주는 정적이고 분별없는 불활성이 아니라 — 우주는 게으르지 않다 — 활기 넘치고 역동적이며 창조적이다"라고 말했다. 우주는 점점 더 고차적인 전체, 훨씬 더 포용적이고 조직화된 상위 수준의 전체를 만들어내는 경향이 있다(그런 식으로

---

* Jan Smuts: 1870-1950. 남아프리카 공화국의 정치가, 철학자, 심리학자. 《전체론과 진화》(Holism and Evolution)의 저자.

작동한다는 뜻일 뿐, 우주 자체가 그런 목적을 추구한다는 뜻은 아니다). 시간의 세계에서 전개해가는 이 전반적인 우주 과정, 이것이 곧 **진화**이다. 그래서 슈무츠는 점점 더 높은 수준의 합일을 향한 충동을 **전체론**(holism)이라고 불렀다.

이런 식의 사고를 계속해갈 경우, 인간의 마음과 정신도 우주의 한 측면이기 때문에, 정신세계 자체 내에서도 가장 단순하고 가장 미발달 상태에서 가장 복잡하고 가장 포괄적인 상태에 이르는 똑같은 전체의 위계적 배열을 발견할 수 있다고 우리는 말할 수 있다. 정확히 그러하다는 것이 현대 심리학의 일반적인 발견이다. 베르너[*]는 "발달이 일어나는 곳이면 어디든, 발달은 비교적 분화가 결여된 상호 연관 상태로부터 점차 분화, 명확한 표현, 위계적 통합이 증가하는 상태로 진행해간다"[394]고 말한다. 야콥손[**]은 "현대 심리학이 마음 영역의 다른 기능들에서 밝혀낸 계층화된 현상들,"[196] 곧 계층화된 각 층이 이전 층보다 더 통합적이고 더 포괄적인 현상들에 대해서 말한다. 베이트슨[***]은 학습조차도 위계적이라는 점, 즉 각 주요 수준들이 이전 수준보다 더 '메타[meta-]'를 이루는 학습 수준들로 이루어져 있음을 지적한다.[23] 그렇다면 우리는 대략적인 일반화로서, 정신도 거대한 우주처럼 연속해서 상위 상

---

[*]  Heintz Werner: 1890-1964. 오스트리아 빈 출신의 발달심리학자. 《상징 형성: 언어와 사고 표현에 대한 유기체 발달론적 접근》의 저자.

[**]  Edith Jakobson: 1897-1978. 미국에서 활동한 대표적인 여성 정신분석학자. 프로이트의 본능적 충동 이론을 자아심리학 관점에서 보완, 발전시킴.

[***]  Gregory Bateson: 1904-1980. 영국의 인류학자, 사회과학자, 언어학자, 기호학자. 조현병에 대한 이중구속 이론을 발전시킴. 《마음의 생태학》의 저자.

태의 전체, 합일, 통합으로 구성된 다층('다차원적') 구조라는 결론을 내릴 수 있을 것이다.

자연의 전체론적 진화는 — 자연은 모든 곳에서 계속 상위 구조를 만들어낸다 — 인간의 정신세계에서도 발달과 성장으로 그 모습을 드러낸다. 아메바로부터 인간을 만들어낸 동일한 힘이 유아로부터 어른을 만들어낸다. 즉, 어린아이에서 어른으로 성장하는 것은 단순히 우주적 진화의 축소판이라는 것이다. 또는 인간의 심리적 **성장**이나 **발달**은 단지 우주의 거대한 성장 과정의 소우주적 반영이라는 것이다. 둘 다 지속적인 상위 상태 합일과 통합의 전개라는 동일한 목표를 갖고 있는데, 이것이야말로 정신이 층화되어 있는 주요 이유 중 하나일 것이다. 지구의 지질학적 형성 과정과 마찬가지로 심리학적 발달 과정도 층에서 층으로, 수준에서 수준으로, 단계에서 단계로 진행해간다. 연속되는 각 수준은 이전 수준을 포함하지만 초월하는 방식으로 이전 수준 위에 덧씌워진다(베르너식으로 말하면 '이전 수준을 덮는다').

그런데 심리적 발달에서, 전반적인 의식의 진화 과정은 어떤 수준의 전체가 다음 수준 **전체**의 단지 **부분**이 되고, 다음 수준 전체가 다시 그다음 수준 전체의 부분이 되는 식으로 진행된다. 언어 발달 하나만 예로 들어보자. 어린아이는 처음에 옹알이를 배우고, 그런 다음 다양한 모음과 자음 소리를 배우고, 그 후 한 개의 음절을, 그다음엔 짧은 구절을, 그런 다음 단순한 문장을 배우고, 그다음 긴 문장을 배운다. 각 단계에서 단순한 부분들(예컨대 단어들)은 높은 수준의 전체(예컨대 문장들)로 통합된다. 야콥손이 지적했듯이

"새로운 첨가물이 이전 것에 덧씌워지고 이전 것은 상위 층에 용해되기 시작한다."[196]

현대 발달심리학은 전반적으로 볼 때 마음(mind), 개성(personality), 심리성욕(psycho-sexuality), 성격특성(character), 의식(consciousness) 등 인간을 구성하는 요소들의 다양한 수준, 단계, 층을 탐구하고 설명하는 일에 전념한다고 할 수 있다. 피아제[294]와 베르너[393]의 인지 발달 연구, 뢰빙거Loevinger[243]와 아리에티Arieti[7]와 매슬로Maslow[262]와 야콥손[196]의 자아 발달 연구, 콜버그[229]의 도덕성 발달 연구들은 모두, 전체적으로든 부분적으로든 점증하는 분화, 통합 및 합일이라는 층화된 단계 개념에 동의한다.

이만큼 언급했으므로, 우리는 곧장 '그렇다면 우리가 바랄 수 있는 **최상위**의 합일 수준은 어떤 것인가'라고 물을 자격이 생겼다고 하겠다. 또는 어쩌면 그런 식의 궁극적인 물음 대신, 단순히 '상위 발달 단계와 최상위 발달 단계의 특징은 무엇인가? 인간이란 종 중 가장 발달한 사람들에서 드러난 합일은 어떤 모습인가?'라고 물어야 할지도 모르겠다.

우리 모두는 정신의 하위 단계와 수준들이 어떤지 알고 있는데 (나는 일반적이고 단순한 술어로 말하는 중이다), 그 수준들은 본능적, 충동적, 선정적/육욕적, 동물적, 유인원적이다. 또한 우리 모두는 중간 단계 중 몇 개의 특징에 대해서도 알고 있다. 그것은 사회적으로 적응되어 있고, 정신적으로 조정되어 있을 뿐만 아니라 통합된 자아와 잘 조직된 언어 체계, 향상된 개념체계를 구비하고 있다. 그러나 이보다 더 상위 단계는 없는 것일까? '통합된 자아' 또는

'자율적인 개인'이 인간의 의식이 도달할 수 있는 최상위 수준일까? 개인적 자아가 놀랍도록 높은 상태의 합일이긴 하지만, 거대한 우주의 합일 상태와 비교하면 자아는 전체적인 실재의 애처로울 정도로 작은 조각에 불과해 보인다. 자연은 고작 자아라는 생쥐를 산출해내기 위해 수십억 년에 걸친 각고의 노력을 기울인 것일까?

이런 유형의 질문이 갖는 문제는 정말로 상위-상태(higher order)에 도달한 인물의 예를 **찾아내는** 일과 그 상위-상태 인물을 **구성하는 것**이 정확히 무엇인가에 달려 있을 것이다. 이 문제는 인류가 집합적으로 진화를 계속해감에 따라 매우 쉽게 결정되리라는 것이 나의 생각이다. '깨달은' 인물들이 자료 모집단에 점점 더 많이 포함될 것이고, 심리학자들은 자신들의 발달 연구에 상위-상태 분석표라는 통계분석 자료를 포함시켜야 할 것이기 때문이다. 그때까지 '상위-상태' 또는 '매우 발달한'이라는 말은 다소 철학적인 관념으로 남아 있게 될 것이다. 그럼에도 이 문제를 푸는 데 신경 써왔던 소수의 천재적인 영혼을 소유한 학자들은 세계의 위대한 신비가(mystics)와 현자들(sages)이 인간 발달의 모든 단계 중 최상위는 아닐지 몰라도 매우 높은 단계를 보여준다고 제안했다. 베르그송Bergson이 정확히 그런 식으로 말했고, 토인비Toynbee와 톨스토이Tolstoy와 제임스James 그리고 쇼펜하우어Schopenhauer와 니체Nietzsche와 매슬로 역시 그런 식으로 말한 바 있다.

요점은 우리가 세계의 위대한 신비-현자들의 모습에서 대단히 진화 발달한 인물들의 훌륭한 모집단을 **가질 수도 있다**는 것이다

(매슬로의 연구가 지지하는 점이다). 그렇다면, 진정한 신비-현자는 단순히 인류 자체가 유인원을 넘어선 것만큼이나 평균적인 평범한 인류를 까마득히 넘어선, 인간 발달의 사실상 최상위를 나타낸다고 가정해보자. 이렇게 **가정할** 경우, 우리는 '의식의 최상위 상태', 일종의 '초의식 상태'에 근접하는 표본을 갖게 된다. 더욱이 대부분의 신비-현자들은 초의식 영역으로 변형해가면서 자신들이 밟았던 발자취와 단계들에 대해서 꽤 상세한 기록들을 남겨놓았다. 다시 말해 그들은 의식의 최상위 수준에 대해서뿐만 아니라, 최상위 수준으로 이끌어가는 모든 중간 수준들에 대해서도 말해주고 있다. 그런 상위 단계들을 모두 취한 다음 거기에다 서양 심리학에서 매우 신중하게 연구하고 기술해온 하위 수준과 중간 수준들을 추가할 경우, 우리는 매우 균형 잡히고 포괄적인 의식 스펙트럼 모델을 갖게 될 텐데, 이것이 이 책의 특징이자 목표이다.

### 외향 호와 내향 호

일단 의식 진화의 모든 단계와 수준을 하나로 모아놓게 되면, **생애 주기**(Life cycle) **전반**의 모습을 볼 수 있게 된다. 더욱이 신비가들이 보고한 모든 상위 단계가 진정한 것이라면, 우리는 이 생애 주기가 그림 1에서 보여주듯이 (본능적, 충동적, 원초적 이드id 같은) 잠재-의식에서 (자아적, 개념적, 구문적) 자기-의식으로, 다시 (초월적, 초개아적, 초시간적) 초-의식으로 이행해간다는 것을 알게 된다. 나아가 우리는 이 주기를 편의상 외향 호(outward arc)와 내향 호(inward arc)로 나눌 수 있는데, 외향 호는 잠재(sub)-의식에서 자기(self)-의식으로 가는 이행 과정이고, 내향 호는 자기-의식에서 초(super)-의식으로 가는 이행 과정을 말한다(그림 1 참조). 아난다 쿠마라스와미*는 이 전반적인 주기에 대해 멋지게 묘사했다.

사람의 삶 또는 생애는 하나의 곡선으로, 즉 삶에 대한 개인의 의지가 발휘되는 기간에 대응하는 시간-경험의 호로 여겨질 수도 있다. 이 곡선의 밖을 향한 움직임 — 추구의 길(Path of Pursuit-Pracritti Marga) — 은 자기-주장이 특징이다. 안을 향한 움직임 — 귀환의 길(Path of Return-Nivritti Marga) — 은 점증하는 자기-실현을 특징으로 한다. 밖을 향한 길을 가는 사람의 종교는 시간의 종교이고, 귀환의 길을 가는 사람의 종교는 영원의 종교이다.[86]

외향 호의 이야기는 영웅 이야기, 즉 미분화된 원초적 메트릭스에 잠겨 있는 잠재의식 속에 잠든 것을 깨워 자유롭게 하려는 엄청난 투쟁 이야기이다. 외향 호의 이야기는 또한 자아의 이야기이기도 한데, 자아는 곧 영웅이기 때문이며, 무의식으로부터 자아가 발현하는 이야기 — 갈등, 성장, 공포, 보상, 불안 — 이기 때문이다. 자아의 이야기는 분화와 분리 및 소외의 영역에서, 또한 성장과 개별화 및 발현의 영역에서도 펼쳐진다.

---

* Ananda Coomaraswamy: 1877-1947. 스리랑카의 미술사학자, 철학자, 신학자. 미학, 형이상학 및 종교에 관한 미국식 사고에 많은 영향을 미침.

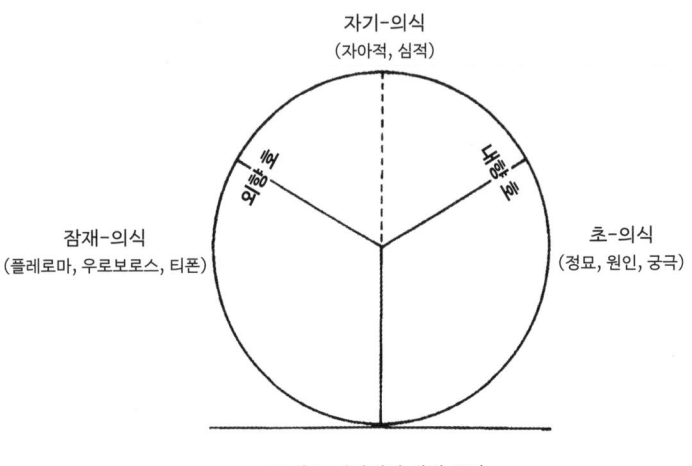

자기-의식
(자아적, 심적)

내향 호

외향 호

잠재-의식
(플레로마, 우로보로스, 티폰)

초-의식
(정묘, 원인, 궁극)

**그림 1.** 일반적인 생애 주기

　그러나 잠재-의식에서 자기-의식으로 이동해가는 외향 호는 진화 이야기의 절반에 지나지 않는다. 분명 필요한 절반이지만 어쨌든 절반에 지나지 않는다. 신비-현자들에 따르면 자기-의식적 자아 너머에 귀환의 길, 즉 영원의 심리학인 내향 호가 놓여 있다. 그렇기에 우리가 해야 할 일은 잠재-의식에서 자기-의식으로 가는 외향 호의 여정뿐만 아니라, 자기-의식에서 초-의식으로 가는 내향 호의 여정을 포함한 의식 진화에 대한 이야기 전체를 설명하려는 시도여야 할 것이다(앞으로의 참고를 위해 완전한 지도를 그림 2에 제시해놓았다). 우리는 잠재-의식이 일종의 전-개아적 합일이고 초-의식은 초-개아적 합일이라는 사실을 알게 될 텐데, 그 양극 사이에서 벌어지는 놀라운 여정이 이 책의 이야기이다.

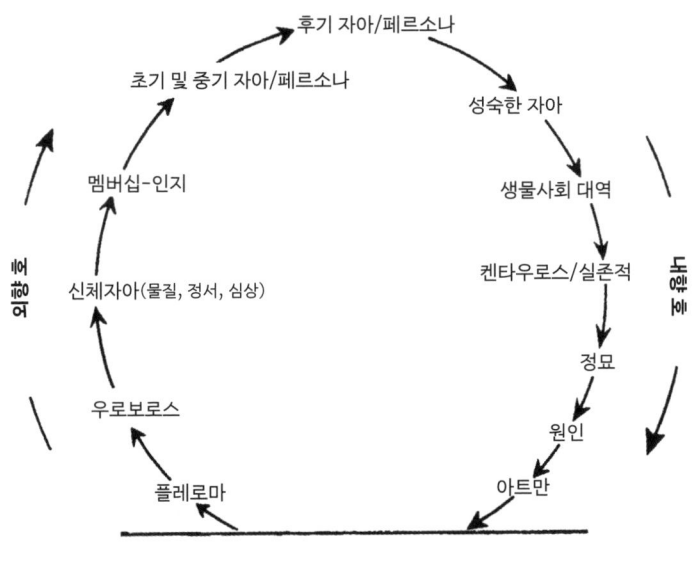

**그림 2.** 완전한 생애 주기

## 접근 방법

유아기에서 성인기에 이르는 남녀 인간의 심리적 진화 과정, 즉 존재론의 전체 과정은 서양에서 '발달심리학'이라는 대단히 폭넓은 명칭하에 연구되어왔다. 역사적으로 볼 때, 이 분야 전반에는 인지 발달, 도덕성 발달, 학습이론, 심리성적 단계, 동기와 감성 및 지적 발달, 역할 취하기 등의 다양한 요소들이 포함되어왔다. 그렇지만 그 모든 요소들은 단지 외향 호에 국한되어 있을 뿐이었다.

하지만 그 외향 호만의 연구조차도 오늘날 너무나 광대하고 너무나 많고 다양한 이론적, 방법론적 접근들로 이루어져 있어서, 지금으로서 할 수 있는 일은 가장 일반적이고 가장 광의의 지향적 결론을 이끌어내는 것뿐이다. 적게 어림잡아도 우리는 볼드윈Baldwin, 듀위Dewey, 터프츠Tufts, 미드G. H. Mead, 브로튼Broughton, 융, 피아제, 설리번Sullivan, 프로이트, 페렌치Ferenczi, 베르너, 하르트만Hartmann, 아리에티, 뢰빙거, 콜버그 같은 학자들의 연구 성과물을 손에 넣을 수 있다. 내가 주요 연구자 이름을 모두 언급한 이유는 이들의 업적이 다른 연구자의 업적을 능가한다는 점을 주장하려는 것이 아니라, 단순히 내향 호에 치우치지 않게 외향 호의 중요성도 전반적으로 논의하기 위해서일 뿐이다. 따라서 나는 별 구분 없이 그때그때 필요에 따라 주요 발달 학파들을 자유롭게 인용하면서, 일반적으로 수용되고 있는 자기-감각의 발달 단계를 요약해서 제시할 것이다.

나아가 인지, 도덕성, 감성, 동기, 정서, 지성 같은 서로 다른 발달 경로들(lines)도 전혀 구분하지 않을 텐데, 그 이유는 그 경로들이 서로 평행한지 독립적인지 등가인지 또는 그 원천이 하나인지 여럿인지를 아직 확정할 수 없기 때문이며, 출발점에서부터 그런 복잡하고 미묘한 논쟁에 빠지는 것은 피하고 싶기 때문이다.

핵심적인 점은 내향 호에도 똑같이 적용된다. 나는 힌두교, 불교, 도교, 수피즘, 기독교, 플라톤 사상 등 동서양의 신비주의 학파들을 자유롭게 인용하면서 똑같은 유형의 일반적인 개관을 시도할 것이다. 높든 낮든, 심리학적이든 종교적이든, 다양한 학파 하나하나를 주제넘게 우호적이고 중립적인 방식으로 다룰 경우 그들 모두로부터 기피될 가능성이 있다는 점은 잘 알고 있지만, 다른 접근 방법으로는 균형 잡히고 완전한 모델을 만드는 데 필요한 자료를 얻을 수 없기 때문이다.

　그러면 이제 인생 초기에서, 아니 그보다는 차라리 탄생의 순간
에서부터 이야기를 시작해보자.

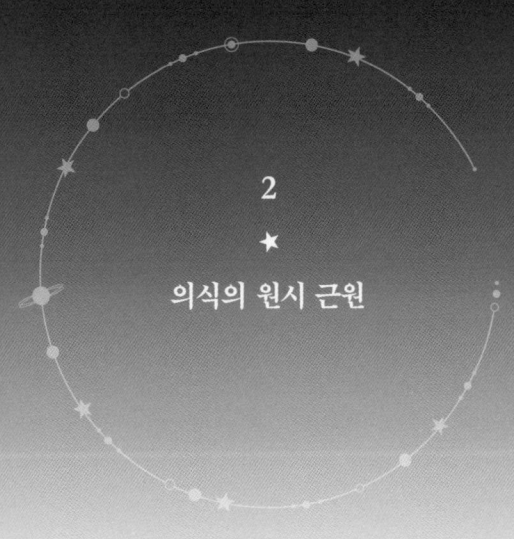

# 2

## ★

### 의식의 원시 근원

## 플레로마 단계의 자기

누구에게 물어보더라도, 엄마 뱃속의 태아나 이제 막 태어난 신생아가 잘 발달된 자기-감각을 지니고 있다고 말하지는 않을 것이다. 신생아의 경우는 내부와 외부, 주체와 객체, 신체와 환경 사이에 어떤 진정한 분리도 없다. 정확하게 말하면 아기는 자신이 알지 못하는 물질적 대상 세계에 태어나는 것이 아니다. 유아의 관점에서 보면, 아직은 문자 그대로 어떤 **객체/대상**도 존재하지 않는다. 사건들이 있긴 하지만, 객관적인 사건은 존재하지 않는다. 다시 말해 유아도 어떤 일들이 일어나고 있음을 알아차리긴 하지만 그것은 '객관적인' 사건이 아니며, 자신과 분리된 사건도 아니다. 객관적인 세계와 유아의 주관적인 의식은 대체로 미분화된 상태이다. 즉 신생아는 물질세계와 그 세계에 대해 자신이 행한 행위를 구분하지 못한다. 그렇기 때문에 특수한 의미에서 유아의 자기(self)와 그의 물리적 환경은 하나이자 동일한 것이다.

그 자기는 연금술사와 영지주의자들(gnostics)이 말했듯이 '플레로마pleroma'이다. 플레로마는 본래 자기와 **물질적** 우주가 분화되어 있지 않음을 의미한다. 피아제도 정확하게 그런 식으로 말한다. "초기 단계에 머물러 있는 동안 세계와 자기는 하나이다. 어떤 것도 다른 것과 구분되어 있지 않다. … **자기**는 이를테면 **물질적**이다."[297] 자기는 물질세계에 잠겨 있다. 그 둘은 물리적 물질의 근원적 혼돈이자 모든 창조가 일어나는 모체, 즉 프라크리티Prakriti의 근원적 혼돈 상태이다.

뢰빙거*는 "신생아에게는 자아가 있다고 말할 수 없다. 영아가 처음 해야 할 과제는 환경으로부터 자신을 구별하는 것을 배우는 일이다"라고 결론지었다.[243] 또는 베르탈란피**가 말했듯이 "[의식의] 가장 원시 단계는 분명히 외부 세계와 자아 간의 차이가 경험되지 않는 하나이다. … 갓난아이는 아직 자신과 외부의 사물을 구분하지 못한다. 그런 식의 구분을 서서히 배울 뿐이다."[34] 또한 쾨스틀러***는 그 모든 것을 다음과 같이 아주 멋지게 요약한다. "다른 연구자들 중에서도 프로이트와 피아제는 막 태어난 아기가

---

* Jane Loevinger: 1918-2008. 심리측정 분야의 전문가로서 자아 발달 이론을 확립한 여성 심리학자.

** Ludwig von Bertalanffy: 1901-1972. 오스트리아의 생물학자로서 일반체계 이론(General Systems Theory)의 창시자이다. 고전적 열역학 법칙은 폐쇄체계에는 적용될 수 있어도 생명체 같은 개방체계에 반드시 적용되지는 않는다고 주장했다.

*** Arthur Koestler: 1905-1983. 헝가리 출신의 영국의 소설가, 언론인, 비평가. 과학, 창의성 및 신비주의와 관련된 저술로 유명함.

자아와 환경을 구분하지 못한다는 사실을 강조했다. 사건들은 의식하지만, 사건들 자체를 분리된 실체로 인식하지는 못한다. … 우주는 자아에 초점이 맞춰지며, 자아가 곧 우주이다. — 피아제가 '원형질적(protoplasmic)' 혹은 '공생적(symbiotic)' 의식이라고 불렀던 상태이다."

이 단계는 일종의 비非이원 상태, 대양大洋적이고 자폐적인 상태에 있기 때문에 전前-공간적이고 전-시간적인 경향을 띤다. 신생아의 경우 플레로마 자기와 환경 사이에 간극이나 거리, 분리가 없다는 의미에서 진정한 공간은 없다. 따라서 마찬가지로 시간도 없다. 공간에서 물건들이 연계해 있는 것을 알지 못하기 때문이다. 신생아의 의식은 공간 없음, 시간 없음, 대상 없음의 상태이다(하지만 사건 없음은 아니다). 이 모든 이유 때문에, (폐렌치 같은) 분석가들은 이 단계를 '일종의 무조건적 전능감'(unconditioned omnipotence)이라고 부르길 좋아한다. 이런 전능감은 "대상이라는 개념이 존재하지 않는 한 지속된다."(페니켈Fenichel)[120] 다시 말해 공간, 시간 및 대상이라는 개념이 없기 때문에 한계를 지각하지 못한다는 것이다. 그러므로 그 전능감은 무지의 전능감이다. 융 학파 연구자인 노이만이 말한 것처럼, 이 단계는 "자아가 아직 태어나지 않은, 태아 단계의 낙원적 완벽함이라는 플레로마 단계이다. 이후에 등장하는 의식은 이 완벽함을 비전제적(nonautarchic) 자아가 세계 내에서 느끼는 고통과 대비시킨다."[279]

이 완벽함은 초-개아적 완벽함이 아니라 전-개아적 완벽함이라는 점에 유의하길 바란다. 이 완벽함은 그야말로 일종의 원초적인 낙원이긴 하지만, 자기-의식으로 추락하기 이전의 순수와 무지 상태로서의 낙원이다. 하나는 전(pre-)이고, 다른 하나는 초(trans-)이다. 이 전과 초 둘 간의 차이가 곧 의식의 전체 생애 주기이다.

---

**플레로마 자기**

인지 스타일 — 비이원적, 대상 없음, 공간 없음, 원형질적
감정 분위기 — 전 대양적(total oceanic), 무조건적 전능감,
플레로마적 낙원
동기/의욕 요인 — 미발달/초보적, 본능적
시간 양식 — (초시간적이 아닌) 전시간적이라는 점에서의 시간 없음
자기 양식 — 대양적, 원형질적, 플레로마적, 물질적

---

### 영양자급체 우로보로스

유아가 처음 해야 할 과제 중 하나는 자신과 떨어져 존재하는 객관적인 세계를 구축하는 것인데, 이는 동시에 자신의 주관적인 자기-감각을 구성하는 작업이기도 하다. 그러나 이 과제는 결코 즉각 성공을 거둘 수 없는 것으로서, 그 사이에는 완전한 무이원성 단계와 노이만이 "임시-개아적(extra-personal), 우로보로스uroboros 영역"이라고 불렀던 개별적 신체에 국지화된 초보적인 자기-감각 단계가 존재한다. 노이만은 이에 대해 이렇게 말한다. "나는 이 원형적 장의 층을 어떤 '임시-개아적인' 것, 뿐만 아니라 의식이 결정한 정신적인 것과 신체적인 것의 대립을 '넘어선' 것이라고 생각한다." 나는 '전-개아적'이라는 용어를 더 좋아하는데, 이 수준에서는 "정신적인 것과 신체적인 것이 아직 분화되어 있지 않다. 그렇지

만 개인의 발달 과정에는 [우로보로스 단계] 요인들[전-개아적, 임시-개아적]에 대한 초기의 우세성이 존재하며, 오직 발달 과정에서만 개아 영역이 모습을 드러내고 독립성을 성취한다는 것이 핵심이다."[279] 우로보로스는 집합적이고 태고적이며, 여전히 대체로 대양적이다. 우로보로스라는 단어 자체는 자신의 꼬리를 먹고 있는, 자급자족 형태를 띤, 스스로에 대해 무지한, '둥근 형태를 띤', 분화 이전의 한 덩어리인 신화적인 뱀에서 취한 것이다.

노이만은 말한다. "우로보로스로 상징되는 최초의 단계는 자아-이전 단계에 상응하며, 자아가 이제 막 싹트기 시작하는 유아기 초기 단계이다. … 따라서 인간의 자아의식이 발전하는 초기 단계는 당연히 우로보로스의 지배하에 있다. 그런 것들이 유아기 자아의식의 단계들이다. 이 단계는 더 이상 전적으로 미발달 상태[즉, 더 이상 전적으로 플레로마 수준]는 아니고 이미 자신의 존재를 보유하고 있긴 하지만, 아직 플레로마에서 분리하지 못하고 이제 막 분화를 시작한 상태인 원형적 모습[우로보로스]으로 살아간다."[279] 노이만이 지적한 것처럼, 플레로마 단계의 자기와 우로보로스 단계의 자기 사이에는 차이가 있다. 앞에서 설명했듯이, 플레로마 단계의 자기는 어떤 유의미한 경계도 없는 절대적 무이원(adual) 상태이지만, 우로보로스 단계의 자기는 이미 어떤 종류의 자기-경계를 보유하고 있다. 우로보로스 자기는 이미 예전의 대양적 상태를 우로보로스 자기 대 일종의 '우로보로스 타자他者' 또는 '우로보로스 환경'이라는 둘로 나누기 시작한다. 물론 양쪽 모두 전-개아적이다.

그렇기에 이 시점에서 유아의 자기는 더 이상 물질적 혼돈체는 **아니다**. 유아가 자신의 **외부**에서 자기 아닌 무언가를 인식하기 시작했기 때문이며, 우리는 이 미분화된 전체적인 전-개아적 환경을 **우로보로스 타자**라고 부른다. 따라서 이 단계의 특징이 확산된 무-이원성(adualism)이긴 하지만, (이전 단계와는 달리) 절대적인 무이원성은 아니다. 하지만 이것은 유아의 의식에는 (플레로마 단계보다는 덜하더라도) '때와 장소의 구분이 없는 순간적인 상태'만이 존재한다는 것을 의미하기도 한다. 설리번은 이것을 '원형적 양식'(prototaxic mode)이라고 불렀는데, 이 양식에서 유아가 알고 있는 모든 것은 "순간적인 상태이며, 그의 경험은 막연하고 제한 없다는 의미에서 '무한(cosmic)'하다."[46] 이것이 우로보로스 단계의 특징이다.

이 단계는 유아의 구강기가 확장되기 시작할 때 발생하기 때문에 ─ 유아와 세계의 주요 연결점이 **입**인 단계이다 ─ 노이만은 이 지점을 '영양자급체(alimentary) 우로보로스'라고 부르기도 한다. 또한 몇 가지 점에서 이 단계는 정신분석학의 전-양가적(전-개아적) 구강기와도 일치한다. 이 단계가 '영양자급적'이라고 불리는 것은 우로보로스 전체가 '내장(visceral) 심리학', 즉 무의식적 성질에 의해, 생리학에 의해, 본능에 의해, 파충류 같은 지각과 가장 초보적인 정서 방출에 의해서 주도되기 때문이다. 노이만이 말하듯이, 우로보로스 상태에서 유기체는 동물과 마찬가지로 여전히 자신의 본능에 따라 움직인다. "어머니 대자연이 품고 떠받치는 그 팔에 안겨 흔들리는 유아의 모든 것은 좋든 싫든 그 자연에 양도된다. 자신의 것은 아무것도 없다. 모든 것이 세계이다[자기는 여전히 다소간 물질적인 플레로마 상태이다]. 세계가 그를 보호해주고 먹여 살린다. 반면 그는 거의 의지를 발휘하거나 활동하지 않는다. 아무것도 하지 않고, 불활성 상태로 무의식 세계에 누워 있더라도, 모든 욕구가 위대한 영양 공급자에 의해 아무 노력 없이 제공되는 무진장한 미명(twilight)의 세계에 그저 존재하는 상태 ― 그런 상태가 그 멋진 초기 세계이다."[279] 그런데 그 상태가 멋진 이유는 그것이 거의 존재 이전, 즉 전-개아 상태이기 때문이다. 이 단계의 자기가 아직 많은 고통을 겪지 않는 이유는 그 자기에게는 아직 많은 것들이 존재하지 않기 때문이다.

그렇기에 몇 가지 점에서 이 우로보로스 단계는 아직도 행복한 무지이자 추락 이전의 의식에 해당한다. "플레로마 안에도 자아의 싹이 여전히 매몰되어 있다. … 하지만 낙원에서의 행복감, 원시적인 알의 형태로 잠든 채 태어나지 않은 의식으로서 존재한다."[279] 정신분석학에 따르면, 이 상태는 '마법적 환영적 전능감' 단계로서, "단순히 무언가를 소망하고 그러면 그게 나타날 것이라고 느끼는 것이 할 일의 전부인 탄생 직후 신생아기이다."[120] 우리는 이 전-개아적 행복감, 즉 아직 자아가 없는 상태에서의 행복감이 마침내 환희(ananda)와 지복(mahasukha), 즉 더 이상 자아가 아닌 상태의 지복감, 초월의 환희에게 자리를 내주게 됨을 보게 될 것이다.

물론 우로보로스가 "낙원에서 잠들어 있다"는 데 동의한다 하더라도, 그것이 우로보로스가 어떤 두려움이나 초보적인 긴장감, 또는 '불쾌감'도 없다는 말은 아니다. 몇몇 학자들이 이 단계를 행복한 무지 상태라고 주장하지만, 이 단계에도 원초적인 두려움의 뿌리가 존재한다는 사실을 간과해서는 안 된다. 우파니샤드에서는 이를 이렇게 말한다. "타자가 존재하는 곳은 그곳이 어디든 두려움이 있다." 유아의 우로보로스 자기는 이제 **타자**, 즉 우로보로스 단계의 타자를 인식한다는 단순한 이유 때문에, 원초적인 강압적 공포 분위기를 감지하기 시작한다. 융 학파, 프로이트 학파 및 클라인Klein 학파의 학자들 모두가 이 원초적 공포는 **구강적** 공포로 가장 잘 설명된다는 점에 동의한다는 사실에 주목해야 할 것 같다. 즉, 원초적 공포는 우로보로스 타자(종종 '나쁜 젖가슴'의 모습)에 의해 삼켜지고, 먹히고, 사라져 없어지는 것에 대한 공포이다.[279,120,225] 우로보로스는 타자를 '삼킬 수' 있기 때문에, 마찬가지로 타자에게 삼켜지는 같은 운명에 처해지는 것을 두려워한다.[120] 이 전반적인 상태는 우로보로스 타자의 손에 무화無化되는 것에 대한 원초적 공포이다. 노이만은 이를 **우로보로스 단계의 거세**(castration)이라고 부른다.

우로보로스 단계에 대한 이 조사를 마무리 짓기 위해, 우리는 유기체의 인지 발달은 단지 감각운동 영역의 가장 초기 단계들(1, 2, 3 단계: 피아제의 연구에 따라서 이 셋을 하나로 묶어 '우로보로스 형식' 또는 '우로보로스 도식'이라고 부른다)에 불과하다는 점에 승복할 수 있다.[297] 이 상태는 완전히 무인과적이며[7] 몇 가지 반사작용과 반사의 정교화에 의해 지배되고[46] 여전히 전-시간적 지향성을 보이는 상태[97]라고 설명된다.

영양자급적인 우로보로스는 이 전-양가적 구강기라는 '가장 순수한' 형태로 경험되지만, 그럼에도 — 잠정적으로 정신분석학 관점을 채용할 경우 — 적어도 이후의 가학적 구강기와 항문기를 거치면서 커다란 영향력을 행사하게 될 것이다. 물론 그 영향력은 개아적이고 개인적인 의식으로 점차 초월되긴 하지만, 영양자급체 우로보로스 자체는 엄격히 전-개아적이고 집합적이고 태고적이고 파충류적인 상태로 남아 있게 된다. 그 상태는 분명 인간의 정신에서 가장 원시적인 구조 중 하나이며, 물질적 기반인 플레로마와 함께 하등 생명체를 거쳐 우주의 출발점까지 거슬러 간다.

### 우로보로스 수준의 자기

인지 스타일 — 최초의 주체-객체 분화, 무인과성, 원시배열 양식,
　　　　　　　환상적 소망 충족, 우로보로스 형식(감각운동 초기)
감정 분위기 — 대양적 행복감, 원초적 공포감
동기/의욕 요인 — (우로보로스 수준 자기의) 생존에 대한 원시적인 충동,
　　　　　　　생리적 욕구(배고픔)
시간 양식 — 전-시간적
자기 양식 — 우로보로스적, 태고적, 전-개아적, 파충류와 비슷한,
　　　　　　반사작용적, 영양자급적

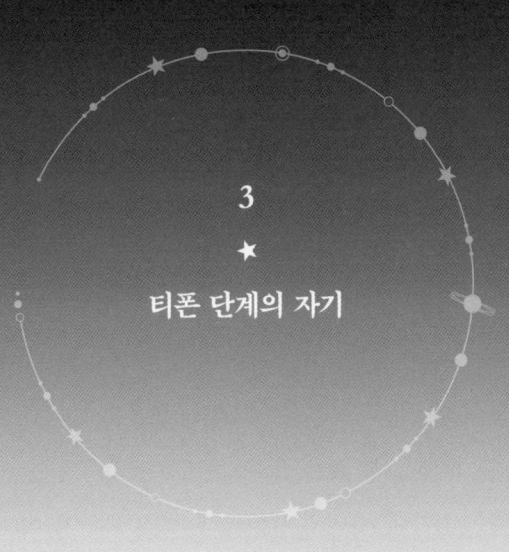

# 3

## 티폰 단계의 자기

유아의 자기-감각이 전-개아적 우로보로스에서 개별적인 유기체로 바뀌기 시작할 때, 유기적 자기 또는 신체자아 자기의 출현과 탄생을 보게 된다. 신체자기(bodyself) 또는 신체자아(bodyego)는, 어떤 점에선, 우로보로스라는 뱀 단계에서 심적-자아(mental-ego)라는 진정으로 사람다운 단계로의 전환이다. 따라서 흔히 (신체자아의 모든 단계와 하위 단계를 합한) 전 영역을 '티폰typhon' 영역이라고 부른다. ─ 티폰은 반(상반신)은 사람이고 반(하반신)은 뱀인 신화적 존재(半人半蛇)를 말한다.

나는 이 티폰 수준 발달 단계를 물질(axial)-신체, 정서(pranic)-신체, 심상(image)-신체로 세분화해서 다룰 텐데, 이 세분화된 하위 단계들이 몇몇 구역에서는 매우 중첩되기도 한다는 사실은 언제나 인식하고 있다.

## 물질-신체와 정서-신체

'물질-신체'라는 말은 기본적으로 물리적 환경과 뚜렷하게 다른 것으로 느낀 물리적 신체를 의미한다. 유아는 탄생 시부터 물리적 신체를 보유하고 있지만, 4~6개월 무렵까지는 이 물리-신체를 알지 못한다(15~18개월 무렵까지도 자기와 자기 아님의 최종적인 분화가 일어나지 않는다).[218] '물질-이미지'는 최초의 안정적인 이미지에 붙인 일반적인 용어로서, 이 이미지는 지각된 혹은 느낀 객체로부터 주체를 분리 지각하도록 하는 분화 과정에 도움이 된다. 물질-이미지는 현재의 감각과 지각에 참여한다. 바로 지금 의식의 장에 있는 모든 대상은 '외부'에 존재하는 대상으로서의 물질-대상, 즉 물질-이미지이다. 따라서 물질적-이미지는 **대상**(어쨌든 자기와는 다른 것들)을 인식하긴 하지만, **현재**의 대상들일 뿐이다. 물리적 성질은 감각운동적 지능의 세 번째와 네 번째 및 다섯 번째 단계에 우세하다. 가드너Gardner는 이것을 "5단계에서 아동은 이미 대상 세계와의 효과적이고 유연한 거래를 완수했다. 하지만 아동은 현재의 대상 세계에 국한된 상태로 남아 있다. 물건들이 시야에서 사라질 경우(또는 그가 시선을 다른 곳으로 돌릴 경우), 그 물건들을 자신의 사고 영역으로 들여오는 데 어려움을 겪는다"[149]라고 요약한다. 어린이의 세계는 여전히 대체로(전적으로는 아니지만) **물질적**이다. — 그 세계는 단순하고 즉각적이고 여전히 대체로 막연한 현재에 제한되어 있다. 어쨌든 물질-이미지라는 시스템의 영향하에서, 유아는 일종의 외적 현실과 더불어 내적 자기라는 물질적이거나 신체적인 감각 모두를 구성한다.[218]

명확한 유기적 자기가 발현하기 시작하므로, 이 자기의 기본 정서 역시 출현하기 시작한다. (우로보로스의 조잡하고 반사적-본능적인 반응과는 다른) 이 기본 정서 성분을 우리는 (힌두교와 불교에서 사용하는 용어를 취해서) 정서적 수준 또는 정서-신체라고 부른다. 그러나 이 단계에서, 그 정서들은 여전히 원초적이고 초보적이다. 베르너[393] 와 아리에티[7] 같은 학자들이 지적한 것처럼, 초기 수준의 인지 구성물들(즉 물질-이미지들)은 더 상위의 정서나 더 복잡한 정서를 일으키거나 유지할 수 없을 정도로 너무나 초보적인 골격에 지나지 않는다. 이 단계의 기본 정서는 아리에티가 철저한 문헌 조사 이후에 초보적 정서 또는 '원형적 정서'라고 부른 분노, 공포, 긴장, 관심, 만족감이나 단순한 쾌감 같은 감정들이다.[7]

앞에서 보았듯이, 물리적 수준의 특징적인 시간 성분은 즉각적인 현재이기 때문에, 아리에티 역시 이런 정서들을 '재빠른(quick)' 혹은 '단기 단락적(short circuited)' 정서라고 부른 것은 놀라운 일이 아니다. 즉, 단기-단락적 정서들은 빠르고 즉각적인 현재에서 물질-이미지가 촉발할 수 있는 유일한 정서들이다. 다른 정서들은 이 단순한 시간 양식에서는 유지될 수 없으며, 그렇기 때문에 다른 정서들을 일으키지 못한다. 대략적으로 말하면, 이 초기 단계의 정서 특성은 — 일반 정신분석학적 사고에서도 주장하듯이 — 매우 빠르고 단기-단락적이며, 따라서 그 정서 반응은 희석되지 않은 채 즉각적으로 방출되는 경향이 있다. 그런 방출을 가로막는 시간 같은 것은 존재하지 않는다.[120,243]

말이 나온 김에, 정신분석학 그리고 특히 클라인 학파에 따르면 가장 중요한 물질-이미지는 젖가슴, 즉 '어머니의 부분 대상'에 대한 이미지이다. 이 젖가슴 이미지는 '투사적 동일시'(projective identification)로부터 출현하는 경향이 있는데, 그런 동일시에서 어머니, 자기 및 젖가슴은 당초에 모두가 하나이자 미분화된 이미지이다. 이 단계에 상응하는 두려움은 '젖가슴의 상실'이다. 이 두려움이 젖가슴 이미지를 '좋은 젖가슴'과 '나쁜 젖가슴'으로 나눈다. 전자는 생명을 약속하고(에로스), 후자는 죽음을 암시한다(타나토스).[225,46]

물질-이미지와 이 수준의 시간 양식의 재빠름은 이 수준의 두 가지 동기 측면에도 밀접하게 연관되어 있는데(편의상 물질적 수준과 정서적 수준을 하나로 묶었다), 쾌-불쾌 원리와 즉각적인 생존 충동이 그것이다. 먼저 생존 충동부터 다뤄보자. 자기-감각이 자신의 개별 유기체에 중심을 잡고 그 유기체에 집중하기 시작하면서, 유아는 우로보로스 상태에서 느꼈던 것보다 더 강렬하게 이유 모를 막연한 소멸의 위협을 느낀다. 이 물질-신체 수준에서 자신의 분리된 개별적 자기-감각을 인식할수록, 유아는 있을지도 모르는 자신의 소멸에 더 강렬하게 집중하게 된다. 따라서 이 수준에서는 단순하고 '재빠른' 생존, 더 엄밀히 말하면 순간-순간 개별적 자기-감각의 연속성이 중요해진다.

이 수준의 두 가지 확산된 동기적 분위기 중 두 번째는 쾌-불쾌 원리이다. 프로이트가 늘 그런 식으로 하지는 않지만, 나는 이 단계의 쾌-불쾌 원리를 신체적인 쾌감과 만족의 추구라는 긍정적인 의미와 긴장, 불쾌감 및 불편함의 회피라는 부정적인 의미 양쪽 모두에 사용한다. 물리적이고 정서적인 이 단계에서 "쾌감 추구와 불쾌감 회피 경향성을 보이는 동기는 근본적인 심리적 힘이 되기 때문이다."[7] 노이만도 나의 이런 평가에 동의할 것이고, 더 나아가 이전의 우로보로스 및 플레로마 단계에서는 그만큼 두드러지지 않던 쾌-불쾌 또는 쾌-고통 원리가 왜 이 물질-신체 수준에서 만개하는지 그 이유를 제시할 것이다. 자궁과 태아의 연결이 멈출 경우, "우로보로스와의 동일시로부터 자아가 발현하기 시작하고 그 자아는 세계에 대한 새로운 태도로 깨어난다. 세계에 대한 개인의 관점은 발달 단계마다 변화하는데, 원형과 상징의 변주곡, 신과 신화의 변주곡은 이런 변화의 표현이자 도구이다[뒤에서 보겠지만, 노이만은 이 '변형의 상징'에 대해 이야기하는 것이다]. 우로보로스 상태로부터의 분리는 현실 세계에 탄생한 존재, 즉 그 세계로 하강한 존재임을 의미한다. 발생 초기의 자아는 쾌감-고통의 성질을 의식하게 되고, 그런 성질로부터 쾌감과 고통을 경험한다. 그 결과 세계는 양가적이 된다."[279] 따라서 플레로마와 우로보로스 상태를 지배하던 '대양적 행복감' 대신 쾌락 원리가 신체를 지배한다. 뒤에서 보겠지만 쾌락 원리(후자)는 대양적 행복감(전자)의 **변형**이다. 정신분석학에 따르면, 신체적 쾌감은 처음에는 '무정형적 다형 도착'(polymorphously perverse)이다. 무정형적 도착이란 말은, 유아는 신체의 모든 표면과 기관 활동에서 쾌감을 느낄 수 있다는 것을 의미한다. 이런 의미에서 볼 때 쾌락 원리는 신체 원리이다. 더 엄밀하게 말하면, 이 단계에서는 신체 전체가 "후자인 '부분적 본능들' 모두를 하나로 포함하고 있는 여전히 미분화된 총체적 성욕으로 가득 차 있기 때문이다."[120] 더욱이 "쾌감-충족 운동은 '마음에 들지 않는 것으로부터의 회피 운동 또는 마음에 드는 것을 향한 접근 운동'으로서 자발적으로 망설임 없이 발생한다.'[7] 따라서 빠르거나 단기-단속적인 추구와 회피는 이 물질/정서 수준의 생존과 쾌락이라는 두 가지 동기와 밀접하게 연관되어 거의 분리할 수 없는 동기적 분위기를 나타낸다.

아리에티 박사는 끝으로 이 수준의 자기-감각이 지닌 중요한 측면들을 꿰뚫어 보는 듯한 균형 잡힌 요약문을 다음과 같이 제시한다.

이 감각운동… 또는 외부지각적 쾌락 원리 수준[즉, 전반적인 물질/정서 신체 수준]에서 우리가 연구해왔던 기능을 포함하고 통합하는 자의식이나 자기-감각을 경험하는 것이 가능한 일일까? 만약 '자기'라는 말을 살아 있는 주체라는 의미로 사용한다면, 물론 이 단계의 자기는 원시 정서적-외부 지각적 수준['외부 지각'은 우리가 '물질-이미지'라고 불렀던 것과 대체로 유사하다]에서 작용하는 유기체이다. 만일 자기라는 말이 스스로에게 알려진 개인을 의미한다면, 이 단계의 의식은 초보적이라고 말해야 할 것이다. 그 자기는 아마도 일련의 물질적 신체 상태, 지각 내용, 원초적 정서 및 외부지각 간의 단순한 관계로서 처음엔 신체의 특정 부분, 특히 입[구강기]을 포함한 관계로 이루어져 있을 것이다. 그러나 외부 대상과의 관계에서 운동 행동 패턴이 발달함에 따라서, 일종의 원시적인 운동 정체성, 뿐만 아니라 자신의 신체 전체에 대한 의식이 인간 이하의 동물들에서조차도 진화할 것이다.'[7]

끝으로, 위의 괄호 속 글에서 제시했듯이 전반적인 티폰 수준 단계(들), 즉 물질-신체, 정서-신체, 심상-신체 단계는 어떤 점에서 보면 정신분석학에서 묘사하는 구강기 전반(그리고 특히 가학적 구강기)과 유사하다.

---

### 물질-신체 자기와 정서-신체 자기

인지 스타일 — 막연한 느낌, 감각운동적, 무無인과성,
물질-이미지, 외부-지각적
감정 분위기 — 초보적 정서(두려움, 관심, 분노, 쾌감) 수준
동기/의욕 요인 — 즉각적 생존, 쾌-불쾌 원리
시간 양식 — 구체적, 순간적, 스쳐 지나가는 현재
자기 양식 — 물질-신체적, 정서적, 감각운동적, 자기애적

---

그러나 티폰 수준 영역 자체는 뒤로는 영양자급체인 우로보로스에까지 걸쳐 있고, 앞으로는 다음 발달 단계인 항문기와 남근기 **측면들**에까지 걸쳐 있다.

### 심상-신체

유아에게서 상상할 수 있는 능력이 폭넓게 발현한 시점은 발달 과정에서 결정적으로 중요한 시점이다. 가장 중요한 능력으로는, 이미지image가 유아로 하여금 확장된 대상 세계와 확대된 시간 양식을 구성하도록 해준다는 점인데, 이 두 가지는 '대상 영속성'(object constancy) 확립에 크게 기여한다.[294] 처음에는 부정확하고 모호하며 비이원적이지만 점차 더 명확해진 구체적인 이미지를

수단으로, 유아는 새로운 유형의 환경과 새로운 자기-감각에 대한 거대한 구성을 시작한다. 피아제 이론에서는 이러한 구성이 감각 운동 영역의 최종적인 완결로 이끌어가며, 동시에 그 영역을 훨씬 넘어선 지점을 향해 출발하도록 한다.

최초의 중요한 물질-이미지가 젖가슴에 대한 것이라는 말처럼, 최초의 중요한 구체적 이미지는 '보살펴주는 사람'에 대한 것인데 (설리번),[359] "모든 사람이 처음 접하는 대상은 어머니"[46]이기 때문이다. 설리번에 따르면, "이 대상[보살펴주는 사람]은 처음엔 대단히 모호한 이미지이지만, 점차 자신의 일부가 아닌 것으로 구별된다."[46] 나아가 좋은 젖가슴과 나쁜 젖가슴의 분할이 지속해서 변형해감에 따라, 보살펴주는 사람이 "안녕감과 행복감에 기여할 경우 '좋은 엄마'라는 특징을 갖게 된다. 어떤 식으로든 혼란을 야기할 경우, 또 다른 복합적 인상은 '나쁜 엄마'가 된다."[46] 그렇게 해서 유아는 대모大母(Great Mother)와의 꽤 지속적이면서 결정적인 관계, 즉 신체 층에서 개인 유기체와 그 유기체를 돌봐주는 환경 간의 실존적 드라마(죽느냐 사느냐)가 펼쳐지는 관계에 들어선다.[25] 에릭 에릭슨Erik Erikson에 따르면, 이 관계는 기본적 신뢰(basic trust) 대 기본적 불신(basic mistrust) 사이의 갈등과 관련될 정도로 매우 중요한 관계이다.[108]

이 전반적인 (뒤로는 물질/생기 수준에까지, 앞으로는 항문기 나아가 남근기에까지 걸쳐 있는) 발달 단계를 융과 그의 추종자들은 '모계 상징주의 영역'[279]으로, 프로이트 학파는 오이디푸스 이전 어머니 단계[57]로 보고 열심히 연구했다는 점에도 주목해야 할 것 같다. 이런 연구들은 모두 바초펜*의 대모신大母神(Mother Goddess) 종교 — 부계 종교의 토대이기도 하다 — 의 기념비적인 발견으로 인해 박차가 가해졌다.[17] 어떤 설명을 보더라도 "사악하고 게걸스러운 나쁜 엄마와 아낌없이 애정을 베푸는 좋은 엄마는 이러한 정신 단계를 지배하는 대모신의 두 측면이다."[279]

유아가 보살펴주는 사람에 대한 이미지와 인상들, 뿐만 아니라 다른 중요한 환경 대상들의 결합체를 만들어내고 조직하는 바로 그때, 유아는 마찬가지로 이 단계에서 일반적으로 '신체상(body-images)'이라고 부르는, 스쳐 가는 자기상의 상관적 구성을 시작한다. 신체상은 단지 물리적이거나 물질 이미지라는 '이미지 그림'에 지나지 않지만, 그 신체상이 물리적 또는 물질-신체에 '더 가까울수록', 더 '정확하다'고 할 수 있다.[339] "외부 촉각 자료와 내부 감각 자료가 동시에 발생하기 때문에, 자신의 신체[물질-신체]는 나머지 세계로부터 떨어져 있는 것이 되고 따라서 자기와 자기 아닌 것의 식별이 가능해진다. [물질] 신체와 신체기관에 대한 심적 표상의 총합, 이른바 신체상[심상-신체]은 [이 단계에서] '나'라는 생각을 구성하며, 그 이후에도 자아 형성 과정에서 기본적인 중요성을 갖는다."[120]

설리번에 따르면, 초기의 자기상은 단순히 '좋은 나'와 '나쁜 나' 그리고 '나 아님' 정도에 불과하다. 이런 자기상에는 통상 좋은 엄마와 나쁜 엄마, 그리고 이 신체자기 수준에서 매우 격심하게 느

---

* Johann Jakob Bachofen: 1815-1887. 스위스의 법학자, 철학자, 인류학자. 선사시대 모계사회 연구 전문가.

겼던, 죽느냐 사느냐의 투쟁을 반영하는 전체적인 인상의 결합을 수반한, 게걸스럽게 먹어 치우는 엄마라는 상관물을 추가해야 할 것이다.[359] 이 시점에서 기본적으로 미분화된 유기체와 연결해서 볼 때, 이 단계의 감각기관들은 상호 중첩된 양성적 상태에 있다고 말하는 것이 놀랄 일은 아니라는 점도 알아야 한다.[120,279,138]

그러나 이제 주제를 이미지 자체로 돌려보자. 이 발달 단계에서는 즉각 감지할 수 없는 수많은 대상들을 이미지 덕분에 **상상할** 수 있다는 것이 가장 중요하기 때문이다. 즉, 유아는 즉각 현존하지 않는 그런 대상들의 존재를 상상하거나 마음에 그리는 일을 할 수 있다(이것이 초보 이미지와 올바른 이미지를 차별화한다. 초보적 물질 이미지는 현재하는 대상만을 그릴 수 있지만, 제대로 된 올바른 이미지는 현존하지 않는 대상들도 그릴 수 있다). 따라서 경험에 대한 유아의 현재 매트릭스는 상징적이고 표상적인 방식으로 시간을 경과해서 어느 정도 **확대된다.**[7] 유아는 확장된 세계로 들어서기 시작하지만 아직은 여전히 무작위적인 순간들의 연속이다. 유아는 과거 사건들의 조직되지 않은 이미지와 미래 가능성에 대한 이미지들이 제멋대로 떠다니는 **확대된 현재**에서 작용한다.[359]

이 시점에서 이런 이미지들은 이제 설리번이 '병렬적 양식'(parataxic mode)이라고 불렀던 양식으로 작동하는 것으로 보인다. 이 양식에서는 "미분화된 전체 경험이 부분들로 나눠지긴 하지만, 그 부분들은 아직 어떤 논리적인 방식으로도 연결되어 있지 않다. 그 부분들은 단순히 상황에 따라서 함께 발생하거나 발생하지 않을 뿐이다. 그 과정은 '병렬적 배열'이라는 문법 용어와 유사한데,

이 용어는 절(clause)과 절 사이에 논리적 관계를 보여주기 위한 어떤 접속사('그리고', '또는', ' 때문에' 등)도 없이 절과 절을 배치하는 것을 말한다. 어린이는 자신이 경험한 것을 아무런 반성이나 심사숙고 없이 암묵적으로 자연스러운 방식으로 받아들인다. 어떤 단계별 상징적 활동 과정도 없기 때문에 추론은 불가능하다. 그의 경험은 아무 연결도 없는 순간적인 유기체(신체자기) 상태로서 진행된다."[46]

나아가 이 병렬적 양식은 프로이트가 '일차 과정'(primary process)이라고 부른 것과 대체로 일치하는데, "병렬적 (인지) 사례에서는 일차 과정 유형의 조직화를 따라 반응이 일어나기" 때문이다. 이런 유형의 조직화를 폰 도마루스von Domarus는 '속성-동일성' 또는 '부분-동일성'이라는 개념으로 정리했다. 이는 대상들이 현저한 속성이나 부분을 공유할 경우, 따라서 부류(class)를 그 부류의 속성과 혼동하고 각 속성을 다른 속성과 혼동할 경우 모두 동일한 것으로 지각하는 일을 말한다.[7,23] 간단한 예를 하나 들자면, 일차 과정에서는 동굴, 상자, 자궁 및 컵을 쉽게 구별하지 못하는데, 이들 모두가 '텅 빔'과 '입구'라는 속성을 공유하고 있기 때문이다. 이런 대상들은 '하나의 입구를 가진 텅 빈 대상'이라는 부류에 속한다. 따라서 각 대상은 다른 대상과 동일한 것으로 보이고, 하나의 대상이 그 부류의 **전체일 수** 있으며 그 부류의 전체가 오직 한 대상에 완전히 **존재할 수도** 있다. 아무튼 "가장 순수한 형태에서 이미지는 일차 과정에 속하며",[7] '대치'(displacement: 어떤 대상이 다른 것이 되는 것)와 '응축'(condensation: 대상의 전체 부류가 그 부류의 한 속성으로 완

전히 붕괴하는 것) 현상을 설명하는 것은 대체로 이런 사실이다.[135]

나는 뒤에서 유아기의 일차 과정을 고품격 형태의 환상(우리는 이것을 비전-이미지vision-image라고 부를 것이다)과 차별화하려고 시도할 것이다. 질 낮은 환상 — 일차 과정 — 은 골치 아픈 일이 끝없이 벌어지는 원천이 될 수 있는 반면 고품격-환상 과정은 끝없는 창조성의 원천이다. 질 낮은 환상, 일차 과정은 실제로 주체와 속성, 뿐만 아니라 전체와 부분을 혼동하는 (즉, 부류의 속성을 부류 자체와 구별하지 못하는) 일종의 마법적 인지이다.[23] 마찬가지로 일차 과정은 주체와 객체를 혼동하는 경향도 있는데, 이를 가장 잘 생각해 볼 수 있는 것은 주체적 정신과 객체적 세계의 '모호함'일 것이다. 주체와 객체가 이 단계에서 이제 막 분화를 시작했기 때문에, 이 단계의 인지 양식은 마찬가지로 미분화되어 있거나 혼동하는 경향이 있다. 피아제는 그런 경우를 이런 식으로 설명한다.

초기 단계 동안, 세계와 자기는 하나이다. 세계와 자기, 이 중 어떤 용어도 다른 용어와 구별되지 않는다[플레로마-우로보로스 단계]. 그러나 이 둘이 구별되기 시작할 경우에도, 이 두 용어는 서로 매우 가까이 남아 있는 채로 시작한다. 세계는 여전히 의식과 의도로 가득 차 있으며, 자기는 여전히 이른바 물질적이다. 분리 과정의 각 단계에서 이 두 용어는 가장 큰 분지로 바뀌지만, 어린이에게서는(이 점에서는 어른에게서도) 결코 완전히 분리되지 않는다. … 모든 단계에서 자연이라는 개념에는 여전히 외부 세계에 달라붙어 있는 내적 경험의 조각들이

라고 할 만한 '점착물'들이 남아 있다.[297]

내부와 외부, 정신과 물질적 환경에 대한 기본적이고 마법적인 혼동은 언어 이전의 일차 과정의 특징 중 하나이다(이 점은 아리에티에서도 같다).[7] 마치 정신이 물질적 플레로마로부터 결정화하면서 발달하는 것처럼, 가장 원시적인 이 인지 형태는 물질적 주체와 물질적 객체 중 어느 쪽에도 배타적으로 속하지 않지만, 주체와 객체가 처음으로 분화하기 시작할 때 일어나는 최초의 초보적 지식의 불꽃을 반영하면서 양쪽 모두에 참여한다.

감각운동 발달 제3단계 무렵까지는 제대로 된 이미지가 출현하지 않는다. 그 단계 이전의 유아에게는 우로보로스 형태와 초보적 이미지, 운동 구조만이 있을 뿐이다. "어린이가 이미지를 경험하기 시작하는 것은 7개월이 될 무렵이다. 예컨대 어린이가 베개 밑에 숨긴 딸랑이를 찾아낼 수 있다면, 그 아이는 필경 딸랑이 이미지를 마음속에 떠올릴 수 있을 것이다."[7] 그러나 그 시기 이후부터는 이미지가 의식에 결정적으로 들어오기 시작하며, 감각운동 발달 제6단계 무렵(두 살이 끝나갈 무렵) 어린이는 대상-영속성에 대한 정확한 '그림'을 형성할 수 있을 만큼 부재 대상을 정확하게 상상할 수 있다. 대상-영속성이란 "세계는 동질성을 유지하면서 다양한 방법으로 조작하고 변형시킬 수 있는, 영속적으로 존재하는 실질적인 대상들로 구성되어 있다는 지식"[149]을 말한다. 그런데 이 단계에서 어린이는 비록 상상 과정이 미약하긴 하지만 실제로는 존재하지 않는 대상을 '마음에 그리는' 힘을 통해서 이런 일을 한다.

이미지의 현존은 이제 현존하는 대상, 사건, 사람뿐만 아니라 이런 실체들의 **이미지**에 대해서도 반응할 수 있게 하기 때문에, 어린이의 정서적인 생활과 동기적 생활도 엄청나게 확장시킨다.[116,120] 왜냐하면 이미지는 실제 대상이나 사람에게서 느낄 수 있는 것과 동일한 종류의 감정과 기분을 촉발할 수 있기 때문이다. 나아가 유아는 최초로 지속적인 정서를 경험할 수 있게 되는데, 이는 이미지가 기분의 색조를 **환기할** 수 있을 뿐만 아니라 그런 기분을 **길게** 유지시킬 수도 있기 때문이다. 그렇기에 아리에티가 분명하게 보여주듯이, 유아도 불안을 경험할 수 있는데 이 불안감은 **상상**으로 지속되는 공포이다. 마찬가지로 이제 유아는 **소망할** (wish) 수도 있는데, 이 소망은 단순히 **상상된** 쾌감이다.[7] 단지 현재하는 공포만이 아니라 상상된 공포, 단지 현재의 실체적 쾌감만이 아니라 소망된 쾌감이 추가된 것이다. 따라서 이미지는 **소망 충족**뿐만 아니라 **불안 감소**에도 작용하는데, 이런 작용들은 이전 수준에서 작용하던 단순한 쾌-불쾌 원리가 확대된 변형이다.[7] 따라서 소망 충족과 불안 회피는 이 수준의 중요한 동기가 되며, 둘 다 현재나 단순한 순간을 넘어 미래의 가능성에까지 이르게 된다. 그렇긴 해도 아직은 강력한 금지나 효과적인 금지가 없기 때문에, 이 단계의 정서들은 여전히 즉각적인 방출에 기우는 경향이 있다.[120] 이런 '제멋대로인' 즉각성 때문에, 이 단계를 종종 '충동성 지배 우세'[243]라고 일컫기도 한다.

어쨌든 유아는 이제 자신 초기의 물질적이고 플레로마적인 매몰 상태에서 벗어났으며, 그로 인해 더 이상 유력한 조종자가 아

닌 자신과 떨어져 존재하는 세계를 찾기 위해 깨어난다. 이렇게
해서 플레로마 수준의 낙원은 영원히 사라진다.

---

### 심상-신체 자기

인지 스타일 — 병렬적, 마법적 일차 과정, 다가적多價的 심상,
감각운동기의 완결
감정 분위기 — 지속적 정서, 소망, 불안, 초보적 욕망
동기/의욕 요인 — 소망 충족, 불안 감소, 연장된 생존과 안전
시간 양식 — 확대된 현재
자기 양식 — 스쳐 가는 신체-이미지

---

## 티폰의 특성: 요약

나는 최하 수준의 발달이 단순한 생물학적 기능 및 과정들과 관
련 있다는 연구 결과에 대해 동서양의 심리학 모두가 일반적으로
동외한다는 점을 강조하면서 이 장을 마무리하고 싶다. 즉, 가장
낮은 수준들은 체세포 과정, 본능, 단순한 감각과 지각 및 정서적-
성적 충동과 관련되어 있다. 서양 연구에서 나온 여러 증거들에서
본 것처럼, 피아제 이론에서 이 단계는 감각운동 영역에 해당하
고, 아리에티는 그런 단계들을 본능적, 외지각적 및 원시본능적이
라고 불렀으며, 뢰빙거는 그런 단계들을 전-사회적, 충동적 및 공
생적이라고 불렀다. 이 단계는 프로이트의 이드id-영역, 노이만의
우로보로스 영역에 해당하며, 매슬로의 가장 낮은 두 개의 욕구,
즉 생리적 욕구와 안전 욕구에 해당한다.

동양 심리학에서도 그런 평가에 전적으로 동의한다. 베단타 힌

두교의 경우, 이 티폰 단계는 안나-마야코샤$^{anna-mayakosa}$와 프라나-마야코샤$^{prana-mayakosa}$ 영역, 즉 배고픔과 정서적-성적(이것이 정확한 번역어이다) 수준이다.$^{94}$ 불교에서는 그런 단계들을 하위 오온$^{五蘊}$, 즉 오감 영역이라고 부른다.$^{107}$ (요가의) 차크라 심리학에서는 그 단계들을 세 개의 하위 차크라, 즉 뿌리 물질 및 플레로마 수준인 물라다라$^{muladhara}$, 정서적-성적 수준인 스와디스타나$^{svadhisthana}$, 공격적-권력 수준인 마니푸라$^{manipura}$라고 부른다.$^{329}$ 이것은 소승 불교 심리학 체계에서 세 개의 하위 스칸다$^{skandhas}$, 즉 물리적 신체, 지각-느낌 및 정서-충동에 해당한다. 유대 신비학파인 카발라$^{Kabbalah}$에서 이 단계들은 말쿠트$^{malkuth}$(물질 층)와 예소드$^{Yesod}$(생기-정서 층)에 해당한다.$^{338}$ 이 모두에서 이 수준은 단순히 프로이트의 주된 생각 한 가지를 가리키는데, 그는 "자아는 **무엇보다도 먼저 신체-자아이다**"$^{140}$라고 말한 바 있다.

우리는 신체자아 — 티폰 또는 신체자기 — 가 다음과 같은 방식으로 발달하는 경향이 있음을 보았다. 유아가 처음에는 자기와 자기-아님, 주체와 객체, 신체와 환경을 구분하지 못한다는 점에 대부분 동의한다. 즉, 이 최초 단계에서 자기는 문자 그대로 물리적 세계와 하나이다. 우리는 피아제가 "초기 단계에서 세계와 자기는 하나이다 — 말하자면 자기는 여전히 물질적이다"라고 말했음을 알고 있다. **물질적 하나**인 그 최초 단계, 이 단계를 피아제는 '원형적'이라고 불렀고, 우리는 (이 두 단계를 요약해서 하나로 뭉뚱그려) 플레로마와 우로보로스라고 불렀다. '플레로마'는 물질 우주를 의미하는 옛 영지학파의 용어인 최초의 기본 물질(materia prima), 순수 물질(virgo mater)을 가리킨다. '우로보로스'는 뱀이 자신의 꼬리를 먹고 있는 신화적 이미지로서 '전적으로 자족적'(자폐적)이며 '타자를 인식할 수 없는'(자기애적) 상태를 나타낸다.

이런 원시적 혼융 상태로부터(또는 뒤에서 '근원-무의식'이라고 소개할 것으로부터) 분리된 개별 자기가 발현하는데, 그 자기는 프로이트가 말했듯이 무엇보다 먼저 신체, 신체자기로 발현한다. 즉, 마음은 ─ 이 자체는 매우 미숙하고 미발달 상태이다 ─ 거의 **전적으로 신체에서 미분화된** 상태이다. 따라서 자기는 거의 전적으로 **신체 부위**와 활동(물기, 빨기, 깨물기, 때리기, 밀기, 당기기, 쾌감, 감각, 기분, 구강, 항문, 남근 등)을 통해서 세계에 접근한다. 그렇기에 자기는 ─ 이미지로만 작동하는 ─ 미발달한 마음이며, 그 마음은 신체에서 미분화된 상태이므로, 따라서 신체-자기이다. 노이만의 말로 표현하면, 초보적인 자기는 "여전히 전체로서의 신체 기능과 그 신체 기관들의 십합제와 동일시한다."[279]

유아가 담요를 깨물어본다. 하지만 아프지 않다. 손가락을 깨물어보니 아프다. 유아는 신체와 신체 아닌 것 사이에 차이가 있음을 배운다. 그러면서 점차 자신의 의식의 초점을 **플레로마에서 신체로** 바꿔 맞추는 법을 배운다. 그렇게 해서 원초적인 물질적 집합체에서 신체자아라는 최초의 진정한 자기-감각이 발현한다(이 요약에서는 물질-신체, 정서-신체 및 심상-신체를 하나로 묶어 다룬다). 유아는 새롭게 발현한 신체, 그 신체의 감각과 정서와 자신을 **동일시한다**. 그러면서 그런 신체적인 것들을 점차 물질 우주로부터 차별화하는 법을 배운다.

신체자아가 물질 환경으로부터 스스로를 분화시켜서, 실질적으로 그런 원시적인 혼융과 매몰 상태를 **초월한다는** 점에 유의하길 바란다. 신체자아가 물질 환경을 초월하면, 그 환경에 물리적인 **조작**을 가할 수 있다. 감각운동기가 끝나갈 무렵(2세경), 어린이는 매우 안정된 '대상 영속성' 이미지를 갖는 만큼 자기와 자기-아님을 차별화했고, 그렇기에 그런 **대상에** 대하여 **근육**의 협동 작업을 통해 물리적 조작을 가할 수 있게 된다. 어린이는 환경에 있는 다양한 사물들의 물리적 운동을 조종할 수 있게 되는데, 이는 그가 그런 **사물들로부터** 자신을 차별화하지 못했다면 쉽사리 할 수 없는 일들이다.

다시 3대 요소에 주목해보자. 자기는 대상으로부터 **분화함으로써** 대상을 **초월하며,** 따라서 자기는 (그 자기 단계의 구조인 **감각운동적 신체를 도구 삼아서**) 그 대상에 **작용할** 수 있게 된다.

따라서 이 신체자아 단계(들)에서, 자기는 더 이상 플레로마 수준의 환경에 속박되어 있지 않다. ― 하지만 생물적 신체에 **속박된다.** 또는 신체 상태와 동일시한다. 신체자아로서의 자기를 지배하는 것은 본능적 욕구, 충동성, 쾌락 원리, 불수의적인 욕구와 충동 그리고 그런 욕구의 방출이다. 프로이트 등은 이드 같은 일차 과정과 충동들을 아주 잘 묘사했다. 우리가 신체자아를 '티폰 자기'라고 부르는 이유는 이 때문인데, 티폰은 신화에서 반은 사람이고 반은 뱀(우로보로스)인 존재이다. 생리학 용어로 말하자면 이 단계의 자기를 지배하는 것은 파충류적 복합체인 뇌간과 변연계이다.

그렇기에 티폰은 비록 원시적이고 낮은 수준이긴 하지만, 이전의 플레로마와 우로보로스 단계의 매몰된 상태를 초월한 존재를 가리킨다. 그러므로 티폰은 사실상 상위-계열 합일체이다. "신체는 일반적으로 전체성과 합일체를 나타내며, 신체의 전체 반응은 진정하고 창조적인 전체성을 나타낸다."[279] 그러므로 끝으로 우리는 티폰, 즉 "신체라는 합일체에서 느끼는 일반화된 신체 느낌인 신체자기를 최초의 개성 표현으로 보아야 할 것이다."[279]

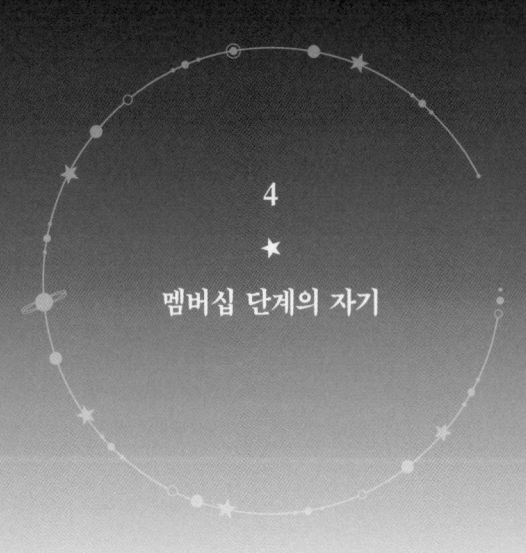

# 4

## ★

## 멤버십 단계의 자기

언어의 발현과 획득은 개인의 생애 주기 중 외향 호에서 일어난 가장 중요한 단일 사건일 가능성이 크다. 언어의 발현과 획득이 폭넓게 이루어질 경우, 상호 복잡하게 관련되고 서로 얽혀 있는 다양한 일들이 초래되는데, 여기에는 더 향상된 새로운 인지 양식,[337] 확장된 시간 개념,[120] 더 통합된 새로운 자기 양식,[243] 매우 확장된 정서 생활,[7] 초보적 형태의 반성적 자기-통제[267] 및 **멤버십**의 초기 단계[70] 등 적잖은 것들이 포함된다.

어떤 언어의 심층구조든 특정한 지각 구문을 구체화한다. 개인은 해당 언어의 심층구조를 발달시킨 정도에 따라, 말하자면 동시에 그 언어 구조 자체에 구현된 특정 유형의 서술 현실을 구성하도록, 따라서 그런 식으로 지각하도록 배운다.[70] 그 중대한 순간부터 외향 호가 발달해가는 내내 그의 언어 구조는 그 사람의 자기

구조이며, "그 사람이 보는 세계의 한계이다."[428]

더 논리적이고 개념적인 형태로 정교화된, 성숙하고 잘 다듬어진 형태의 이 멤버십 인지는 다양한 명칭으로 알려져 있다. 프로이트는 이러한 인지를 이차 과정(secondary process)이라고 불렀고,[135] 설리번은 구문적 통합 양식(syntaxical mode),[359] 피아제는 현실적 사고(realistic thinking),[297] 아리에티는 아리스토텔레스식 사고[7]라고 불렀다. 이 특정 진화 단계에서 우리가 조심스럽게 살펴보아야 할 것은 바로 멤버십 인지인데 이 통합적 인지, 이 언어적-논리적 사고는 한 번에 완벽하게 발달하지 않는다. 이전 진화 단계, 즉 심상-신체 단계에서 유아의 의식은 우로보로스 단계의 원시 인지 양식의 잔여물을 비롯해서 병렬식 배열과 마법적 상상력이 지배적이다. 그런데 분명한 것은 어린이가 이 마법적 일차 과정, 병렬적 양식의 다양한 상상에서 한꺼번에 이차 과정적인 언어적, 직선적, 통합적 사고로 옮겨가지 않는다는 점이다. 병렬적 세계(다양한 마법적 이미지)와 통합적 세계(직선적, 언어적 사고) 사이에는 커다란 간극이 존재한다. 이 두 세계 사이에, 통합적 인지가 마법적 일차 과정과 충돌할 때 발생하는 과도기적 혼합물을 보여주는 중간 계열의 인지 양식들이 놓여 있다.

전적으로 무無논리적이지도 않고 완전히 논리적이지도 않은 이 중간 매개 단계(들)은 전前-인과적(precausal: 피아제),[197] 전-논리적(prelogical: 프로이트),[135] 물활론적(animistic: 페렌치), 마법적인 말과 생각(페렌치),[121] 원시논리적(paleological: 아리에티),[7] 자폐적 언어(설리번)[359] 단계라고 불린다. 이 단계를 폭넓게 연구했던 라캉Lacan은 '아동기의 잊혀진 언어'라고 불렀는데, 이 잊혀진 언어가 (라캉의 관점에 따르면) 무의식의 가장 두드러진 구조를 만들어낸다(올바른 맥락에서는 나 역시 이 관점을 수용한다).[236] 마법적 일차 과정과 마찬가지로, 이 원시논리적 사고는 흔히 전체/부분 등가성과 술어 동일성을 기반으로 작용한다. 하지만 엄격하게 비언어적 이미지들로 구성된 순수한 일차 과정 사고와는 달리, 전-인과적 사고는 대체로 언어적이고 청각적이다. 이 사고는 추상적이고 청각적인 상징물을 수반한 직선적인 말과 이름(word-and-name)으로 구성된다. 일차 과정의 이미지와는 달리, 전-인과적 사고는 원시 개념, 언어적 추상화 및 초보적 부류 형성으로 작동하는 제대로 된 진정한 사고 유형에 속한다. 이 수준의 언어는 여전히 마법적 일차 과정에 물든 언어라고 할 수 있을 것 같다. 설리번이 스스로 '자폐적 사고 또는 언어'라고 불렀던 이 전-인과적 사고를 **병렬적 배열의 언어 표현**이라고 말했던 이유는 바로 이 때문이다.[46] 아리에티는 레비-브륄*이 들었던 놀라운 예를 다음과 같이 보고한다.

"콩고 원주민이 유럽인에게 말한다. '낮에 당신은 한 남자와 야자술을 마셨는데, 몰랐겠지만 그 사람에게는 악령이 깃들어 있었소. 저녁에 당신은 악어가 어떤 불쌍한 친구를 먹어 치웠다는 말을 들었소. 한밤중에 들고양이가 당신의 닭을 모두 먹어버렸소. 그런데 당신이 함께 술을 마신 남자, 어떤 남자를 먹

---

* Lucien Levy-Bruhl: 1857-1939. 프랑스 파리 출신의 철학자, 인류학자. 융의 심리학 이론에 영향을 미침.

어 치운 악어 그리고 들고양이는 모두 하나이자 같은 사람이
라오.'" 분명히 (악령이 깃들어 있다는) 공통된 특징 또는 술어
가 동일시로 이끌어갔다[고 아리에티는 쓰고 있다]. 내가 보기
에 그의 논리적 과정은 공통 특징을 갖는 다른 주체를 동일시
하도록 이끌어가는 단계에 붙잡혀 있는 것으로 보인다. 다른
주체들(남자, 악어, 들고양이)이 동등하게 처리된다. … 이러한
조직 수준에 있는 사람은 경험을 동일 영역에 놓고, 그것에 의
거해서 개념 구성을 하는 경향이 있다.[7]

전체/부분 등가성과 술어 동일성이라는 이런 유형의 사고는 정
직하게 자신을 일종의 신화적이고 마법적인 분위기에 자리매김한
다. (여러 학자 중에서) 페렌치는 정말로 이 단계를 '마법적인 말과 사
고'[121] 단계라고 말한다. 폰 베르탈란피는 이렇게 설명한다.

한편, 인간의 말하기라는 특별한 능력과 일반적인 상징적 활
동이 발달했다. 이 지점에서 우리는 물활론적 경험이 여전히
지속되지만 중요한 추가 능력을 수반한 마법적 국면에 이르게
된다. 인간은 언어와 다른 상징 능력을 획득한다. 하지만 상징
물과 지명 대상 사이에는 아직 분명한 구분이 설정되어 있지
않다. 따라서 어떤 점에선 상징물(예컨대 이름이나 다른 이미지)
이 곧 그 대상이다. 그래서 그 상징 이미지를 조작함으로써 ―
사냥 대상이나 그 밖의 동물을 묘사하고 적절한 의식을 통해
대상의 이름을 부름으로써 ― 관심 대상을 지배하는 힘을 얻

게 된다. 야만인이나 어린아이, 퇴행해간 신경증 환자는 그런 마법적 통제를 행사하기 위한 의식을 끊임없이 계속한다.[34]

'마법적(magical)'이란 용어와 '신화적(mythical)'이란 용어를 사용하는 많은 연구자들이 두 용어를 다소 상호 교환적으로 사용한다는 점이 분명해 보이는데, 이런 식의 용법에는 전혀 문제될 것이 없어 보인다. 하지만 나는 '마법적'이란 용어를 '마법적 이미지'와 순수한 일차 과정 사고가 주를 이루는 초보적 단계를 가리킬 때 사용한다. 반면 '신화적'이란 단어는 마법보다는 다듬어졌지만 논리적 명료성은 다소 불분명한 이 원시논리 단계를 기술하는 데 가장 적합한 용어라고 생각한다. 우리가 말하는 신화적 멤버십 단계는 바로 이 단계이다. 그러나 **성숙한 모습**의 신화적 사고는 전혀 병적이거나 왜곡된 사고가 아니라 오히려 일상적 논리를 훨씬 넘어선 실재의 깊이와 원형적 존재의 상위 양식을 드러내주는 (비전-이미지라는) 고품격 환상과 결합된 사고라는 점도 추가적으로 언급하고 싶다. 하지만 미성숙한 원시논리는 어린이에게 정신적 혼란을 주는 원천이 되며 많은 불운한 결말로 이끌어가기도 한다. 그런 불운한 결말 중 대다수가 결국엔 병이 되기도 한다.

이러한 전-인과적 사고는 다소간 추상적이긴 하지만, 신화적 요소들이 스며들어 있는 초보적 추상화라고 말하는 편이 공정할 것 같다. "환상적 수준[오직 순수한 이미지뿐인 이전 단계]과는 달리 원시논리 단계에서 인간은 추상화 능력을 갖추게 된다. 그는 대상의 다양성으로부터 유사한 자료를 분리할 수 있고 대상들의 범주나 부류를 만들어낼 수도 있다. 그렇긴 해도 완전한 추상화 과정은 요원하다. 추상화된 부분을 전체와 혼동하기도 하고, 유사한 부분을 보유한 다른 전체와 같은 것으로 잘못 보기도 한다."[7]

따라서 이 초기 멤버십 수준의 의식 전반에는 초보적인 언어 형성과 전-인과적 사고가 주입되어 있다 하겠다. 그러나 언어 자체가 발달할수록 원시논리는 점점 더 배경으로 물러나는데, 그 이유는 "말하기의 성장이 점차 전-논리적 사고를 논리적이면서 조직되고 보정된 사고로 변형시키기 때문이다. 이런 사고는 현실 원리로 가는 결정적으로 중요한 단계이다."[46] 병렬나열식 문장 구성이 규칙적 문장 구성으로 바뀐 것이다.

이 단계에서 매우 중요한 것은 어린이가 주변 사람들의 구문론을 익혀감에 따라 — 이 단계에서 시작하는 과정이다 — 주변 사람들이 지각하는 방식으로 세계를 재구성하기 시작한다는 점이나. 언어와 문법과 구문론을 통해서, 그는 헌실이라고 부르도록 배우게 될 세계에 대한 특정한 서술 방법을 배운다. 아래 인용문은 이런 사실을 명확하게 꿰뚫어본 돈 후앙*의 메시지이다.

마법사(sorcerer)에게 우리가 세상이라고 부르는 현실은 하나의 묘사에 불과하다.

이런 전제를 입증하기 위해서, 돈 후앙은 내가 마음속에 간직하고 있는 세상은 단지 세상에 대한 묘사, 태어난 순간부터 내

---

* Don Juan: 미국 UCLA 출신의 인류학자이자 작가인 카를로스 카스타네다Carlos Castaneda(1925-1998)가 쓴 《돈 후앙의 가르침》에 나오는 멕시코 야키족 마법사의 이름.

안에 주입된 묘사에 불과하다는 것을 믿도록 하기 위해 정말로 최선의 노력을 기울였다.

그는 아이와 만난 모든 사람들이 그 아이가 자신들이 묘사해준 대로 세상을 지각할 수 있을 때까지 순차적으로 아이에게 세상에 대해서 묘사해주는 선생님이라고 지적했다. 돈 후앙에 따르면, 우리는 그 불길한 순간을 기억하지 못하는데, 그 이유는 우리가 그것을 다른 어떤 것과 비교할 기준점을 가지고 있지 않았기 때문이다.…

돈 후앙이 말하고자 하는 바는, 우리가 현실이라고 부르는 일상생활은 특정한 멤버십을 공유하고 있는 우리가 공통으로 지각하도록 배웠던, 끊임없는 지각적 해석의 흐름으로 이루어져 있다는 것이다.[70]

어린아이는 자신의 지각적 유입을 자신이 속한 멤버십에서 묘사하는 방식에 따라 **만들어내고** 그런 흐름으로 변형시키도록 배운다.[408] 처음에 아이는 자신의 새로운 멤버십 현실을 단순히 **인식할** 수 있을 뿐이지만, 마침내 매 순간 그런 현실을 **기억해낼** 수 있을 것이고, 그로 인해 묘사된 것으로서의 세계가 그의 상위 현실이 되고, 사실상 존재의 언어 영역으로 들어서게 된다. 이것은 중차대한 성장 경험이긴 하지만, 자연스럽게 그 이전 단계에는 접근하지 못하게 하는 경향도 있다. 아동기 경험의 상당 부분이 망각되는 가장 큰 이유도 그런 경험들이 심하게 억압되기 때문이기보다는(어떤 기억은 심하게 억압되기도 하지만), 그런 기억들은 멤버십이 묘사하는 구조에 적합하지 않아서, 즉 그런 기억을 떠올릴 만한 **용어**를 갖고 있지 않기 때문일 가능성이 더 크다.

이렇게 말하는 것은 물론 언어를 비난하려는 뜻이 아니다. 다만 점차 성장하고 진화하는 의식이 이전에는 없던 많은 어려움과 잠재적인 갈등을 초래하기도 한다는 사실을 지적하려는 것뿐이다. 외향 호에서뿐만 아니라 내향 호에서의 진화도 일련의 위계적 구조의 **발현**을 특징으로 하는데, 일반적으로 하위에서 상위로 진행하지만 새롭게 발현한 각각의 구조는 선행 구조와 통합되어야 하고 단단히 고정되어야 한다. 상위 구조는 하위 구조를 억압하는 경향이 있으며, 하위 구조 역시 상위 구조에 반항하거나 그것을 방해하고 압도할 수 있다. 이는 언어적 마음의 발현이 모든 하위 구조를 억압할 잠재력을 보유한 상위 구조라는 고전적인 예에 지나지 않지만, 이런 식의 성장은 가장 불행한 결과를 초래할 수도 있다는 점을 보여준다.

그러나 앞에서 언급했듯이, 언어 자체 — 하위 마음 또는 언어적 마음 — 의 발현은 — 특히 이전의 단순한 생존, 지각 및 단순한 정서로 이루어진 신체자기와 비교해볼 때 — 의식에서의 결정적인 성장으로 꼽힌다. 특별히 우리가 주목하는 것은 어린이가 언어 사용을 통해서 최초로 사건의 **연쇄** 또는 **계열**에 대한 표상을 구성할 수 있게 된다는 점, 따라서 시간적으로 엄청나게 확대된 세계를 구성하기 시작한다는 점이다. 아이는 (이전 단계에서처럼) 상상한 대상에 대한 확장된 현재만이 아니라, 과거에서 미래로 이어지는 추상적 표상물의 직선적 연쇄라는 확고한 **시간관념**을 구축한다.

"이제 사건 연쇄에 대한 언어적 표상이 가능하기 때문에, 시간 차원이 추가된다. 인간은 과거와 미래에 대한 최초의 이해를 획득한다. 아직 장기간에 걸친 시간을 정확하게 측정할 수 없긴 하지만, 지나간 과거와 아직 오지 않은 미래가 완전한 시간 차원으로 출현한다."[7] 또는 블룸Blum이 정신분석학적 관점에서 기술한 것처럼, "말하기는 말의 세계에서 사건을 계획할 수 있기 때문에 확장된 예견 기능을 도입한다."[46] 그렇기 때문에, 페니켈이 말하는 것처럼 "시간과 예견은 언어의 발달을 통해서 비교가 안 될 정도로 더 적절해진다. 말하기 능력은 사고 이전 상태를 논리적이고 조직적이며 보다 적응된 사고로 변화시킨다."[126]

위에서 언급한 것들을 빠르게 요약하면 다음과 같다. 언어적 마음의 발현은 실질적으로 티폰 단계의 신체, 즉 단순한 순간-순간의 기분과 인상뿐인 현재-중심 신체의 의미 있는 초월을 특징으로 한다. 이전 단계에서 신체가 물질적 환경으로부터 구체화된 것과 마찬가지로, 마음이 사실상 신체로부터 분화되고 결정화되기 시작한다(다만 시작이다). 자기는 언어적 마음 또는 하위 마음으로 인해 더 이상 근시안적 현재라는 시야에 제약되거나 묶이지 않으며, 그런 지각에 국한되지도 않는다. 말하자면 언어가 마음에게 감각 입력을 훨씬 넘어선 지각 공간을 **만들어주고, 그 의식은** 언어라는 수단을 통해서 더 확장된다는 것이다.

언어적 마음의 획득은 의식의 진화 과정에서 볼 때 엄청난 향상이며, 오늘날에 이르기까지 오직 인간만이 이룩한 단계이다. 그러나 내가 《에덴에서 천상으로》에서 보여주려고 애썼던 것처럼,

모든 의식 성장에는 — 어린이 스스로 곧 알게 되듯이 — 치러야 할 대가가 있기 마련이다. 언어 자체가 동사 부분에 일종의 **시제**를 수반하고 있음을 곧 알아차리게 될 것이기 때문이며, 또한 어린이가 언어의 눈을 통해 세상을 바라볼 때 당연히 시간적인 또는 **시제로 이루어진 세계**를 볼 것이고 그로 인해 (키르케고르가 알고 있던 것처럼) 시간, 긴장, 불안과 동의어인 세계를 알아차리게 될 것이기 때문이다. 마찬가지로 어린이는 **시제화된 자기-감각**을 구성하도록, 그러고는 그것과 동일시하도록 배운다. — 어린이는 과거를 얻게 되고 미래를 예상하게 된다. 어린이가 이러한 의식의 성장에 치러야 할 대가는, 그 자신의 분리와 그로 인한 자신의 취약성에 대한 더 확대된 인식이다. 어린이는 크든 작든 자신의 잠재-의식에서 잠들어 있던 상태에서 깨어난다. 말하자면 그는 낙원 같은 무지 상태에서 추방됨과 동시에 분리와 고립 그리고 죽음의 세계로 내몰린다.

그렇게 해서 언어를 획득한 직후, 모든 어린이는 확대된 악몽의 시기를 거치게 된다(그 이전에는 드물다). 잔혹한 살인의 비명에 잠에서 깨어나기도 하고, 분리된 개별 자기라는 존재에게 내재한 생생한 공포, 분리된 자기의 표면 아래 늘 잠복해 있는 원초적인 공포 분위기로 인해 충격받는다.

그러나 긍정적인 측면에서 보면, 언어적 계열성은 시간과 시제화된 멤버십 세계를 결합시켜줌으로써, 그렇지 않았더라면 어린이의 충동적이고 통제 불가능한 행동을 뒤로 미루고, 조절하고, 경로를 바꾸고, 지연시키는 능력을 향상시키는 데 기여한다. 페렌치에 따르면, "말하기는 … 의식적인 생각과 그로 인한 운동 방출을 지연시키는 능력을 촉진시킨다."[46] 어린이는 시간의 세계에 대한 자신의 반응을 능동적으로 맞추려면 그런 세계를 생각하고 기억해야 한다. 즉 '능동적 숙달'과 '자기-통제'는 시간과 시제에, 뿐만 아니라 신체 근육의 향상된 숙달에도 밀접하게 의존한다.[108,243] 나아가 이러한 능동적 숙달의 발달은 "단순한 반사적 방출 작용을 대체한 향상된 행동이기도 하다. 이런 향상된 행동은 자극과 반응 사이에 **시간**이라는 간격을 끼워 넣음으로써 가능해진다."[120]

융 학파의 관점에 따르면, 이러한 "지연된-반응과 탈-감정화는 원형을 일련의 상징으로 분리하는 것과 평행해서 진행된다."[194,279] 즉, 이 단계의 자기는 "큰 내용을 부분적인 측면들로 나누는 법을 배우고, 그렇게 나눈 것을 차례대로 조금씩 경험한다." 다시 말하면, 부분적인 측면들을 직선적 시간 계열로 경험한다. 그러나 노이만은 통제 불가능한 감정적 반응을 대체시킬 수 있는 유일한 수단은 오직 의식의 성장뿐이기 때문에, 이런 분화는 "전혀 부정적인 과정이 아니다"라고 말한다. 그는 또 말한다. "이런 이유 때문에, 반응을 끌어낸 지각 이미지로부터 [즉각적이고 본능적인] 반응을 분리하는 [즉, 본능적인 반응과 이미지 자극 사이에 **시간**을 끼워 넣는] 경향성에는 건전한 의미가 있다. 원형의 발현에 본능적인 반사적 반응이 즉각 따르지 않는다면, 이는 감정적-역동적인 성분들이 의식에 미치는 영향을 방해하거나 아예 차단하는 효과가 있기 때문에 의식 발달에는 훨씬 더 좋은 일이다."[279]

언어는 상위-계열 멤버십 현실과 상위-계열 자기를 수립하는

데 도움이 될 뿐만 아니라, 일반적으로 어떤 행동이 이 멤버십 세계에서 받아들일 수 있는 행동인지를 부모와 소통할 수 있는 주요 수단으로 기능한다. 말과 생각을 수단으로 아이는 일찌감치 부모의 금지와 요구를 내면화하고, 그렇게 해서 '전-양심'(preconscience: 페니켈), '괄약근 도덕성'(sphincter morality: 페렌치), '초기 도덕적 초자아'(랑크Rank), '전-초자아'(pre-superego), '초자아의 선구자', '본능적 윤리', '내적 어머니' 등 다양하게 불려왔던 초자아 형성 이전의 초보적인 양심을 만들어낸다. 하지만 이 단계에서 '내적 어머니'는 ― 심상-신체 단계의 대모가 그랬던 것처럼 ― 더 이상 단지 이미지의 결합체만이 아니라, **언어적** 표상물의 결합체이기도 하다는 점에 유의하길 바란다. 이 초기 양심, 내적 어머니는 단순히 묵시적인 형성체가 아니라 명시적인 정보를 보유하고 있다. 하지만 초기 양심은 잘 조직된 것도 아니고 철저하게 구속력 있는 것도 아니어서, 상응하는 권위 인물이 실제로 존재하지 않는 경우에는 변질되는 경향을 보인다.[120,243,343]

언어와 추상적 사고기능의 발현은 이제 감정에서도 시간의 세계를 꿰뚫어 흐르고 시간에 의해 환기될 만큼 자유롭게 되었기 때문에, 어린이의 감성 및 능동적 의욕 세계를 엄청나게 확장시킨다. 일시적인 특정 욕망들뿐만 아니라 구체적인 혐오 감정을 처음으로 즐기고 막연하게나마 연결할 수 있게 되었다. 어린이의 의식에 선택이라는 관념도 생기는데, 이는 시제화된 세계에서는 더 이상 사건들이 (티폰 영역에서처럼) '그저 일어나는 것'이 아니라, 선택적으로 개입할 수 있는 여러 가능성을 제시하기 때문이다. 우리는

'아니면/혹은…'이라는 선택지를 언어로 말할 수 있게 된다. "난 이걸 해야 하나요, 아니면 저걸 해야 하나요?" 따라서 우리는 여기서 초보적인 의욕과 의지력의 뿌리 그리고 이전 수준보다 더 분산되고 전체적인 소망의 변형을 보게 된다.

멤버십 단계는 몇 가지 면에서 정신분석학에서 기술한 가학적 항문기와 일치한다. (엄밀하게 말하면, 항문기 자체는 리비도libido 또는 정서적-성적 발달만을 가리킨다. 그런 만큼 그 단계를 자아 발달이나 인지 발달과 같은 것으로 볼 수는 없다. 하지만 이 책에서 나는 다양한 발달 경로를 세분화하지 않고 있기 때문에, 항문기가 이 시점에서 발달하는 경향이 있는 만큼 항문기를 이 시점에 포함시킨다. 마찬가지로 나는 다음 장에서 심적-자아 수준을 논할 때 남근기를 함께 다룰 것이다.) 이 단계 특유의 공포를 신체 손실(배설물)의 공포, 그리고 신체 훼손의 공포라고 부른다.[120] 이 신체 훼손의 공포는 매우 중요한 역할을 하기 때문에 진화의 역동성을 살펴볼 때 더 상세하게 탐구할 것이다. 끝으로, 정신분석학을 대표하는 에릭 에릭슨은 이 단계의 갈등은 자율성 대 의심과 수치심의 발달, 즉 어린이가 이 새로운 멤버십 세계와 선택의 세계를 어떻게 느끼는가에 대한 것이라고 덧붙인다.[108]

전반적으로 볼 때, 이 단계의 자기-감각은 여전히 티폰 수준의 감각을 다소 띠고 있긴 하지만 그때보다는 덜한 편이다. 즉 자기가 신체로부터 분화를 시작하고 있다는 것이고(단지 시작이긴 하지만), 이전 단계의 '좋은 나'와 '나쁜 나'라는 일시적인 이미지가 초보적인 언어적 자기-감각, 즉 멤버십 자기, 시제화된 자기, 말과 이름의 자기로 조직된다는 것이다.

## 언어적 마음: 요약

지금까지 살펴본 것은 단순한 신체자아로부터 진정한 심적 기능 또는 개념적 기능들이 발현하기 **시작하고** 분화하기 시작한다는 것이다. 언어가 발달함에 따라 어린이는 상징과 생각과 개념의 세계로 들어서게 되고, 그에 따라 점차 단순하고 본능적이고 즉각적이고 충동적인 신체자아의 농요 위로 올라선다. 언어는 다른 무엇보다 신체 감각이 **즉각적으로 제시하지 않는** 사물과 사건의 순서를 그릴 수 있는 확장된 능력을 간직하고 있다. 로버트 홀$^{Robert Hall}$은 "언어는 현재하지 않는 세계를 다루는 수단이자 단순한 이미지를 무한히 넘어서 다루는 수단이다"[176]라고 말한 바 있다.

그런가 하면, 언어는 단순히 현재하는 세계를 **초월하는** 수단이기도 하다. 언어는 상위 의식 영역에서 그 자체가 초월되지만, 초-언어에 이르기 위해서는 먼저 전-언어에서 언어로 넘어서야 한다. 지금 여기서는 전-언어를 초월해서 언어가 등장하는 과정에 대해서 말하고 있는데, 이 과정은 이야기의 절반에 불과하지만 놀라운 성취가 아닐 수 없다. 언어를 통해서 미래를 예견하고, 미래에 대해 계획을 세우고, 현재의 활동을 내일에 맞춰 준비할 수 있다. 즉, 자신의 현재 신체적 욕망과 활동을 지연시키거나 통제할 수 있게 된다. 이미 보았듯이 이는 "단순한 반사적 방출 작용을 점차 행위로 대치시키는 것으로서, 이는 자극과 반응 사이에 시간 간격을 도입함으로써 가능해진다."[120] 언어와 언어의 상징적이고 시제적인 구조를 통해서, 단순한 생물학적 충동의 즉각적이고 충동적인 방출을 지연시킬 수 있게 된다. 더 이상 본능적인 요구에 완전히 지배당하지 않고, 어느 정도까지는 그런 요구를 **초월할** 수 있게 된다. 이것은 단순히 자기가 신체로부터 분화를 시작하고 있고 **심적,** 언어적 또는 구문적인 존재로 발현하기 시작한다는 것을 의미한다.

앞장에서 소개했던 발달의 3대 요소를 다시 떠올려주길 바란다. (언어의 도움으로) 심적 자기가 발현해 신체로부터 **분화**(differentiate)함에 따라, 자기는 신체를 **초월**(transcend)하며, 그로 인해 자신의 심적 구조를 도구로 사용해서 신체에 작용(operate)할 수 있게 된다(자기는 신체의 즉각적인 방출을 지연시킬 수 있고, 언어를 매개물로 사용해서 본능적 만족을 미룰 수 있다). 동시에, 이 심적 자기는 신체의 정서적-성적 에너지를 더 미묘하고, 더 복잡하게 발달한 활동으로 승화시키는 **출발점**이 될 수도 있다. 분화, 초월, 작용이라는 이 3대 요소는 뒤에서 보겠지만 모든 성장 단계에서 반복해서 등장하는 발달의 형식이자, 우리 모두가 알다시피 곧바로 궁극 그 자체로까지 이끌어가는 가장 기본적인 단일 **발달 형식**이기도 하다.

# 5

## 심적-자아 영역

　어린이의 자기-감각은 다양한 이유로 인해 점차 구문적-멤버십 인지와 감정, 동기, 그리고 그 멤버십 인지와 밀접하게 관련된 환상 주변에 중심을 잡는다. 어린이는 자신의 중심 **정체성**을 티폰 영역에서 언어적이고 심적인 영역으로 변경한다. 병렬적 배열은 사라지고 통합적 배열, 즉 이차 과정 사고가 급성장한다. 결정적으로 의식의 모든 요소에 직선적, 개념적, 추상적, 합의-언어적 사고가 들어온다. 최종적인 결과로 이제 자기는 더 이상 덧없는 비결정성 자기-이미지나 그런 자기-이미지의 합성물이 아니며, 단지 말이나 이름에 불과한 자기도 아니다. 이 단계 자기의 최종 결과는 청각적이고 언어적이며 대화적이고 구문적인, 자기 개념적 자기라는 상위-계열 합일체이다. 이러한 자기-개념은 처음에는 비록 매우 초보적일지라도 급격하게 강화된다.

가장 초기 발달 단계를 제외하면, 개인의 정신역동적 활동에서 발생하는 대부분의 변화를 결정하는 것은 그 사람의 인지 상태이다. 과거와 현재 경험을 정교화하고 그런 경험들과 연합된 정서를 대규모로 변화시키는 것도 그 사람의 인지 상태이다. 인간을 동기화시키거나 혼란시키는 강력한 정서적인 힘 중에는 복잡한 상징 과정으로 유지되며 실제로 그런 상징 과정이 일으키는 정서들도 많다. 그 사람의 개인적인 중요성에 대한, 자기-정체성에 대한, 생활에서 자신의 역할에 대한, 자존감에 대한 이런 복잡한 인지적 구성물 없이 개념-감정들은 존재할 수 없었을 것이다. … 자기의 이미지 안으로 개념들이 들어오며, 그 개념들이 상당 정도 이미지를 구성한다. [구문적] 개념 수준에 있는 사람은 자신을 더 이상 물리적 실체나 이름으로 보지 않고, 자신의 개성을 나타내는 개념들의 합성물로 여긴다. … 그 사람은 생각하고 느끼는 데 있어서나 행동에 있어서나 사물보다 개념에 더 신경을 쓴다.[7]

페니켈은 이를 다음과 같이 기술한다. "자아의 의식 부분을 강화시키는 결정적인 발걸음은 태고적인 지향성에 말하기라는 청각적 개념이 추가될 때 내딛게 된다."[120] 이 청각적, 개념적, 구문적 자기야말로 멤버십 사고와 개념적 인지에 불가분으로 매몰되어 있는 감정과 의욕 요인을 포함해, 거의 모든 자기-감각 측면을 수반하는 적절한 상태의 자아 수준이다.

그런데, 자아(ego)는 — 내가 자아라는 용어를 사용할 때 — 몇 가지 중요한 점에서 다른 형태의 자기-감각(self-sense)과는 다르다. 우로보로스가 전-개아적 자기였고, 티폰이 생존적 자기였고, 멤버십 자기가 말과 이름의 자기였던 것에 비해, 자아의 핵심은 사고 자기(thought self), 자기-**개념**(self-concept)이다. 자아는 하나의 자기-개념이거나 다양한 자기-개념의 집합체로서, 이 안에는 분리된 자기-개념에 관련되거나 함께 묶여 있는 이미지, 환상, 동일시, 기억, 하부 성격, 동기, 아이디어, 정보 등이 포함되어 있다. 따라서 정신분석학에서 말하는 '건강한 자아'는 자아의 다양할 뿐만 아니라 흔히 부조화스러운 경향성까지도 적절히 설명해주는 꽤 '올바른 자기-개념'이다.[119] 나아가 자아는 — 신체에서 분화하긴 했지만 — 신체의 **수의적** 근육에 기반을 두기 때문에, 병적인 자아 상태는 그에 상응하는 근육 역기능을 보이는 경향이 있다.[249] 그렇기에 자아-구문적 수준을 지배하는 것은 개념적 인지이며, 그 수준의 특징은 티폰 단계 신체의 초월이라고 할 수 있다.

자아-개념 단계는 그 시작이 정신분석학의 남근기(또는 운동-성기기)와 비슷하며, 제대로 된 초자아(superego)가 최종적으로 발현한다는 특징을 갖고 있기도 하다.[46,108] 앞에서 지적했듯이 남근기 자체는 티폰, 즉 신체 영역을 가리키지만, 그 단계는 일반적으로 초기 자아와 적절한 초자아의 발현과 결합해서 일어난다. 다양한 발달 경로를 구별해서 사용하지 않기 때문에, 나는 이 책 전반에 걸쳐서 초기 자아 단계를 남근기-자아처럼 다룰 것이다. 그런데 초자아는 일반적으로 부모로부터 흡수한 일련의 제안, 명령, 지시, 금지가 내면화되거나 내사된 청각적, 언어적-개념적 집합체이다.[120] 실제로 내면화된 부모의 생각이나 개념에는 자녀 자신(또는 자녀가 그러리라고 이해한 것)에 대한 부모의 태도, 감정, 생각이 포함되어 있다. 달리 말하면, 내면화된 것은 부모의 것만이 아니라 **부모와 자녀 사이의 관계**이기도 하다.[244] 따라서 교류분석(transactional analysis)의 편리한 용어를 사용하자면, 부모와 자녀는 자아-내적(intraegoic) 상관구조라고 할 수 있다. 정신적으로 부모와 자식은 서로에게 의존한다(고전적 정신분석에서는 일반적으로 간과했던 사실이다. 프리츠 펄스가 "프로이트는 평소대로 절반만 옳았다. 그는 초자아는 얻었지만, 자아-내적 구조는 망각했다"[291]고 말한 것이 생각난다). 자녀가 개념적으로 부모를 내면화할 때, 자녀는 동시에 **자녀로서** 그가 부모와 갖는 관계와 **부모로서** 부모가 자신과 갖는 관계를 **고정**시키고 **결합**시킨다. 따라서 일부는 관행적이고 일부는 상상적인 부모와 자녀 간의 관계는 고정된 자아-내적 관계가 된다.[243] 이것이 자아 수준의 독특한 특징이다.

다른 식으로 말하면, 이전의 개인-간[間] 관계였던 구조가 이 단계에서 개인-내[內] 구조가 되는데, 그 이유는 언어적 개념화 때문이다. 개념적이거나 구문적인 사고의 비록 초보적인 발달조차도 추상적인 역할을 취할 수 있는 능력을 구비하고 있는데, 이 능력이 자아 발달에서 결정적이라는 것이다. 볼드윈의 '개인적 성장의 변증법',[20] 라캉의 '타자'와 '거울-단계',[236] 쿨리Cooley의 '거울에 비친 자기',[92] 콜버그의 '타인의 역할 취하기',[229] 미드의 '특수화된 타인'과 '일반화된 타인'[267] ― 이 모든 것은 "자기의 사회적 근원인 역할의 내면화된 대화"를 가리킨다.[243] 가장 중요한 점은, "역할에 대한 대화가 아동 대 부모, 충동 대 통제, 의존 대 지배에서 모두 동시에 이루어진다. 자신의 분신이나 대상의 역할이 전유할 때마다 아동의 자아, 따라서 그의 분신이나 대상은 그에 따라 복잡해진다"[243]는 것이다.

따라서 결정적으로 중요한 '자아 구조의 내적 분화' — 기본적으로 부모와 자식, 초자아와 내자아, 탑독topdog과 언더독underdog(상세히 다루기에는 너무나 다양한 하부인격들도 포함해서) — 가 일어난다. 게다가 내면화된 부모-자식은 특수한 반전(retroflection)에 기반을 둔 관계이다.[418] 그런 관계인 이유는 자녀가 자신에 대한 부모의 역할을 반전해서, 즉 부모에게 허용되지 않는 개념 감정들을 자신에게 되비추어서 취한 것이기 때문이다. 예컨대 자녀가 화를 낼 때마다 부모가 반복적으로 꾸짖을 경우, 마침내 자녀는 부모의 역할과 동일시하게 될 것이고 자신의 감정폭발에 대해 스스로 꾸짖게 될 것이다.[292] 그는 스스로를 칭찬할 수도 있고 비난할 수도 있는데, 칭찬할 경우 자부심이 생기고 비난할 경우 죄책감이 생긴다.[120] 중요한 점은, 부모의 역할을 취함으로써 그는 자신의 자아를 여러 부분으로 분화시킬 수 있다는 것이다. 이 모든 것은 **처음에는**(처음에만) 자식과 부모의 원래 대인관계에 기초한다. 따라서 부모와 자식 간의 외적 관계는 자아의 다른 두 하부인격 간의 내적 관계가 된다. 개인-간의 것이 개인-내의 것이 되었으므로 부모와 자녀의 자아 상태는 교차된 반전과 내면화된 대화의 네트워크이다.[418]

내면화된 부모인 초자아는 양육하는 부모, 즉 자아 이상(ego ideal)과 통제하는 부모, 즉 양심(conscience)으로 세분화되며, 자녀의 자아 상태는 말 잘 듣는(adapted) 아이, 반항적인(rebellious) 아이, 제멋대로인(natural) 아이로 세분화된다.[33] 그러나 이 모든 세분화된 아이는 내가 보기에 개념적 복잡성이 다른 **자아-내적 사고 구조들**이다. 즉 그런 것들 모두는 지배적인 구문적-대화 요소를 간직하고 있는데, 그 요소에는 상응하는 감정, 이미지 및 감정 분위기가 포함된다. 감정과 환상과 이미지들이 이 개념-자아 수준에서는 일어나지 않는다는 뜻이 아니라(그런 것들은 실제로 일어난다), 그런 것들이 대체로 멤버십 현실의 개념적 형상과 관련 있거나 그런 것들과 결합되어 있다는 뜻이다.

나아가 부모-자식 자아 — 부모(Parent)-어른(Adult)-아이(Child) 하부인격을 P-A-C 자아라고 부를 것이다 — 의 이러한 구문적-대화적 특성이 각본 프로그래밍을 가능하게 하는데, 교류분석에서는 이 부분을 너무나 훌륭하게 다루고 있다.[33] 우리는 우로보로스 단계의 자기와 티폰 단계 자기를 프로그래밍해서 길들일 수 없지만(그 단계의 자기는 자연에 의해 프로그래밍된다), 대화적 사고는 어느 정도 길들일 수 있다. (부모, 세뇌 전문가, 최면술사 또는 치료사들처럼) 스스로를 개인의 내적 대화에서 중요한 역할 중 하나로 넌지시 이끌어 갈 수 있기 때문이다. 개인이 자신의 자아(개념적-대화 자기)와 동일시하는 정도에 따라서, 그는 내면화된 지시에 의해 '각본에 얽매이거나' 길들여질 것이다. 그런데 펄스의 발견에 뒤이어서[291] 자아 상태의 거의 모든 측면을 내적 대화에서 찾아낼 수 있는 방법을 상세하게 밝혀낸 것은 번의 공로이다.[33] 번이 사용한 방법은 이 단계에서 티폰 단계 이드조차 '살아 있는 소리'[33]로 경험될 만큼의 감정과 이미지를 수반한 청각적 신호를 구문적 연쇄로 제시하는 것이 었다.

아동기의 자아를 의식에 온전히(혹은 대체로 온전히) 간직한 채 어른이 된 사람은 거의 없는데, 그 이유는 "초자아가 자리 잡은 이후에는 그 초자아가 어떤 충동이나 욕구를 허용할 것인지 또 어떤 것들을 억제할 것인지를 결정하기"[46,120] 때문이다. 다시 말해 초자아의 영향력과 이전의 자기 발달 수준의 모든 역사에 의존해서 어떤 개념 감정들은 떨어져 나가거나, 소외되거나(메이),[266] 미분화 상태로 남거나, 망각되거나(융),[209] 투사되거나(펄스),[291] 억압되거나(프로이트),[137] 아니면 의식에서 선택적으로 가려진다(설리번).[359] 그런 이유 때문에 그 사람은 사실적이거나 비교적 정확하고 유연한 자기-개념이 아니라 허위의 자기-개념, 이상적인 자기(호니Horney),[190] 나약한 자아(프로이트),[140] 페르소나(융)[210]로 남게 된다.

나는 편의상 전반적인 자아 영역을 주요 시간대별로 세 단계, 즉 초기 자아(4~7세), 중기 자아(7~12세), 후기 자아(12세~내면 호의 시작까지, 21세 전에 시작하는 사람은 드물다)로 나눈다. 자아 발달의 어느 시점에서든, 자기의 어떤 측면이 지나치게 위협적인 것으로 의식에 나타날 경우 그 측면은 억제될 가능성이 있다. 이렇게 억제된 측면을 (융을 따라서) '그림자(shadow)'라고 부르며, 그로 인해 생긴 허구적 자기를 '페르소나persona'라고 부른다. 우리의 경우, 그림자는 (프로이트와 융이 설명하는) 역동적 이유 때문에 무의식에 있는 측면만이 아니라 의식에도 있을 수 있는 자기의 개인적 측면들까지 가리킨다. 그림자는 (초기 자아가 유지되는 기간이 결정적인 시점이긴 하지만) 자아가 발현하는 어느 시점에서든 발생할 수 있기 때문에, 우리는 모든 자아 단계를 일반적으로 자아/페르소나 영역이라고 부른다.

그러나 페르소나 자체가 반드시 병적인 구조는 아니라는 점, 때로는 '사회적 상호작용을 촉진하는 데' 쓰일 수 있는 '좋은 얼굴'이나 '사회적 가면'일 수도 있다는 점에 유의하길 바란다. 페르소나는 다양한 과제 수행을 돕기 위해 운영하는 특별한 역할이므로 누구든 아버지 페르소나, 의사 페르소나, 남편 페르소나, 부인 페르소나 등과 같은 몇 가지 다른 페르소나를 보유하고 있으며, 보유해야만 한다. 개인의 가능한 모든 페르소나의 총합이 (나의 정의에 따르면) 전체 자아(total ego)인데, 이 전체 자아는 다양한 페르소나를 통합된 자기-개념으로 익히고 결합해서 수립되고 구성된다. '특수화된 타인'이 '일반화된 타인'을 앞서는 것과 마찬가지로, 페르소나가 자아를 앞선다.

('비폭력적 착한 아이' 같은) 어떤 특정 페르소나가 의식 장을 장악하고 지배할 경우, ('건강한 공격성'이나 '자기 주장' 페르소나 같은) 다른 적절한 페르소나가 의식에 들어올 수 없게 되어 어려움이 발생한다. 그럴 경우 자아 자기에서 분리된 이런 측면들은 그림자가 되거나 침잠된 페르소나가 된다. 다소 단순화된 일반적인 공식으로 표현하자면, '페르소나 + 그림자 = 자아'가 된다. 그림자는 모두 무의식적이지만, 무의식적인 모든 것이 그림자는 아니라는 점에 유의하길 바란다. 즉 무의식에는 온갖 종류의 수준들이 있지만, 그중 일부만이 '개인적인' 무의식이거나 '침잠된 페르소나-그림자'에 해당

한다. 무의식의 상당 부분은 전-개인(태고적, 집합적, 하위-원형적인 우로보로스) 영역에 해당하지만, 또 다른 상당 부분은 초-개아(앞으로 보게 되겠지만 정묘, 원인, 초월, 상위-원형) 영역에 해당한다.

끝으로, 나는 후기 자아/페르소나 기간(12~21세)을 모든 페르소나 형태가 갖춰졌다는 점에서 매우 중요한 시기로 본다. 즉, 그 지점에 이르기까지 개인은 적절한 페르소나를 학습하고 창출해냈으며, **그것들과 동일시해왔다.** 또한 후기 자아 단계에 이르면 그 사람은 정상적으로 자신의 다양한 페르소나에 숙달해 있고(에릭슨의 '정체감 대 역할 혼미' 단계),[108] 그런 페르소나를 초월하고 탈동일시하기 시작한다. '탈동일시'라는 말로 내가 의미하는 것은 '분리'된다거나 '소외'된다는 것이 아니다. 나는 탈동일시라는 용어를 **배타적이고** 제약적인 동일시에서 벗어나 **상위-계열** 동일시를 창출한다는 가장 긍정적인 의미로 사용한다. 유아는 플레로마와 탈동일시했다. 즉, 제약적인 동일시로부터 스스로를 차별화했다. 마찬가지로 자아는 티폰 단계 신체와 탈동일시하는데, 이는 자아가 더 이상 프라나(생기生氣) 영역에 **배타적으로** 집착하거나 동일시하지 않는다는 의미이다. 배타적인 하위-계열 동일시가 사라지지 않는 한 어떤 상위-계열 동일시도 있을 수 없는데, 이것이 내가 '탈동일시'라는 용어를 사용하는 방식이다. 일단 자기가 하위-계열 구조와 탈동일시하면, 그런 하위 구조들을 새롭게 출현한 상위-계열 구조에 **통합할** 수 있게 된다.

앞에서 후기 자아 기간에 개인은 자신의 다양한 페르소나를 정상적으로 숙달시킬 뿐만 아니라, 그런 페르소나를 초월하고 탈동일시하기 시작한다고 말한 바 있다. 따라서 그 사람은 자신의 가능한 모든 페르소나를 '성숙하고 통합된 자아' 내부에 통합하는 경향이 있으며, 그런 다음 그 전체 자아 전부와 탈동일시하기 **시작한다**. 앞으로 보게 되겠지만, 이 탈동일시가 내향 호의 시작을 알리는 특징이며, 그 이후의 모든 단계는 엄밀히 말해 자아초월(transegoic) 수준이다(제1장 그림 2 참조).

---

### 심적-자아 수준 자기

인지 스타일 — 구문적-멤버십, 이차 과정, 언어적 대화식 사고,
         구체적, 형식적, 조작적 사고
감정 분위기 — 개념 감정, 대화적 정서, 특히 죄책감, 욕망,
         자존심, 사랑, 미움
동기/의욕 요인 — 의지력, 자기-통제, 일시적 목표와 욕망,
         자존감 욕구
시간 양식 — 직선적, 역사적, 확장된 과거와 미래
자기 양식 — 자아-구문적, 자기-개념, 대화적으로 사고하는
         자아 상태, 다양한 페르소나

---

### 자아 영역: 요약

우리가 이전 두 장에서 언급했던 동일한 발달 형식, 즉 분화, 초월 및 작용이라는 3대 형식이 이 단계에서도 보인다. 그러나 이 3대 발달 형식을 더 자세히 살펴볼 경우 매 주요 발달 단계마다 상위-계열 구조의 **발현**, 그 상위 구조와의 **동일시**, 기존 하위 구조로부터의 **분화 또는 탈동일시**, 그로 인해 하위 구조를 **초월**하게 되고

그렇게 해서 상위 구조가 하위 구조에 **작용**하고 **통합**할 수 있게 된다는 점을 알게 된다.

따라서 꽤 잘 응집된 심적-자아가 결국 발현하여(통상 4~7세 사이), 신체로부터 자신을 차별화하고, 단순한 생물적 세계를 초월하며, **그 결과** 어느 정도까지는 단순한 표상적 사고를 도구로 사용해서 생물적 세계(및 초기 물리적 세계)에 작용할 수 있게 된다. 이러한 전반적인 경향성은 (보통 7세경에) 피아제가 '구체조작적 사고'라고 부른 인지 능력이 발현함으로써 공고해진다. ― 이 구체조작적 사고는 개념을 사용해서 구체적인 세계와 신체에 **작용할** 수 있으며, 이런 인지 양식이 중기 자아/페르소나 단계를 주도한다.

후기 자아/페르소나 단계에 해당하는 청년기 무렵, 또 다른 놀라운 분화가 일어나기 시작한다. 자기가 구체적 사고 과정에서 분화하기 시작한다는 것이 핵심이다. 그런데 자기가 구체적 사고 **과정으로부터** 분화를 시작하기 때문에, 자기는 어느 정도까지는 그 사고 과정을 **초월할** 수 있으며, 그렇기에 그런 사고에 **작용할** 수 있게 된다. 그러므로 피아제가 자신의 이론에서 최-상위 단계인 이 단계를 '형식조작적'이라고 부른 것은 놀랄 일이 아니다. 형식조작적 사고는 자신의 구체적 사고에 대해 **작용**(즉, 물리적이거나 구체적인 대상뿐만 아니라 형식적 또는 언어적인 대상에도 적용)할 수 있기 때문인데, 이런 작용은 (다른 여럿 중에서) 열여섯 개의 이진법적 명제를 갖는 형식 논리를 초래할 정도로 상세한 작용이다. 그러나 내가 여기서 강조하고 싶은 한 가지는, 이런 일은 의식이 구문적 사고에서 스스로 분화했고 그렇게 해서 그런 사고를 초월했기 때문이라는 점과 그렇기에 그런 사고에 작용할 수 있다는 것이다(의식이 그런 구문적 **사고와 동일시되었을 때**는 이런 작용을 할 수 없었다). 전반적인 요점은, 실제로 초월 과정이 후기 자아 단계에서 시작한다는 — 단지 시작이지만 상위 단계에서 더 강화된다 — 즉 의식 또는 자기가 언어적 마음을 초월하기 **시작한다**는 점만큼은 분명해 보인다는 것이다. 의식은 이제 초-언어, 초-자아 수준으로 넘어가기 시작한다.

끝으로, 언어적 자아-마음은 대승 불교에선 마노비즈나나manavijnana[362]로, 힌두교에선 마노마야코샤manomayakosa,[94] 소승 불교에선 네 번째와 다섯 번째 온蘊(skandha)[107]으로 알려져 있다. 이 마음은 하위 언어적 마음인 다섯 번째 비슈다visuddha 차크라와 개념적 마음[330]의 하위 측면인 여섯 번째 아즈나ajna 차크라이기도 하다. 카발라에서는 이 언어적 자아 마음을 티파렛Tiphareth(자아 수준 자기), 호드Hod(지성) 및 넷자크Netzach(욕망)[338]라고 부른다. 이 마음은 매슬로의 자존(self-esteem) 욕구[262]에 해당한다는 점도 잊어서는 안 될 듯하다.

이로써 우리는 외향 호의 마지막 지점에 도달했지만, 그렇다고 이 지점이 우리 이야기의 마지막은 아니다.

# 6

## 변형의 상징들

### 의식의 상승

지금까지 기술해왔던 내용으로 인해서, 진화의 각 단계 또는 수준마다 자기의 양식과 그와 관련된 현실 삼자 모두가 주로 이진수준의 복잡한 변형에 의해 생성된다는 점이 분명해졌을 것 같다. 따라서 새로 발현한 각 수준은 이전 수준을 전적으로 부정하지 않지만 그렇다고 이전 **수준으로부터** 발현하는 것도 아니라는 점, 오히려 새로 발현한 수준은 이전 수준의 변형(및 초월)이라는 점이 그것이다.

이제는 이런 수직적 상승 변형의 초개아적 역동성을 검토하면서 그 핵심에 자리 잡고 있는 아트만 프로젝트, 즉 궁극의 합일을 저해하고 상징적 대체물을 강제하는 방식으로 합일을 획득하려는 시도를 살펴볼 것이다. 연속해서 발현하는 각 수준들은 실제로 근원(Source)에 더 가까워지긴 하지만, 여전히 대체물에 불과하다. 그렇긴 해도 이 시점에서 **변형자**(transformers) 자체의 성질을 살펴보는 것도 가치 있는 일일 듯한데, 매 변형은 — '상징(symbol)'이란 말을 가장 폭넓은 의미로 사용할 경우 — 대체로 어떤 상징적 구조의 등장으로 달성되거나 최소한 **상징적 구조**를 수반한다는 점을 알게 될 것이다.

융 학파 심리학자 노이만은 "인류를 무의식에서 의식으로 이끌어온 진화의 길은 리비도[융 학파 심리학에서 리비도는 성적 에너지가 아니라 일반적으로 중립적인 정신적 에너지이다]의 변형과 상승으로 추진된 길이다"[279]라고 말한다. 융 또한 '**에너지를 변형시키는 메커니즘은 상징**'이라고 분명하게 제시한 바 있다. 그래서인지 융의 첫 번째 선구적인 책의 (이후 바뀐) 제목은《변형의 상징들》(Symbols of Transformation)[205]이다.

우리는 그 상징적 구조 중 서로 다른 대여섯 가지 주요 유형의 대략적인 윤곽을 이미 살펴본 바 있는데 우로보로스 형태, 초보적 물질-이미지, 구체적 이미지, 말과 이름, 멤버십-개념이 그 구조들이다(물론 이런 상징적 구조들은 외향 호만을 다룬다). 이런 상징적 구조들 하나하나는 서로 다른 유형의 표상을 만들어낼 수 있으며, 따라서 의식의 수직적 변형, 즉 상승의 특정 유형과 밀접하게 연결되어 있다.

가능한 한 이야기를 명료하게 하기 위해, 나는 이제 이 상징적 변형에 관한 몇 가지 예를 들 것이다. 우리는 이미 주요 외향 호 단계의 특성인 특정한 시간 양식, 즉 플레로마와 우로보로스 단계의 시간 없음, 물질-신체의 즉각적인 현재, 심상-신체의 확장된 현재, 멤버십 단계의 초보적인 시간 계열, 자아 단계의 확장된 직선적 시간 등을 지적한 바 있다. 하지만 초기 진화 과정에서 개인이 이런 시간 양식에서 다음 시간 양식으로 넘어가는 일은 어떻게 가능할까? 즉 어떤 수단을 통해서 하나의 시간 형태가 다음 형태로 바뀌는 것일까?

일반적인 대답의 큰 부분을 차지하는 바는, '그런 일은 의식의 성장 과정에서 각 단계마다 발현하는 다양한 상징적 구조들을 통해서, 다시 말해 그 구조들로 인해 가능해진다'는 것이다. 함께 살펴보자.

플레로마-우로보로스 단계(둘을 하나로 묶어볼 경우)의 시간 양식은 전-시간적, 시작도 없고 끝도 없음, 계열과 연계 이전 및 무지라는 의미에서의 시간 없음으로 적절히 규정된다. 유아는 어떤 일들이 있음을 분명히 알아차리긴 하지만 그것들을 시간적 관계로 파악할 수 없으며 사실상 유아 자신도 그것들과 분리되어 있지 않다. 그렇게 분리되어 있지 않은 것이 바로 물질적 우주에 매몰된 플레로마 상태이다.

그러나 초보적 물질-심상의 출현과 함께 이런 원시적이고 전-시간적인 의식은 스쳐 가는 현재를 파악하는 방식으로 변형된다. ― 처음엔 모호하고 희미하더라도 어쨌든 **현재**이다. 따라서 전-시간성은 첫 번째 시간 형태인 단순히 스쳐 지나가는 현재(nunc fluens), 흐르는 시간(durée réelle)에게 자리를 양보한다. 초보적 심상의 활동이 유아에게 이전엔 미분화된 플레로마 의식을 특정한 **현**

재 대상으로 발전시키는 능력을 부여해주기 때문에, 그 활동을 통해서 이런 변형과 의식의 성장이 가능해진다.

구체적인 심상이 등장하면서 단순한 현재는 **확장된 현재**로 더 발전한다. 구체적인 심상은 **존재하지 않는** 대상이나 사람을 나타낼 수 있게 해주기 때문에, 그로 인해 즉각적인 현재와는 다른 현재 순간을 알 수 있게 된다. 유아의 시간 세계는 이 심상-신체 수준에서 현재 순간들이 병렬된 계열로 이루어진 확장된 현재가 된다. 따라서 이 단계의 구체적인 심상이, 성장하는 시간의 세계를 서서히 공들여가며 힘들게 구축하는 데 결정적인 역할을 한다.

이미지 자체는 확장된 계열적 기간이나 긴 시간에 걸쳐 일어나는 **사건의 계열**을 의식에 나타내거나 구성할 수 없다. 그러나 말과 이름의 상징적 구조인 언어의 발달은 그와 더불어 사건의 연속과 행위의 계열을 알아차리는 능력과, 그로 인해 현재하지 않는 세계를 지각하는 현저한 능력을 초래한다. 달리 말하면 언어라는 상징적 구조가 현재 순간을 시제로 구성된 순간, 즉 과거와 미래로 둘러싸인 순간으로 **변형시킨다**는 것이다. 따라서 초보적 물질-이미지의 스쳐 가는 현재를 이 말과 이름이 언어적-멤버십 수준의 **시제화된** 지속 기간으로 변형시킨다. 이러한 변형이 의식으로 하여금 현재 순간을 초월하도록 해주는데, 이렇게 **초월한** 의식은 결정적인 상승이자 멀리 다가간 상승이다. 다음 주요 상징적 구조인 구문 통합적(syntaxical) 사고는 과거라는 시간과 미래라는 시간에 대한 명료하고 지속적인 정신 구조를 만들어낸다는 점, 따라서 진화의 매 단계에서 적절한 상징적 구조(이 구조 자체는 그 단계에서 발현한다)가 특정 시간 양식을 의식의 상승 속도에 보조를 맞춰가면서 후속하는 시간 양식으로 변형시킨다는 점을 끝으로 시간 양식의 변형 과정에 대한 짧은 논의를 마친다.

개인의 감정, 동기 및 의욕이라는 생활 측면에서도 유사한 변형이 일어나는데, 그 범위는 플레로마-우로보로스 단계의 원초적이고 태고적인 대양적 기조에서 자아와 페르소나의 개인적이고 구체적인 목표, 선택 및 욕망에까지 이른다. 이런 변형적인 사건의 한 가지 예를 간략하게 살펴보면 다음과 같다.

우로보로스 수준이 갖는 원래의 대양적인 분위기는 초보적 물질-이미지로 인해 개인의 신체적 쾌락 원리로 변형된다. 유아는 물질-이미지의 도움을 받아 외부 세계를 구축하고 표상하기 시작한다. 유아는 물질적이고 우로보로스적이고 매몰된 자신의 유아기 의식 상태에서 벗어나 물질적 우주로부터 자기 유기체의 표면(자신의 '신체-자아')에 집중하는 법을 배우면서, 농시에 잠징직이긴 히지만 자신의 신체를 즉각적인 환경에서 구별한다. 앞에서 보았듯이, 이 시점에서 유아의 자기-감각은 플레로마-우로보로스 양식에서 물질-이미지 양식으로 변형되며, 마찬가지로 무정형적인 대양적 분위기도 신체적 쾌락 원리로 변형된다. 처음에는 다형 도착적이고 유동적인 쾌감이긴 하지만, 어쨌든 그 쾌감은 신체적인 쾌감이지 대양적인 행복감은 아니다. 물질-이미지는 대양적 감정, 기분 및 행복감을 분명한 신체적 쾌감으로 변형시키는데, 이러한 쾌감의 변형은 신체라는 기반에 자기 체계를 설정하고 형성하는 데 결정적인 도움을 준다. 만일 이런 변형이 대규모로 실패한다면, 그 사람은 우로보로스 단계의 행복감에 고착된 채 남게 된다 (즉, 오로지 전-개아적 쾌락 추구에 휘말리게 된다).

변형은 계속된다. 유아의 초기 신체적 쾌감은 중요한 어떤 대상 — 통상 '어머니 역할을 하는 사람'과 '좋은 젖가슴' — 의 출현과 연합되어 있다. 그렇지만 다음 주요 상징 구조인, 제대로 된 이미지가 출현하면서부터 유아는 단순히 쾌감을 자아내는 사건을 **상상할** 수 있게 된다. 그렇게 해서 상상 자체가 쾌감 반응을 촉발하고 유지할 수 있게 된다. 이제 유아는 즉각적인 쾌감을 경험할 수 있을 뿐만 아니라, 아직 존재하지 않는 쾌감을 상상할 수도 있게 된다. 달리 말하면, 유아는 이제 **소망할** 수 있다. 그렇게 해서 이미지는 쾌락의 수단을 신체적인 쾌락 원리에서 정신적인 소망으로 변형시킨다.

이와 마찬가지로 언어의 발현, 즉 말과 이름, 확장된 시간, 멤버십 현실의 발현은 전반적인 소망 충족을 확장되고 시제화된 구체적인 욕망, 즉 시간적인 목표와 목적으로 변형시킨다. 개념적 사고와 구문적 인지가 합병된 상향 발달은 이제 자아라는 자기-감각의 특징인 직선적인 시간의 세계, 구체적인 목표와 시간적인 욕망의 세계로 넓게 확장되고 구체화된다. 따라서 무정형적이고 무지향적인 대양적 행복감에서 "나는 물리학을 공부하고 싶다"와 같은 욕망의 변형이 다양하게 일어난다.

지금까지 외향 호만을 검토했을 뿐이고 내향 호에 대해서는 아직 아무 말도 하지 않았지만, 그럼에도 의식 진화(의식의 상승)의 특징은 다양한 유형의 상징적 구조들의 중재와 협조를 통해 진행해가는 일련의 중요한 상향 변형이라는 점을 알게 되었으리라고 생각한다. 상승하는 매 단계에서 발현한, 적절한 상징적 구조는 의식의 특정 양식을 상위 계승구조로 변형시킨다. 지금까지 일관되게 보았던 것처럼, 일단 의식에서 상위 구조가 발현하면, 자기는 그 구조와 **동일시**하고 하위 구조와는 **차별화**되므로, 그런 하위 구조들을 **초월**하게 되며 따라서 그런 하위 구조들에 **작용**하고 그것들을 **통합**할 수 있게 된다. 이런 과정이 곧 의식의 상승 과정이며, 궁극적으로는 아트만 자체에 이르기까지 이 과정은 계속된다(발달 단계와 별개인 아트만은 모든 상징과 형상을 전적으로 넘어서 있다. 그런 상징과 형상들은 아트만에게는 필요하지 않다. 무형상인 아트만에게 그런 상징과 형상들은 단지 장애물일 뿐이다).

### 변형과 변환

변형(transformation)과 변환(translation)에는 차이가 있는데, 그 차이점을 아래와 같이 설명할 수 있다.

언어학적 용어를 다소 수정해 적용할 경우, 의식의 각 수준들은 **심층구조**(deep structure)와 **표면구조**(surface structure)로 이루어져 있다고 할 수 있다. 심층구조는 해당 수준에 내장된 모든 제약 원리를 구성한다. 심층구조는 그 수준의 모든 잠재력과 한계를 구체화한 것으로서, 특정 수준을 정의하는 형식이기도 하다. 표면구조는 단순히 심층구조가 **특정한** 모습으로 드러난 것으로서, 그 심층구조의 형식에 의해 제약되긴 하지만 그런 제약 범위 내에서 다양한 내용물을 자유롭게 선택할 수 있다(예컨대, 물리적 신체라는 형식 내에서 걷고 뛰고 야구 놀이를 하는 등의 구체적인 표면구조 내용을 선택할 수 있다. 그런 활동 모두가 공통으로 갖고 있는 형식은 인간 육체라는 심층구조이다).

심층구조는 일종의 패러다임과 같고, 그 안에서 모든 표면구조가 실현된다는 점에서 모든 기본적인 제약 원리를 포함한다. 간단한 예로 10층짜리 건물을 들어보자. 각 층은 심층구조이고, 각 층의 다양한 방과 물건들은 표면구조에 해당한다. 플레로마는 1층에 있고, 우로보로스는 2층에, 티폰은 3층에, 언어는 4층에, 자아는 5층에 존재한다(뒤에서 초상超常심리학은 7층에, 초월은 9층에 존재하며, 건물 자체는 여여如如로서의 의식이라는 점을 보게 된다). 여기서의 핵심은, 예를 들어 각각의 모든 자아가 서로 매우 다르긴 하지만 그 자아는 모두 5층에 존재한다는 점, 그리고 그 자아는 모두 동일한 심층구조를 공유하고 있다는 점이다.

표면구조에서의 이동을 **변환**이라고 부르고, 심층구조의 이동을 **변형**이라고 부른다. 따라서 4층에 있는 가구를 같은 층의 다른 곳으로 이동한다면 그것은 변환이지만, 그 가구를 7층으로 옮긴다면 그것은 변형이다. 간단한 예로서, 융의 원형 정교화(archetype elaboration)에 관한 연구를 여기에 적용할 수도 있을 것이다(이 예가 효과적이기 위해 융이 말하는 원형들이 존재한다고 믿을 필요는 없다는 점, 그리고 이 전체 논의는 외향 호에 한정된다는 점에 유의하길 바란다. 내향 호는 아직 다뤄지지 않았다). 혼융 상태의 물질, 즉 플레로마적 혼돈 상태의 원초적 물질인 원형은 신체 수준에서 대모大母라는 구체적인 이미지로 변형되고, 이 대모 이미지는 자아-개념 수준에서 다시 사랑스러운 아내라는 **생각**으로 변형될 수 있다. 그러나 각각의 단계에서 다양한 이유로 인해 특유의 **변환**이 일어날 수 있다. 따라서 우로보로스 단계의 혼융된 물질 원형이 (신체 수준에서) 동굴이라는 이미지로 변형될 경우 그 동굴 이미지는, 이 수준의 마법적인 일차 과정 사고에서 보았듯이, 컵이나 바구니 또는 집이나 자궁이나 상자라는 이미지로 변환되거나 대치될 수도 있다. 이런 변환 과정은 총체적인 수준의 변화가 아니라 단지 '언어상'의 변화 또는 해당 수준의 형태상의 변화에 지나지 않는다. 우로보로스적인 혼융 물질이 동굴로 **변형**되고, 그 동굴은 컵으로 **변환**된다. ― 전자는 수직적인 과정이고, 후자는 수평적인 과정이다.

따라서 변환은 동일 수준에서 다른 '언어'나 형태를 초래하지만, 변형은 다른 수준의 언어나 형태를 초래한다. 원초적인 우로보로스 상태의 행복감이 신체적 쾌락 원리로 변형되고, 그런 다음 이 신체적 쾌락 원리는 신체의 다른 영역들로 다양한 **변환** 과정을 밟거나(페렌치의 '에로티시즘의 양극성') 신체적 쾌락 자체가 자아 수순의 시간적이고 구문적인 욕망이나 목표로 **변형**될 수 있으며, 이렇게 변형된 욕망이나 목표는 다시 변환이나 대치 과정을 밟게 되는 식으로 이어지게 된다. 변형이 한 수준에서 다른 수준으로 이동하는 데 비해, 변환은 하나의 특정 수준 내에 있는 요소들의 이동이다.

일단 특정한 자기-감각 수준이 존재에 들어서면, 그 수준은 일련의 지속적인 변환 과정을 통해 자신을 유지한다. 자기의 특정 양식은 주요 상징적 구조와 그 수준의 패러다임 특성에 따라서 자신의 내적 측면과 외적 환경 모두를 변환시킨다. 따라서 예컨대 개인이 자아-구문적 수준에 도달하게 되면, 그 사람은 거의 언제나 '혼잣말하기', 즉 자신의 언어와 사고의 상징적 구조뿐만 아니라 자신의 멤버십 현실의 주요 구문적 규칙과 전제(그리고 2차적으로는 그 자신의 철학적 대역)에 따라서 현실을 끊임없이 변환하고 편집하는 중얼거림에 계속 매달린다.

달리 말하면, 이제 자아 수준으로 **변형**된 그의 자기 양식은 거의 끊임없는 특유의 **변환** 흐름에 의해 유지된다는 것이다. 그런 식으로 변형은 언제나 새로운 유형의 변환 가능성을 만들어내는 데 도움을 주며, 이런 변환은 그 변형을 지지하고 유지하는 데 도움을 준다. 따라서 다음 항목에서 보겠지만, 일련의 변환이 외향호에서든 내향 호에서든 그 목적을 이루지 못한 채 와해되면, 그 사람은 주요 변형에 내몰리게 된다. **변환이 어느 단계에서 실패하든, 그에 따라 변형이 일어나게 된다.** 그런데 뒤에서 논할 요인들 중 어떤 요인이냐에 따라 그 변형은 퇴행적인 변형일 수도 있고, 전향적인 변형일 수도 있다.

한 가지 더 중요한 구별을 시도해보자. 우리는 **기호**(sign)를 특정 수준 **내에** 들어 있는 어떤 요소를 가리키거나, 나타내거나, 그런 요소에 관여하는 형태로 정의한다. 이에 비해 **상징**(symbol)은 (상위든 하위든) 다른 수준의 요소를 가리키거나, 나타내거나, 관여하는 것으로 정의한다. 이러한 정의는 휴스턴 스미스가 설명한 전통적인 상징주의(symbolism)에 대한 관점, 즉 "상징주의란 실재의 다른 수준들 간의 관련성에 대한 과학으로, 거기에 참조대상(reference)이 없을 경우 그 상징은 정확하게 이해될 수 없다"[352]는 관점과도 궤를 같이한다. 내가 나의 현 수준에서 가리킬 수 있는 것은 신호이며, 상위 수준의 것은 그것이 무엇이든 상징을 사용해서 논하거나 생각할 수 있을 뿐이다. 이런 상징들은 상위 수준으로 변형해 갔을 때에만 비로소 이해 가능해진다. 그래서 **변환은 기호와 함께 작용하는 데 비해, 변형은 상징과 더불어 작용한다**고 말해지기도 한다. 지금까지 우리는 플레로마에서 자아에 이르기까지 변형 과정과 그 변형 과정을 중재하는 것은 **상징**이라는 점을 알아보았다.

이런 점들을 전부 다 알고 있을 경우, 우리는 수직적 상향 변형의 특징은 새로운 심층구조(상징 매트릭스)로 이루어진 새로운 상위 수준 의식의 발현이며, 그 새로운 심층구조 안에서 새로운 표면구조들(기호 매트릭스), 즉 변환이 전개하고 작용할 수 있게 된다고 말할 수 있다. 또한 심층구조에서 일어나는 발달, 즉 진화란 의식의 수직적 형태인 상징들에 의해 중재되는 일련의 변형이라고 말할 수 있다.

가장 중요한 점은 플라톤이 말한 **회상**回想(anamnesis)이라는 의미에서와 똑같이 모든 심층구조는 **기억해낸**(remembered) 것인 데 비해, 모든 표면구조는 서양 심리학자들이 연구한 의미에서와 같이 **학습된다는**(learned) 것이다. 어느 누구라도 붓다는 학습해서 되는 것이 아니라 다만 자신이 이미 붓다임을 기억해내거나 발견한다는 사실에 일반적으로 동의할 텐데, 이는 영원의 철학(perennial philosophy)에서도 말하고 있는, 논쟁의 여지가 없는 명백한 사실이다. 그와 똑같이 어느 누구도 심층구조를 배우지 않는다. 다만 표면구조를 학습하는 과정에 앞서서 심층구조를 발견하거나 기억해낸다. 몸을 갖기 위해 배울 필요는 없지만, 몸으로 야구 놀이를 하기 위해선 배워야 한다. 심층구조는 발견되지만, 표면구조는 학습된다. 다른 어떤 것보다도 이 근본적인 원리(이 부분은 뒤에서 다룰 것이다)가 하위 구조들에서 상위 구조의 존재를 도출해내려는 지루한 노력(예컨대 이드에서 자아를 찾아내려는 노력)으로부터 우리를 해방시켜준다.

## 변환, 변형 및 정신병리학

변환과 변형에 대한 간략한 논의를 마치기 전에, 이 두 가지 기본 과정이 정신병리학에서도 중요한 역할을 한다는 점을 지적할 필요가 있을 것 같다. 왜냐하면 특정 유형의 변형은 특정 유형의 질병이 발생할 무대를 설정하는 데 비해, 변환 자체는 마침내 출현하게 될 특정 증상의 성질을 좌우하기 때문이다.

작은 예 하나만 들어보자. 하지만 예를 들기 전에 먼저 억압은 변형이 **아니라는** 점에 유의하길 바란다. 억압은 변형이 아니라 오히려 깔끔한 변형의 한 가지 **실패** 유형이라고 해야 할 듯하다(억류, 고착, 분리, 퇴행 등도 있다). 자기가 예컨대 티폰 영역에서 자아 단계로 변형해가는 과정에서 공격성이 심하게 억압당했다면, 자기의 그 억압된 측면으로 인해 의식의 상승이 멈춰진다. 아니면 오히려 그 단계에서 분노 충동이 이후 그 충동을 거부하는 어떤 심층구조와 관련해서 **잘못** 변환된다. 따라서 상향 변형은 억압이 일어난 **모든 단계에서** 그 충동이 잘못 변환되었기에 왜곡된다. 그런데 이 잘못된 변환은 그 사람이 이런 충동들을 올바른 **기호**가 아니라 단지 **상징**으로밖에 나타낼 수 없다는 것을 의미하는데, 이 상징들은 하위 수준에 박힌 채 남아 있는 자기의 감춰진 측면들이다. 이런 상징들은 다른 의식 수준(이 경우에는 티폰)에서 기원한 것으로서, 현 수준 안에 강제로 밀어 넣을 수 **없는** 자기의 측면들이라고 할 수 있다. 억압이 없었다면, 자아 수준으로 쉽게 **변형**되어 하나의 **기호**로 인식되었을 것이고, 그 사람은 자신이 처한 상황을 "화가 나서 미치겠네!"라고 올바로 **변환(해석)**했을 것이다. 그러나 억압이 일어남으로써 하위 수준에 **남아 있는** 자기의 측면을 제대로 변형할 수 없게 되고, **그로 인해** 단지 **상징**으로 의식에 들어오게 되고(기호가 아니라 상징은 다른 수준을 나타내기 때문이다), **따라서** 자신이 처한 현실을 잘못 변환(해석)하게 된다. 이 잘못된 변환은 자신의 변환 과정에 불편하게 박혀 있는 **상징들** 주변을 강박적으로 맴돌면서 의식 내에 수수께끼를 만들어낸다.

분노는 그렇게 해서 **상징**으로… 또한 증상(symptom)으로 **변형**된다. 증상이란 기본적으로 의식에서 분리되어 자기의 하위 수준에 남아 있는, 또는 그 수준으로 퇴행한 어떤 측면에 대한 상징이다.[417] 기호로서 변환 과정을 거칠 수 없었기 때문에 상징/증상으로 드러나게 된 것이다. (이 증상은 인지 부조화처럼 어떤 **한** 수준에서 만들어진 혼선된 기호와 관련된 증상이 아니며, 모든 증상 중 가장 중요한 증상도 아니다. 여기서 가장 중요한 증상이란 의식에 발현하려고 애쓰는 **상위 수준**의 증상들, 즉 이드가 아니라 신을 가리키는 증상들을 말한다. 이에 관해선 뒤에서 다룰 것이다.)

억압이 없다면, 분노 충동은 간단히 쉽게 해소되거나 아니면 최소한 쉽게 인지되고 바르게 변환될 수 있을 것이다. 그러나 방어가 작동할 경우, 그 분노 충동은 왜곡된 언어나 형태로 다양하게 변형되고 변환될 수 있다. 그 분노 충동은 직접 자신에게 잘못 변환될 수도 있고, 다른 사람이나 대상들로 대치될 수도 있다. 원래의 분노가 자신에게 되돌려 변환되거나 자신을 향할 수도 있는데, 그렇게 되면 그 사람은 분노 감정을 느끼는 것이 아니라 우울감을 느끼게 된다(우울증에 대한 고전적인 정신분석 이론). 아니면 분노를 전적으로 다른 사람에게 투사하거나, 그 분노가 다른 사람에게서 비롯된 것이라고 변환(해석)할 수도 있는데, 그럴 경우 투사한 본인은 분노가 아니라 불안감을 느끼게 된다. 왜냐하면 이제 자신이 화가 난 게 아니라 다른 사람이 자신에게 적대적이고 화를 내는 것처럼 보이기 때문이다. (말이 나온 김에 한마디 부연하자면, 잘못된 변환의 **유형**은 일반적으로 억압이나 방어가 발생한 단계의 심층구조에 의해 결정된다.)

그렇게 해서 그 수준에서의 우울 증상은 이제 분노의 무의식적 상징 또는 그림자-충동이라는 **상징**(라캉이 말하는 메타포)[236]이 되어, 당사자에게는 그것이 전혀 이해할 수 없는 외국어처럼 보이게 된다. 자신의 우울 증상을 이해할 수 없는 이유는, 다른 무엇보다 그 증상을 변환(해석)하는 방법을 잊어버렸기 때문이다. 우울증은 그에게 완전히 불가해한 것이 된다. 그는 왜 자신이 우울한지, 우울한 이유가 무엇인지, 어떻게 하면 우울감을 완화시킬 수 있는지 알지 못한다. 그에게 우울증은 전혀 낯선 외국어, 그리스어일 뿐이다.

그럼에도 순간순간 그의 그림자 분노는 우울 증상/상징으로 변형되고 변환된다. 그 사람 자신이 변환하고 변형시키고 있으면서도 첫째, **어떻게** 그렇게 하고 있는지를 잊어버렸고 둘째, 자신이 그렇게 **하고 있다는 사실 자체도** 잊어버렸다.[418] 따라서 그는 '정확한' 자아-개념으로 사는 것이 아니라 자신의 그림자-분노에서 분리된 페르소나로 살게 된다. 그런데 이 페르소나는 사실상 잘못된 변환으로 생존을 유지한다(반대로 일단 잘못된 변환이 사라지면, 페르소나와의 배타적인 동일시는 해소된다).

이 수준에서의 치료는 두 가지 기본 단계로 진행된다. 1) 치료자는 내담자가 증상/상징을 원래의 형태로 재-변환하도록 돕는다. 이것을 '재해석'이라고 부르는데, 좋은 치료자는 좋은 해석자이다.[165] 예를 들어, 치료자는 "당신이 느끼는 우울감은 분노와 격노가 가면을 쓴 감정이다" 하고 말할 것이다. 그는 외국어 같던 증상을 원래의 형태로 변환시킨다. 치료자는 그의 우울감의 '의미'를 말해줘서(또는 스스로 의미를 발견하도록 도와서), 그 상징과 증상이 기원한 심층구조와 잘 어울리게 재해석하도록 돕는다. 2) 치료적 변환 과정은 의식이 하위 수준에서 상위 수준으로 진정한 변형이나 거의 완전한 **변형**에 이를 때까지 그런 식으로 계속 진행된다. 그렇게 해서 상징은 기호가 되고, 분노는 원래의 모습으로 인식되며, 그에 따라 증상도 해소된다.

\* \* \*

지금까지 우리는 생애 주기 중 외향 호에 해당하는 주요 단계들과, 한 단계씩 수직적으로 상향 변형하도록 중재하는 주요 상징적 구조들의 핵심적인 특징 몇 가지를 살펴보았다. 각각의 주요 단계에서 우리는 동양의 심리학자와 서양 심리학자 사이에 폭넓은, 그러면서도 매우 강력한 동의가 있음을 보았으며 일반적인 발달 형식이 분명하게 드러난다는 점, 즉 매 단계의 발달은 분화, 초월, 작용 및 통합이라는 특징을 보여준다는 점도 보았다. 이제는 내향호로, 즉 이해의 길(nivritti marga), 근원으로의 상승, 영원의 심리학으로 방향을 바꿀 때가 되었다. 지금까지 우리는 잠재-의식에서 자기-의식으로 성장해가는 형식을 살펴보았고, 이제 우리는 자기-의식에서 초-의식으로 성장해가는 형식을 보게 될 것이다.

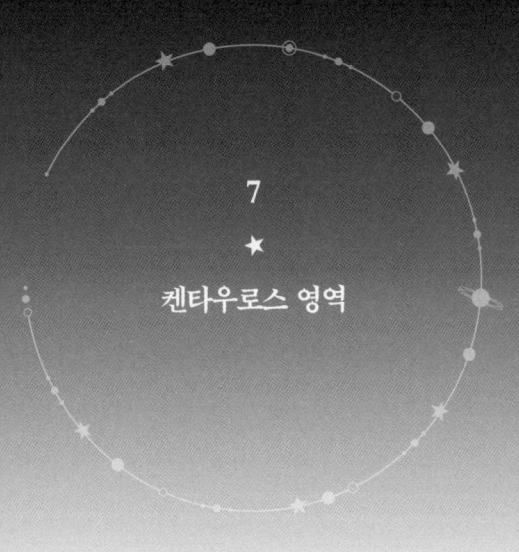

# 7

## 켄타우로스 영역

후기 자아 단계(12~21세)에 이르면, 개인은 자신의 다양한 페르소나persona(외적 인격)를 정상적으로 터득할 뿐만 아니라, 그런 페르소나로부터 분화하고 탈동일시해서 초월하는 방향으로 나아가는 경향이 있다. 따라서 개인은 자신의 가능한 모든 페르소나를 **성숙한** 자아로 **통합하는** 방향으로 나아가며, 그런 다음 자아에서 완전히 분화하거나 탈동일시하는 작업을 시작한다. 그렇게 해서, 변형을 통해, 자아(ego)로서의 자기보다 훨씬 더 상위-계열의 합일을 발견하기 시작한다. 이 과정은 우리를 곧바로 켄타우로스centaur 영역으로 이끌어간다.

### 상위-계열 합일

의식이 언어적인 자아-마음을 초월하기 시작하면서, 의식은 거의 최초로 그 이전의 모든 하위 수준을 자아-마음에 통합할 수 있게 된다. 즉 의식은 이제 더 이상 신체, 페르소나, 그림자, 자아 중 어떤 수준과도 배타적으로 동일시하지 않기 때문에, 이들 모두를 통합할 수 있으며 그렇기에 이들 모두를 상위-계열 통합에 들어올 수 있다.

이 단계는 학자에 따라 다르게 불렸는데, "모든 하위 수준의 통합"(설리번, 그랜트Grant 및 그랜트),[358] "통합된"(뢰빙거),[243] "자기-실현한"(매슬로),[262] "자율적"(프롬Fromm,[146] 리즈먼Riesman[318]) 등이 대표적이다. 뢰빙거에 따르면, 이 단계는 "생리적인 것과 심리적인 것의 통합"[243]을 나타내며, 브로튼*의 연구는 이 단계에서 "마음과 신체가 통합된 자기를 경험한다"[243]는 점을 보여준다. 몸과 마음이 조화로운 일체를 이루고 있는 이 통합된 자기를 우리는 '켄타우로스'라고 부른다.[410] 켄타우로스는 동물의 몸과 인간의 마음이 혼연일체를 이루어 완벽한 상태로 살아가는 위대한 신화적 존재이다.

전체적으로 보면, 개인이 켄타우로스 수준에 도달해서 그 수준을 안정화시켰을 때 조야한 인격적 요소들(신체, 자아, 페르소나, 그림자, 하위 차크라)은 저절로 조화를 이루는 경향이 있다고 할 수 있다. 개인은 그런 조야한 요소들을 **초월하기** 시작했으므로, 그런 요소들을 강박적으로 조작하고 활용하는 일을 멈춘다. 대략적으로 말하면 이 단계는 자율(autonomy), 통합(integration), 진정성(authenticity), 자기-실현(self-actualization) 등으로 다양하게 불리는

---

* John M. Broughton: 미국의 심리학자. 문화, 남성성과 전쟁, 기술에 대한 무의식적 판타지, 젊은이들의 하위문화 등 다양한 분야에 걸쳐 폭넓은 연구를 수행함.

단계로서 인본주의-실존주의 치료의 이상형, 즉 정통파 서양 심리학이 열망하는 '최상위' 단계라고 할 수 있다. '자기-실현' 또는 '통합'으로 불리는 이 켄타우로스 단계에 대한 연구 자료를 전부 요약해서 제시하기보다는, 설득력 있는 대표적인 연구 하나만 간략하게 제시할 것이다.

존 브로튼은 최근에 사람들이 각기 다른 발달 단계에서 몸과 마음과 자기 간의 관계를 어떻게 보는지에 대한 폭넓은 현상학적 연구를 마무리했다.[53] 그는 (콜버그, 피아제 및 볼드윈의 영향을 받은 결과였기에) 자신의 연구 결과를 발달이 증가하는 모습에 따라 여섯 단계로 구분한다. 최하위 수준인 수준 0에서는 몸과 마음이 분화되어 있지 않다. 자기는 '내부'에, 신체는 '외부'에 존재한다. 이 수준은 우리의 신체자아 영역에 해당한다. 수준 1과 수준 2에서 몸과 마음이 분화된다. 자기는 마음에 거주하고, 그 마음이 몸을 통제한다. 몸과 마음 모두를 신정하고 실질적인 것으로 본다. 이 수준들은 우리의 초기 자아와 중기 자아 단계에 해당한다. 수준 3과 4에서 개인은 사회적 역할 혹은 허구적 외양(우리의 페르소나)을 '진정한' 자기-개념, 즉 '내적 자기'로부터 차별화한다. — 이 내적 자기는 우리의 성숙한 자아 수준이다. 그러나 더 나아가 수준 5에서 (뢰빙거의 요약을 적용하면) 개인은 페르소나와 탈동일시할 뿐만 아니라 알려진 자아와도 탈동일시하기 시작하는데, "관찰자로서의 자기가 알려진 자기-개념(우리의 자아)과 탈동일시하기 때문이다. 생리적 신체는 마음과 마찬가지로 개념적 구성체로 인식된다."[243] 자아-마음과 신체 둘 다 더 이상 **실질적인 것**이 아니라 **구성된 것**에 불과하다고 여겨진다. 자기는 수준 5에서 분리된 실체로서 몸과 마음 이전의 중심으로 변경되기 시작하는데, 내가 보기에 그 이유는 몸과 마음 둘 다를 단지 **구성물**로 인식하기 때문인 듯하다. 이런 변경은 브로튼의 최상위 수준인 수준 6에서 완성되는 것으로 보이는데, 이 수준에서 **"몸과 마음은 둘 다 통합된 자기의 경험 대상"**이기 때문이다.[243] 내 생각으론 그것이 켄타우로스, 즉 몸, 마음, 페르소나, 그림자를 넘어서 있으면서 실제로 그 모두를 **경험**(브로튼의 연구가 보여주듯이 '통합된 자기의 경험')으로 받아들이는 통합된 전체 자기이다.

켄타우로스를 탐구하고 설명하고 전반적으로 '부활'시키는 작업을 꽤나 많이 해온 것은 실존주의 심리학자들인 것으로 보인다. 내가 이 수준을 '실존 수준'이라고도 부르는 한 가지 이유가 그 때문이다. 키르케고르Kierkegaard[223]와 니체를 위시해서, 후설Husserl[192]과 하이데거Heidegger[182]와 사르트르Sartre[331]를 거쳐 빈스방거Binswanger[36], 프랑클Frankle[131], 보스Boss[50], 메이May[266], 부겐탈Bugental[64] 그리고 마디Maddi[228]에 이르기까지, 잠재적 가능성과 위기라는 개념이 전체적 존재를 보여주는 웅변적인 실존적 용어로 자리 잡았다. 진정성, 세계-속의-구체적인-존재(concrete-being-in-the-world), 순수한 경험과 진실한 보기(pure experiencing and true seeing), 현존재(dasein), 의도성(intentionality), 자율성(autonomy), 의미(meaning)와 중심 자기(centered self) 같은 관념들도 여기에 속한다. 내가 이런 실존적 용어들을 쓰지 않은 것이 미안하긴 하지만, 실존주의 문헌은 너무나 방대하고 너무나 엄청나기 때문에 독자들 스스로 원래 저술들을 읽어보도록 권유하면서 나는 그저 핵심 몇 가지만 언급하는 것으로 만족해야 할 듯하다. 그 핵심은 이 모든 관념들이 **존재**의, **존재**를 위한 잠재적 가능성을 산출해냈으며, 이 모든 관념들이 완전한 심신체(total bodymind)라는 중심 관념을 철저하게 부각시켰다는 것이다.

이것이 이 모든 저술가들(과 일반적으로 '인본주의/실존주의' 학파에 속하는 다른 많은 저술가들)이 내가 켄타우로스라고 부르는 수준은 차치하고, 그들이 말하는 '자기'에 대해 의견 일치를 보인다거나 완전히 똑같은 말을 하고 있다는 것을 의미하지 않음은 물론이다. 그렇긴 해도 그들 모두가 상당히 많은 공통된 가정과 결론을 공유하고 있는 것처럼 보이는데, 이들 저술가 중 다수가 '인본주의적-실존적'이라는 명칭을 일반적인 방식에서 수용한다는 점에서 그러하다. 예컨대 《현대 성격이론》(Current Personality Theories)을 보면 로저스Rogers, 아들러Adler, 실존주의(Existentialism), 전체론(Holism), 유기체 이론(Organismic Theories), 인격주의(Personalism)에 관한 항목에서 **모두** 자신들의 일반적인 유사성을 인정하고 있다. 따라서 실존적 켄타우로스는 진정한 상위 수준 의식, 분화와 초월의 상위-계열 합일이라는 것, 그리고 이 저술가들의 폭넓은 유사성은 그들 모두가 존재와 의식의 이러한 상위 수준을 직관했거나 개인적으로 그 수준에서 살고 있다는 사실에 기인했으리라는 것이 나의 생각이다.

## 자율성, 자기-실현 및 의도성

이들 실존적-인본주의적인 저술가 중 상당수가 완전한 심신체 (total bodymind), 즉 켄타우로스의 **잠재적 가능성**에 대해 탐구하면서 매우 장황하게 기술하고 설명해왔다. 이 점에 비추어 가장 중요한 개념은 골드스타인Goldstein과 호니가 처음 도입했고, 매슬로와 로저스 그리고 펄스와 인간 잠재력 운동에 의해 널리 알려진 '자기-실현'(self-actualization)이란 개념일 것이다. 예컨대 로저스의 이론 전반에서는 "각자의 **온전한 잠재력의 실현**의 중요성과 그 이론에서 독특한 잠재력의 달성을 위해 결정적으로 중요한 일이라고 주장하는 경험하기, 유기체적 가치 부여 및 유기체적 감각하기 같은 개념들의 의미에 대한 새롭게 회복된 관심에 초점을 맞춘다."[187] 이 말의 함의는, 인간의 온전한 잠재력은 로저스가 말하는 '완전하고 지속적인 정신생리적 흐름' 또는 '완전한 유기체적 경험'에서 비롯하는 것이지 자아, 신체, 초자아, 자기-개념 같은 흐름의 어떤 측면이나 일부에서 비롯하는 것이 아니라는 뜻이다. 자기-실현은 우리가 켄타우로스라고 부르는 수준과 밀접하게 연관된 개념으로서, 자아나 페르소나 수준에는 직접 적용할 수 없는 개념이다.

예컨대 롤로 메이는 "자아든, 신체든, 무의식이든 전체의 일부로서만 존재할 수 있을 뿐 '자율적일' 수 없다. 자율성은 의지와 자유가 토대로 삼고 있는 전체성[켄타우로스]에 존재한다"[266]고 말한다. 그렇다면 추정컨대 실질적인 자율성(과 자기-실현)은 당연히 **이 전체성의 의식적 발현**의 결과일 것이고, 그 결과일 수밖에 없을 것이다. 전체 중 일부(자아, 페르소나, 신체)와의 동일시에서 더 높은 통합으로 이행해가는 일종의 정체성의 변경이라는 말이다. 일반적인 실존 사상에 따르면, 개인의 자기가 원래의 온전한 존재로 느껴지거나 파악될 경우, 그 사람은 자신의 세계-내-온전한 존재에 대한 책임감을 느낀다고 하거나 느낄 **수 있다**고 한다. 사르트르의 말을 그대로 옮기면, 그 사람은 이제 자신을 선택할 수 있다. 그 상위의 실존적 켄타우로스에서는 현 존재에 어떤 주저함도, 즉 이 실존에 장해가 되는 자기의 어떤 숨은 구석도 없다. 그렇기에 그 사람은 하나의 완전체로서 더 큰 완전체를 향해 가는 일에 착수할 수 있다. 레슬리 파버Leslie Farber가 '자발적 의지'(spontaneous will)라고 불렀던 것이 그런 것이다.[118]

나는 '자발적 의지'라는 개념을 특별히 좋아하는데, 그 이유는 — 이 개념 자체의 내재적인 장점은 제쳐두더라도 — 이 개념이 신체나 자아나 페르소나에게는 적용이 불가능한 켄타우로스, 즉 온전한 존재에게만 가용한 유형의 잠재력들을 시석하기 때문이다. 롤로 메이는 파버가 내린 결론을 다음과 같이 설명한다. "파버 박사는 '의지'를 두 영역으로 분리한다. 첫 번째 영역은 자기가 **자신의 전체성으로 하는 경험**, 특정 방향으로의 비교적 **자발적인** 운동으로 이루어진 의지이다. 이런 종류의 의지에서는 신체가 하나의 전체로서 움직이며, 경험은 이완과 상상력이 풍부한 개방적 성질을 특징으로 한다. 이것은 정치적이거나 심리적인 자유에 대한 온갖 이야기보다 앞서 있는 자유의 경험이다."[265] 우리는 이 첫 번째 의지에서 상상력이 풍부한 개방적 정신 자세, 온전한 자기에 대한 강조, 그리고 그 자기의 전체로서의 움직임이라는 개념에 특별히 주목한다.

"이와는 달리 두 번째 영역의 의지는, 파버 박사의 시각에 따르면, 그 안에 강요하는 듯 보이는 어떤 요소가 끼어드는데, 이럴 경우 어쩔 수 없이 **반대**하는 요소와 **동의**하는 요소 중 하나를 결정해야만 한다. 프로이트의 용어를 사용하면, 이 영역에는 '초자아의 의지'가 포함된다."[265] 자발적 의지가 온전한 심신체의 의지인 데 비해, 두 번째 의지는 목적을 갖고 애써 노력하는 자아(와 초자아)의 의지이다.

이제 메이가 일반적인 용어로 온전한 자기의 자발적 의지라고 부르는 것과 실존주의자들이 **의도성**(intentionality)이라고 부르는 것을 나는 같은 것으로 본다는 점을 얘기하고 싶다. 메이가 의도성을 "마음과 신체 사이의 잃어버린 고리"[265]라고 말한 이유도 그 때문일 것이다. 내가 보기에 그 관계는 아주 단순해 보이는데, 메이 자신은 그 관계를 신체는 — 수의적인 근육은 제쳐두고 — '불수의적'이거나 '자발적'인 경향이 있다고 지적한다. 우리는 신체의 혈액순환, 성장, 소화 과정 및 그 밖의 수많은 '신체의 자연적인 지혜'에 해당하는 변인들을 일반적으로든 의식적으로든 통제하지 않는다. 이와 달리 우리는 수많은 수의적 활동과 통제된 활동, 목적을 지닌 활동의 본거지를 일반적으로 자아라고 생각한다. 그런데 자아와 신체의 상위 합일체인 온전한 전체 자기는 이런 경험 영역 — 수의적 경험과 불수의적 경험 — 모두의 종합체이다. 따라서 몸과 마음 사이의 잃어버린 고리인 '자발적 의지'가 곧 의도성인 것이다.

나는 이 장과 이어지는 장에서 **의도성**이란 개념을 강조할 것이기에, 여기서는 단순히 소개하는 방식을 취할 것이다(뒤에서 다시 다룰 것이다). 메이에 따르면 의도성은 "의도와 같은 것이 아니라 여러 의도의 기저에 있는 차원들, 즉 의식과 무의식 모두, 인지와 의욕 모두를 아우르고 포함하는 차원"[265]이라는 점을 아는 것으로 족할 듯하다. 즉, 의도성은 기꺼이 하려고 하는 것(의욕)과 아는 것(인지) 모두를 포함한다. 나는 나의 글에서 의도성의 인지적 측면을 **비전-이미지**vision-image 또는 고품격 환상(higher-phantasy) 과정이라고 부를 것이다. 메이는 "상상(imagination)은 의도성이 살고 있는 집이다"라고 말한다. 또는 더 멋지게 "의도성은 우리 의도의 기저에 있으면서 우리 행위에 정보를 주는 창의적인 주의이다"[265]라고 말한다. 우리식으로 말하면 의도성의 인지적 측면이 비전-이미지이고, 비전-이미지의 의욕적 측면이 의도성이라고 말할 수 있을 것 같다. 나는 이 양쪽 측면 모두가 켄타우로스라고 불렀던 몸과 마음의 상위-계열 합일에서 일어난다고 생각한다.

의도성은 심신 일체인 켄타우로스의 자발적 의지이고, 비전-이미지 또는 고품격 환상은 켄타우로스의 언어이다. 롤로 메이 자신은 이런 정도로까지 말한다. "상상은 의도성의 거처이며, 환상은 의도성이 사용하는 언어 중 하나이다. 나는 여기서 환상이란 용어를 우리가 피하고자 하는, 실재하지 않는 가공의 것을 의미하는 것이 아니라 판타시틱쿠스phantasitikous, 즉 '제시하다', '보이게 하다'라는 원래의 의미로 사용한다. **환상은 온전한 자기의 언어이다.**"[265] 마찬가지로 펄스 등은 순수한 형식의 환상은 지각, 운동, 느낌 기능이 통일된 합일-상태-자기(self-in-unity)의 표현[292] 이외의 다른 것이 아니라고 지적한다. 펄스 등은 환상을 일종의 '자발적 접촉'이라고 말한다(파버의 '자발적 의지'와 매우 유사하다).

융 역시 고품격 환상 과정의 통합 역할을 지적하는 일에 뒤지지 않았다. 융은 "내적 이미지는 가장 다양한 원천에서 가장 다양한 소재들이 혼합된 복합 요인이다"라고 말한다. "하지만 그 이미지는 두루뭉술한 복합물이 아니라 그 자체의 자율적 목적을 보유한 통합적 산물이다. 그 이미지는 **온전한 전체적 정신 상황의 농축된 표현**이지, 결코 무의식적인 내용물의 단순한 혹은 특출난 표현이 아니다."[214] 융의 경우, 복합 이미지 — 내가 고품격-환상 또는 비전-이미지라고 부른 것 — 는 **의식적 측면과 무의식 측면 모두를** 포함하는 온전한 존재의 표현이다(롤로 메이가 의도성을 "의식과 무의식을 아우르고 포함하는 차원"이라고 말했다는 점을 떠올리길 바란다). 융의 말에 따르면 "이미지는 그 순간의 의식 상황의 표현인 것과 똑같이 무의식의 표현이기도 하다. 따라서 그 이미지에 대한 해석은 무의식으로서든 의식으로서든 어느 하나로만 배타적으로 진행될 수 없으며, 그 둘의 상보적 관계로서만 진행될 수 있다."[214]

'고품격' 환상 과정이라고 말하는 데에는 '저품격' 환상 과정도 있다는 점이 암시되어 있음에 주목하길 바란다. 이미 살펴보았듯이 그런 저품격 환상 과정도 존재한다. 전체-부분 등가성과 주체-속성 동질성, 티폰의 마법적 인지 양식 같은 유아의 일차 과정이 저품격 환상에 해당한다. 그런데 이 두 양식은 배우지 못한 눈에 아무리 유사해 보일지라도 결코 같은 것일 수 없다. 바로 여기서 우리는 존재와 의식의 상위 영역의 본질을 파악하는 데 있어서 가장 중요한 하나의 원리가 등장하는 것을 보게 된다. 더 높이 진화하고 발달한 정신 구조를 참조할 때마다 우리는 그 원리가 등장하는 것을 반복해서 보게 될 텐데, 그 원리는 다음과 같다. 외향 호에 있는 '전(pre-)'의 여러 구조들이 내향 호에서는 '초(trans-)'로 나타난다. 즉, 전-언어적 심층구조는 언어 구조에 굴복하고, 언어 구조는 초-언어 구조에 굴복한다. 전-개아는 개아에게 굴복하고, 개아는 초-개아에게 길을 양도한다. 전-자아는 자아로, 자아는 초-자아로 이동해가고, 전-심적 상태는 심적 상태로, 심적 상태는 초-심적 상태로 이행해간다. 그림 3에 이런 주요 차이점 몇 가지를 대략적으로 표시해놓았다.

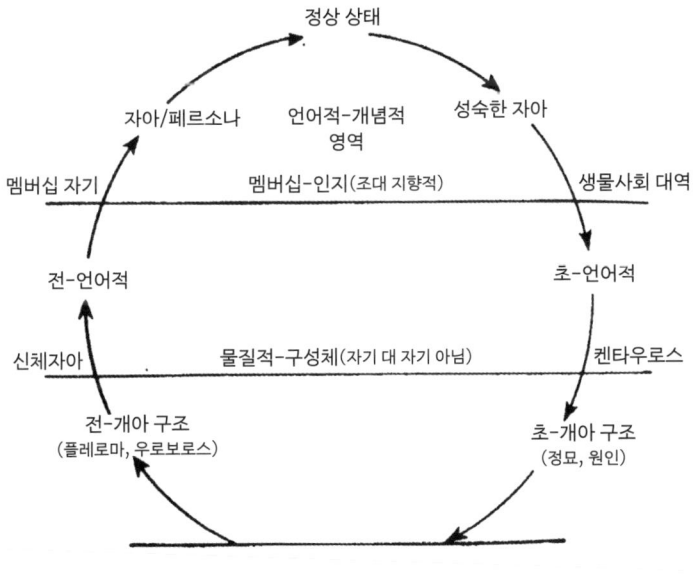

**그림 3.** 생애-주기의 핵심: 전 대 초

전과 초 구조 사이에 자연스럽게 피상적인 유사성이 있기는 하지만, 이 둘은 전혀 같은 것일 수 없다. 현대 심리학과 정신의학에서는 모든 초-구조를 전-구조로 환원시키려고 애쓰는 경향성이 있기 때문에, 우리의 주제가 의식의 상위 구조와 초-구조로 이동해 갈 때 나는 이 상위 초-상태와 그와 대비되는 하위 전-상태 사이의 차이점에 대해 상세하게 설명할 것이다. 예를 들면 다음과 같다.

### 일차 과정: 전-언어적

우리는 그 예로서 켄타우로스의 고품격-환상 또는 비전-이미지로 시작할 텐데, 비전-이미지란 의도성의 인지적 측면을 말한다(편의상 비전-이미지와 의도성은 같은 것으로 생각해도 좋다). 켄타우로스의 성숙한 환상은 명백히 언어를 넘어서는 것이지만, 전-언어적인 것은 **아니기** 때문이다. 성숙한 환상은 초-언어적이다.

전-언어와 초-언어의 차이를 이해하기 위해서, 먼저 **전**-언어적 일차 과정에서 시작해보자. 진정한 언어 구조와 멤버십 인지가 불가능한 유아의 신체자아, 즉 티폰 수준 자기의 환상 과정(아리에티가 부른 '환상적 세계')은 정신의학자들이 반세기가 넘게 지적했듯이 **전**-언어적이고 **전**-개념적이다. 전-언어적 일차 과정은 어떤 검토나 합의된 타당성도 전혀 없는 소망, 즉 논리와 의지와 언어라는 2차적 경로나 결합이 없는 원시적인 소망이다. 그 수준의 자기에겐 그런 것들이 아직 존재하지 **않기** 때문이다. 이런 소망은 전-언어적 일차 과정으로서, 이 과정은 자연적으로 소망 충족, 무이원성, 왜곡된 마법적 인지들로 가득 차 있다.

나아가 유아 단계의 전-언어적인 일차 과정은 본능적이고 정서적인 단순한 욕구와 충동들, 생명 유지에 필수적인 욕구와 충동들('항문'과 '남근'과 '젖가슴' 환상들, 자기-주장적 충동들, 권력/힘에 대한 소망과 모성 상간/거세 주제들)에 깊이 관여되어 있고 그런 충동들에 속박되어 있다. 이 모든 욕구와 충동은 앞에서 이미 논했던 신체자아 범주에 속하는 것들이다. 게다가 전-언어적 환상 과정은 본능적 충동들(성적 충동, 공격적 충동, 생명 유지와 관련해 필수적인 의례적이고 반복적인 충동들)과 밀접한 관련이 있다. 이것이 내가 프로이트는 언제나 일차 과정 영역을 본능적 충동과 연계시켰으며 통상 이 둘을 같은 것으로 등치시켰다고 생각하는 이유이다.[135]

그러므로 일차 과정은 무엇보다 신체-의존적이며, 신체자기 수준(들)을 지배할 뿐만 아니라, 바로 그 의식 구조에 줄곧 매몰된 채 남아 있다. "[정신분석학의] 모든 학파가 의식적인 심적 작용에는 무의식적인 환상이 수반되고, 무의식적 환상에 의해 지지, 유지되며 또한 활기를 띠게 되고 영향받는다는 데 동의한다. 아동기에 시작하는 무의식적인 환상은 일차적으로 (원래) 생물학적 과정과 관계에 관심이 있으며, 상징적 정교화(symbolic elaborations)를 밟는다."[327] 이 점에 대한 추가 언급은 클라인의 정신분석적 주요 발견에 대한 수잔 아이삭스*의 요약문에 나타나 있다. "(a) 환상은 무의식적 심적 과정의 일차 과정이다. (b) 무의식적 환상은 일차적으로 신체에 대한 것이며, 대상에 대한 본능적인 목표를 나타낸다."[327]

---

* Susan Isaacs: 1885-1948. 영국의 교육심리학자이자 정신분석학자. 아동의 지적, 사회적 발달에는 놀이가 가장 효과적이라고 주장했다.

저품격-환상, 일차 과정은 존재한다. — 이 환상은 '일차적으로 신체' 및 '생물학적 관계'에 관한 것으로서, '상징적 정교화'를 밟을 수도 있다. 샤퍼Schaffer가 요약한 유아의 신체자아 범주를 빌려 말하자면, 일차 과정은 "기관(입, 항문, 성기), 물질(똥, 오줌, 젖, 피), 움직임(빨기, 손가락 움직이기, 힘주기, 떨어뜨리기), 접촉(뽀뽀하기, 매달리기, 때리기)에 기반을 두고 있고, 그런 것들과 관련이 있다."336 일차 과정과 유아의 신체자아는 궤를 같이하며, 샤퍼가 열거한 범주들로 형성되어 있다.

나는 일차 과정과 유아의 신체자기는 결국 포기되고 초월되어야 하고, 의식은 생물작용 신체와 자신을 떼어내 심적-자아 수준 영역에 자신을 개방해야 하며, 자신의 자기-감각은 쾌락주의적 신체자아를 떠나 자아-마음으로 변형되어야 한다고 여러 차례 언급한 바 있다. 이런 변형의 실패는 어떤 지점에서 일어나든 그 사람에게 특정 **신체 부위에 고착**을 남겨놓게 되고, 그는 고착된 신체 부위를 통해 최종적인 만족을 성취하려는 무의식적 환상에 갇히게 된다(입은 빨고 삼키고 세상을 일체화시킴으로써, 항문은 세상을 소유하고 조작함으로써, 남근은 세상과 성적으로 합체함으로써 궁극적인 만족을 성취하려 한다).

이런 고착이 발생하면 — 이런 고착은 정도는 다를지라도 모든 사람에게서 일어난다. 여기서는 특히 심한 고착에만 초점을 맞춘다 — '상징적 정교화' 과정이 이런 고착된 양식을 속이는 경향이 있다. 예를 들어, 항문 양식에 고착된 어떤 사람은 — 일차 과정을 통해서 — 무의식적으로 진흙 덩어리를 똥과 같은 것으로 등치시키는 바람에 흙에 대한 공포증과 강박적 청결 신경증을 발전시키게 되고, 그로 인해 하루에 손을 20번, 30번씩 씻어야만 한다.[120] 이 사례에서 '진흙'은 '똥'의 상징물이며, 그로 인해 '상징적 정교화'가 신체 부위에서 신체 아닌 다른 영역을 포함하는 데까지 확산된 것이다. 나는 개인적으로 정신분석학에서 설명하는 만큼이나 많은 '상징적 정교화'가 발생한다고 믿는다.

그러나 **모든** 상징주의와 모든 상위 양식의 사상과 존재조차 유아적 일차 과정이라는 신체 양식으로 환원시키려는 데 정신분석학의 문제가 있다. "이 원칙에 따르면, 무의식은 볼록하게 튀어나온 모든 물건에서 남자의 성기를 보며, 오목하게 들어간 모든 물건에서 여성의 성기나 항문을 본다"라는 정신분석학에 대한 조롱조의 발언이 한때 있었다. 이 말을 듣고 위대한 분석가 페렌치는 점잔 빼는 무표정한 얼굴로 "나는 이 문장이 사실의 특징을 잘 나타내준다고 봅니다"[121]라고 응수했다.

그런 유의 접근방법을 가지고 있는 정신분석학이 초월적 상위 존재 양식에 대해서 엄청난 어려움을 겪을 수밖에 없음은 전혀 놀라운 일이 아니다. 그들에게 신은 천국에 있는, 어마어마하게 큰 유방에 지나지 않는다. 실제로 페렌치의 응수에는 좋은 점도 있는데, 그 좋은 점이란 그 말이 전부가 아니라는 것이다. 그는 "어린이의 마음(그리고 그 시기에서 살아남은 어른들의 무의식적 경향성)은 처음엔 배타적으로 자신의 신체에 관심이 있으며, 그 후에도 주로 자신의 본능을 만족시키는 일에, 즉 빨고, 먹고, 성기 부위를 만지고 자신이 얻을 수 있는 배설 기능에 관심이 있다. 그렇다면 무엇보다 그에게 가장 소중한 경험을 환기시켜주는 유사성을 근거로 그의 주의가 외부 세계의 그런 대상과 과정에 사로잡혀 있다 한들 놀랄 일은 아니다"[121]라는 설명을 추가했다.

페렌치의 핵심 요지는 "따라서 우리가 **상징적**이라고 부르는 인간의 신체와 객관적 세계 사이에는 일생에 걸쳐 남게 될 정도로 밀접한 연결이 일어난다. 이 단계에 있는 어린이는 한편으론 세계에서 오직 자신의 몸에 대한 이미지만을 보며, 다른 한편으론 자신의 몸을 수단으로 외부 세계의 온갖 것들을 나타내도록 배운다"[121]는 것이다. 정신분석학에 따르면, **모든** 상징적 행위는 신체에 기반을 둔다는 것, 궁극적으로 오직 신체만을 가리킨다는 것이 핵심이다. 이에 비해 우리의 경우, 그런 일은 **오직** 신체 수준에 심각한 고착이 일어날 때만, (제6장에서 설명한 것처럼) 상징적 정교화로 그런 고착을 벗어나야 할 필요가 있는 심각한 경우에만 진실이다. 그러나 정신분석학의 경우, **모든** 상징주의는 **오직** 신체에 기초한다. 라이크로프트*의 설명에 따르면, "정신분석학 이론에서 상징화된 대상이나 행위는 언제나 기본적이고 본능적이거나 생물학적 관심사이며, 대용품이나 대치는 언제나 신체에서 비롯한 것뿐이다. 즉 예를 들어 칼, 비행기, 총은 **남근의 상징물**로 해석될 수 있겠지만, 남자 성기는 결코 칼의 상징물이 될 수 없다."[327]

그런 일이 오직 고착 사례에서만 일어난다는 점은 차치하더라도, 정신분석학은 발달 과정에서 **처음** 나타난 것이 언제나 가장 기본적이고, 가장 근본적이며, 모든 구조 중 가장 '진정한' 것이라고

---

* Charles Rycroft: 1914-1998. 영국의 정신의학자, 심리학자이자 작가. 《정신분석학과 그 너머》(1985)의 저자.

생각하는 오류를 아주 쉽게 범한다. 위의 인용문 첫 부분에서 보듯이 라이크로프트는 **일차적인 것**(primary)과 **원래의 것**(original)을 같은 것으로 본다는 점에 주목하길 바란다. 가장 진정하고 (페렌치 자신이 말하듯이) "가장 소중한" 것은 발달 과정에서 **처음** 출현했던 것이다. — 심적 활동에서 처음 출현한 것을 보자면, 일차 과정과 그와 연합된 쾌락원리적 신체를 의미한다. 앞에서 보았듯이 그런 것들이 발달 과정에서 최초로 출현한 실질적인 자기-감각이었다. 한마디로 정신분석학에서는 '첫 번째 = 가장 진정한 것'이고 따라서 이후의 **모든** 발달은 그 첫 번째이자 '가장 진정한' 경험의 **상징적인 것**임에 **틀림없다**고 생각한다.

그러나 영원의 철학의 관점에서 볼 경우 — 이것이 내가 보여 주려는 관점이다 — 가장 높고 가장 진실한 존재 양식은 장시간에 걸친 발달 과정에서 **마지막**에 출현한다. 상위 양식은 정의상 하위 양식을 포괄하고 **통합해야** 하기 때문에, 하위 양식 **이후**에만 출현할 수 있다. 정확히 똑같은 방식으로, 인간은 (오늘날에 이르기까지) 진화적 등반 과정에서 **마지막**에 출현했는데, 이는 단순히 인간이 지금까지 출현한 존재의 가장 상위 양식임을 대변하기 때문이다.

일차 과정이 — 신체적 범주들과 함께 — 발달 과정에서 처음 등장한다는 이유 때문에, 정신분석학에서는 애써 그 이후의 모든 발달을 그 일차 과정의 파생물이자 상징에 불과한 것으로 만들어 버린다. 예를 들어, 젖가슴에 대한 일차 과정 이미지는 대단히 세련되고 성숙한 만달라mandala(고급 명상수련에서 사용되는 복잡한 원형적 형상)보다 확실히 훨씬 이전에 의식에 들어오는데, 이는 아메바가 인간이 지구상에 출현하기 훨씬 이전에 출현한 것과 똑같다. 그러나 정신분석학에서 말하듯 만달라는 젖가슴의 상징에 지나지 않는다고 한다면 이는 인간이 아메바의 상징에 불과하다고 말하는 것과 다르지 않다. 정신분석학적 상징주의 이론이 도달한 결론은 정확히 그런 것이다. 흙이 맨 처음 등장했기 때문에 식물은 흙의 상징이라고 말하는 것과 같다. 이런 단순한 오류로 인해, 정신분석학은 스스로 존재의 상위 양식을 이해할 능력이 없음을 인류 앞에 진지하게 증명하였다. 정신분석학은 상위의 것을 하위의 것으로 환원시키면서 온갖 곳에서 짐승(beast)/젖가슴(breast)을 보았다. 이런 식의 접근방법은 옥외 화장실과 시스틴 성당이 둘 다 벽돌을 쌓아 만들어진 것이기 때문에 같은 것으로 본다. 어쨌든 더 먼저 등장한 것은 벽돌이지 않은가.

**비전-이미지: 초-언어적**

심리학/심리치료에서 과학적 접근방법이 시작됨과 거의 동시에 상상 활동(imaginative activity)과 환상(fantasy)의 지위에 대한 미묘한 논쟁이 계속해서 이어져 왔다. 상상과 환상은 몽땅 신경증적인 백일몽에 불과한 것인가? 아니면 상위 수준 실재를 드러내 보여주는 초-직관적인 앎의 양식인가? 상상과 환상은 원시적인 것인가? 아니면 대단히 진화된 것인가? 그런 활동은 가치 있는 일인가? 아니면 단지 적응하지 못한 회피주의에 불과한 것인가?[93,145,265]

나 자신의 경우 양쪽 모두 진실이라고 생각한다. 그렇기 때문에 '고품격(higher)' 환상과 '저급(lower)' 환상이라는 용어를 사용할 것이다. 일차 과정이 축약적으로 보여준 것처럼, 저급 환상은 아마도 수많은 다른 영장류도 공유하고 있는 꽤 세련된 양식의 표상과 크게 다르지 않아 보인다. 원숭이들도 '원시적-상징'을 만들어 낼 수 있다.[7] 다소간 신체에 속박된 존재는, 다른 대상들을 표상할 때조차 의식을 신체자기 주변에 단속적 패턴으로 유지하는 경향이 있으며, 사실상 의식을 실질적으로 자기애적 신체-존재로 끌어내리는 경향이 있다. 정신분석학에서는 이 모든 경향성을 매우 폭넓게 다루면서 설명하고 기록했는데, 내 생각에 그것들은 전부 저급-환상, 이드-환상, 티폰 수준 인지를 말할 때 환기되는 환상들이다.[120,123,134,142]

하지만 내가 말하는 바는 그런 환상이 전-언어적인 유아의 환상인 경우에만 진실이라는 것, 성숙한 고품격-환상 과정은 아래쪽의 본능을 가리키는 것이 아니라 조잡한 신체 지향성을 초월한 위쪽의 싱위 존재 양식과 의식을 가리킨다는 것이다. 로버트 매스터스 Robert Masters는 다음과 같이 기술한다.

순수 지성의 상상[비전-이미지]과 환상[일차 과정]의 차이점에 대해서 철학자와 신비자들이 여러 세대에 걸쳐서 다양한 방식으로 언급해왔다. 파라켈수스Paracelsus가 연금술사들의 상상과 환상의 혼동에 대해 "어리석은 자들의 초석"이라고 주의를 촉구했을 때도 동일한 의미였음은 의심의 여지가 없어 보인다. 상상의 세계는 통찰적 예지의 세계, 다른 비전들처럼 현신顯神의 세계이며, 그 세계는 특별한 인지적 상상을 통해서만

우리에게 지각된다.[271]

성숙한 켄타우로스 수준에서는 이곳에서 열거한 전-언어적 환상 과정의 문제가 전혀 없다. 그 수준의 사람은 언어와 개념적 사고 형성을 완료했다. 그는 티폰의 유아적 소망을 사회적 합의 형태로 **변형**시켰으며, 유아적 매몰 구조들(플레로마와 우로보로스 구조)로부터 **빠져**나왔다. 그 모든 구조들은 이제 그의 뒤에 놓여 있다(물론 고착된 경우는 제외하고). 환상 과정은 전-언어적 환상으로 퇴행하는 길이 아니라 이제 초-언어적 실재에 접근하는 길이다. 환상 과정은 실존 영역에서 초개아 영역으로 가는 하나의 **과도기**(또한 변형의 상징)로 기여한다. 그 환상 과정은 켄타우로스 수준을 위해서뿐만 아니라 더 상위 수준들을 위해서도 극히 중요한 인지 양식이다. 많은 초개아적 명상 형태에서 추상적인 개념화를 전혀 사용하지 않고 심층적인 표상과 시각화를 사용하는 이유는 이 때문이다.[173] 이 환상 과정은 초-언어적 환상이기 때문에, 전-언어적인 일차 과정과는 전혀 다른 결말에 도달할 수 있다. 이 환상 과정은 전혀 다른 영역의 인지 양식이다.[106]

미르치아 엘리아데Mircea Eliade는 (정신분석학적 입장에 대해 답변하면서) 이렇게 기술한다. "상징적 사고는 어린이나 시인 또는 균형 잡히지 않은 마음의 전일적인 특권이 아니다. 상징적 사고는 인간 존재와 본질적인 동일체로서, 언어와 서술적 사유 이전에 이미 존재한다. 상징은 다른 어떤 지식 수단도 거부하는 실재의 특정 측면, 즉 가장 깊은 측면을 드러내 보여준다. 이미지와 상징 및 신화는 정신의 무책임한 창조물이 아니다. 그런 것들은 가장 깊숙이 숨겨진 존재 양상들에 빛을 비추려는 욕구에 대한 반응이며, 바로 그런 기능을 수행한다."[106]

물론 유아적 우로보로스 또는 모성 상간/거세라는 병적 환상에 빠질 수도 있고, 성적이고 공격적이며 잔인한 본능적 충동과 생물적인 관계에 고착되거나 그런 것으로 역행할 수도 있다. 그런가 하면 성숙한 켄타우로스 수준의 초-언어적 환상 과정이라는 진보적 진화도 **있을 수 있다.** 초-언어적 환상 과정은 유아로 되돌아가는 것이 아니라 초-개아 영역으로, **전-역사적이 아니라** 초-역사적인 영역으로 들어가서 자기 존재의 그런 부분을 재발견하는 것이다.

예를 들어 우리 시대의 서양인처럼 역사적으로 조건화된 존재가 자신의 비-역사적인(non-historic) 부분이 침투해 들어오도록 허용할 경우(이런 일은 자신이 상상하는 것보다 훨씬 더 자주 그리고 더 완전하게 일어난다), 이런 허용이 반드시 인류의 동물 단계[신체자기 단계]로 역행하거나 또는 유기적 생명체라는 가장 깊은 원천[우로보로스-파충류]으로 재-추락하는 것은 아니다[엘리아데는 마치 이런 일이 역행일 수 있을 뿐만 아니라 진보일 수도 있음을 인정하는 것처럼 "반드시 그런 것은 아니라고" 말한다는 점에 주목하길 바란다]. 그 사람은 종종 제 역할을 하는 이미지와 상징을 수단으로 원시 인류의 낙원… 잃어버린 낙원으로 재진입하기도 한다.[106]

그런데 그 잃어버린 낙원은 시간에서 앞서 있는 낙원이 아니라, 깊이에서 앞서 있는 낙원이다. 정묘 영역을 다루는 장에서 바로 이 의식의 비-역사적인 부분을 탐구할 것이다.

지난 몇 개 항목에서 보았던 점은, 융 학파, 동양 전통, 미르치아 엘리아데 등을 포함해서 실존주의/인본주의 세력 전체에서 비전-이미지와 고품격-환상과 의도성을 하위의 것으로 보지 않고 유아적 일차 과정과 언어적 사유의 이차 과정 **모두**를 넘어선 상위 인지 양식으로 본다는 것이다. 그런데 가장 존경받는 정통파 정신의학자들도 정확히 같은 말을 하기 시작했다. 예를 들어, 아리에티는 최근 《창조성: 마법적 종합》(Creativity: Magic Synthesis)이라는 매우 영향력 있는 책을 출간했다. 그 책에서 그는 인간에게서 가장 높고 가장 가치 있는 인지 과정 중 하나인 "창조성은 일차 과정과 이차 과정의 **종합**이다. 따라서 그 둘의 한계를 **넘어선다**"[8]고 말한다. 그런데 이 말은 내게는 의도성과 비전-이미지, 마법적 종합, 켄타우로스 자신의 상위-계열 종합과 통합에 관해 말해왔던 것과 정확히 일치하는 말처럼 보인다. 따라서 이 모두를 종합해서 볼 때, **전-언어**(preverbal) 단계(일차 과정)가 있고, **언어**(verbal) 단계(이차 과정)가 있으며, 또한 둘 다를 넘어 그 위에 마법적 종합으로서 의도성과 고품격-환상 및 비전-이미지라는 **초-언어**(transverbal)가 존재한다는 것이 머지않아 널리 알려진 일반적인 지식이 되리라고 생각한다.

## 전-합의와 초-합의

유아의 신체자아는 신체와 자기, 즉 신체와 자아가 미분화된 단계였음을 상기하길 바란다. 온전한 심신체인 켄타우로스는 신체와 자아가 초-분화와 상위-계열 통합으로 이행해가는 출발점이다. — 말하자면 한때 분화되었던 신체와 자아-마음이 이제 통합된다는 것이다. 전-분화된 신체자아와 초-분화된 신체마음(즉 켄타우로스) 사이에 피상적인 유사점이 있긴 하지만, 이 둘은 구조상 전혀 다르다. 지금까지는 각 수준의 인지 과정만 간단히 살펴보았을 뿐이기에, 그런 점에서 보면 이제 시작에 지나지 않는다.

나는 유아의 신체자아는 전-합의적, 전-멤버십, 전-사회, 전-적응 단계라는 점을 특별히 지적하고 싶다. 성숙한 신체마음, 즉 켄타우로스는 초-합의적, 초-멤버십, 초-사회적, 초-적응적 단계로 넘어가기 시작한다. 정신분석학은 대체로 초-사회적이고 초-인습석인 존재 양식에 대해, 겁을 먹시는 않았을시 몰라도, 선석으로 의심하고 있었던 것처럼 보인다(정신분석학은 초-사회적 양식을 전-사회적 양식과 혼동하기 때문이다. 전-사회적 양식은 정말로 '공포스럽다'). 반면에 실존적/인본주의적 심리치료는 자신의 초-인습적 존재 수준으로 **이행해가야만** 올바른 진정성이 일어난다고 공표한다. 나 역시 그 말이 옳다고 생각한다.[228] 나는 이 둘 사이의 차이점을 쉽게 설명할 수 있다. 정신분석학은 자아/페르소나/신체 영역만을 다루는데 비해, 실존적/인본주의 심리치료는 (전-사회적 수준의 중요성을 부정하지 않으면서) 그런 영역들을 통과해서 켄타우로스라는 상위 영역으로 계속 진행해간다. 그 구분선은 (그림 3에서 볼 수 있듯이) 멤버십-인지이다.

이 구분선, 즉 성숙하고 사회적으로 적응된 자아와 (실존주의자들이 하듯이 강조된 진한 문자를 사용하면) **진정한** 켄타우로스 사이의 일반적인 구분선을 나는 '생물사회 대역'(Biosocial Bands)이라고 부른다.[410] '생물-'은 '신체'(티폰)를 가리키고, '사회'는 '멤버십'과 '멤버십 개념들'을 가리킨다. 따라서 생물사회 대역은 멤버십-인지와 조대(gross) 신체 지향성의 **상한선**을 나타낸다. 그림 3에서 도식적으로 보여주듯이, 그 선을 넘어서면 인습적, 자아적, 제도적 및 사회적 형태를 초월한 존재 영역이 있다. 마찬가지로 생물사회 대역을 넘어 있는 그런 자기와 존재 영역은 초-언어적이고, 초-개념적이며, 초-사회적인 경향도 있다. 관심 있는 독자들은 이 책에서 모든 관련 도표에 등재된 '생물사회 대역'을 찾아볼 수 있을 것이다. 그렇긴 해도 단순성을 위해서 나는 이 과도기 층에 대해서는 지적만 하고 길게 다루지는 않을 것이다. 여기에서 내가 강조하고 싶은 한 가지는, 전-사회적 존재와 초-사회적 존재 사이에는, 즉 **아직** 멤버십 단계에 도달하지 **못한** 사람과 그 단계를 초월하여 생물사회 대역을 넘어서기 시작한 사람 사이에는 전혀 다른 세계가 존재한다는 점이다. 전前-사회와 초超-사회 양쪽 모두 무無-사회이기 때문에 정통 심리학, 특히 정신분석학에서는 환원론적 소동을 피우면서 이 둘을 끔찍할 정도로 혼동해왔다.

전-사회적인 것과 초-사회적인 주제 전반에 대한 일반적인 소개로서 샤흐텔Schachtel의 저서인 《변태(Metamorphosis)》보다 더 좋은 책은 없을 것 같다('변태'는 '변형'을 **의미한다**는 점에 유의하길 바란다).[334] 샤흐텔은 일차적으로 지각(perception)과 주의(attention)의 발달에 관심을 두고 있는데, 그는 지각의 두 가지 기본 양식을 구분한다(여기서 용어는 그다지 중요하지 않다. 그가 의미하는 요점은 곧 분명해질 것이다). 1) 자기중심적(autocentric): 여기서는 강조점이 주체에, 감각의 질에, 지각과 관련된 느낌에 있다. 2) 대상중심적(allocentric): 여기서의 강조점은 대상에, 그 대상이 무엇이고, 어떤 것처럼 보이는지에 있다. 뢰빙거의 훌륭한 요약을 적용하면, 샤흐텔이 보여주고자 하는 골자는 '어린이'의 세계에 대한 대상중심적 개방성이 대부분의 성인들에게서는 상실된다는 것이다. 샤흐텔은 공유된 자기중심적 지각에 대해서 사회중심적[멤버십-지향적] 지각이라는 용어를 사용한다. 이차 자기중심성[사회의 꼬리표와 범주와 고착된 개념을 통해 세상 보기]와 사회중심적[멤버십] 지각이 지배적이 되면, 그런 것들이 성인 수준에서[즉, 성숙한 형식에서] 대상중심적 지각[사물을 있는 그대로 보기]과 적절한 자기중심적 지각 모두에 방해가 된다. 일상적인 용어로 말하면, 딱지 붙이기식의 틀에 박힌 사고와 지각은 객관적 세계에 대한 사실적인 지각과 그 세계와의 심미적인 조우에서 오는 완전한 즐거움 양쪽 모두를 방해한다.[243]

주요 요지는 이런 것이다. 어린이의 '대상중심적 개방성'과 적절한 자기중심적이거나 감각적인 인식이 '회복될' 수 있는데, 이제는 전혀 다른 맥락에서 회복된다. 그 발달은 사실상 다른 '종류' 또는 다른 '구조'라고 말해야 할 정도로 너무나 다르다. 따라서 성숙한 **"대상중심적 태도**에는 대상에 대한 관심과 대상을 향한 전향이 있다. 그 태도에는 전체 대상과 **지각자 전 존재**가 포함된다. 대상에 대한 대상중심적 관심은 그 대상에 대한 상호 연관된 지각으로 이끌어가지만, 그 연관성은 주체와 대상이 혼융된 [플레로마-우로보로스] 유아나 초기 아동기의 그것과는 **전혀 다른 종류의 상호 연관성**이다. 유아나 초기 아동기의 지각에서는 대상의 독특한 특징들이 지각되지 않는다[일차 과정]."²⁴³ 다이크만*은 유사한 점에 대해서 이렇게 기술한다. "아동기[멤버십 지각]로 돌아가는 것이라고 말하기보다는, 자동적인 지각에서의 벗어남과 인지 구조가 추상적 범주화[또는 일반적인 멤버십-인지]를 대가로 강력하고 풍부한 감각을 획득한 것이라고 말해야 더 정확하다. 이런 일은… 성인 마음에서 일어나며, 경험은 이제 다른 의식 양식[즉, 이제 초-멤버십]에 속하는 성인 기억과 기능으로부터 풍요로움을 획득한다."³⁷²

일단 만들어진 멤버십-인지는[이는 필수적이고 바람직한 단계이다] 이제 초월되어야 한다. 이것이 내가 샤흐텔 등의 글을 읽는 방식이다. 전반적으로 볼 때 이 상위 '대상중심적 개방성'과 '풍부한 감각 경험'(로저스의 '유기체로서 경험하기')에는 도식화(샤흐텔), 추상적 범주화(다이크만), 자아-개념적 전환(메이)을 앞서고 넘어서 있는 것을 보고 느끼는 법을 다시 배우기가 포함된다. 이것은 전-언어적 지각이 아니라 초-언어적 지각이라는 점에 유의하길 바란다. 샤흐텔 자신이 기술한 것처럼, "모든 새로운 통찰과 모든 진정한 예술 작품의 원천 그리고 인간 노력과 인간 생활의 희망찬 진전과

---

* Arthur Deikman: 1929-2013. 동양과 서양의 심리학에 조예가 깊은 미국의 정신의학자.

확장의 발견은 문화적 도식[멤버십-지각의 생물사회 대역]을 초월한 경험들에 있다."[334]

## 즉각적인 현재

일반적인 논의를 계속해보자. 이제 우리는 유아의 신체자아가 즉각적인 지금, 여기만을 인식할 **뿐**이라는 점, 즉 문자 그대로 즉각성에 국한되어 있을 뿐이라는 사실을 알았다. 시간 계열은 전혀 인식하지 못하며, 사건은 그저 "일어나는 것처럼 보인다"(설리번, '병렬적 양식'). 대부분의 인본주의 심리치료에서는 '즉각적인 지금, 여기'[292]를 대단히 강조하는데, 이것이 거의 모든 정통 심리학자와 정신의학자들로 하여금 이 인본주의 치료법이 정말로 유아 수준 티폰으로 역류해가는 것이라고 결론짓도록, 그 치료법은 퇴행적이며 그저 '행동으로 방출하는 것'(acting out)에 불과함을 보여줄 뿐이라고 결론짓도록 이끌었다. '내중직인 심리치료' 중 일부가 그렇다는 데는 의심의 여지가 없어 보이지만, 정신의학자들이 내린 일반적인 결론은 전반적인 핵심을 놓치고 있다. 성숙한 켄타우로스 수준에서는 즉각적이고 생생한 현재가 참으로 지배적인 시간 양식이다. 하지만 이제 그 사람은 확장된 시간적 현실의 관습적 세계 전반에도 **완전히 접속할** 수 있다. 그는 (아동의 신체자아처럼) 현재에 국한되지 않는다. 그는 그런 현재에 기반을 두고 있을 뿐이고, 역사적인 시간에도 무지하지 않다. 그는 단지 (자아처럼) 그런 역사적 시간에 더 이상 묶여 있지 않다는 점에서 다를 뿐이다. 티폰은 전-계열적 시간이고, 켄타우로스는 초-계열적 시간이다. 전자는 직선적인 시간의 세계를 알지 못하지만, 후자는 직선적인 시간의 세계를 넘어서기 시작한다. 그렇기에 그 둘이 유사해 **보이는 것**은 자연스러운 일이다. 하지만 실제로 그 둘은 전혀 다르다. 그 둘을 같은 것으로 여기는 태도는 너무나 큰 재앙이 아닐 수 없다. 일단 직선적인 시간이 만들어지면(다시 말하지만 필수적이며 매우 바람직한 단계이다), 그다음엔 그 시간을 초월할 수 **있는데** 이는 퇴행이 아니라 진화이다.

실존 수준의 시간 양식은 생생하게 살아 있는 즉각적인 현재이기 때문에, 많은 켄타우로스 치료사들은 이런 시간을 내담자에게 제공하는 새로운 **변환** 중 하나로 사용한다.[291] 즉, (앞에서 논의했던 비전-이미지와 의도성 같은 다른 켄타우로스 변환들을 추가해서) 모든 현실을 **현재**로 보는 변환 기법을 공통으로 사용한다(게슈탈트 치료에서 "오직 **지금**만이 진실하다"라고 하는 것처럼). 내담자는 어제의 생각들을 **현재** 일어나는 것으로, 내일의 예견을 **현재** 활동으로 보도록 배운다(부연하자면, 이것이 성 아우구스티누스의 시간 이론이었다. 과거는 기억일 뿐이고, 미래는 단지 예견일 뿐이다. 과거와 미래 **모두 현재** 일어나는 사실에 존재한다). 그 사람이 이런 변환을 전반적으로 성공시킬 때 그는 실존 시간으로 **변형**해간다. 온갖 추상적이고 유령 같은 직선적인 시간의 세계는 — 이런 시간은 지금까지 자신의 목적에 기여해왔다 — 현재의 강력함으로 붕괴한다. 그 사람은 변형이 거의 완성될 때까지 이런 변환 작업을 '계속해 나간다.' 그는 일반적으로 살아 있는 현재에 기반을 두지만 그 현재에 국한되지는 않는다.[221,291]

현재에 충실히 살아가는 능력은 내가 앞에서 기술했듯이 켄타

우로스의 가장 중요한 특징이다. 그런 만큼 '매우 발달한' 인물들
— 켄타우로스는 매우 발달한 존재이다 — 을 연구했던 거의 모든
발달심리학자들이 "모호성에 대한 인내심과 **강렬하게 현재에 사는
능력**은 [발달의] 최상위 단계에 해당하는 측면이다"[243]라고 보고했
다는 사실은 놀랄 일이 아니다.

그런데도 이런 능력이 퇴행이란 말인가? 제정신으로 어떻게 그
런 결론을 유지할 수 있는지 나로서는 도무지 알 수 없는 일이다.
그보다는 오히려 신체자아의 현재가 전-계열적 현재였다면, 켄타
우로스의 현재는 초-계열적 현재라는 말이 맞을 것이다. 그 자기
는 시간적 계열을 넘어 그 위에서 직선적 사건의 흐름을 살펴본
다. 그 자기는 과거와 미래를 현재 일어나는 현재의 **생각으로** 볼
수 있다. 그 자기는 여전히 과거와 미래를 볼 수 있다. **여전히** 어제
를 기억하고 내일을 계획할 수 있지만, 그 자기는 그런 것들을 현
재의 움직임으로 볼 수 있는데 이는 티폰의 능력을 아주 멋지게
넘어선 지각이다. 유아의 신체자아는 **단지** 현재만을 볼 수 있을
뿐이지만, 켄타우로스는 현재로부터 **모든 시간**을 볼 수 있다. 달리
무슨 말을 하더라도, 이는 현재를 중심으로 하는 의식의 전혀 다
른 두 양식이다.

### 자발성

우리는 앞에서 '충동성(impulsiveness)', 즉 '통제되지 않은 자발성'
이 신체자아를 지배하고 있다는 점도 살펴본 바 있다. 성숙한 켄
타우로스의 경우, 이 '즉각적 방출'은 자발성(spontaneity)과 충동 표

현으로 나타나는데, 이는 '자발적 의지'나 의도성에서 보았던 것과 정확히 일치한다. 다시 말하지만, 충동 표현과 자발성에 대한 다수의 연구는 어린이와 **가장 발달한** 성인이 이런 특징을 공유하고 있다는 점, 이에 비해 중간 단계(평범한 자아/페르소나 영역)에 있는 사람들은 그렇지 않다는 점을 보여준다. (신체자아로서의) 어린이는 자발적이고 충동적이지만, 자신의 충동 표현에 편안해진 사람들에서 나타나는 "자발성의 향상은 많은 설명에서 동의하듯이 가장 높은 발달 단계를 보여주는 하나의 징표이기도 하다"[243]는 점에 모든 사람이 동의한다. 그런데 이 말은 두 가지 사실, 즉 가장 높이 발달한 성인들이 유아기로 **퇴행한** 것이든, 아니면 가장 발달한 성인들이 자아의 엄격한 통제를 **넘어서** 초-자아적 통제 단계로 **진전해간** 것이든 둘 중 하나임을 의미한다. 당연히 유아의 신체자아가 전-언어적, 전-통제적, 전-억제적 자발성을 특징으로 하는 데 비해, 성숙한 켄타우로스는 초-언어적, 초-통제적, 초-억제적 자유를 뒷받침한다는 것이 나의 생각이다. 그러나 이 논의는 "이런 사실은 [멤버십과 자아의] 엄격한 통제를 받는 중간 단계를 우회할 수 있다는 결론을 정당화시켜주지 않는다"[243]는 뢰빙거의 지적에 유의하면서 마치도록 하자.

## 요약: 켄타우로스

의식의 스펙트럼이라는 전반적인 맥락에서 볼 때, 실존 수준이나 켄타우로스 수준이 갖고 있는 특별한 역할과 성질에 관해 마지막으로 몇 가지 하고 싶은 말이 있다. 앞에서 보았듯이 켄타우로스 수준은 언어, 멤버십-인지, 자아 수준 논리 및 의지에 **접속할 수** 있긴 하지만, 그런 수준들을 넘어 초기의 감각적 의식과 지속적인 심리-생리적 흐름에, 뿐만 아니라 직관과 의도성이라는 고품격-환상 과정에까지 도달할 수 있고 실제로 도달하기도 한다. 켄타우로스 수준은 언어, 논리 및 문화 위에 존재한다. 하지만 이 수준은 전-언어적이고 전-문화적인 것이 아니라 초-언어적이고 초-문화적인 것이다.

여기서 내가 강조하고 싶은 것은 이 수준이 초-언어적이긴 하지만 아직 초-개아적이지는 **않다는** 점이다. 즉 이 수준은 언어와 조대<sup>粗大</sup> 개념 및 조대 자아를 초월해 있지만, 존재와 개인적 지향성 및 통상적인 깨어 있는 심리-생리적 인식을 초월한 것은 아니다 (그림 3 참조). 켄타우로스 수준은 일상적인 시공간 형식이 지배하는 마지막 단계이긴 하지만, 여전히 그런 시공간 형식들이 존재하는 단계이다.

그러나 자아와 문화적 도식화라는 덮개를 걷어낸 감각적 인식 자체는 놀랍도록 명료성과 풍부함을 간직한, 깨어 있는 영역으로 들어서기 시작한다. 또한 이 지점에서 감각적 인식은 더 이상 단순히 '생존적'이거나 '동물적'이지 않고 단지 '유기적'이지도 않다. ─ 그 인식은 오히려 상위 정묘이자 초개아적인 에너지의 유입인 일종의 초감각적(supersensory) 인식이다(거의 초감각적이긴 하지만 아주 그렇지는 않다). 오로빈도가 설명하듯이, "내적 감각 ─ 말하자면 전적으로 정묘 기능이라는 점에서의 감각력 ─ 을 활용함으로써, 우리는 감각 경험에 대한, 물질 환경의 조직에 속하는 것과는 다른 외형과 이미지에 대한 인지를 취할 수 있다."[306] 많은 켄타우로스 치료사들(로저스[322], 펄스[291] 등)이 이 '초-감각적' 인식에 대해 보고하는데, 다이크만[92]의 논의에 따르면 이런 인식은 (켄타우로스로 올라선 다음 그 단계를 초월할 때 나타나는) 신비적 통찰이 **시작되는** 단계 중 하나라고 보고된다.

나 역시 초-언어적, 초-개념적 켄타우로스가 베르그송의 '직관(intuition)'과 후설의 '순수한 보기'(pure seeing)의 거처라고 생각하며, 이 점을 강조하고 싶다. 그렇다고 내가 베르그송이나 후설이 켄타우로스 너머의 더 높은 영역을 보았다는 점을 부정하는 것은 아니고, 다만 그들의 철학이 대체로 켄타우로스의 의도성, 비전-이미지 및 즉각적인 지각적 이해에 대한 실제 모습을 가장 훌륭하게 반영한다고 본다는 의미일 뿐이다. 후설은 심적 반성 능력이 결여된 신체 감각적 인식(티폰 수준)과 심적 반성 활동이 **포함된** 진정한 실존적 인식(켄타우로스 수준) 사이의 엄청난 차이점을 명확하게 이해했던 몇 안 되는 인물 중 한 사람이기도 하다. 후설의 경우, 즉각적인 실존적 인식은 전-언어적 감각적 인식이 아니라 초-언어적 의식과 의도성(이는 후설의 용어이다)이었다. 내가 보기엔, 바로 이 점이 티폰 수준을 지나치게 찬양하는 대부분의 현대 실존 치료사들이 잃어버린 고리이다. 이 주제에 대한 폭넓은 논의를 보고 싶은 독자는 베르그송의 《형이상학 개론》(Introduction to Metaphysics)과 후설의 《이데아Ideas》를 참조하길 바란다.

상위-계열 합일, 상위-계열 통합, 초-언어적이고, 초-멤버십적이긴 하지만 아직 초-개아적이진 않은 이 성숙한 켄타우로스는 상위 에너지가 유기체 내부로 돌진해 들어오는 지점이며, 생리적으로 유기체를 변형시키는 지점이기도 하다고 나는 생각한다. 자아와의 탈동일시이자 온전한 심신체와의 상위-계열 동일시인 이 전체 수준은 실존 영역 또는 조대 영역에서 도달할 수 있는 가장 높은 잠재력을 특징으로 한다. 이 수준은 존 릴리John Lilly가 (구르지예프Gurdjieff를 따라서) "12 상태"라고 부른 수준과 매우 유사한 수준으로서, "환희 상태, 우주적 사랑, 은총[상위 에너지]의 받아들임, 고양된 신체적 인식[초-감각], 신체 의식의 최상위 기능"을 특징으로 한다.[242] 그런데 릴리가 이 신체마음 수준이 개념 수준 또는 "새로운 자료와 프로그램을 흡수하고 전파하는, 즉 배우고 가르치는 수준", 다시 말해 자아의 이차 과정과 구문적 인지보다 더 위에, 더 높은 곳에 자리매김한다는 점에 주목하는 것이 중요하다. 이 단계는 다 프리 존Da Free John이 제시한 길의 초기 단계와도 유사한데, 그 단계에 있는 사람은 주의를 집중한 탐구를 통해 사고와 욕망을 진정시킨 상태에서 "무조건적인 관계 감각을 직관한다. 이 무조건적인 관계 감각은, 역설적이게도 세계와 **그 세계에서의 자신의 신체적 현장감** 지각을 여전히 인식하는 상태에서, 구석구석 널리 확산된 신의 임장에 대한 직관이다."[69]

| 켄타우로스 자기 |
| --- |
| 인지 스타일 — 초-언어적 비전-이미지, 고품격-환상, |
|             일차 과정과 이차 과정의 종합, 초-합의적 |
| 감정 분위기 — 파악, 자발성, 충동 표현, 초-감각적, |
|             진심 어린 |
| 동기/의욕 요인 — 의도성, 창조적 소망, 의미, 자발적 의지, |
|             자기실현, 자율성 |
| 시간 양식 — 현재 순간에 기반, 직선적 시간을 현재에서 |
|             박리된 시간으로 인식 |
| 자기 양식 — 통합적, 자율적, 초-생물사회적, 온전한 심신체 |

이것이 실존주의자들조차 — **그들 자신의 용어를 사용하면** —
**초-개아적** 실재를 직관하기 시작하는 이유 중 하나라고 나는 생
각한다. 후설과 하이데거 모두 결국엔 철학을 초월하는 강력한
경향을 보여주었다(마르셀Marcel, 야스퍼스Jaspers, 틸리히Tillich 같은 신학
적 실존주의자들은 말할 것도 없다). 메이 박사 자신도 "의식의 무-개아
(impersonal) 차원에서 개아 차원을 거쳐 초-개아 자원"[265]으로 이행
해가는 과정에 대해 말한다. 또한 게슈탈트 치료(펄스 자신의 설명에
따르면 순수하게 실존 치료법이다) 분야에서 프리츠 펄스의 위대한 후
계자 중 한 사람인 조지 브라운George Brown은 사람들이 지금, 여기
에 중심을 둔 켄타우로스 변환을 시도하도록 할 때 어떤 일이 일
어나는지 그리고 그러한 변환도 결국엔 교착 상태에 이르게 된다
는 점에 대해서 아래와 같이 기술한다.

교착 상태의 경험은 다양한 방식으로 기술될 수 있다. 거기엔 초-개아적 에너지도 포함된다. 사람들은 허공에 떠 있는 것 같은 느낌과 평안, 평화에 대해서 말한다. 우리는 그들을 밀어붙이지 않는다. 우리는 "좋습니다, 무슨 일이 일어나는지 계속 보고하세요"라고만 말한다. 가끔 우리는 그들이 경험하는 곳에서 무언가를 접촉할 수 있는지 묻기도 하는데, 아니라고 해도 상관은 없다. 무언가와 접할 경우, 통상 일어나는 일은 빛[진정한 정묘 영역]을 본다는 것이다. 이는 초-개아를 향해 이행해가는 좋은 신호일 수 있다. 그들은 종종 빛을 보며, 그 빛을 향해 간다. 그 상태에서 나오면 거기엔 태양과 초록색 나무들과 푸른 하늘과 흰 구름 같은 아름다운 것들이 있다. 그런 다음 그런 경험을 마치고 눈을 떴을 때, 그들은 색깔을 더 명료하게 보고, 시야는 더 선명해지고, 지각은 더 고양된다[초-감각적 켄타우로스 인식]. 그들은 그 순간 자신들을 덮고 있던 환상과 병리라는 여과장치[자아와 멤버십 수준의 여과장치]를 벗어던진 것이다.[55]

그렇기에 실존적 켄타우로스는 자아, 신체, 페르소나, 그림자의 상위-계열 통합일 뿐만 아니라, 더 상위의 정묘 및 초-개아적 존재 영역으로 이행해가는 중요한 과도기이기도 하다. (스텐 그로프*의 연구는 이 주제를 매우 강력하게 지지하는 것처럼 보인다는 점에 주목하길 바란

---

* Stanislav Grof: 1931-. 체코 출신의 초개아 심리학자. 초개아 심리학에서 이론적 흐름의 정점에 있는 인물이 켄 윌버라면, 임상적 흐름의 정점에 있는 인물은 그로프라 할 수 있다.

다.)[166] 이런 일은 켄타우로스의 '초-감각적' 양상과 직관 그리고 의도성, 비전-이미지라는 인지 과정에서도 마찬가지다. 그 모든 것들은 초월과 통합의 상위 영역으로 이행해가라는 통보이다.

그렇게 해서 이제, 그런 상위 영역들 자체를 살펴볼 때가 되었다.

# 8
## 정묘 영역

### 화신: 조대 영역

지금까지 주요 수준들의 분화, 통합 및 초월이 점차 향상되어가는 모습을 보았다. 그 수준은 처음엔 플레로마와 우로보로스라는 단순하고 원시적인 기능-합일체에서, 생물적 신체자기라는 다음 상위-계열 합일로, 그런 다음 심적-페르소나로 이어지고, 이 페르소나가 그림자와 통합될 경우 전체 자아라는 상위-계열 합일을 낳고, 끝으로 켄타우로스에 이르게 된다. 켄타우로스는 이전의 모든 하위 수준들, 즉 우로보로스, 신체, 페르소나 및 그림자를 모두 보유한 온전한 자기라는 상위-계열 통합체이다.

그러나 지금까지 살펴본 수준들은 **모두** 전통 심리학에서 '조대<sup>粗大</sup> 영역'(gross realm)이라고 부르는 수준들이고, 이 조대 영역 너머에 정묘<sup>精妙</sup>(subtle) 영역과 원인<sup>元因</sup>(causal) 영역이 존재한다(표 A 참조). 힌두교에서는 조대 영역을 스툴라-사리라sthula-sarira라고 부르고,[94] 카발라에서는 티파렛 아래 있는 모든 영역들이 여기에 해당하며,[338] 불교에서는 화신化神(Nirmanakaya)에 해당한다(화신은 내가 '조대' 다음으로 가장 자주 사용하는 용어이다).[332] 조대 영역, 화신, 즉 깨어 있는 일상적인 의식은 단순히 크고 거친 물리적 신체와 그 신체의 일상적인 시공간적 구성물에 기반을 둔, 또는 그런 것을 중심으로 하는, 또는 그런 것을 최종 참조 대상으로 삼는 그런 수준들로 구성되어 있다. 물리적인 물질-신체 자체를 '조대 수준'이라고 부르며, **이 수준을 반영하는 모든 정신 측면을 '조대-반영 마음'**(gross-reflecting mind) — 또는 줄여서 그저 '조대심(gross-mind)' — 이라고 부른다. 자아, 페르소나, 그림자 및 켄타우로스의 조대 신심체를 다 합하면 전반적인 조대 영역이 된다.

이 '조대-반영 마음'은 오로빈도가 보통 사람들을 어슴푸레한 또는 희미한 **물리적 정신**을 소유한 존재, 또는 "현재의 의식 조직이 자신의 가능성을 제한하는 평범한 **물질적 지능**(material intellect)을 소유한 존재"[306]라고 말할 때 의미하는 수준과 같다. 평범한 자아 상태에서 "감각적 증거에만 익숙해 있고 현실을 물질적 사실과 관련짓는 마음은 다른 지식 수단을 사용하는 데 익숙하지 않거나 현실에 대한 관념을 초-물리적 경험에까지 확대할 수 없기 때문이다."[306] 그가 (조대심에 대비해서) 진정한 정묘심(subtle mind)을 "**물리적 자아**의 벽에 갇히지 않은 마음과 감각이다"라고 말한 것은 내가 특별히 좋아하는 구절이다.[306]

## 표 A

| 주요 영역 | 일반적인 수준 | 인지 |
|---|---|---|
| 화신<br>오감<br>+<br>마노비즈냐나 | 신체자기(물질, 정서, 심상)<br>멤버십 자기<br>자아 / 페르소나(적응된 자아)<br>켄타우로스 / 실존적 | 감각운동<br>자긍 환상<br>멤버십 인지<br>개념적 사고<br>고품격-환상(비전-이미지) |
| 보신<br>마나스 | 저-정묘<br>고-정묘 | 천리안 인지<br>상위 마음<br>고품격 직관<br>완전한 영감<br>제몽 / 예지 |
| 법신<br>알라야비즈냐나 | 저-원인<br>고-원인 | 최종 제몽<br>근본적 통찰<br>절대지혜(즈나나) / 무형상 |
| 원초신<br>법계 / 여래 | 궁극 | 최상의 깨달음<br>사하자 |

이 모든 것들 — 전반적인 조대 영역을 구성하는 조대 신체와 조대 자아 — 은 표준적인 불교 심리학과도 밀접하게 합치된다. 화신은 다섯 개의 **감각**과 의식으로 이루어져 있다고 말해지며, 의식은 "감각과 관련된 마음."[332]이라고 말해지기 때문이다. 스즈키[*]는 이 의식을 서양 심리학의 자아와 논리적-실증적 지능, 이 둘과 명확하게 같은 것으로 본다.[365] 그는 이 전반적인 영역을 '감각과 사고' 중 하나라고 말하기도 하며, 서양 심리학의 모든 자료를 정확히 그 영역에, 단지 그 영역에만 놓는다.[362] 따라서 조대 또는 물리적 신체 이외에 인간의 조대 영역은 하위 마음, 즉 조대-반영 마음으로 구성되어 있다는 점 또는 그 마음과 밀접하게 맞물려 있다는 점을 알 수 있다. 그러므로 조대 영역 전체 그 자체를 **조대 심신 영역**이라고 부르는 것은 매우 적절해 보인다.

정통 서양 심리학이 생산해낸 거의 모든 자료가 단순히 조대 영역에 속하는 것뿐이라는 사실이 뒤를 잇는다. 따라서 르네 게농[**]은 서양 심리학자들은 "신체적인 양상을 제외하고는 거의 아무것도 인정하지 않는다"[352]고 말한다. 즉 서양 심리학은 게농이 오로빈도의 '신체적 자아'와 매우 유사한 '신체적 양상'이라고 부른 것을 목표로 한다. 게농이 통명스럽지만 올바르게 기술한 것처럼, "현대 서양 심리학에 관한 한, 인간 개성의 매우 제한된 부분만을

---

[*] D. T. Suzuki: 1880-1966. 선불교의 본질과 목적을 서양에 소개한 일본 선불교를 대표하는 학자이자 저술가.

[**] Rene Guenon: 1886-1951. 힌두교, 베단타, 이슬람 신비주의, 동양 형이상학 등의 비전, 상징주의를 주제로 저술 활동을 펼친 프랑스 지식인.

다룰 뿐이고, 정신 기능도 그 신체적 양상과 직접적으로 관련을 맺고 있어서, 적용 방법을 감안해볼 때 더 이상 나아가는 것은 불가능해 보인다."[168]

하지만 '더 이상 나아갈 곳'이 **있기는** 한 것인가? 신비-현자들에 따르면 — 우리는 이 책 첫 부분에서 이 신비-현자들을 상위 진화 모델로 채택하는 데 동의한 바 있다 — 참으로 존재한다. 오로빈도는 말한다. "평범한 사람은 그들 외부, 그들의 의식 외부에 있는 세계에 의해 움직이는 마음과 감각[조대 심신]으로 살아간다. 그 의식이 정묘해질 경우, 사물의 형태와 외관이 주는 영향뿐만 아니라 내부에 있는 능력을 적용해서 훨씬 더 직접적인 방식으로 사물과 접촉하기 시작한다. 하지만 그 범위는 여전히 작다. 그러나 의식은 확대되어 세상에 존재하는 광범위한 사물과 직접 접촉하고 그런 것들을 포함할 수 있으며 — 자신 안에서 세계를 본다고 말해지듯이 — 어떤 점에선 그런 것들과 동질적일 수도 있다. 자기 안에서 모든 것을 보고, 모든 것 안에서 자기를 보는 것… 그것이 보편화(universalization)이다."[306] 즉 점점 더 상위 계열로 가는 합일과 정체성과 통합이 존재하며, 그 최종 도달점은 보편적 합일 그 자체, 즉 지고의 정체성(supreme identity)이라는 것이다.

이 모든 것을 아주 분명하게 말하면, **진화는 계속 진행될 수 있다**는 뜻이 된다. 이미 아메바로부터 인간을 초래했는데, 우리가 도대체 왜 그 놀라운 위업을 수십억 년 지속한 이후 갑자기 쇠퇴해서 진화가 사라졌다고 생각해야 한단 말인가? 만일 아메바에서 인간을 초래한 비율로 진화를 계속한다면, 그 결과는 신神일 수밖에 없을 것이다. 신비-현자들은 단순히 그 정상으로 이끌어가는 상위 진화 단계들을 보여줄 뿐이다. "확실히, 만일 그 신체, 생명, 의식이 우리의 신체 감각과 신체적 심성[조대 자아]의 수용 범위에 제약되어 있다면, 진화는 매우 짧게만 이뤄지고 끝날 것이다"라고 오로빈도는 말한다. 그러나 많은 현자들에 따르면, "우리의 일상적인, 깨어 있는 심적 상태 배후에는 광대한 범위의 의식… 가끔 이유 없이/비정상적으로 알아차리게 되는 초의식이 존재하며, [또한] 우리의 조대 신체적 존재 배후에는 더 고급의 법칙과 더 큰 힘을 간직하고 있는 더 정묘한 다른 등급의 실체가 존재한다. … 우리가 그런 것에 속한 의식 범주로 들어서게 되면, [우리는] 우리의 현재 신체적 생명과 충동과 습관의 거칠고 제한된 존재 조건을 더 순수하고 더 강력한 상위 의식으로 대치할 수 있을 것이다."[306] 따라서 우리의 현재 거친 "마음, 생명, 신체는 마음-너머에 이미 존재하는 그 자체의 우월한 표현에서 다양한 진화의 결과에 도달하려고 애쓰는 열등한 의식이자 부분적인 표현에 지나지 않는다['마음-너머'란 단순히 신체, 마음 및 켄타우로스 너머의 영역을 지칭한다]. 마음-너머에 있는 그것은 자신의 조건하에서 실현을 위해 애써 힘들게 노력하는 이상이다."[306]

그런데 그 마음-너머의 첫 번째 단계, 즉 조대 영역 너머에 있는 세계가 바로 정묘 영역의 세계이다.

## 보신: 정묘 영역

자아와 켄타우로스 너머에 더 상위 수준의 의식이 존재한다는 징후를 살펴보기 위해서는 동양과 서양, 힌두교와 불교, 기독교와 이슬람교의 위대한 신비-현자들에 시선을 돌려야 한다. 이런 이질적인 사상 모두가 '인간 본성의 더 나아간 도달점'의 성질에 대해 만장일치로 동의한다는 것은 꽤나 놀랍긴 하지만 절대적으로 중요한 일이다. 이들 전통에서는 자아-마음이 티폰 위에 있는 것처럼, 자아-마음보다 훨씬 더 위에 존재하는 상위 수준 의식이 참으로 존재한다고 말한다. 그런 상위 의식들은 다음과 같은 모습을 보인다.

(요가 차크라 심리학 용어를 사용하면) 여섯 번째 차크라인 아즈나$^{ajna}$ 차크라를 시작으로 의식은 초개아 수준으로 넘어가기 **시작한다.** 의식은 이제 초-언어적이고 초-개아적인 상태로 진입한다. 이 의식은 힌두교에선 숙스마-사리라$^{suksma\ sarira}$로, 불교에선 보신報身 (Sambhogakaya, 내가 채택한 전문용어)으로 알려진 진정한 '정묘 영역'에 들어서기 시작한다.[161] 이 과정은 사하스라라$^{sahasrara}$라고 불리는 최상위 차크라에 도달하면서 촉진되고 강화되며, 그런 다음 사하스라라 너머에 존재하는 일곱 단계 상위 의식으로 들어서면서 초월 의식으로 나아간다.[350] 아즈나, 사하스라라, 그리고 일곱 개의 상위 수준을 (모두 합해) 정묘 영역이라고 부른다.

그러나 우리는 정묘 영역을 편의상 '저-정묘(low-subtle)'와 '고-정묘(high-subtle)'로 구분하는데, 저-정묘의 전형적인 모습은 '제3의 눈'인 아즈나 차크라로서, 이 차크라는 아스트랄* 및 심령(psychic)

---

* astral: 영혼과 육체의 중간으로 정의되는 영적인 기체, 성기星氣체를 의미하며, 이를 통해서 다른 사람의 기분이나 장소의 분위기를 헤아린다고 알려져 있다.

사건 모두를 포함하고 주도한다고 말해진다. 즉, 저-정묘는 의식의 아스트랄 및 심령 영역으로 '구성되어' 있다는 것이다. 이런 수준을 믿든 믿지 않든, 그런 수준들이 존재한다고 말해지는 곳이 저-정묘이다(또는 그런 수준들이 성숙에 도달한다고 말해지는 곳이기도 하다).

아스트랄 수준에는 기본적으로 유체-이탈(out-of-body) 체험, 초자연적 지식, 후광(aura), 진정한 마법, '아스트랄 여행' 등이 포함된다. 심령 영역에는 초감각적 지각(extrasensory perception, ESP), 예지/사전 인지, 천리안, 염력(psychokinesis) 등 우리가 '심령(psi)' 현상이라고 부르는 것이 포함된다. 다수의 사람들이 가끔 이 영역에 '접속할' 수 있다고 하지만, 심령 능력의 증거는 임의적이거나 그보다 약간 높은 정도이다. 그러나 실제로 이 영역에 **들어서게** 되면 심령 현상 또는 적어도 그런 현상 중 어떤 능력을 다소간 터득하게 된다. 파탄잘리[*]는《요가경(Yoga Sutra)》에서 이 영역과 그 구조(싯디siddhis, 즉 초자연적인 힘)를 기술하는 데 온전히 한 장을 사용했다.[370,398] 초상심리학 분야에서 대부분의 연구자들은 아스트랄 영역과 심령 영역이 실제로는 동일한 신체라고 본다는 점, 따라서 우리는 이 영역을 하나로 묶어 일반적으로 아스트랄-심령적이라고 부른다는 점도 언급해둔다.[399]

---

[*] Patanjali: 기원전 200년경 고대 인도의 요가를 체계적으로 정리한《요가경》의 저자.

저-정묘 — 아스트랄-심령 — 의 전반적인 핵심은, 스스로를 마음과 신체로부터 훨씬 분화한 의식이 여러 가지 점에서 조대 심신의 평범한 능력을 **초월**할 수 있으며, 따라서 평범한 마음에게는 매우 환상적이고 터무니없어 보이는 방식으로 세계와 유기체에 **작용**할 수 있다는 것이다. 나는 그런 작용 능력들이 의식의 초월적 기능이 확장된 결과라고 보는 입장이다.

## 고-정묘

고-정묘(high-subtle)는 사하스라라에서 시작하여 더 상위-계열로 초월, 분화 및 통합해서 비범한 일곱(또는 그 이상) 수준으로 확대해간다. 나는 이 영역을 지나치게 세분해서 다루지는 않을 텐데, 대신 키르팔 싱**의 저술들[349,350]을 참고하길 바란다. 싱은 나다

---

** Kirpal Shingh: 1894-1974. 인도 라다 소아미 전통의 영적 스승. 유네스코에서 인정한 세계 모든 주요 종교를 대표하는 '세계 종교인 모임'의 대표 역임. 살아 있는 영적 스승의 지도하에 개인적 영적 깨달음을 얻는 길인 수랏 샤부드Surat Shabd 요가를 가르침.

요가와 샤브드 요가*에서 다루는 이 영역 전체를 뛰어난 방식으로 설명하고 있다. 나는 단순히 이 영역이 보편적이면서도 일관성 있게 숭고한 종교적 직관과 문자적 영감의 영역, 즉 종자 만트라(bijamantra), 상징적 비전, 청색·금색·백색 광, 청각적 계발 및 최상 광명의 영역으로 불린다는 점만 말해두고자 한다. 이 영역은 고등 현존, 으뜸가는 인도자, 천사 형상, 이슈타데바ishtadeva 및 명상 붓다**의 영역이다. 이 모든 것들은 — 곧 설명하겠지만 — 단순히 자기 자신의 고등한 원형적 형상들일 뿐이다(처음에는 어쩔 수 없이 '타자'로 보인다). 사르 샤브드Sar Shabd, 통제자 브라마, 신의 원형 영역이자 삿 샤브드Sat Shabd 영역인데, 이 네 영역을 넘어서면 전혀 설명할 길이 없는 세 개의 존재 수준이 있다. 단테Dante는 이 영역에 대해 이렇게 노래했다.

영원한 빛에 시선을 고정하고
그 깊은 곳에서 내가 본 것은
온 우주의 흩어진 나뭇잎들이 사랑의 힘으로
한 다발로 묶여 있는 모습이었다.
그 고귀한 빛의 밝고 깊은 존재 속에서
나는 세 개의 원을 보았는데,
세 가지 색깔이면서도 하나의 같은 차원이었다.

---

* 나다nada와 샤브드는 '소리나 말'을 뜻하는 산스크리트어이다.

** 역사적 인물인 석가모니 붓다와 명상 중 시각화한 이상적인 붓다와 보살의 영적, 상징적 현상을 구별하기 위해 서양 학자들이 만들어낸 용어.

그리고 두 번째 원에 첫 번째 원이 반사되는 듯했는데,

마치 무지개가 무지개에 반사되는 것처럼 보였고,

세 번째 원은 두 개의 원에서

똑같이 뿜어져 나오는 화염처럼 보였다.


여기서 문자 그대로 단테가 그의 관조觀照의 눈으로 **보았던** 것이
라는 점에 유의하길 바란다. 그는 단지 시를 멋지게 꾸민 것만이
아니라, 자신이 **직접 본 것**을 노래하기 위해 시와 비전-이미지를
사용했다.

'메타 정신의학'이라는 새로운 분야의 개척자인 정신과의사 딘
Dean은 이렇게 보고한다.


설명하기 힘든 지적인 깨달음이 일어난다.

직관직으로 한순간 우주의 의미와 흐름을 알게 되고

창조, 무한, 불멸과 동일시하고 합쳐지며

드러난 의미의 깊이를 넘어선 깊이, 한마디로

너무나 전능한 초-자기라는 개념이 떠오른다.[91]


힌두교에서는 이 영역을 비즈나나마야코샤vijnanamayakosa라고 부
르고[94], 대승불교에서는 마나스manas이며,[362] 카발라에서는 게부라
Geburah와 헤세드Chesed이다.[338] 이 정묘 영역의 측면들은 오로빈도
와 에머슨Emerson이 불렀던 것처럼 '초-자기(overself)' 또는 '초-마음
(overmind)'이라고 불려왔다(오로빈도는 원인 영역을 다룰 때도 이 용어를

사용했다).[12] 요점은 의식이 빠르게 상승하면서 평범한 마음과 자기로부터 완전히 분화한다는 점, 따라서 초-자기 또는 초-마음이라고 불릴 수 있다는 점이다. 이는 자아를 '초-신체(overbody)' 또는 '초-본능(overinstinct)'이라고 부르는 것과 거의 같은데, 심적 자아는 티폰의 단순한 감정과 지각을 초월해서 도달한 자기이기 때문이다. 초-마음은 단순히 모든 심적 형태의 초월을 구현하고 마음, 자아, 세계 및 신체 위에 있는 정상에서 그보다 앞선 것에 대한 직관을 드러낸다.

그러나 초-마음은 우주, 인간 및 광범위한 창조물에서 분리된 존재론적 타자로서의 신神은 아니다. 오히려 이 마음은 자기 의식의 원형적 정상으로서의 신이다. 존 블로펠드*는 금강승 불교 관점에 대한 에드워드 콘제**의 말을 인용한다. "'모든 것의 공허함이 동일시를 가능하게 한다. 우리 안에 있는 공허함이 신(deity)인 공허함과 함께 모인다.' 그 동일시를 시각화함으로써 '우리는 실제로 신이 된다. 주체는 신앙의 대상과 동일시된다. [말했듯이] 예배 행위, 예배하는 자, 예배받는 자, 이 셋은 분리되지 않는다.'"[43] 정점에 도달하면 영혼은 문자 그대로 신의 형상, 명상 붓다, 신과 하나가 된다. 사람은 신으로, **신으로서**, 그 신으로, 처음부터 자신의 진정한 자기, 즉 최고의 원형이었던 그 신으로 분해된다. 성 클레망St. Clement은 오직 이런 식으로 "자신을 아는 자만이 신을 안다"고 말할 수 있었다. 우리는 이제 "자신의 초-자기를 아는 사람은 신을

---

*　John Blofeld: 1913-1987. 동양사상과 종교, 특히 도교와 불교에 조예가 깊은 영국의 저술가.
**　Edward Conze: 1904-1979. 독일계 영국의 불교학자. 반야바라밀다 사상의 전문가.

안다"고 말할 수 있을 것이다. 초-자기와 신, 그 둘은 하나이자 동일한 존재이다.

---

### 고-정묘 자기

인지 스타일 ― 실제 직관과 문자적 영감, 원형적 형상,
청각적 계발, 빛과 소리의 계시
감정 분위기 ― 황홀감, 환희, 초의식에서의 황홀한 해방감
동기/의욕 요인 ― 연민, 자비, 압도적인 사랑과 감사
시간 양식 ― 시간을 초월한 영원으로 이동
자기 양식 ― 원형적-신성, 초-자기, 초-마음

---

### 정묘 영역: 요약

나는 대부분의 사람들에게 어쨌든 생소하고 낯선 내용에 대해 과도하게 많은 정보를 주지 않으려고 이 장을 의도적으로 단순화했다. 다음 장에서도 똑같은 방식으로 단순화할 것이다. 그러나 정묘 영역의 **존재** 가능성이 지니는 함의에 대해서 독자들도 숙고해보길 바란다. **만일** 신비-현자들이 옳다면 어떻게 할 것인가?

전반적인 핵심은 정묘 영역 ― 특히 고-정묘 ― 에서 대단한 상위-계열의 분화와 초월이 일어난다는 점이다. 상위-원형적 상징 형태 ― 밝게 빛나거나 들을 수 있는 신적 형상들 ― 를 통해서 매개된 의식은 조대 심신을 훨씬 넘어선 곳으로 이끄는 상향 변형의 길을 따른다. 이 상향 변형은 이전에 살펴본 다른 **모든 발현들**처럼 상위-계열 심층 구조의 (기억을 통한) **발현**으로 발생하는데, 그 발현

은 상위-계열 구조로의 **정체성** 변이와 하위 구조(이 경우엔 자아-마음)와의 차별화 또는 **탈동일시**로 인한 것이다. 이 탈동일시는 하위-계열 구조(조대 마음과 신체)의 **초월**을 설명해주는데, 이 초월이 의식의 모든 하위-계열 구조에 **작용**하고 **통합**할 수 있도록 해준다.

렉스 힉슨Lex Hixon은 '이슈타데바'라고 불리는 정묘 심층 구조의 한 가지 형상을 기술했다.[185] 이슈타데바란 단순히 특정 명상 수행 중 **환기된**(따라서 **발현한**) 고등-원형의 신적 형상을 말하며, **문자 그대로** 고품격-환상 또는 비전-이미지 과정을 통해서 마음의 눈으로 시각화한 형상을 말한다. 어떤 사람은 이슈타데바가 '정신적인 심상일 뿐' 실제로는 존재하지 않는다고 말할지도 모르지만, 그렇게 말하는 것은 수학은 단지 정신적인 산물일 뿐이고 따라서 **실제로는** 존재하지 않는다고 말하는 것과 같으며, 이는 **모든** 정신적인 발전을 동시에 허구로 환원시키는 것에 지나지 않는다.

힉슨은 이슈타데바를 이런 식으로 설명한다. "[그가 명확하게 설명했듯이 비전-이미지에 의해 환기된] 이슈타데바의 형상 또는 현존은 의식의 광휘로 이루어져 있으며 생생하게 살아 있는 존재처럼 나타난다. 우리가 이슈타데바를 투영하는 것이 아니고, 이슈타데바의 형상으로 생각되는 원초적인 광휘가 실질적으로 우리와 우리가 우주라고 부르는 모든 현상을 투영한다." 이런 고등-원형적 상징은 마침내 그 형상과 **동일시하도록** 의식의 상승을 매개한다. "우리는 점차 그 신적 형상 또는 현존이 우리 자신의 원형, 우리 자신의 근본적인 본질에 대한 이미지라는 사실을 깨닫는다."[185]

그렇지만 이런 일은 의식의 **상실**이 아니라 상위-계열 발달, 진화, 초월 및 **동일시**를 통한 의식의 **강화**이다. "이슈타데바는 우리 안에서 사라지지 않는다. 개인으로서의 우리가 이슈타데바 안에서 사라지고 이제 이슈타데바만이 홀로 남는다. 그러면서도 우리가 관조 대상 안에 혼합한 우리의 개별적 존재의 상실은 일어나지 않는다. 이슈타데바는 시작부터 우리 자신의 원형, 우리가 우리의 개별적 인격체라고 부르는 이 단편적인 반사체의 원천이기 때문이다."

전반적인 요점은 조대 자아가 단지 고등-원형적 형상을 삼킨 것이 아니라, 자아의 원래 **본성**이 고등-원형적 형상으로 드러난 것이라는 점, 그렇게 해서 의식은 자신의 본래 상위 정체성으로 되돌아간다는 또는 그것을 기억해낸다는 점이다. "우리는 이제 이슈타데바의 형상 또는 형상 없는 현존을 통해 표현된 의식의 초월적 중심으로 자리 잡는다. 우리는 우리의 원형과 영원한 본성 속에서 [상위 동일시를 통해] 우리 사신이 되고 우리 사신을 만난다."[105] 그런 것이 정묘 영역으로의 진정한 변형 또는 발달이며, 이제 초의식이라는 초-개아 영역으로 들어가 오직 원형적 본질(Archetypal Essence)만을 드러내는 상위-계열 합일을 발견하거나 기억의 최종 합일로 다가가는 한 가지 형태이다.

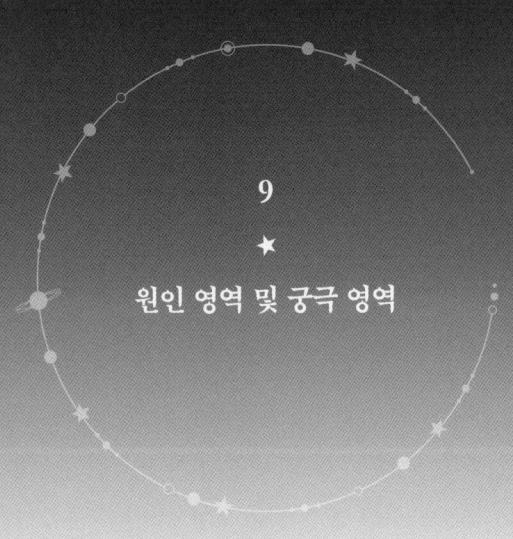

# 9

## 원인 영역 및 궁극 영역

초월과 통합 과정이 계속 진행됨에 따라, 그 과정은 점점 더 상위-계열 합일을 드러내면서 최종 합일로 완벽하게 이끌어간다.

고-정묘 너머에는 장식藏識(alaya-vijnana, 유가행 불교),[362] 아난다-마야코샤ananda-mayakosha(힌두교),[94] 프뉴마pneuma(기독교 신비주의),[352] 카라나-사리라karana-sarira(베단타),[94] 비나Binah와 호크마Chokmah(카발라)[338] 등 다양한 명칭으로 알려진 원인元因(Causal) 영역이 놓여 있다. 대승불교 용어로는 일반적으로 법신法身(Dharmakaya) 영역에 해당한다(나는 앞으로 이 법신이란 용어를 쓸 것이다). 우리는 편의상 이 영역을 다시 저底-원인과 고高-원인으로 나눌 것이고, 앞 장에서와 마찬가지로 이 장 역시 의도적으로 간결하게 다룰 것이다.

고전적으로 유상有相 삼매(savikalpa samadhi)[309]로 알려진 의식 상태에서 드러나는 저-원인은 신-의식, 이슈타데바의 최종적인 최상위 거처, 모든 영역을 창조하는 원천의 정점임을 보여준다.[94] 이것은 고-정묘에서 시작한 여러 사건의 **정점**을 의미한다. 자기는 고-정묘에서 원형적 **신성으로서** 그 신성으로 용해되거나 재흡수된다는 점을 상기하길 바란다. 그 신성은 처음부터 언제나 자신의 참-자기이자 최상위 원형이었다.

이제 저-원인에서 신-원형(deity-Archetype) 그 자체는 최종-신(final-God)으로 응축되면서 사라진다. 저-원인에서 최종-신은 비범하게 정묘한 청각적-빛 또는 종자-진언(bija-mantra)처럼 보이는데, 이로부터 먼저 개별적인 이슈타데바나 이담* 또는 원형이 발현한다. 최종-신은 정묘 영역에서 환기된 후 동일시하게 된 모든 원형적 저급 신 현현의 핵심 또는 근본이다. 저-원인에서 이 모든 원형적인 형상들은 최종-신에서 자신들의 원천으로 환원되기 때문에, 그와 거의 똑같은 방식으로 여기서 그 사람 자신의 참-자기는 그 최종-신으로 나타난다. 따라서 의식 자체도 그 핑휘와 상위-계열 정체성으로 상향 변형한다. 한마디로 그런 의식이 저-원인, 즉 완벽한 광휘와 해탈 상태인 최종-신의 궁극적인 계시이다.

---

* Yidam: 티베트 불교에서 붓다의 세계를 수호하는 수호신의 총칭이며, 이슈타데바와 이담 모두 명상 시 개인에게 나타나는 신의 모습, 즉 '염지불'을 뜻한다.

| 저-원인 자기 |
|---|
| 인지 스타일 — 최종적인 깨달음, 청각적 계시의 본질,<br>종자-진언의 근원, 유상 삼매<br>감정 분위기 — 빛나는 행복감/지복감<br>동기/의욕 요인 — 오직 카루나$^{karuna}$, 즉 일체로서의 초월적 사랑<br>시간 양식 — 철저하게 시간 초월적인, 영원한<br>자기 양식 — 최종-신, 모든 원형적 형상의 원천 |

## 고-원인

저-원인을 넘어 고-원인으로 들어서면, 모든 현현된 형상이 너무나 근본적으로 초월되어 있어서 더 이상 그 의식에는 그 의식과 다른 무언가가 나타나거나 발생할 필요가 없다. 고-원인은 완전하고 철저한 초월이며 무형의 의식, 무한한 빛으로의 해방이다. 여기에는 자아도, 신도, 최종-신도, 주체도, 대상도 없으며, 의식 그 자체와 다른 별개의 무엇이 없다.

상위 합일 구조에서 진행되는 전반적인 진행 과정에 주목하길 바란다. 정묘 영역에서, 자기는 원형적 신(이슈타데바, 이담, 명상 붓다 등)으로 분해된다. 저-원인에서 그 신적-참자기(Deity-Self)는 차례로 최종-신으로 사라지는데, 이 최종-신이 그 참자기의 근원이자 본질이다. 이곳 고-원인에서, 최종-신 참자기도 마찬가지로 그 자신의 본래 근원으로 환원된다. 모든 형상이 무형상 속으로 근본적으로 완벽하게 해소될 때까지, 각각의 단계는 의식의 향상이자 인식의 강화이다.

존 블로펠드는 금강승 불교 관점에서 이 진행 과정을 아름답게 설명한다. "의식儀式을 진행해감에 따라, 이 신[이슈타데바]은 숙련자의 몸으로 들어와 그의 심장 안쪽 연꽃 위의 달-원반이 떠받들고 있는 태양-원반에 자리를 잡는다. 숙련자는 곧 그와 신이 공존할 때까지 크기가 줄어들고[정묘 영역의 시작] 그런 다음 그와 신이 구별할 수 없게 합쳐지며[고-정묘 영역에서 신과 **하나**가 되며], 그들은 원래 신이 생겨난 종자-음절(seed-syllable)[저-원인]에 흡수된다. 이 종자-음절은 단일 지점[최종-신]으로 수축되는데, 그 지점이 사라지면 신과 숙련자는 완벽한 합일 속에서 공-삼매[고-원인]로 가라앉는다."[43]

우리는 렉스 힉슨이 힌두교 관점을 대변하면서 정묘 영역으로 진행해가는 경로에 대해 설명하는 것을 이미 들은 바 있는데, 그는 자연스럽게 원인 영역에 대한 설명으로 이어간다. 이슈타데바-원형이 말현하고 (고-성묘 영역에서) 그 신과 농일시한 후, "그 원형은 자신의 본질, 즉 근원[원인 영역]으로 사라진다. … 이제 거기엔 광휘 속으로 완벽하게 사라진 형상 없는 의식만 존재한다. 거기엔 이슈타데바도 없고, 명상자도, 명상도 없으며, 그런 것들이 없음에 대한 인식조차도 없다. 있는 건 오직 광휘뿐이다."[185]

공안* 참구參究에 관한 선 문헌에서도 정확히 똑같은 진행 과정을 설명한다.[220,258,364] 공안에 집중하는 초기 단계(이 단계는 이슈타데바 또는 명상 붓다를 시각화하는 것과 동일하다) 이후, 명상자는 공안에 녹

---

\* 公安: 평범한 자아를 극복하여 영적 깨달음으로 이끌어가기 위해 고안된 수수께끼 같은 역설적인 진술이나 이야기를 말함.

아들어 의식이 넘쳐나 공안과 **하나**가 되는 지점에 도달한다. 이는 인식의 상실이 아니라 의식의 엄청난 강화이다. 이 경지를 '잊힌 사람'이라고 한다. 즉, 별도의 주체가 공안과 결합되어 잊혀지고 이제 공안만이 **홀로** 존재한다는 것이다. 이것이 정묘-상태이다. 이 과정이 강화됨에 따라 공안 자체도 잊혀진다. 즉, 공안도 무형의 이전 근거 자체로 녹아든다. 이것을 '잊힌 다르마(공안)' 또는 '잊힌 사람과 다르마'라고 하며, 이 상태가 곧 무상無相(nirvikalpa) 삼매의 고-원인이다. 이제 이 상위 영역에 도달한 모든 전통에서는 이러한 전반적인 과정의 일반적인 특징들에 대해 매우 일관되고 유사하게 또한 매우 확신할 수 있는 설명을 하고 있기 때문에 그 전통들이 틀릴 여지는 없어 보인다.

---

### 고-원인 자기

인지 스타일 — 무지 또는 전지全知로서의 완벽하고 신성한 무지,
무상 삼매, 무한한 의식
감정 분위기 — 원초적 광휘 또는 무형상 광휘, 완벽한 황홀감
동기/의욕 요인 — 오직 카루나, 즉 일체성-안에서의-초월적 사랑,
최종적 자발성, 즉 유희(lila)와 자연스러움
시간 양식 — 초월적 시간, 영원
자기 양식 — 무형상 참자기-실현, 초월적 주시

'주체와 객체 모두를 잊은' 고-원인 상태 자체는 무상 삼매(힌두교),[94] 적멸nirodh(소승 불교),[160] 즈나나 삼매(베단타)[309]로 알려져 있으며, 선의 십우도*에서는 여덟 번째 궁극의 깨달음 단계(인우구망人牛俱忘)에 해당한다는 점도 알아두자.[220]

### 원초신: 최종 변형

무상 삼매를 통과하면, 의식은 본래 상태인 여여如如(tathata)로서 완전히 깨어난다. 이는 동시에 존재하는 모든 것의 상태이자 진여, 즉 조대이자 정묘이자 원인(개인의 경험, 개념, 상상을 넘어선 무형상 광휘와 완전한 초월 영역) 모두이다. 주시하는 주체와 주시되는 대상은 오직 하나이며 동일하다. 전체 세계 과정이 순간순간 자신의 존재로 발생하며 그것 밖에, 그것 이전에는 아무것도 존재하지 않는다. 그 존재는 발생하는 모든 것을 완전히 초월하며 앞서 있지만, 그 존재의 어떤 부분도 발생하는 모든 것과 다르지 않다.

그리하여 자기의 중심이 원형으로 드러났고, 원형의 중심이 최종-신으로 드러났으며, 최종-신의 중심이 무형으로 드러났듯이, 무형의 중심은 형태의 전체 세계와 다름없음을 보여준다. 유명한 불교 경전(般若心經)에서는 "색은 공과 다르지 않으며, 공은 색과 다르지 않다"(色不異空 空不異色)라고 말한다.[81] 그 시점에서 비범함과 평범함, 초자연적인 것과 세속적인 것은 정확히 하나이자 동일한 것이다. 이것은 십우도의 열 번째 그림으로서, "그의 오두막집

---

* 十牛圖: 12세기 임제종의 곽암 선사가 편찬한 버전이 가장 잘 알려져 있으며, 견성에 이르는 참선 수행의 진척 과정을 열 개의 그림으로 나타냈다.

문은 닫혀 있고, 가장 현명한 사람조차 그를 찾을 수 없다. 그는 이전 성인의 발자취를 따르려고 하지 않고 자신의 길을 간다. 표주박을 들고 시장에 들어가 교화하고, 지팡이에 기대어 집으로 돌아간다."220

이 의식은 또한 사하자sahaja 삼매, 투리야*, 궁극적인 일체성인 원초신原初身이며, 모든 사물과 사건은 완벽하게 분리되고 구별되어 있으면서도 오직 하나이다. 따라서 이 의식은 다른 상태와 분리된 상태가 아니며, 변화된 상태도 아니다. 이 의식은 특별한 상태도 아니다. 오히려 모든 상태의 참된 상태로서, 모든 경험의 파동 속에서도 오직 그 자신일 뿐인 물과 같다. 그것은 보이는 모든 것이기 때문에 발견될 수 없다. 그것은 듣는 행위 자체이기 때문에 들리지 않는다. 오직 그것만이 존재하기 때문에 기억될 수 없다. 같은 이유로 이 의식은 이전의 모든 수준, 즉 조대, 정묘, 원인의 근본적이고 완벽한 통합이다. 따라서 상호 침투하는 무지갯빛 유희에서 순간순간 그들 자체의 그러한 모습으로 일어나기를 계속한다. 이 의식은 의식에 있는 모든 형태로부터의 최종적인 분화로서, 이로 인해 여여로서의 이 의식은 완벽한 초월로 해방된다. 그 완벽한 초월은 세계로부터의 초월이 아니라, 세계로서의 최종적인 초월이다. 그러므로 의식은 세계에 대해서가 아니라, 높든 낮든, 신성하든 세속적이든 모든 수준과 영역과 측면들을 통합하고 상호침투하면서 전체 세계 과정으로 **작용**한다.

---

* turya: 깨어 있는 상태, 꿈꾸는 상태, 깊이 잠든 상태 너머의 문자 그대로 '네 번째'를 의미하며, 다른 모든 상태의 주시자 또는 순수 관찰 의식을 말함.

임제 선사**는 이렇게 말했다. "도道를 따르는 이들이여, 한번 앉아서 보신報身 부처와 화신化身 부처의 머리를 모두 베어버려라. 보살의 10지地를 완수하는 것만으로 만족하는 자들은 농노와 같다. 보편적이고 심오한 깨달음에 만족하는 자들은 쇠사슬을 짊어진 자들과 같다. 깨달음과 열반은 당나귀를 묶는 말뚝과 같다. 어찌하여 그런가? 도를 따르는 이들이여, 그대들은 삼대세간三大世間 [즉 과거, 현재, 미래 전 우주]의 공空함을 보지 못하기 때문이다. 이것이 그대들을 가로막는 장애물이다."[148] 제자가 "하지만 이런 사실을 깨달을 때 존재의 세 영역, 즉 부처님의 세 몸(조대/화신, 정묘/보신, 원인/법신)은 어디에 있는 겁니까?"라고 묻자, 임제 선사는 이렇게 답한다.

지금 이 순간 그대 마음의 순수한 빛, 그것이 그대 자신의 집에 있는 법신불(Dharmakaya Buddha)이다. 지금 이 순간 그대 마음의 분별 없는 빛, 그것이 그대 자신의 집에 있는 보신불(Sambhogakaya Buddha)이다. 지금 이 순간 그대 마음의 차별 없는 빛, 그것이 그대 자신의 집에 있는 화신불(Nirmanakaya Buddha)이다.[148]

임제 선사는 이렇게 덧붙인다. "이 부처님 신체[조대, 정묘, 원인]의 삼위일체는 바로 여기 그대의 눈앞에서 내가 설하는 법문을

---

** 臨濟義玄: 9세기 당나라의 선승. 임제종의 시조이며 그의 제자가 편집한《임제록》은 임제종의 기본과 실천적인 선의 진수를 설파한 기록으로 알려져 있다.

듣고 있는 그분이다. 그러면 이 모든 것을 아는 그분은 누구인가? 그분은 바로 그대들 앞에 있고, 나눌 수 없는 형상으로 홀로 밝게 빛나며 모든 것을 알고 있다. 그분은 법을 말하는 법과 법을 듣는 법을 안다. … 경전과 논설을 따르는 학자들은 삼신三身을 절대적인 것으로 여긴다. 내가 보기엔 그렇지 않다. 그 삼신은 단지 이름이나 소도구에 지나지 않는다. (완벽한 해탈로 그 모두를 초월한 사람에게) 그런 삼신은 마음의 그림자일 뿐이다. 존경하는 이들이여, 이 그림자들과 노는 그분을 알라. 그분이 모든 부처의 근본 원천이다. 그분을 알면 그대가 어디에 있든 그곳이 집이다."148

그러므로 모든 의식적 존재는 정확히 그 자체로 궁극적인 존재의 완벽한 구현이자 표현이다. 모든 사람이 다른 어떤 것이기 이전에 **존재하는** 것이 바로 법신, 즉 진리의 신체이다. 다른 무언가를 느끼기 전에 느끼는 것이 보신, 즉 쾌활한 환희의 신체이다. 다른 무언가를 보기 전에 보는 것이 화신, 즉 삼매로서 현현한 생명의 신체이다. 붓다의 이 삼신은 유심唯心(only Heart)으로서 하나이며, 이 세 영역은 온갖 영원한 몸짓을 통해 무지갯빛 합일체로 유희한다.

끝으로, 이것이 인간과 모든 우주적 진화가 욕망하는 궁극의 합일이다. 또한 그것의 우주적 진화 — 그 전체적 패턴 — 는 인간의 진화에서, 인간의 진화로서 완성된다고 말할 수 있다. 인간의 진화 그 자체가 모든 현현이 지향해가는 절대적인 게슈탈트로서 궁극의 합일의식이라는 완전함에 도달한다.

## 영원: 신인가, 아니면 원초적 충동인가?

앞에서 나는 **전**(pre)과 **초**(trans)의 혼동을 피하는 데 도움이 될 정도로만 이 둘 사이의 차이점에 대해 간략하게 논할 생각이라고 말한 바 있다. 우리는 켄타우로스와 관련해서 이미 전<sup>前</sup>과 초<sup>超</sup> 사이의 차이점을 논한 바 있기에, 이제는 정묘와 원인 영역에서 시간 없음(무시간성, timelessness)에 관한 논의에 중점을 두고 나아갈 것이다.

고-정묘를 시작으로 원인 영역에서 시간을 초월한 영원(Timeless Eternity), 결핍이 아니라, 몰수나 박탈이 아니라, 없음이 아니라 공간이나 시간적인 범주에는 담을 수 없는 광휘의 초풍요인 무시간성만이 존재할 때까지 시간 자체가 증발해 사라지기 시작한다. 정확하게 말하면 시간 자체가 사라지는 것이 아니다. 의식이 암흑 속으로 텅 비워지는 것이 아니다. 오히려 초월(정묘와 원인) 상태에서는 시간이 영원한 지금(Eternal Now)으로 붕괴하면서 그 영원한 지금으로부터 또한 그 지금을 통해서 계속해서 흘러간다. 당신의 눈이 이 페이지의 네 구석 모두를 한꺼번에 볼 수 있는 것과 똑같이, 영원의 눈은 한순간에 모든 시간을 본다. 영원의 모든 것은 시간의 모든 점에 존재한다. 시간의 각 점은 완벽하게 그 자체로, 혼자 힘으로 남아 있으며 아주 자연스럽게 스스로 전개한다. **또한** 시간의 각 점은 매 순간 영원에 존재한다. 이것을 눙크 스탄스<sup>nunc stans</sup> — 어떤 시간도 제거함 없이 모든 시간을 수용하는 영원한 순간(Eternal Moment) — 이라고 부르는데, 그 이유는 '영원이 시간의 산물과 사랑에 빠져 있기' 때문이다.

그렇기에 우리는 이 지점에서 전과 초의 문제에 봉착하게 된다. 오래전에 프로이트는 **이드는 시간을 초월해 있다**고 언급한 바 있다. 그는 "무의식적 정신 과정은 그 자체로 시간을 초월해 있다. 이드에는 시간 개념에 상응하는 어떤 것도 없다"[57]고 말했다. '시간을 초월한 이드'라는 프로이트의 매우 영향력 있는 생각 때문에 두 가지 일이 발생했다.

(1) 정신분석학자들은 '시간을 초월한 의식 상태'와 만날 때마다, 즉각 이 상태를 시간을 초월한 이드 성질의 부활임에 **틀림없다**고 생각했다. 따라서 영원한 의식을 단순히 본능적, 대양적, 원시적인 양식으로 내쳐진 의식으로 해석했다. 이런 이론 체계에서 신은 그저 치료가 절실히 필요한 유아기적 증상에 지나지 않게 된다. 프로이트 자신도 《문명과 불만》(Civilization and Its Discontents)에서 이런 식의 관점을 받아들였다.

(2) 많은 정신분석학자들은 특히 최근 들어 이 문제에 대한 프로이트의 생각이 지나치게 고지식했다는 점, 정신분석학은 시간을 초월한 존재의 초월 상태가 들어설 여지를 만들어낼 필요가 있다는 점을 알아차렸다. 따라서 그들은 **이드 또는 무의식 자체를 재정의해서** 합일의식과 시간을 초월한 의식이 적법한 것이 될 수 있도록 노력했다. 노만 브라운은 이드는 실제로 실체적 실재(Noumenal Reality) 그 자체라고 말했고,[57] 마테 블랑코Matte Blanco는 이드는 정말로 무한의 모둠(infinite set)이라고 말했으며,[39] 뢰발트는 이드는 기본적인 존재 또는 기반 같은 것이라고 말한 바 있다.[246]

두 번째 유형의 논술은 — 첫 번째보다 바람직해 보이긴 하지만 — 그럼에도 매우 어색한 타협으로 이어진다. 예컨대 마테 블랑코는 무의식, 즉 프로이트의 무의식이 프로이트의 말과 똑같다는 것을 매우 명료하게 보여준다. 즉 무의식은 본능적이고 감정적인 일차 과정의 본거지이며, 끈적거리는 원초적 녹색 물이 끓어오르는 가마솥이라는 것이다. 그 무의식은 완전히 압도적이고 혼란스러운 감정의 근원지이며, 따라서 이 무의식적 집합을 이차 과정 사고로 변환시켜 **해소하는** 일이 정신분석의 임무이다. 그러나 블랑코도 **똑같은** 무의식을 존재의 궁극적인 기반, 즉 파르메니데스 Parmenides의 일자一者(One)와 동일시하고, 심지어 신을 암시하기까지 한다. 그는 무의식을 진정시켜야 하기 때문에 부지중에 정신분석의 임무는 신을 제거해서 영혼의 무한함을 완화시켜주는 것이라는 결론에 도달한다.

이런 혼란은 전과 초의 차이를 명확하게 이해하지 못했기 때문에 일어난 것이므로, 의식의 주요 수준별 시간 양식을 간략하게 검토해보면 문제의 전모가 드러나리라고 생각한다(여기서는 수준을 다섯 개로 축소할 것이나).

의식이라는 건물의 1층에는 플레로마와 우로보로스 수준 상태가 있다. 이 수준의 시간 양식은 시간 이전이고 비非시간적이다. 과거도 없고, 현재도 없고, 미래도 없다. 오직 플레로마 수준의 무지만 존재한다. 이런 시간 양식은 시간을 초월한 상태가 아니다. 유아는 시간을 초월한 상태가 아니라 시간에 대해 전적으로 무지한 상태이다.

2층에 티폰 수준의 자기, 즉 일차 과정, 생기(prana)-이드, 정서적-성적인 존재가 있다. 이 수준에는 아직 **직선적인** 시간이 존재하지 않는다(과거도 없고 미래도 없다). 단지 단순한 현재만 있을 뿐이다. 이 수준의 시간 양식은 이처럼 직선적 시간에 대해 무지한, 단순한 **현재**에 파묻혀 있다.

3층에는 자아 수준의 시간이 있다. 과거, 현재, 미래를 보유한, 직선적이고 역사적이며 구문적인 시간이다.

4층에는 켄타우로스가 있다. 시간 양식은 또다시 즉각적인 현재이지만, 그 현재는 직선적 흐름을 넘어선 현재이다. 반면 티폰은 직선적 흐름 이전의 현재이다. 켄타우로스는 현재에 기반을 두고 있긴 하지만 직선적으로 흐르는 시간도 **여전히 인식한다.**

5층에는 진정으로 시간을 초월한 모든 영역이 존재한다. 이 영역은 완전한 영원으로서, 직선적 시간도 인식하고 즉각적인 현재도 인식하지만 그 어디에도 묶여 있지 않다. 시간을 초월한 영원은 1, 2초 지속할 뿐인 스쳐 가는 즉각적인 현재가 **아니라** (전혀 지속하지 않는) 영원한 현재로서, 모든 시간적 흐름 저변에 있으면서 모든 기간을 받아들인다.

첫 번째와 두 번째 수준 — 플레로마-우로보로스와 티폰 — 은 정신분석학에서 말하는 '이드'의 의미와 대략 같다. 그런 점에서 그 수준들은 시간 이전이라는 의미에서 다소간 시간 없음 상태이다. 그 수준들은 (플레로마처럼) 완전히 시간 없음 상태이거나 아니면 (티폰처럼) 직선적 시간과의 접촉이 없는 현재에 국한되어 있을 뿐이다. 따라서 이드가 시간 없음 상태에 있다는 정신분석학의 설명은 정말로 옳다. 하지만 그 시간 없음은 **무지** 때문이지 초월 때문이 아니다. 이드에 시간이 없는 것은 그 이드가 너무나 원시적이거나 어리석어서 시간 개념을 파악할 수 없기 때문이다.

프로이트는 "이드에게는 시간관념에 상응하는 것이 전혀 없다"고 말했다. 그런데 이런 말에서 분석자들은 의식의 시간 없음 상태란 말을 들을 때마다 자신들이 이드를 다룬다고 생각했다. 그러나 프로이트의 진술은 거의 그 문제를 다룰 수 있을 것으로 보이지 않는다. 모든 이드 상태가 시간 없음인 것은 진실이지만, 그렇다고 모든 시간 없음 상태가 이드라고 하는 것은 맞지 않기 때문이다. 이드는 단지 **시간이 존재하기 이전** 우주의 일부에 불과하다. 바위의 경우 시간관념에 상응하는 것은 전혀 없다. 식물에서도 없고 하등 동물에서도 없다. 언어 이전의 모든 발달적 진화 단계는 기본적으로 시간 없음이다(바위와 플레로마처럼 전적으로 무시간적이거나 아니면 식물, 동물 및 티폰 영역처럼 직선적 시간 이전의 시간이다). 이드의 그런 상태에 특별한 것이라곤 전혀 없다. 신체적이기나 궁극적인 어떤 것도 전혀 없다. 좀 거칠게 말하면, 이드는 시간을 알지 못할 만큼 어리석을 뿐이다.

그런 시간 이전의 이드는 어떤 식으로도 시간을 초월한 상태와 같은 것일 수 없다. 그 차이는 바위와 인간 또는 인간과 신 간의 차이만큼이나 어마어마하게 크다고 해야 할 것 같다. 따라서 누가 뭐라 하든, 분명히 초-시간 영역이 전-시간으로 축소될 수 없음은 분명하다. (앞에서 다룬) 첫 번째 정신분석학파는 초-시간 상태의 존재 가능성을 거부하는 오류를 범했고, 따라서 초월을 이전으로 축소시키려고 애쓸 뿐이다. 이 학파는 처음 두 층에 해당하는 의식에 대해서는 매우 익숙했기 때문에 5층 수준, 즉 초월 상태가 출현할 때마다 그것이 단지 1층 수준으로 역류한 것이라고 주장한다. 5층 수준을 1층 수준으로 환원시켰는데, 그렇게 되면 수수께끼는 사라진다. 반면 두 번째 정신분석학파는 초-시간적 상태가 있음을 받아들이려고 노력한다. 하지만 초-시간 상태를 가능하게 하는 것이 무엇인지 확신하지 못하기 때문에, 그들은 단지 모든 시간 없음 현상을 이드 안에 포함시키기 위해 시간 이전의 이드를 재정의할 뿐이다. 따라서 두 번째 정신분석학파는 너무나 원시적이고 너무나 본능적인 맹목성으로 들끓는 똑같은 이드가 바로 신의 거처, 즉 모든 구별 너머에서 솟아나는 원초적 존재의 근원이기도 하다는 잘못된 결론에 도달한다.

이드는 시간 없음 상태이다. — 하지만 그 시간 없음은 시간 이전 상태이다. 신 역시 시간 없음 상태이다. — 하지만 그 시간 없음은 초-시간적이다. 정신분석학(그리고 정통 정신의학과 심리학)은 이 놀라운 차이점을 알아야 하고, 신과 이드가 단순히 모두 직선적으로 흐르는 시간 밖에 있다는 이유로 똑같은 것으로 보는 실수를 멈춰야 한다.

신비적 합일 대 유아적 대양 상태에서 볼 수 있는 다른 모든 중심적인 특징에서도 똑같은 진실이 적용된다. 유아-플레로마 수준은 주체/객체가 분화되기 이전의 혼융 상태로서, 이는 유아가 주객을 구분할 수 없음을 의미한다. 그러나 신비적 합일(사하자 삼매)*은 주체와 객체를 초월한 상태로서, 그 합일 상태가 주체와 객체를 초월하지만, 언어가 감각적 인식을 지워 없애지 않고 그것을 초월하는 것처럼 관습적인 이원성을 완벽하게 인식한 채 남아 있다. 이원성을 초월한 삼매를 이원성 이전의 자기애 수준으로 역행한 것이라고 말한다면, 숲이 도토리로 역행했다는 말과 정확히 똑같은 모순일 것이다.

간단히 말해, 유아의 혼융 상태 — 플레로마, 우로보로스, 티폰, 이드 영역 전체 — 는 시간 이전, 공간 이전, 언어 이전 및 자아 이전 상태이다. 반면, 진정한 신비적 합일 상태는 초-시간적, 초-공간적, 초-언어적, 초-개아적이다. 전-x와 초-x는 둘 다 (각자의 방식으로) 무無-x 혹은 비非-x이기 때문에, 얼핏 보기에는 같은 것처럼 보일 수 있고 그것까지는 괜찮을 수 있다. 그러나 둘 간의 실질적인 엄청난 차이점을 확인하는 데는, 제정신인 사람이라면 그저 단 한 번 더 들여다보는 것만으로도 충분히디. 지적 탐구가 피상적인 인상에 그치는 사람만이 전과 초를 진지하게 동일한 것으로 볼 수 있을 테지만, 정통 정신의학은 그런 식의 사고방식이 힘을 잃을 때까지, 계속해서 현자를 제정신이 아닌 사람으로, 성자를 정신병에 걸린 사람으로 볼 것이고, 그로 인해 인류 전체의 성장과 진화를 집요하고도 당당하게 방해할 것이다.

---

* 초월적 참자기와 일체인 상태에서 세상의 일상적 기능을 충실히 수행할 수 있는 지속적인 삼매 상태.

# 10

★

## 발달의 형식

　이 장은 아주 짧고 간결하게 기술할 텐데, 왜냐하면 이 책에서 가장 중요한 내용이지만 본래 단순한 주요 핵심사항들이 스스로 드러나도록 하고 싶기 때문이다. 내가 전반적인 발달 단계를 조사하면서 매우 크게 놀랐던 바는, 단계마다 발달해간 성장의 '내용'은 매우 다르지만 그 **'형식'**은 본질적으로 유사하다는 점이었다. 발달의 형식, 변형의 형식, 형식(form) 그 자체는 한마디로 어머니 뱃속에서부터 신에 이르기까지 불변이다.

　모든 성장 단계에서 우리는 심리적 발달 과정이 대단히 명료한 방식으로 진행해간다는 점을 보았다. 매 단계에서, 더 복잡하고 **따라서** 더 통일된 상위 상태-구조는 앞서 있던 하위-상태 수준의 분화를 통해서 **발현한다.** 이 상위-상태 발현을 중재하고 지원하는 것은 다양한 유형의 상징적 구조들이다(앞에서 보았던 주요 구조들로는 우로보로스 형태, 신체 형태, 이미지, 말과 이름, 개념, 비전-이미지, 이슈타데바-원형, 최종 신, 그리고 무형상 자체가 있다). 즉 상승하는 매 단계에서 적절한 상징적 형태가 ― 그 형태 자체는 그 단계에서 발현한다 ― 자신의 상위-상태 계승자 내부로 각각의 특정한 의식 양식을 변형시킨다.

이 상위-상태 구조가 의식에 도입되면 자기는 마침내 그 발현 구조와 **동일시한다**(이런 일은 거의 즉각적으로 일어날 수도 있고, 꽤 오랜 시간이 걸릴 수도 있다). 예를 들어, 물질세계와 혼융된 플레로마 상태에서 신체가 발현할 때 의식은 처음으로 신체-자기가 되는데, 이는 이 자기가 **신체와 동일시한다**는 것을 의미한다. 그렇게 되면 자기는 더 이상 물질적 혼융 상태인 플레로마에 속박되지 않지만, 신체에 **속박된다**. 의식에 언어가 발현하면, 자기는 전적으로 생물적인 신체-자기로부터 구문적 자아로 이동한다. 자기는 마침내 언어와 동일시하게 되고 구문적 **자아로서** 작용하게 된다. 그렇게 되면 자기는 더 이상 신체에 배타적으로 속박되지 않지만, 심적-자아에 **속박된다**. 마찬가지로 전향된 진화에서 신적 원형의 발현이 (정묘 영역에서) 의식에 도입되면, 자기는 그 신과 또한 그 신으로서 동일시하며 그런 동일시 상태에서 작용한다. 그러면 자기는 더 이상 배타적으로 자아에 속박되지 않지만, 자신의 원형에 **속박된다**. 상위-상태 구조가 발현할 때마다 자기는 결국 그 구조와 동일시한다는 것이 핵심인데, 이러한 동일시는 정상적이고 자연스러우며 적절한 작용이다.

그렇지만 진화가 진행해감에 따라 각 구조는 단계마다 **자기로**

부터 차례로 분화된다. 이를테면 '껍질을 벗는다.' 즉, 자기는 마침내 자신의 현재 구조와의 **동일시에서 벗어나** 새로 발현한 다음 상위-상태 구조와 **동일시한다.** 더 자세하게 말하면(이것은 매우 중요하고 전문적인 설명이다), 자기는 그 하위 구조와의 배타적인 동일시에서 떨어져 나온다. 자기는 그 구조를 버리는 것이 아니라, 다만 그 구조와 더 이상 **배타적**으로 동일시하지 않게 된다. 자기는 (어떤 식으로도 그 구조를 말살하지 않고) 하위 구조로부터 분화되기 때문에, 그 구조를 **초월한다**는 것, 따라서 새롭게 발현한 구조를 도구로 삼아서 그 하위 구조에 **작용한다**는 것이 핵심이다.

따라서 신체자아가 물질 환경으로부터 분화했을 때, 그 자아는 (근육 같은) 신체를 도구 삼아서 환경에 작용할 수 있었던 것이다. 그런 다음 자아-마음이 신체로부터 분화되었을 때, 그 자아는 **자신의** 도구(개념, 구문론 등)를 수단으로 신체와 세계에 작용할 수 있었다. 정묘 자기가 자아-마음으로부터 분화되면, 그 자기는 자신의 구조(심령 능력, 싯디 등)를 사용해서 몸과 마음, 세계에 작용할 수 있게 된다.

따라서 심리적 성장의 각 지점에서, 우리는 1) 상위-상태 구조가 (상징적 형태의 도움을 받아서) 의식에서 발현한다. 2) 자기는 그 상위 구조와 자신의 존재를 동일시한다. 3) 다음 상위-상태 구조가 마침내 발현한다. 4) 자기는 하위 구조와의 동일시를 떨쳐내고 자신의 핵심적인 정체성을 상위 구조로 변경한다. 5) 그렇게 해서 의식은 하위 구조를 초월한다. 6) 그러고는 상위-상태 구조로부터 그 하위 구조에 작용할 수 있게 된다. 7) 그렇게 해서 이전의 모든 수준들을 의식에, 궁극적으로는 여여로서의 의식에 통합할 수 있다. 주목할 점은 연속적으로 이어지는 각각의 상위-상태 구조는 더 복잡하고, 더 조직적이며, 더 통일되어 있다는 점 — 그리고 진화는 오직 합일, 천지사방에 오직 궁극만이 존재할 때까지 계속된다는 점이다. 그렇게 되면 진화의 힘은 모두 소진되고, 세계 전체의 흐름으로서의 광휘 속에서 완벽한 해방이 존재하게 된다.

상위-상태 구조를 기억해낼 때마다, 하위-상태 구조는 그 상위 구조 안에 내포된다. 즉, 진화의 매 지점에서 한 수준의 **전체**인 것이 다음 수준의 상위-상태에서는 전체의 단지 **부분**이 된다. 예컨대 성장 초기 단계에서는 신체가 자기-감각의 **전체**이다. 그 전체는 신체자아이다. 그러나 마음이 발현하고 발달함에 따라, 정체감은 마음으로 변경되고 신체는 전체 자기의 단지 한 측면, 한 부분이 된다. 마찬가지로 정묘 수준이 발현하면, 몸과 마음은 — 이 둘이 자기-시스템의 전체를 **구성했었다** — 새롭고 더 총체적인 정묘 자기의 측면이나 부분이 된다.

정확히 똑같은 방식으로, 각각의 상기 시점 또는 진화 시점에서 자기의 **양식**은 단순히 상위-상태 자기의 **성분**이 된다고 말할 수 있다(예컨대 신체는 마음이 발현하기 전까지는 자기의 **유일한** 양식이었지만, 발현 후에는 단순히 자기의 한 성분이 된다). 이런 과정은 몇 가지 다른 방식으로 말할 수도 있는데, 이런 방식들 하나하나는 발달, 진화 및 초월에 대해서 무언가 서로 다른 중요한 점을 말해준다. 1) **전체**였던 것이 **부분**이 된다. 2) **동일시**하던 것에서 **떨어져** 나온다. 3) **맥락**이었던 것이 **내용**이 된다[즉, 어떤 수준의 인지/경험의 맥락이 그다음 수준의 내용이 된다]. 4) **배경**이던 것이 도드라진 **그림(전경)**이 된다[그것이 상위-상태 배경을 방출한다]. 5) **주체**였던 것이 **객체**가 된다[주체/객체라는 용어가 아무 의미도 없을 때까지]. 6) **조건**이던 것이 **요소**가 된다[예컨대 자아 경험의 **선험적** 조건인 마음은, 《의식의 스펙트럼》에서 말한 것처럼, 상위-상태 영역에서는 다만 경험의 요소가 된다. 따라서 그 사람은 마음을 바라보게 되고, 더 이상 마음을 세상을 보는 도구로 사용하지 않기에 세상을 왜곡하는 도구로도 사용하지 않게 된다].[410]

이런 핵심적인 사항들 하나하나는 사실상 **초월**에 대한 정의이지만, 마찬가지로 **발달** 단계에 대한 정의이기도 하다. 초월과 발달, 이 둘은 근본적으로 동일한 것이고, 얀치*가 말했듯이 진화는 실제로 '자기-초월을 통한 자기-실현'이다.

발달과 초월은 똑같은 과정을 나타내는 두 개의 다른 단어라는 것이 요점이다. '초월'은 흔히 무언가 별난 것, 낯선 것, 신비한 것, 또는 정신병적인 것처럼 생각되어왔다. 하지만 실제로는 초월이란 말에 전혀 어떤 특별한 의미도 없다. 자신의 신체를 환경으로부터 분화하는 것을 배우는 유아는 단순히 플레로마 세계를 **초월하는** 것이다. 정신적 언어를 배우는 아동은 단지 단순한 세계와 신체를 초월하는 것이다. 정묘신 명상을 하는 사람은 단지 세계와 몸과 마음을 초월하는 것이다. 원인신 명상에 잠겨 있는 혼은 단지 세계와 몸과 마음과 정묘-영역을 **초월하는** 것이다. … 각각의

---

* Erich Janch: 1929-1980. 오스트리아 천체물리학자이자 사회시스템 디자인 운동의 리더. 《자기조직하는 우주》의 저자.

성장 형식은 근본적으로 동일하며, 그것이 초월의 형식, 발달의 형식이다. 그 형식은 언제나 이미 시작부터 그랬던 유일한 합일, 시간을 경유하는 혼의 여정에서 알파이자 오메가로 남아 있던 합일만이 남을 때까지 점점 더 상기해가면서, 점점 더 초월해가면서, 점점 더 통합해가면서, 점점 더 통일시키면서, 잠재-의식에서 자기-의식을 거쳐 초-의식으로 부드럽게 곡선을 그리며 진행해간다.

# 11

★

## 무의식의 유형

이전의 장에서는 의식의 성장 과정에서 나타나는 몇 개의 주요 단계와 수준에 전념해왔는데, 이후의 장에서는 그 성장 모델의 몇 가지 함의를 도출하는 일에 힘을 기울일 것이다. 그런 과정에서 우리는 진화의 역동성을 보게 될 텐데, 이 진화의 역동성이 믿기 힘들 정도로 놀라운 아트만 프로젝트 그 자체와 다르지 않다는 점을 알게 될 것이다. 우리는 무의식과 명상, 정신분열병과 신비주의 그리고 내화(진화의 반대편)에 관해서도 살펴볼 것이다. 먼저 무의식의 '유형'에서 시작해보자.

'무의식'에 대한 여러 설명들은, 과정적으로든 아니면 내용적으로든, 처음부터 무의식은 그저 존재한다고 가정한다. 그런 다음 그 무의식의 층과 수준, 바탕, 양식 및 내용물들을 기술해 나간다. 그러나 나는 그런 접근들은 한편으론 발달론적 또는 진화론적인 관심사들로 보완되어야 하고, 다른 한편으론 역동적인 요인들로 보완되어야 한다고 생각한다.

그 문제 자체에 대한 몇 가지 예를 들어보자. 교류분석(Transactional Analysis)에서는 '죄의식을 느끼라'거나 '불안 상태를 유지하라'와 같은 **언어적** 지시를 담고 있는 무의식(혹은 잠재의식)적 각본 짜기(script programming)에 대해서 말한다.[33] 각본 분석가가 하는 일은 이런 무의식적 지시들을 찾아내어 분명하게 의식하도록 해서 내담자가 그런 지시의 강박적인 힘으로부터 벗어나도록 도와주는 것이다. 편의상 이 무의식적 지시를 '언어적-각본 무의식'이라고 부를 것이다.

단순한 핵심사항에 주목해보자. 언어 이전의 아동은 언어적-각본 무의식을 갖고 있을 수 없다. 언어적 각본 무의식은 우선 언어 자체가 발달적으로 **발현해야** 하고, 다음으로 각본 지시들로 채워져야 하고, 그런 다음 일상적인 의식 역치關値 이하로 가라앉아야 한다. 그 이전이 아니라 그 시점에 이르러서야 무의식적 각본에 대해 이야기할 수 있다. 마찬가지로, 남근기 이전 단계에 있는 아동은 남근기 고착을 보유할 수 없으며, 자아 이전의 유아는 무의식적인 자아-성격 구조를 갖고 있지 않다.

분명히 '그' 무의식 안에 존재하는 것은 대체로 발달적 관심사에 달려 있다. ― 무의식의 모든 것, 무의식 형태의 **모든 것**이 처음부터 그저 주어져 있지 않다는 말이다. 그렇긴 해도 이야기를 계속하자면, 많은 현대 저술가들은 처음부터 존재하지만 억압된 '초-개아 무의식'이 존재한다고 가정하는 것으로 보인다. 하지만 언어 형식, 성격 구조, 정신 능력, 추상적 사고 및 일반 상위 구조들과 마찬가지로, 초-개아 구조는 아직 발달적으로 발현할 기회를 갖지 못했기 때문에 **아직은 억압되어 있지 않다.** 초-개아 구조는 무엇보다 일시적으로조차 의식에 발현한 적이 없었기 때문에, 의식하지 못하도록 억압되지 않는다.

무의식은 이미 주어져 있는 정적인 것이 아니라 역동적으로 발달하는 것이라는 관점을 마음에 새기면서, 무의식 과정의 다섯 가지 기본 유형에 관해 개략적인 설명을 시도해볼 것이다. 이 다섯 가지는 무의식 과정의 **유형들**(types)이지 무의식의 **수준들**(levels)은 아니다(이 수준들에 대해서도 언급할 것이다). 이 개략적인 설명은 모든 무의식을 망라한 것도 아니고 최종적인 것도 아니다. 단지 내가 초개아 심리학에서 다뤄야 한다고 생각하는 관심사들을 암시하기 위한 설명일 뿐이다.

### 근원-무의식

'근원(ground)'이란 단어에서 내가 의도하는 것은 기본적으로 중립적인 의미이다. 그렇기 때문에, '존재의 근원(Ground of Being)'이나 '열린 근원(Open Ground)' 혹은 '원초적 근원(Primal Ground)'에서 의미하는 '근원'과 혼동하지 않길 바란다. 어떤 점에서 보면 근원이라는 단어가 '모든 것을 아우른다'는 의미가 있긴 하지만, 여기서 말하는 근원이란 단어는 기본적으로 발달론적인 개념이다. 태아도 본질적으로는 근원-무의식을 '보유하고' 있다. 근원-무의식이란 **미래의 어떤 시점에서 상기를 통해 발현하도록 준비되어 있는**

**잠재력으로 존재하는 모든 심층구조**를 말한다. 인류에게 집합적으로 주어져 있는 — 신체에서 마음, 혼, 영, 조대, 정묘, 원인과 관련된 — 모든 심층구조는 근원-무의식에 감싸여 있거나 덮여 있다. 이 구조들은 모두 무의식이다. 하지만 (이번 생애에서는) 아직 의식에 들어오지 않았기 때문에, 억압되어 있지 **않다**(이 상위 상태의 억압에 관해서는 내화, 즉 출생-전 심리학에서 다룬다. 마지막 장을 참고하기 바람). 최하위(플레로마와 신체)에서 시작하여 최상위(신<sup>神</sup>과 공<sup>空</sup>)에서 끝나는 발달 또는 진화는 근원-무의식으로부터 일련의 위계적인 심층구조들의 변형 과정 또는 **전개 과정**으로 이루어져 있다. 만약 근원-무의식의 **모든 것**이 발현한다면, 존재하는 것은 **오직** 절대의식뿐일 것이다. 모든 것은 **모든 것으로서의** 절대의식이다. 아리스토텔레스가 "모든 잠재력이 실현되었을 때, 그 결과는 신이다"라고 말한 것과 같다.

근원-무의식은 대체로(전저으로리고 밀할 수는 없을 것 같다) 표면구조를 갖고 있지 않은데, 표면구조는 기본적으로 심층구조가 전개(상기)되는 동안 **학습된 것**이기 때문이다. 근원-무의식은 원형을 '내용이 없는 형상'이라고 본 융의 생각과 비슷하다(다만 비슷할 뿐이다). 융의 말에 따르면, 원형(심층구조)은 "그것이 의식되어 의식 경험의 재료들로 채워질 때 그 내용물[표면구조]에 의해서 결정된다."[213] 모든 사람은 똑같은 기본 심층구조를 '물려받는다.' 하지만 개인적인 표면구조는 학습한 것이기 때문에, 그 구조는 다른 사람의 구조와 매우 비슷한 것일 수 있지만 아주 다른 것일 수도 있다(물론 심층구조의 제약범위 내에서).

끝으로, 심층구조의 발현이 가까워질수록 그 구조는 이미 발현한 의식에 더 많은 영향력을 발휘한다는 점에도 주목하자. 이런 사실은 매우 중요하다는 점이 판명된다.

이제, 다음에 나올 네 가지 무의식 유형들은 모두 다 근원-무의식과 **관련지어서** 규정 가능한데, 이런 무의식 유형들이 우리에게 주는 함의는 한때 구조적이고 역동적이며, 층으로 이루어져 있고 발달적인 무의식 과정에 대한 전반적인 개념이다.

## 태고-무의식

정신분석학을 개척하는 데 선구적인 노력을 기울였던 프로이트는 근본적으로 구별되는 두 개의 정신체계를 가정했는데, 그가 불렀던 그대로 하면, 무의식-체계와 의식-체계가 그것이다. 무의식-체계는 의식-체계가 어떤 충동들에 대항해서 역동적으로 저항하고, 의식하지 못하도록 강력하게 내몰기 때문에 그 충동들이 억압되어서 **생성되었다**고 프로이트는 생각했다. '무의식'과 '억압된 것'은 기본적으로 하나이자 동일한 것이었다.[39]

그러나 결론적으로 프로이트는 의식-체계와 무의식-체계에 대해서는 별로 말하지 않고 대신 자아(ego)와 이드id에 대해서 더 많은 말을 하게 되었는데, 이 두 어구는 아주 명료하게 중복되지는 않았다.[140] 즉, 자아는 의식-체계와 동일한 것이 **아니었고**, 이드는 무의식-체계와 같은 것이 아니었다. 무엇보다 자아의 일부(초자아, 방어기제 및 성격구조)는 **무의식적**이었고, 이드의 일부는 무의식적이긴 했지만 **억압된 것은 아니었다.** 프로이트가 한 말을 그대로 보

자. "우리는 무의식이 억압된 것과 일치하지 않는다는 사실을 인정한다. 억압된 모든 것은 무의식이지만, 무의식적인 모든 것이 억압된 것은 아니라는 사실도 여전히 진실이다."[140]

무의식적인 모든 것이 억압된 것은 아닌데, 프로이트가 알게 된 것처럼 무의식 중 어떤 것은 처음부터 그저 그 자체로 무의식적이라는 것을 알게 되었기 때문이다. 그런 무의식은 먼저 개인적으로 경험하고 나중에 억압된 것이 아니라, 실제로 처음부터 무의식으로 **시작된** 것이다. 프로이트는 한때 꿈과 환상에 등장하는 상징들은 실제 개인적인 생활 경험을 추적해서 찾아낼 수 있을 것이라고 생각했지만, 꿈과 환상에서 등장하는 많은 상징들이 개인적인 경험으로 만들어질 수 없는 것이라는 사실을 알게 되었다. 프로이트는 "이런 환상들에서 필수적인 재료들이 어디서 오는 것일까?"라고 자문한다. "그 근원이 본능적인 것이라는 데는 의심의 여지가 없지만, 똑같은 환상들은 언제나 같은 내용을 형성한다는 점을 어떻게 설명해야 할까? 나는 이에 대한 답을 갖고 있지만, 당신에게는 내가 알고 있는 답이 매우 대담해 보일 것이다. 나는 이런 **원초적인 환상들**이 계통발생적인 소유물이라고 믿고 있다. 개인은 그런 환상들을 과거 시대의 경험으로까지 확장시킨다."[144] 이 계통발생적 또는 '태고적 유산'에는 본능 이외에도 "선사시대부터 아주 긴 시간을 통해 모든 인류가 밟아온 진화의 축약된 반복 경험이 포함된다." 프로이트는 이 태고적 유산에 대한 융의 생각과 매우 다르긴 했지만, 그럼에도 그는 "이 계통발생적 유산의 존재를 인정한다는 점에서 융의 생각에 완전히 동의한다"[145]고 말한 바 있다.

물론 융의 경우, '계통발생적 유산'은 다양한 본능과 그런 본능과 연합되어 있는 정신적인 형상이나 이미지로 이루어져 있는데, 융은 결국 그런 것을 '원형(Archetype)'이라고 명명했다. 융의 경우, 본능과 원형은 밀접하게 관련된 것으로서 거의 한 가지나 다름없다. 프레이-론Frey-Rohn이 이에 대해 설명한 것처럼, "본능과 원형적 이미지 간의 결합은 [융에게는] 너무나 밀접한 것이어서, 그는 그 둘이 한 쌍이라는 결론에 도달했다. … 그는 초보적인 이미지[원형]를 **본능의 자화상**으로 보았다. — 달리 말하면, **본능의 스스로에 대한 지각**이라고 보았다." 원형적 이미지 자체에 대해서도 읽어보자.

인간은 이런 이미지를 과거 조상으로부터 물려받는데, 이 과거에는 모든 인간 조상들뿐만 아니라 인간 이전의, 즉 동물 조상까지도 포함된다. 이런 인종적인 이미지는 어떤 사람이 자신의 조상들이 간직하고 있던 이미지를 갖게 된다거나 의식적으로 기억해낸다는 의미에서 물려받는 것이 아니다. 그런 이미지는 오히려 그의 조상들이 했던 것과 동일한 방식으로 세상을 경험하거나 세상에 반응하는 경향성 또는 잠재력이다 [즉 그것들은 태고적 심층구조이다].[175]

그런 것이 태고(archaic)-무의식이며, 이 태고-무의식은 근원-무의식 중 가장 원초적이고 가장 덜 발달된 구조로서 플레로마와 우로보로스 및 티폰과 연관되어 있다. 태고-무의식은 본래 무의식이지만 억압되지 않은 것으로서, 어떤 것은 거의 혹은 전혀 표면구조를 갖고 있지 않은 초보적인 심층구조를 빼고는 의식에 선명하게 드러나지 않고 무의식으로 남아 있는 경향이 있다. 이런 구조들은 자기-반성적으로 의식되는 일이 없으므로, 억압이 **있든 없든**(이는 중요한 점이다) 언제나 무의식이라는 묵직한 분위기로 남아 있다. 프로이트는 "이드의 지배적인 성질은 무의식적이라는 점이다"[143]라고 말했는데, 그런 무의식적 **성질**은 억압으로 **만들어진 것**이 아니라 이드 자체의 특성이다.

애기가 나온 김에 부연하자면, 나는 융의 원형 이미지에 대한 열정에 동승하지 않으며, 원형과 태고 이미지를 같은 것으로 보지도 않는다. 원형은 고-정묘와 저-원인 영역에 있는 매우 발달된 구조들이다. 나는 융이 원형 이미지로서 말한 거의 모든 것에 동의하지만, 원형 이미지를 원형 그 자체와 같은 것으로 보지는 않는다. 원형은 오래된 이미지가 아니라 현현 세상에 대한 전형적인 본보기 형상들이다.

어쨌든 프로이트와 융 두 학자를 따라서, 태고-무의식의 신체 측면은 이드(본능적, 변연계적, 티폰적, 정서적-성적)이고, 정신 측면은 일반적으로 계통발생적 환상 유산이라고 말할 수 있다. 전반적으로 볼 때, 태고-무의식은 개인적인 경험의 산물이 아니며, 본래 무의식이긴 하지만 억압된 것은 아니다. 태고 무의식은 근원-무의식에서 전개한 가장 초기의 가장 원시적인 구조를 포함하고 있으며, 전개했을 때조차도 무의식일 가능성이 크다. 이 무의식은 언어 이전의 것이고, 대부분 인간 이하 수준의 것이다.

프로이트 자신도 개인 무의식(이 무의식은 다음 항목에서 검토할 것이다)을 태고 무의식과 구분해서 다루는 것의 중요성을 인식하게 되었다. 환자의 증상, 꿈, 환상을 분석하는 데 있어서, 실제 과거 경험이나 개인적인 환상의 산물인 것과 지금까지 살아오면서 결코 개인적으로 경험하지 못했던 것이지만 비개인적인 태고적 유산을 통해 의식에 들어온 것을 구분하는 일은 중요하다. 전자는 분석적으로, 후자는 신화적으로 가장 잘 다룰 수 있다는 것이 나의 생각이다.

## 침잠-무의식

일단 어떤 심층구조가 근원-무의식에서 발현해서 그 구조에 특정 유형의 표면구조까지 갖춰졌다고 해도, 이런저런 이유 때문에 다시 무의식 상태로 되돌려질 수 있다. 즉 일단 어떤 구조가 발현했더라도 다시 무의식으로 침잠沈潛할 수 있는데, 그런 구조 전체를 침잠(submergent)-무의식이라고 부른다. 침잠-무의식이란 '개인의 인생에서 일단 의식되었던 것이지만 이제는 의식에서 차단된 것들'을 말한다.

그런데 침잠-무의식은 원칙적으로 집합적인 것이든 개인적인 것이든, 태고적인 것이든 정묘적인 것이든, 발현했던 모든 구조를 포함할 수 있다. 이 무의식은 확실히 또한 명확하게 발현했지만 그런 다음 억제되었던 집합적 요소들을 포함할 수도 있고, 이번 생애 중 형성되었지만 그런 다음 억제된 개인적 요소를 포함할 수도 있다. 아니면 그 둘 모두의 혼합물을 포함할 수도 있다. 융은 바로 이 주제에 대해 폭넓게 기술한 바 있으므로, 여기서 그의 말을 반복할 필요는 없을 것 같다.[214] 그러나 프로이트조차 태고-무의식 이드와 침잠-무의식 이드의 차이점에 대해서, 때로는 그 둘을 완벽하게 구분하는 것이 어려울지라도, 알고 있었다는 사실에 주목해야 할 것 같다. "서서히 진행되는 이 발달 과정에서 이드의 어떤 내용물들은 자아의 일부로 취해졌고, 그 내용물 중 다른 것들은 거의 접근하기 어려운 핵심으로 불변인 채 이드에 남았다. 그러나 이런 발달이 일어나는 동안, 어리고 연약한 자아는 자신 안에 이미 취했던 어떤 내용을 다시 무의식 상태로 되돌려놓은 다음, 그 내용을 털어낸 다음, 마치 자신이 처음 취했을 때 받았던 신선한 인상을 받는 것처럼 행동했다. 그렇게 해서 거부되었던 이 내용물들은 이드에만 흔적을 남겨둘 수 있었다. 그것의 기원을 고려해서, 우리는 이드의 이 후자 부분을 **억압된 것**이라고 말한다[출발부터 무의식적이었던 첫 번째 부분, 태고-무의식에 대비해서]."[143] 원래의 태고-무의식과 침잠-무의식 사이에는, 또는 그들 중 하나에는 차이가 있다. 하지만 프로이트가 말한 것처럼, "이드에 들어 있는 이런 두 범주의 내용물을 늘 확실하게 구분하지 못하더라도 그다지 중요한 일은 아니다. 그 내용물들은 생득적으로 원래 있었던 것[태고-무의식]과 자아의 발달 과정에서 획득한 것[침잠-무의식] 간의 구분과 거의 일치한다."[143] 프로이트는 "그것의 **기원**을 고려해서"라는 발달론적 사고를 바탕으로 이런 결론에 도달했다는 점에 주목하길 바란다.

침잠-무의식은 여러 이유로 인해 무의식이 **되는데**, 이 이유들을 **부주의**(inattention)의 **연속선상**에 배열해볼 수 있다. 이 연속선의 범위는 단순한 망각에서부터 선택적 망각을 거쳐 강제적/역동적 망각에까지 이른다(마지막 망각만이 제대로 된 억압이다). **개인적인** 침잠-무의식에 대해서 융은 다음과 같이 말한다.

개인 무의식은… 개인의 생애 과정 중에 잊어버린 모든 정신적 내용물을 포함한다. 모든 의식적 기억에서 상실됐을지라도 그것들의 흔적은 여전히 무의식 안에 보존된다. 이에 더해, 개인 무의식은 의식에 전해지기에는 너무 약했던 모든 역치 이하의 인상과 지각도 담고 있다. 우리는 여기에 역치를 넘어서기에는 여전히 너무나 약하고 너무나 희미한 생각들 모두를 무의식에 추가해야 할 것이다. 끝으로, 개인 무의식은 의식적인 태도와 양립할 수 없는 모든 정신적인 내용물도 포함한다.[208]

**식역하**(subliminal) **침잠-무의식**을 구성하는 것은 단순한 망각과 역치 반응의 결여이다. 그렇지만 제대로 된 억압이라고 할 수 있는 것은 역동적 또는 강제적인 망각으로서, 이 억압의 발견이 프로이트의 위대한 업적이다. **억압된 침잠-무의식**은 발현하면서 표면구조를 갖추는 중에 의식 구조와 양립할 수 없다는 이유 때문에 강제로 무의식으로 되돌려지거나 억압된 근원-무의식의 측면을 말한다(이 주제에 대해서는 다음 항목 참조).

억압된 침잠-무의식의 개인적인 측면, 이것이 **그림자**(shadow)이다. 일단 무의식이 되면 그림자는, 이는 분명 상대적인 문제이긴 하지만, 태고-무의식에 의해 (티폰 영역을 지배하는 일차 과정 법칙과 쾌락원리에 따라서) 강력하게 영향받는다. 나도, 예컨대 그림자가 (자아의 구조와 내용처럼) 언어적일 수 **있고** 매우 구조적일 수 있다는 융의 생각에 동의한다.[210] 실제로도 구조에는 무의식의 매우 구조화된 언어적 성분에서부터 태고-무의식의 플레로마 기반인 전혀 구조화되지 않은 **기본 물질**의 원시적인 혼돈에 이르기까지 연속선이 존재하는 것으로 보인다(마테 블랑코도 지적한 점으로서, 나도 강력하게 동의하는 점이다).[39] 말할 필요 없이, 그림자를 억압하는 주요 이유 중 하나는 그림자가 자아와 양립할 수 없다고 느끼는 본능적인 충동들로 가득 찬 태고-무의식이 활약할 무대가 되기 때문이다.

### 매몰-무의식

이제 우리는 프로이트가 가장 풀기 어려운 수수께끼로 보았던 무의식 측면에 와 있는데, 하지만 이 무의식도 그의 가장 위대한 발견 중 하나이다. 프로이트가 "우리는 무의식이 억압된 것과 일치하지 않는다는 사실을 알고 있다. 억압된 것은 모두 무의식이지만, 무의식적인 모든 것이 억압된 것은 아니라는 것도 여전히 진실이라는 점을 알고 있기" 때문에, 자아-이드 모델을 취하고 의식-무의식 모델을 폐기했다는 점을 기억하길 바란다. 무의식적이지만 억압되지 않았던 태고-무의식 이외에도, 프로이트는 "자아의 많은 것들 그 자체가 무의식적인 것임이 분명하다"[139]는 점을 발견했다. 동시에, 그는 억압의 **기원**을 자아에서 찾기 시작했는데, "환자의 저항이 그의 자아에서 발생한다고 말할 수 있기"[139] 때문이었다.

억압은 자아의 어떤 부분에서 **기원**하는데, 자아의 어떤 측면이 그림자-이드를 억압한다는 것이 핵심이다. 게다가 프로이트는 자아의 억압하는 부분 그 자체가 무의식적이라는 점, **하지만 그 부분 자체는 억압된 것이 아니라는** 점도 밝혀냈다. 프로이트는 단순히 그 둘을 한데 모아놓고 자아의 **억압되지 않은** 그 부분이 **억압하는** 부분이라고 결론지었고, 이 부분을 초자아(superego)라고 불렀다. 즉, 초자아는 억압되지 않았지만 억압하는 무의식이었다. "억압은 이 초자아의 작업으로서, 초자아가 직접 하거나 아니면 자아가 초자아의 명령에 복종해서 수행하는데 … 자아와 초자아의 억압하는 부분 모두 무의식적이라고 말할 수 있다."[142] 그러나 초자아 자체는 억압된 것이 **아니다.**

억압되지 않지만 억압하는 이 구조를 명확하게 밝혀내기 전에, 먼저 피아제,[297] 프로이트,[120] 설리번,[359] 융,[214] 뢰빙거[243]의 연구를 바탕으로 내가 만든 일반 억압이론의 개요를 간략하게나마 언급할 필요가 있을 것 같다. 이론의 핵심은 다음과 같다. 본래 **변환** 자체가 갖고 있는 성질 때문에, 변환 과정은 기본적인 제약 원리에서 승인받지 못한 지각 내용과 경험들을 차단하는 경향이 있다. 이런 차단 경향성은 정상적이고 필요한 조치로서 건강한 것일 뿐만 아니라, '필요하고 정상적인 방어기제'의 기본을 형성하는 것이기도 하다. 방어기제는 자기 시스템이 내적, 외적 환경에 의해 압도당하는 것을 막아준다. 방어기제는 정상적인 '부주의(inattention)'로서, '여과'가 현실을 왜곡한다고 주장하는 이론들과는 달리 정상적인 평형상태를 유지하는 데 반드시 필요하다.

그렇긴 해도 어떤 수준의 변환 과정에서든 속박이 발생할 경우,

그 사람은 자신의 '자기'와 자신의 '세계'를 오譯-변환(mistranslation)하게 된다(오-변환은 표면구조만큼이나 바르게 존재할 수 있었던 심층구조의 측면들을 왜곡하거나, 제거하거나, 대치하거나 압축시키는 것을 의미한다). 이런 오-변환은 여러 이유 때문에 다양한 방식으로 일어날 수 있으며, '에너지 역치' 또는 '정보 왜곡'이라는 말로 표현될 수도 있다. 그 사람은 이제 자신의 인식에 선택적으로 부주의하거나 강제로 제한적이라는 것이 핵심이다. 그는 더 이상 자신의 자기와 세계를 ('정상적인 부주의'를 통해서) 단순히 변환하는 것이 아니라, (**선택적인** 부주의를 통해서) 위협적으로 느끼는 자기와 세계의 어떤 측면을 편집하거나 제거하는 방식으로 변환한다. **상징**과 **증상**을 초래하는 것은 바로 이 오-변환이다. (이미 보았듯이) 치료사가 하는 일은 상징적 증상들의 '의미'를 알려주면서 그 사람으로 하여금 자신의 상징적 증상들을 원래의 형태로 재-변환('해석')하도록 돕는 것이다. ("당신이 느끼는 불안감은 **실은** 엄폐된 분노 감정입니다.") 억압은 단순히 오-변환의 한 가지 형태이지만, 오-변환은 그저 실수가 아니라 (무의식적일지라도) **의도적인** 편집, 이해를 따진 역동적인 억압이다. 그 사람은 단순히 망각한 것이 아니라, 기억하고 싶지 않은 것이다.

자기-감각은 각각의 발달 단계에서 새롭게 발현한 구조들과 **동일시한다**는 점을 본 바 있었다. 플레로마로부터 신체가 발현하면, 자기는 신체와 동일시하고, 언어적-마음이 발현하면, 자기는 언어적-마음과 동일시한다. 더욱이 그 동일시는 자신이 그 마음과 동일시하고 있다는 사실을 **깨부수지** 않고는 알지 못할 뿐만 아니라 알 수도 없는 배타적인 동일시이다. 달리 말하면, 모든 배타적인 동일시는 자명한 사실로서 무의식적 동일시라는 것이다. 어린이가 자신이 신체를 갖고 있다는 사실을 인식하는 순간, 그는 더 이상 **단지** 신체만은 아니다. 그는 신체를 알고 있고, 신체를 초월한다. 그는 자신의 마음으로 그 신체를 보고 있으며, 따라서 더 이상 **단지** 신체일 수만은 없다. 마찬가지로, 성인이 자신이 마음을 갖고 있다고 아는 순간, 그는 더 이상 단지 마음일 수는 없다. 실제로 그는 마음을 넘어선 정묘 영역에서 그 마음을 지각하기 시작한다. 그 시점 이전에는 자기가 그런 구조들과 거의 배타적으로 동일시하고 있었기에, **그런 사실을 알 수 없었다.** 자기 자신이 그런 구조들 자체였기 때문에, 자기는 그런 구조들을 알 수 없었던 것이다.

바꿔 말하면, 각각의 발달 수준에서 어느 누구도 보는 자는 결코 볼 수 없다는 것이다. 어떤 관찰구조도 관찰하는 자신을 관찰할 수 없다. 사람은 지각하는 수단으로 그 수준의 구조를 사용하고 세계를 변환시킨다(해석한다). 그러나 전체적으로 그런 구조 **자체**를 지각하고 변환할 수는 없다. 그런 일은 오직 상위 수준에서만 일어날 수 있다. 각각의 변환 과정은 보지만 보이지는 않는다는 것, 변환하지만 그 자체가 변환되지는 않는다는 것, **억압하지만 그 자체가 억압되지는 않는다는 것**이 요점이다.

방어기제와 성격 구조를 갖춘 프로이트의 초자아는 자기가 그것에 무의식적으로 **동일시하는** 자아 수준의 측면이다. 그렇기에 그런 측면들을 (자아의 나머지 부분들을 지각할 수 있는 것처럼) **객관적으로** 지각할 수 없다. 그런 측면들은 변환되는 일 없이 변환하며, 억압하지만 억압되지는 않는다. 이러한 사실은 그 문제에 대한 프로이트 자신의 생각과도 잘 맞는다. 왜냐하면 프로이트 자신도 1) 초자아는 **동일시**에 의해 만들어지며('동일시는 대상-선택을 대치한다'), 2) 치료 목표 중 하나는 초자아를 의식하도록, 초자아를 하나의 대상으로 보도록, 따라서 초자아를 보는 장치로 사용해서 세계를 (오)변환하는 일을 멈추도록 하는 것이라고 느꼈기 때문이다.[46] 이는 우리가 앞에서 언급했던 전반적인 진화 과정에 대한 한 가지 예에 지나지 않는데, 거기서 — 일단 새롭게 발현한 구조와 동일시했다면, 이 동일시는 필요한 일이고 바람직한 일이다 — 그 사람은 그 구조와 탈동일시함으로써 그 구조로부터 자유롭게 되고, 그 후 그 구조를 상위 구조에 통합하게 된다. 프로이트에 따르면, 초자아가 태고-무의식에 오염되었기 때문에, 흔히 엄격하고 '피학대 음란증' 경향성을 띠고 있다는 점도 곧바로 언급해야 할 것 같다.[141]

어쨌든 초자아는 **자기로서** 매몰되어 있기 때문에 우리가 매몰(embedded)-무의식이라고 부르는 것의 한 가지 예에 해당하는데, 그렇기에 자기는 그 초자아를 전반적으로 보거나 정확하게 볼 수 없다. 초자아는 무의식적이지만 억압된 것은 아니다. 초자아는 발현할 때부터 근본적으로 무의식인 채로 남아 있는 **자기-시스템으로서** 근원-무의식의 발현된 측면이며, 다른 요소들을 억압해서 무의식으로 보내는 힘을 갖고 있다. 다시 말하지만, 초자아는 억압받지 않지만 억압한다. 이런 일은 당연히 구체적인 점에서는 매우 다르지만, 저항 도구들은 단순히 해당 수준의 구조들로서 수준마다 매우 다른 구조를 갖고 있기 때문에, 모든 의식 수준에서 일어날 수 있다(예컨대 신체자아가 **매몰-무의식이었을 때** 그 자아는 오-변환의 양식으로 억압이 아니라 내사와 투사를 사용했는데, 내사와 투사가 티폰-신체 영역을 지배하는 일차 과정의 일부이기 때문이다).[225] 그러나 이 전반적인 과정은 심적-자아 수준 및 저-정묘 영역에서 가장 폭력적이고 병적이며 특징적인 형태를 띠게 된다. 이보다 낮은 수준들은 강력한 억압을 지속적으로 행사할 만큼 강하지 않으며(태고-이드는 원래 억압되지 않은 것이면서 억압한다), 이보다 높은 수준들은 ─ 우리가 통상 생각하듯이 ─ 억압이 필요 없을 정도로 억압을 초월하고 통합하게 된다. 상위 영역들도 그 자체의 저항 형태를 갖고 있긴 하지만, 이 문제는 별도의 연구 주제이다.

### 발현-무의식

이제부터는 플레로마에서 신체자기로, 그런 다음 자아-마음으로 진화해간 사람을 검토해보기로 하자. 근원-무의식에는 정묘 영역과 원인 영역이라는 심층구조가 여전히 남아 있다. 이런 구조들은 아직 발현하지 않았다. 이런 구조들은 대체로 하위 구조들이 발현할 때까지 의식에 발현할 수 없다. 상위 구조들은 하위 구조들에 의해 감싸여 있는 구조이기 때문에, 하위 구조들이 전개한 이후에만 전개할 수 있다. 어쨌든 자아가 형성되기도 전에 자아실현이나 자아초월을 말하는 것은 분명 터무니없는 일일 것이다. 초-개아(정묘 및 원인) 영역은 아직 억압받지 않는다. 그 영역들은 의식에서 차단되지도 않고, 여과되지도 않는다. 그런 영역들은 아직 발현할 기회조차 갖지 못했다. 우리는 두 살짜리 아이에게 기하학 배우는 일에 반항한다고 말하지 않는데, 그 이유는 그 아이의 마음이 아직 산수를 배울 수 있을 만큼도 발달해 있지 않기 때문이다. 아이가 산수 배우는 일에 저항한다고 꾸짖지 않는 것과 마찬가지로, 초-개아를 억압한다고 꾸짖을 수는 없다. … 아직은 아니다.

발달 주기의 어느 지점에서도, 근원-무의식에서 아직 발현하지 않은 그런 심층구조를 발현發顯(emergent)-무의식이라고 부른다. 자아(또는 켄타우로스) 수준에 있는 사람의 경우, 저-정묘, 고-정묘, 저-원인, 고-원인이 발현-무의식에 해당한다. 그런 영역들은 무의식이긴 하지만, **억압된 것은 아니다.**

정묘/원인 발현-무의식은 태고-무의식과 몇 가지 특성을 공유하고 있다는 점에 주목하길 바란다. 즉 그 무의식들은 그 사람의 인생에서 전혀(혹은 아직은 전혀) 외식된 적이 없으며, 그렇기에 익압된 적도 없다. 그럼에도 처음 시작부터 무의식에서 찾아볼 수 있다. 차이점은, 하나는 낮고 원시적인 것인 반면 다른 것은 높고 초월적인 것이라는 점 외에도, 태고-무의식은 인류의 과거인 데 비해 발현-무의식은 인류의 미래라는 점이다. 그러나 미래-무의식은 표면구조들이 아직은 고정되지 않아서 오직 심층구조와 관련해서만 결정된다. 반면 과거-무의식은 심층구조와 (그림자와 같은) 표면구조 모두 이미 발현했고 의식에 의해 결정되었기 때문에, 두 구조 모두를 포함하고 있다.

이제 발달이 자아-켄타우로스 영역에 억류되어 있지 않다고 가정해보면 — 역사의 현시점에서 보면 보통은 억류된 상태가 맞는 듯하지만 — 근원-무의식으로부터 정묘가 스스로 발현하기 시작할 것이다. 집합적 인류가 자아 수준까지 진화했을 뿐이고, 그곳까지 이끈 수준들이 발현할 수준을 결정하기 때문에 이런 상위 영역과 수준들이 언제 발현할지 그 시간표를 짜는 일은 사실상 불가능하다. 그러나 일반적으로, 정묘는 청년기 이후에 발현을 시작할 수 **있지만**, 그 전에는 거의 불가능하다. 게다가 온갖 이유 때문에, 정묘의 발현에 저항하거나 어떤 점에선 억압될 수도 있다. 자아는 하위 영역들뿐만 아니라 상위 영역들도 억압할 만큼 충분히 강력하기 때문이다. 자아는 잠재-의식뿐만 아니라 초-의식도 봉쇄할 수 있다.

발현하지 못하도록 저항받거나 억압당한 근원-무의식의 부분은 당연히 억압된 발현-무의식이라고 부른다. 그 무의식은 충분히 의식이 될 수 있었던 지점에서 — **발달 억류는 제외하고** — 무의식인 채로 남아 있는 근원-무의식의 일부이다. 따라서 우리는 왜 이런 발현 결핍이 생겼는지 당연히 그 이유를 탐구하게 되는데, 그 이유는 초월에 반대하는 전반적이고 실질적인 방어에서 찾아볼 수 있다. 그런 방어기제로는 합리화(rationalization, "초월은 불가능한 일이다 혹은 병적인 것이다"), 고립(isolation)이나 관계 회피(avoidance of relationship, "나의 의식은 피부를 경계로 그 안쪽에 있다"), 죽음 공포(death terror, "나의 자아가 죽는 것이 두렵다, 무엇이 남겠는가?"), 비신성화(desacralizing, 어디서도 초월적 가치를 보지 않으려고 거부하는 것에 붙인 매슬로의 용어), 치환(substitution, 하위의 것을 상위의 것인 척하면서 직관한 상위 구조를 하위구조로 바꾼다), 축소(contraction, 하위 형태의 지식이나 경험으로 한정하기) 등이 포함된다. 이런 방어기제 중 일부 또는 전부가 자아의 변환 과정에서 한 부분을 차지하게 되고, 그로 인해 실제로 변형을 해야 함에도 자아는 단지 변환만을 계속하게 된다.

정신분석학과 정통 심리학에서는 발현-무의식의 본질을 결코 진정으로 고등한 상위 형태로 이해하지 못했기 때문에, 정묘와 원인이 — 아마도 절정경험이나 정묘한 빛과 환희로 — 의식에 발현하기 시작하자마자, 그 발현을 과거에 억압된 어떤 충동이나 태고적 성분들이 터져 나온 것으로 설명해 치우려고 한다. 그들은 발현-무의식에 대하여 알지 못하기 때문에, 그것을 **침잠**-무의식에 기초해서 설명하려고 애쓴다. 예컨대 그들은 정묘를 상위 구조의 발현이 아니라 하위 구조의 재출현이라고 생각하며, 초-시간적인 것이 내려오는 것이 아니라 전-시간적인 것이 거꾸로 올라오는 것이라고 생각한다. 그렇게 해서 그들은 삼매(samadhi)를 유아의 젖가슴 합일로 거슬러 추적한다. 초-개아적 합일을 플레로마의 전-개아적 혼융 상태로 환원시킨다. 신을 콩갈-젖꼭지로 환원시켜놓고는 이제 신비현상을 설명할 수 있게 되었다고 스스로 자축한다. 이런 시도들 모두가 스스로의 무게로 인해 와해되기 시작했는데, 그 이유는 이후에 발현한 모든 것을 설명하기 위해 억지로 이제 겨우 넉 달밖에 안 된 유아에게 터무니없이 많은 것을 귀착시켰기 때문이다.

어쨌든, 의식의 이런 여섯 가지 유형(근원-무의식, 태고-무의식, 침잠-무의식, 매몰-무의식, 발현-무의식 및 억압된 발현-무의식)에 대한 이해와 변환/변형에 대한 이해, 그리고 이 책 앞부분에서 제시했던 발달 단계에 대한 이해를 바탕으로, 우리는 이제 곧바로 명상과 무의식에 대한 연구 주제로 전환할 수 있게 되었다.

## 12

★

### 명상과 무의식

명상과 무의식에 대한 대부분의 설명은 발달 또는 진화와 관련 있는 요인들에 관심이 결여되어 있기 때문에 어려움을 겪고 있다. 대부분의 설명은 단순히 무의식은 **단지** (역치 이하의, 의파된, 차난된, 억압된 혹은 자동화된) 침잠-무의식뿐이라고 가정하는 경향이 있다. 따라서 그런 설명에서는 명상을 이번 생애에서 생긴 불쾌한 상태로 **되돌리는** 수단이라고 보며, 억지로 무의식 상태로 들어가게 하는 방법이라고 본다. 명상을 억압을 제거하는 수단, 여과 작업을 멈추게 하는 방법, 자동화된 것을 탈-자동화하는 방법, 집중화된 것을 탈-집중화하는 방법이라고 상상한다. 그런 문제들이 아무리 중요한 것일지라도, 모든 유형의 명상에서 그런 것들은 잘해야 두 번째 측면에 불과하다는 것이 나의 생각이다.

명상은, 어떤 것이냐 하면, 지속적으로 초월해가는 데 필수적인 도구적 수단이다. 또한 앞에서 이미 보았듯이 초월과 발달은 동의어이기 때문에, 명상은 단순히 **지속적인** 발달 또는 성장을 유지하는 수단이다. 일차적으로 명상은 일을 거꾸로 돌리는 수단이 아니라, 계속해서 이어 나가는 수단이다. 명상은 오로지 최후의 합일만 남을 때까지, 모든 잠재력이 완전히 실현될 때까지, 모든 근원-무의식이 의식에 펼쳐질 때까지, 상위-상태 합일을 자연스럽고 질서 정연하게 연속적으로 펼쳐 나간다. 인류 진화의 현시점에서 개인이 현 단계를 넘어 발달하기 위해서, 그리고 모든 피조물의 목표인 신을 향해 전진하기 위해서 해야 하는 것이 명상이다.

그러므로 명상은 다른 모든 성장/발현이 그랬던 것과 똑같은 방법으로 일어난다. 하나의 변환이 잦아들어 배타적으로 의식을 지배하는 데 실패하면, 상위-상태 변환으로 변형된다(상위-상태 심층구조가 상기되고, 그런 다음 새로운 표면구조가 생성되고 강조된다). 그 과정에서 분화, 탈동일시, 초월, 통합이 일어난다. 명상, 그것이 곧 **진화이고, 그것이 곧 변형이다.** — 명상에 특별한 것이라곤 전혀 없다. 자아에게 명상이 매우 신비롭고 복잡한 것처럼 보이는 이유는 명상이 자아를 넘어선 발달이기 때문이다. 티폰에게 자아가 그런 것처럼, 자아에게 명상은 발달적으로 볼 때 훨씬 더 향상된 것이다. 하지만 **성장**과 발현에서 보여주는 동일한 과정이 계열 전체를 통해서 진행된다. **티폰에서** 자아에 이르게 된 길은 우리가 자아에서 신으로 가는 길과 똑같다. 우리는 왔던 길을 되돌아 내려가는 것이 아니라, 위로 성장해간다.

내가 지적하고 싶은 첫 번째 핵심은, 명상에 대한 대부분의 설명이 초-개아 영역 — 정묘와 원인 — 은 침잠-무의식이나 억압된 침잠-무의식의 일부이고 명상이 그 억압을 제거하는 수단이라고 추정한다는 것이다. 그래서 나는 초-개아 영역은 실제로는 발현-무의식의 일부이며, 명상은 단순히 그 발현의 속도를 빠르게 하는 수단이라는 점을 제안한다.

그렇긴 하지만, 어떤 사람이 — 젊은 성인이라고 하자 — 명상을 시작하면, 온갖 종류의 일들이 일어나기 시작한다. 그런 일들 중에는 실질적인 성장과 초월 과정에 단지 부수적일 뿐 관계가 먼 것들도 있는데, 이것이 명상에 대한 전반적인 그림을 대단히 복잡하게 만든다. 이런 문제점에 유의하면서, 먼저 명상적 자세 자체의 성질에 관해 논한 다음, 종합적이고 완전한 명상 과정에 관해 논하고 싶다.

우선 첫 번째로, 발달에서 모든 변형은 현재의 특정 변환(그 변환의 배타성)을 포기하는 것이 필수적이라는 점에 유의히길 바란다. 이미 플레로마에서 티폰을 거쳐 자아에 이르기까지 진화한 사람의 경우, 정묘 영역이나 원인 영역으로의 변형은 그 자아 수준 변환을 서서히 완화시키고 포기할(파괴시키는 것이 아니라) 것을 요구한다. 이런 자아 수준 변환을 구성하는 것은 통상 언어적 사고와 개념들(또한 그런 생각에 대한 정서적 반응들)이다.[378] 따라서 명상을 **처음 시작할 때**는 정묘-수준 변형으로 가는 길을 열기 위해서 **개념적 변환을 멈추게 하는** 방법들로 이루어진다.[59,333,345,374]

이 방법은 본질적으로 현재의 변환을 **좌절시키고** 새로운 변형을 고무하는 활동을 의미한다. 《무경계》[426]에서 설명했던 것처럼,

이 좌절과 고무는 몇 가지 **특수조건들**, 즉 도덕적 계율, 식사 규제, 서원(vows) 및 기도, 찬송, 명상 같은 좀더 내적인 조건들에 의해 초래된다.

특수조건들(special conditions)의 핵심은 추구하는 상위 영역의 주요 특성들을 구체화하는 활동이다. 즉, 개인은 자신이 원하는 상위 영역의 주요 특성 중 하나로 자신의 현실을 변환(해석)하는 법을 배운다. 그렇기 때문에 개인은 기호가 아니라 **상징**을 사용하게 되며, 그렇게 해서 단지 변환하는 대신 **변형**을 받아들이게 된다. 예컨대 이담(또는 이슈타데바)은 그 상징에 해당한다. 그 사람에게 이담-신의 상징을 보여준다. 이담-신이 상징인 이유는 그 사람의 현실세계에는 이담-신에 상응하는 것이 전혀 없기 때문이다. 그는 근원-무의식에서 정묘-이담이 실제로 의식에 완전히 **발현하는** 지점까지 이 상징을 자신의 의식 내부에 구축하거나 변환시킨다. 그 사람은 (**모든** 발달에서 설명했듯이) 이 상위 구조와 **동일시하게** 되는데, 이것이 자아 수준에서 하던 하위 변환을 멈추게 하고 상위 구조로 끌어올린다. 그러면 그는 신의 상위 관점에서 현실을 **보게**(해석하게) 된다. 그는 자신의 근원-무의식으로부터 성장 및 초월 과정으로써 상위-정묘 영역을 환기해냈기 때문에, 그의 경우 정묘 영역이 발현한 것이 된다.

스승(구루guru, 노사老師 등)은 단순히 낡은 변환을 좌절시키고, 낡은 저항을 쇠퇴시키고, 특수조건들을 밀어붙여 새로운 변형이 일어나도록 북돋는 작업을 계속한다. 이런 일은 집중명상이든 수용명상이든, 진언명상이든 묵언명상이든 **모든** 형태의 명상에서 진실이다. 집중명상에서 특수조건은 확실한 형상을 소지하는 것이지만, 수용명상에서 특수조건은 '아무런 형상도 없다.' 하지만 두 명상 모두 자신의 특수조건을 강력히 주장한다. 탈-집중화된 무형상 의식을 놓친 사람은 자신에게 주어진 공안을 놓친 사람만큼이나 심하게 질책당한다.

이것은 어린이에게 티폰식으로 떼쓰기보다는 말로 표현하라고 요구하는 것과 본질적으로 다르지 않다. 우리는 자아에게 한 단계 더 나아가서 정묘 형상에 대해 개념적으로 생각만 하지 말고 그 형상에 직접 발을 들여놓으라고 요구한다. 성장은 자신이 실제로 상위 영역 그 자체로 변형할 수 있을 때까지 상위 변환을 적용할 때 일어난다. 상위 영역의 주요 특성에는 시간을 초월한 무시간,[111] 조건 없는 사랑,[215] 무회피 또는 무집착,[59] 완전한 수용[71] 및 주-객 합일[365] 등이 포함되기 때문에, 많은 경우 명상의 특수조건이 되는 것은 이런 것들이다(어제나 지금에 머물라,[345] 그대의 회피를 알아차려라,[60] 어떤 조건에서든 사랑하라,[268] 그대의 명상과 그대의 세계가 하나가 되게 하라,[220] 만물이 부처이니 모든 것을 받아들여라[43] 등). 우리의 부모는 언어와 자아의 자기-통제라는 특수조건을 강력히 실행해서 우리가 1층에서 5층까지 오르도록 도와주었다. 마찬가지로 스승은 우리가 수행해야 할 10층의 특수조건을 부과해서 우리로 하여금 5층에서 10층에 오를 수 있도록 돕는다.

본질적으로는 명상의 특수조건이 집중-흡수(concentrative-absorptive) 양식인가 아니면 수용-탈집중(receptive-defocal) 양식인가는 중요하지 않다. 전자는 하위 및 자아 수준 변환을 하지 못하게 하고, 후자는 그런 변환 과정을 보게 함으로써 그 수준 변환을 중단시킨다. 두 명상 양식은 둘 다 근본적이고 효과적인 방법으로, 집중을 통해 변환 과정을 방해하거나 다음 상위 수준에서나 가능한 탈-집중을 통해 변환 과정을 관찰하게 한다. 두 명상의 서로 다른 특수조건 모두가 하위-상태 변환을 중단시킨다는 동일한 목표를 달성한다. 또한 두 가지 명상 양식 모두 강력하게 **능동적인** 과정이기도 하다. 위베르 브누아Hubert Benoit가 말했듯이, '수동적 수용'조차도 상층부에서 일어나는 능동적인 활동이다.[27] (하지만 이는 수용-탈-집중 양식과 집중-흡수 양식이 똑같다거나 둘 다 동일한 2차적인 결과를 내놓는다고 말하는 것은 아니다. 이 점은 우리가 전형적인 명상 과정을 간추려 설명할 때 분명해질 것이다.)

그러나 명상에서 무슨 일이 일어나는지를 논하기 전에, 모든 명상 학파들이 의식의 동일한 영역을 목표로 삼지 않는다는 점을 아는 것은 중요하다. 그렇기보다는 이전 장들에서 이미 제시했듯이, 초-개아 및 초의식 영역은 실제로 다른 수준으로 세분되기도 한다 (저-정묘와 고-정묘, 저-원인과 고-원인 등). 이런 세분된 수준 모두에 대해서 알고 있는 종교는 매우 드물다. 그렇기 때문에 어떤 종교든 다소간 어떤 한 수준에 '전문화'되어 있는 경우가 대부분이다. 그런 연고로 명상 수행 자체도 일반적으로 세 개의 급(class)으로 나뉜다(참조, 부바 프리 존Buba Free John).[59]

첫 번째는 화신化身(Nirmanakaya) 급 명상이다. 화신 급의 명상에서는 신체 및 티폰 에너지와 그 에너지가 사하스라라에서 종결하는 저-정묘 영역으로의 변형을 다룬다. 하타hatha 요가, 쿤달리니

kundalini 요가, 크리야kriya 요가, 프라나야마pranayama 및 특히 모든 형식의 탄트라 요가가 여기에 해당한다. 화신 급 명상의 목표 지점은, 방금 언급했듯이, 왕관 차크라인 사하스라라이며, 파탄잘리가 이 화신 급 명상의 모범적인 예이다.[270,329,370]

두 번째는 보신報身(Sambhogakaya) 급 명상이다. 보신 급의 명상에서는 고-정묘 영역을 다루며, 사하스라라를 넘어선 혹은 그 내부에 감춰진 일곱 개(또는 열 개)의 환희와 청각적 실현 영역을 목표로 한다. 여기에는 나다Nada 요가, 샤브드Shabd 요가가 포함되며, 키르팔 싱이 이 급 명상의 전형적인 예이다.[348,349,350]

세 번째는 법신法身(Dharmakaya) 급 명상이다. 법신 급 명상에서는 원인 영역을 다루며, 탄트라식 에너지 조작이나 정묘한 빛과 소리의 흡수를 통해서가 아니라, 모든 형태의 주-객 이원론이 완전히 뿌리 뽑힐 때까지 원인 구역의 초월적 주시를 통해서 또한 그런 주시 속에서 외식의 원인 강 자체의 담구, 즉 나의 존재 (I-ness) 혹은 분리된 자기-감각의 탐구를 통해서 작용한다. 법신 급 명상은 스리 라마나 마하리시Sri Ramana Maharshi, 다 프리 존,[60] 선불교[364] 및 베단타 힌두교[94]가 모범적인 예이다. 각기 다른 길의 최종적인 지점에서, 어떤 명상자는 모든 영역의 여여/그러함, 즉 원초신原初身(Svabhavikakaya)에 당도할 **수도 있다.** 이 원초신의 길이 애당초 채택하기 더 쉽고 더 가능성 있는 길일 수도 있다.

그럼 이제, 어떤 젊은이가 집중형-공안 형태든 수용형-지관타좌*

---

* 只管打坐: 도겐 선사의 선 수행법으로, 공안 참구보다는 좌선만을 강조한다. 지관은 '오직(by all means)'을, 타좌는 '좌선'을 의미한다.

좌선 형태든 선 수행을 하고 있다고 가정해보자. 둘 다 제대로 올바르게 실천에 옮긴다면 법신 수행이기에, 거쳐 가는 중간 단계에서 출현한 온갖 종류의 하위 수준 발로가 있을 것으로 기대해볼 만하다.

처음 시작할 때는, 명상 수행이 변환을 멈추거나(공안) 변환을 관찰함으로써(지관) 현재의 자아 수준 변환을 중단시키기 시작한다. 워시번Washburn은 이 과정에서 일어나는 세부사항 몇 가지를 멋지게 설명한 바 있다('강도 감소'와 '정신작용의 고정'은 어떤 수준의 변환이 서서히 진정/축소되는 것을 기술하는 두 가지 방식이며, 이는 하위 수준 탈-억압과 상위 수준으로의 변형 양쪽 모두를 위해 필수조건이다).[388] 현 자아 수준 변환이 느슨해지면, 그 사람은 먼저 식역하-침잠-무의식(일반적으로 억압되지 않은 침잠-무의식)에 노출되는데, 이 무의식은 그중에서도 특히 "헤아릴 수 없이 많은 경험 중 알아차리지 못한 측면들, 습관이나 조건화 또는 상황의 긴급성 때문에 무시되었던 측면들을 포함하고 있다."[388] 다양한 종류의 별난 기억들, 차단된 기억, 중요치 않은 기억, 억압된 것이 아니라 단지 잊었거나 전의식에 해당하는 기억들이 떠오른다. 의식에 재출현한 식역하-침잠-무의식이 내면의 눈앞에서 벌이는 춤을 '영화 감상하듯' 바라보면서 몇 달이고 보낼 수 있다.

그러나 명상이 진행해감에 따라서 자아 수준 변환 중 저항이 좀 더 강하던 측면들이 서서히 쇠퇴하고 배타성이 해체된다. 즉, 매몰-무의식이 자기와의 무의식적인 동일시에서 느슨하게 풀려나고 따라서 실질적인 의식 대상으로 출현하거나 아니면 최소한 의식에서 그런 동일시가 느슨해진다. 워시번은 정신작용의 고정(자아 수준 변환의 중단)이 의식의 정상적인 기능을 방해함으로써 무의식적 정신작용을 의식화시킨다고 말한다. 그렇게 해서 그 사람은 지금까지 그렇게 해왔던 것처럼 단순히 그 무의식적 정신과정을 **통해서** 보는 것이 아니라, 그 정신과정을 **바라보는** 것이 가능해진다.[388] 워시번의 이 말은 훌륭한 지적이라고 생각하지만, 나는 이 말이 기본적으로 매몰-무의식에 적용된다는 점을 추가하고 싶다. 예컨대, 원인-창발-무의식을 '방해'해서 의식에 가져오는 것이 아니라, 우선 그것이 발현하도록 허용해야 의식에 들어올 수 있다는 것이다. 이것은 산수를 방해해서 그것을 의식에 초래하는 것이 아니라, 먼저 산수를 배워야 초래할 수 있는 것과 같다.

어쨌든, 매몰-무의식은 '방해받음'으로써 습관적인 장악력이 느슨하게 풀리기 시작한다. 이제 매몰-무의식적 변환은 현 수준의 자기-시스템의 억압되지 않은 억압하는 측면이라는 점을 상기하길 바란다. 따라서 억압자가 느슨해질 경우 자연스럽게 억압되었던 것이 발현하기 쉬워진다. 다시 말해, 이제 억압된 침잠-무의식이 의식 내에서 분출해 떠오르는 경향이 있다. 그 사람은 자신의 그림자(때로는 태고-무의식의 원초적이거나 태고적인 환상들)와 맞닥뜨리게 되고, 자신의 그림자와 씨름하면서 몇 달 혹은 몇 년의 시간을 보낼 수도 있는데, 정통 심리치료가 명상을 확실하게 보완해줄 수 있는 곳은 바로 이 지점이다. (부연해서, 여기서 방출된 것은 억압된 침잠-무의식이라는 것, 그림자에 대항해서 휘두른 것과 **똑같은** 방어기제에 의해 차단된 발현이 억압된 무의식의 일부가 아닌 한 그런 것들이 **반드시** 정묘나 원인 발현-무의식은 아니라는 점에 유의하길 바란다. 이런 일은 어느 정도 가능하기도 하고 확실히 있을 수 있는 일이긴 하지만, 전반적으로 볼 때 억압된 그림자에 대항하는 방어와 발현하는 신에 대항하는 방어는 다른 수준의 방어이다.)

명상에서 — 자아 수준 변환과 매몰-무의식을 이완시켜서 — 이 단계에 이르는 동안 일어났던 일은 그 사람이 그 지점에 이르기까지 자신의 인생을 '다시 살았다'는 것이다. 그는 자신의 인생에서 지금까지 발현했던 이전의 모든 의식 수준 — 플레로마, 우로보로스, 티폰, 언어, 심적-자아 — 이 겪은 모든 트라우마와 고착, 콤플렉스, 심상 및 그림자를 자신에게 드러냈다. 그 모든 트라우마는 어떤 의미에선 재검토해야 할 후보들인데, 특히 '아픈 상처로 남은 지점들', 즉 존재의 처음 다섯 층에서 일어났던 고착과 억압들은 재검토해야 할 후보들이다. 명상 중 이 지점에 이르는 동안 그는 자신의 과거, 어쩌면 인류의 과거를 본 셈이고 이 지점 이후부터 그는 자신의 미래, 그뿐 아니라 인류의 미래를 보게 된다.

부연하자면, 워시번은 수용형(receptive) 명상만이 즉각적으로 직접 무의식으로 이끌어가는 데 비해, 몰입형(absorptive) 명상은 "대상에 너무나 몰두해 있어서 무의식에서 보내는 메시지를 포함해서 그 밖의 모든 것을 의식할 수 없으며, 이로 인해 무의식과의 대면은 그 대상을 폐기했을 때만 또는 명상수행을 종료했을 때만 일어날 수 있다"[388]고 주장했다. 다시 말하지만, 나는 그 말이 매우 진실이라고 보긴 해도 이 말이 단순히 발달적 무의식의 어떤 측면, 특히 태고, 침잠 및 매몰-무의식에만 적용된다고 생각한다. 집중형 수행이 완전히 활성화되어 있는 동안, 무의식의 그런 측면 중 어떤 것도 '끼어들 수 없다.' 그렇더라도 이는 예컨대 정묘 발현-무의식에는 적용되지 않는데, 왜냐하면 이담 만트라 또는 나다 수행 중 정묘 몰입상태에서, 수행자는 이전의 무의식 상태와 직접 접속해 **있기** 때문이다. 수행자가 정묘를 대상으로 인지하지 못하더라도(실제로 인지하지 못한다), 몰입형 명상도 수행하는 **동안** 완전히 직접적이고 즉각적인 방식으로 발현-무의식의 정묘-영역 측면을 **드러냈기에**, 그는 여전히 직관적으로는 정묘에서 정묘로서 살아 있는 셈이다.

그러나 정묘 영역에 집중적으로 몰입되어 있는 동안에는 **다른** 어떤 대상도 의식에 떠오르지 않는다는 것은 진실인데, 여기에는 예컨대 그림자도 포함될 수 있다. 그러나 정묘 명상은 자아 수준 변환을 중단시키는 데 도움을 주기 때문에, 수행자가 정묘 몰입을 멈출 경우에는 워시번이 기술한 대로 실제로 그림자 유입에 개방된다. 물론 몰입형 명상에서도 수행자는 인제 무엇이 일어나든 일어나는 모든 것에 개방되므로, 억압이 멈추는 바로 그 지점에서 그림자를 '본다.' 따라서 워시번의 말은 그림자에까지는 의미 있게 적용할 수 있더라도, 발현-무의식에는 적용되지 않는다는 것이 나의 생각이다.

근원-무의식에서 정묘가 의식에 발현하면, 다양한 고등-원형적 비전과 소리 및 빛이 발생한다. 정묘 영역에 대해서는 이미 앞에서 기술한 바 있기 때문에, 여기서 다시 반복할 필요는 없을 것 같다. 점점 더 정묘한 변환들이 출현하다가 마침내 서서히 쇠퇴하면, 더 정묘한 새로운 변환으로 가는 변형이 일어난다는 것이 핵

심이다. 이러한 변형이 정묘 영역에서의 **발달**이다. 이런 변형의
한 가지 버전은 아래와 같이 작동한다.

이것은 처음에 영향받는 가장 강력한 충동들로서, 이 충동들
이 잦아들면 명상자는 마치 해가 지면 별들이 더 뚜렷하게 보
이듯이 조금 더 정묘한 것들을 알아차리기 시작한다. ― 그러
나 보다 정묘한 이런 충동들도 잦아들 텐데, 그러면 훨씬 더 정
묘한 충동들을 식별할 수 있게 된다. 흥미롭게도, 이 과정은 절
대로 연속적인 과정이 아니다. 앉아서 명상하는 동안, 마치 현
수준과 다음 정묘 수준을 구분하는 것 같은 일종의 정신적인
'얇은 막'을 통과해 지나가는 사이사이에 가상의 침묵이 발생
한다. 일단 이 구분하는 막을 통과하고 나면, 다시 정신적 활동
이 시작된다. … 하지만 다시 시작한 정신적 활동의 특징은 이
제 훨씬 더 정교하고 세밀하다.[388]

얇은 '막들(membranes)'은 단순히 각 수준의 변환 과정에 해당하
는 것으로, 나머지 다른 수준들을 차단하면서 현재 수준과 구분
짓는다. '이 구분을 통과한다는 것'은 단순히 더 정묘한, 더 상위
의, '매우 높은' 변환으로 변형하는 것을 의미한다. 이런 식으로 설
정된 "새로운 역치[새로운 변환]는 지속적인 명상으로 감소[변형]
될 수 있는데, 이 새로운 설정치 역시 같은 방식으로 진행한다. 각
각의 경우 새로운 저-강도 스펙트럼, 더 정묘한 대상들이 명상자
의 내적 시야로 접근 가능해진다."[388]

이런 정묘한 빛과 소리는 보신 급 명상의 목표이지만, 법신 급 명상에서는 이 모든 것들을 열등한 산물로 본다. 따라서 명상이 원인 영역으로 지속해갈 경우, 정묘 대상이든 조야 대상이든 이전의 모든 대상들은 원래 그러한 궁극적 의식의 몸짓으로 환원된다. 원인 영역의 나의 존재인 초월적 주시자가 공의 위대한 죽음에서 파괴되고 비할 데 없이 명료한 사하자 상태로 부활하는데, 이 상태를 **무상정등정각**<sup>無上正等正覺</sup>(anuttara samyak sambodhi)이라고 부른다. 이 상태는 무엇에도 의지함이 없다. 이 마지막 변형에서는 변환하는 주체가 죽었기 때문에, 더 이상 어떤 배타적인 변환도 일어나지 않는다. 거울과 거기 투영된 상은 하나이자 동일한 것이다.

명상은 그런 식으로 진행해간다. 이것이 곧 궁극의 합일만이 존재할 때까지 합일에서 합일로 변형을 이어가는 상위 발달이자 상위 진화이다. 브라만<sup>Brahman</sup>은 마지막 상기와 인식 지점에서 눈에 띄지 않는 충격으로 자신에게 조용히 미소 지으면서 눈을 삼고 깊이 숨을 들이마시고는 새로운 놀이를 위해 자신의 현시 속에서 스스로를 상실해가면서 수백만 번 자신을 밖으로 내던진다. 그렇게 해서 진화는 다시 변형에서 변형으로 — 모든 사람이 붓다 안에서 붓다로서 붓다임을 기억할 때까지 — 점점 더 많이 기억해가면서 또다시 진행된다. 그러면 거기엔 붓다도 없고 붓다를 기억해낸 사람도 없다. 그것이 최종적인 변형이다. 법장 선사가 임종을 맞이했을 때, 다람쥐 한 마리가 지붕 위에서 날카롭게 소리 질렀다. 선사는 "그저 이것뿐, 더 이상 아무것도 없다"라고 말했다.

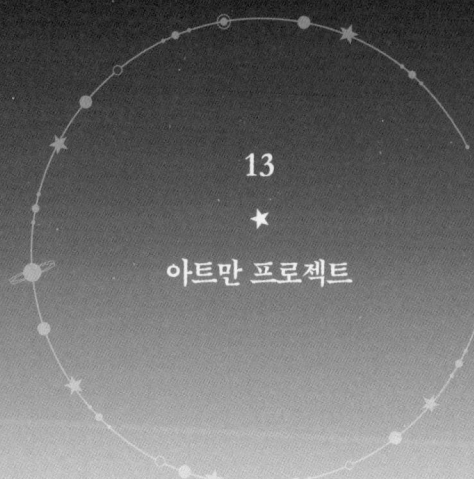

# 13

★

## 아트만 프로젝트

사람에게 있어 심리적 발달도 지속적인 상위 합일이라는 자연의 진화와 똑같은 목표를 갖고 있다는 사실을 보았다. 또한 궁극의 합일이 ('궁극의 실재'라는 가장 폭넓은 의미로 사용할 경우) 곧 붓다나 신, 아트만이기 때문에 심리적 성장은 아트만을 목표로 한다고도 말할 수 있는데, 아트만을 목표로 하는 바로 이것이 우리가 아트만 프로젝트라고 부르는 것의 일부이다.

우리는 처음 출발 시부터 개인적 존재는 자신의 존재 내부에 겹겹이 포개지고 감싸여 있는 의식의 모든 심층구조를 보유하고 있다는 것도 보았다. 특히 개인은 처음 **출발 시부터** 사전에 아트만-의식을 보유하고 있거나 그 의식에 참여하고 있다. 유아는 분명 깨달은 존재가 아니다. 하지만 그만큼 분명하게 유아도 아트만이 없는 존재가 아니다. 《열반경(Nirvana Sutra)》에서는 "모든 생명 있는 존재는 불성을 지니고 있다"[364]고 말한다. 《티베트 사자의 서》에서도 "의식이 존재하는 곳이면 어디든 법신이 있다"[110]고 선언한다. 테르툴리안*은 "혼(soul)에게는 처음부터 하나님에 대한 지식이 부여되어 있다"(Anima Naturaliter Christiana)라고 말한 바 있는데, 이 말은 "하나님이 부여한 것은 기껏해야 희미해질 수는 있어도 결코 완전히 꺼지지는 않는다"[307]는 것을 의미한다. 마찬가지로, "유대교의 미드라슈midrash(유대 경전의 옛 주석서)에서 머리 위에는 세상의 모든 끝을 보는 빛이 타오르고 있다고 말하면서 태어나지 않은 어머니 뱃속의 아기에게도 지식이 부여되어 있다고 말할 때 의미하는 것은 이것이다."[279] 처음부터 혼은 이 아트만 본성을 직관하며, 처음부터 단지 감싸인 잠재력으로서가 아니라 그 잠재력을 현실에서 **실현하고자** 추구한다. 아트만을 실현하려는 그 충동이 아트만 프로젝트의 일부이다.

그러나 그 충동은 아트만 프로젝트의 일부에 지나지 않는다. 심리적 성장의 매 단계가 신에게 더 가까이 다가가는 발걸음이긴 하지만, 각 단계는 **여전히** 그저 하나의 단계에 불과하기 때문이다. 즉 신을 향해 가는 매 단계는 여전히 신 그 자체는 아니고, 매 단계는 신에 미치지 못한 조건하에서 일어나는 신에 대한 추구이다. 혼은 자신이 도달해 있는 단계의 제약하에서 최종 합일을 추구할 수밖에 없기에, 그 단계의 합일은 여전히 최종 합일일 수 없다. 그래서 모든 사람이 오직 아트만을 원하지만, 아트만을 저해하는 조

---

* Tertullian: 155-200. 로마 그리스도교 신학자이자 작가.

건하에서 아트만을 원한다는 것이 아트만 프로젝트의 다른 측면이다. 오직 심리적 성장의 마지막 지점에서만 최종의 깨달음, 신 안에서 신으로서의 해방이 존재한다. 처음부터 욕망하는 **유일한** 것은 이 최종의 깨달음이다. 그러나 주목해보라, 모든 성장 단계에서 혼은 오직 최종 합일과 아트만을 원하지만 매 단계가 아트만에 미치지 못하기 때문에, 각각의 단계는 실제로 아트만에 대한 하나의 타협이자 **대체물**(substitute)이 되는 경향이 있다. — 이런 식의 아트만 프로젝트는 의식적으로든 무의식적으로든 일어난다. 이런 일은 최하 수준에서 최상위 수준에 이르기까지 모든 수준에서, 단순히 현현에 대한 하나의 반사작용으로 일어난다.

핵심사항은 성장의 매 단계 또는 수준에서 절대적 합일을 추구하지만, 어쩔 수 없이 그런 합일을 저해하는 방식으로 또한 대리합일과 대리만족이라는 타협만을 허용하는 제약하에서 그렇게 제약하는 방식으로 추구한다는 것이다. 수준이 원시적일수록 대리합일은 더 원시적이다. 이어지는 각 단계마다 더 상위-계열 합일을 성취하지만, 이런 성취는 **오직** 최종 합일만이 남을 때까지 계속된다. 아트만 프로젝트는 오직 아트만만이 존재할 때까지 계속된다.

아트만 프로젝트에 대한 정의를 자세히 살펴볼 경우, 그 정의에는 세 개의 다른 요소가 들어 있음을 알 수 있다. "성장의 각 단계나 수준은 절대적 합일을 추구한다." — 이것을 아트만 대의 또는 궁극의 아트만 목적(Atman telos)이라고 부른다. "그러나 필연적으로 그 목적을 저해하는 조건하에서 또는 저해하는 방식으로 추구한다." — 이것을 아트만 제약(constraint) 또는 아트만 부정(denial)

혹은 위축(contraction)이라고 부른다. "그러고는 오직 대리합일과 대리만족만을 허용한다." — 이것은 아트만 프로젝트에 대한 적절한 정의이다. 나는 이에 관해서 지나치게 전문적으로 다루고 싶지 않기 때문에, 통상 이 셋을 묶어서 아트만 프로젝트라고 부를 것이다. 관심 있는 독자는 문맥에 따라서 세 요소 중 내가 의도하는 요소가 무엇인지 쉽게 알 수 있을 것이다.

### 아트만 프로젝트의 다른 모습들

여기에서 내 의도는 단순히 추상적으로나마 아트만 프로젝트의 본질을 몇 가지 다른 각도에서 기술해서, 아트만 프로젝트의 일반적이고 전반적인 구조를 더 잘 파악할 수 있도록 하는 것이다. 그렇기에 뒤에 이어지는 몇 개 장에서는 발달 과정 전체에서 나타나는 단계-특유의 아트만 프로젝트 형태를 검토해볼 것이다.

영원의 철학에 따르면, 실재이 궁극적인 본질은 순야나$^{sunyata}$ 또는 니르구나$^{nirguna}$[364]인데, 이 말은 보통 '공空'(emptiness, voidness) 또는 '무無'(nothingness)로 번역된다. 그러나 순야타는 아무것도 없이 텅 비어 있음을 의미하지 **않는다.** 블리스*가 말했듯이 '공'은 특색 없는 단조로움을 의미하는 것이 아니라 **이음새 없음**(seamless)을, 화이트헤드**의 말처럼 "우주의 이음새 없는 무봉의 외투"를 의미

---

\* R. H. Blyth: 1898-1964. 영국의 작가이자 일본문화 애호가로 선과 하이쿠 시에 대한 저술로 유명하다. 일제 강점기에 한국을 방문하기도 했다.

\*\* Alfred North Whitehead: 1861-1947. 영국의 수학자, 물리학자이자 철학자. 러셀과 함께 《수학 이론》 저술.

한다. 팔과 다리와 손가락이 아주 다른 것이면서도 한 몸의 일부
인 것처럼, 순야타는 우주 안의 모든 사물과 사건이 여실성의 근
원이자 그러함인 하나의 근본적 완전체(fundamental Wholeness)의
다른 측면들이라는 것을 의미한다. [426] 이것은 명백히 남녀 인간에
게도 적용된다. 따라서 궁극의 심리학은 근본적 완전체의 심리학,
또는 초의식 일체의 심리학이다. 어쨌든 이 완전체는 영원의 철학
에 따르면 진정한 **것**이자 진정한 **전체**(all)라는 점에만 주목하도록
하자. 근본적으로 분리되고 고립되고 경계가 그어진 실체는 어디
에도 존재하지 않는다. [389] 세상에도 사물에도, 사람에게도 신에게
도 이음새란 존재하지 않는다.

그렇다면 자기 경계나 장벽을 세우고 원래의 전체에 **대항하는**
분리된 정체성에 매달린다는 것은 **환상**을 수반한다는 뜻, 뿐만 아
니라 영속적인 **위축**이나 억제 활동에 끊임없이 에너지를 소비해
야 한다는 뜻과 같다. 물론이지만 이것은 원래의 전체를 차단하는
일인데, 이것이 내가 다른 곳에서 제시했던 원초적인 억압(primal
repression)이다. [410] 이 원초적 억압이 곧 우주 의식의 착각적 억압이
며, 내면의 자기 대 외부의 세계, 주체 대 객체로 이분화시킨 착각
적 투영이다.

그렇기에 대부분의 평범한 사람들이 그런 것처럼 분리된-주체
또는 자기-정체성이란 원래의 전체 위에 덧씌워진 환영적 **경계**에
바탕을 두고 있다는 사실에 유의하도록 하자. 게다가 그 경계는
원래의 완전성을 이-안의-주체 대 저-밖의-세계처럼 **보이게** 한다.
경계가 있기에 주체 대 객체가 존재한다. 그런데 이 경계가 배타

적으로 작동할 경우, 그 경계가 아트만의 원래 전체성을 (파괴하지는 않더라도) 가려버리고 만다.

영원의 철학에 따르면, 이 무한하고 영원한 전체성의 회복이 남녀 인간 모두의 가장 큰 단일 욕구이자 소망이다.[193] 아트만은 모든 사람의 기본적인 본질일 뿐만 아니라 모든 사람, 모든 주체가 그렇다는 것을 알고 있거나 직관하고 있다. 모든 사람 — 모든 생명 있는 존재 -- 은 자신의 원래 본질은 무한하고 영원한 것이라는 사실을 끊임없이 직관한다. 즉, 그는 전체(All)이자 완전체(Whole)인 진정한 아트만 직관으로 작동한다. 혼에게는 처음부터 하나임에 대한 지식이 부여되어 있다.

그러나 동시에 그 주체는 아트만으로의 초월이 자신의 고립되고 분리된 자기-감각의 '죽음'을 필요로 하기 때문에, 진정한 초월을 두려워한다. 그 주체는 주체와 객체 사이의 **경계**가 사라질 때만, 즉 배타적인 주체가 죽을 때만 원래의 전체성을 빌견할 수 있다. 그런데 주체는 분명히 이 죽음을 두려워한다. 그는 자신의 분리된 자기가 사라지도록, 죽도록 할 수도 없고 그렇게 하지도 않을 것이기 때문에 진정하고 진실한 초월을 발견할 수 없다. 그는 완전성이라는 더 큰 성취를 이룰 수 없다. 그는 자기 자신, 자신의 주체성에 집착하면서 아트만을 차단한다. 오직 자신의 자아만 움켜쥐고 나머지 전체를 부정한다.

그렇더라도, 남녀 인간은 참으로 근본적인 딜레마에 직면해 있다는 사실에 즉각 주목하길 바란다. 모든 사람은 무엇보다도 진정한 초월, 아트만-의식 및 완전체를 원한다. 하지만 각자 무엇보다

도 분리된 자기의 상실, 고립된 자아 혹은 주체의 '죽음'을 두려워
한다. 사람이 원하는 모든 것은 완전성(Wholeness)이지만, 하고 있
는 짓은 모두 그것을 두려워하고 그것에 저항하는 일이다(완전성은
그의 분리된 자기의 죽음을 필요로 하기 때문이다). 영원의 얼굴에 새겨져
있는 '아트만 대의' 대 '아트만 억제'라는 근본적인 이중구속, 이것
이 분리된 자기의 핵심에 자리 잡고 있는 최후의 매듭이다.

사람들은 그 무엇보다 진정한 초월을 원하지만 필수적이고 분
리된 자기-감각의 죽음을 받아들일 수 없고 받아들이지 않을 것이
기 때문에, **실질적으로는 초월을 저해하고 상징적인 대체물을 강요
하는 방식**으로, 또는 초월 대신에 그런 상징 구조들을 추구하면서
바쁘게 살아간다. 섹스, 음식물, 돈, 명성, 지식, 권력 등 온갖 것들
이 그런 상징적 대체물이 된다. 그 모든 것들이 궁극적으로는 대
리만족, 완전성으로의 진정한 해방을 대신할 뿐인 대체물들이다.
질송Gilson이 말했듯이, "최악의 버림받은 방탕자조차 가장 질 낮은
쾌락 한가운데서도 여전히 신을 추구한다." 이제 절대적인 확신을
갖고 이 말을 할 수 있다. 바로 그것이 인간의 욕망이 만족을 모르
는 이유, 모든 즐거움이 영원하기를 갈망하는 이유이다. — 사람
이 원하는 전부는 아트만이지만, 그가 발견한 모든 것은 아트만에
대한 상징적 대체물들뿐이다. 아트만-의식을 저해하는 방식으로
혹은 그런 조건하에서 그 의식을 회복하려고 하면서 상징적인 대
체물을 강요하는 이러한 시도, 그것이 곧 아트만 프로젝트이다.

## 주체 진영

사람들의 분리된 자기, 고립된 자기, 구획된 자기라는 존재감도 단지 자신의 진정한 본성에 대한 대체물, 궁극적인 완전체라는 초월적 자기에 대한 대리인에 지나지 않는다. 모든 사람이 자신은 아트만과 동일한 본성이라고 **올바르게** 직관하면서도, 그 직관을 분리된 개별적 자기에게 적용함으로써 **왜곡시킨다.** 그는 자신의 분리된 자기가 불사이고, 전체를 품고 있으며, 우주의 중심이자 가장 의미 있는 존재라고 느낀다. 다시 말해 그는 아트만을 자신의 자아로 **대체한다.** 그렇게 해서 그는 시간을 초월한 실질적인 완전성을 발견하는 대신 단지 영원히 살고 싶어하는 소망으로 대체하고, 우주와 하나인 존재 대신 우주를 소유하고자 하는 욕망으로 대체하며, 신과 하나인 존재 대신 스스로 신의 역할을 대신하려고 한다.

우리는 이것을 아트만 프로젝트의 **주체 진영**(subjective wing)이라고 부른다. 아트만 프로젝트는 주체와 객체 간의 분할로 인해 생성되기 때문에, 아트만 프로젝트는 의식의 주체 측면과 객체 측면 양쪽을 조작함으로써 실행될 수 있다(객체 진영은 잠시 뒤에 다룰 것이다). 아트만 프로젝트의 주체 진영은 개별적 자기가 불사이자 우주 중심이고 가장 중요한 존재이기를 바라는 **불가능한** 욕망을 갖고 있긴 하지만, 분명 자신의 진정한 본성은 무한하고 영원하다는 **올바른** 직관에 바탕을 두고 있다. 자신의 가장 깊은 본성은 **이미** 신이라는 것이 아니라, 자신의 자아가 — 불사이고 우주중심적이며 죽음과 무관하고 막강한 — **신이어야 한다**는 것, 거기에 그의 아트만 프로젝트가 존재한다. 그런데 아트만이든 아니면 아트만 프로젝트든, 둘 중 하나만 존재할 수 있다.

브누아는 아트만 프로젝트의 주체 진영이 갖고 있는 특성을 보여주는 정교한 인용문을 제시한다. 그는 말한다. "[어떤 사람이든] 어떻게 이런 일이 있을 수 있는지, 어떻게 실제로 정서적으로 [완전체가 아니라 분리된 자기일 뿐인] 자신의 일시적인 상태, 이 죽을 수밖에 없는 제한된 상태를 받아들일 정도로 믿게 될 수 있는지, 어떻게 이런 식으로 살 수 있게 됐는지 스스로에게 물어야만 한다." 즉, 어떻게 아트만 없이 살 수 있는가 하는 물음이다. 그 대답은 물론 그 소유권에 대리인을 설정한다는 것, (의식적이든 무의식적이든) 분리된 자아 — 존재하는 모든 것의 중심이자 제1 운동자, 우주의 중심이고 불사인 신격화된 존재 — 가 아트만처럼 **보이도록** 하는 아트만 프로젝트를 만들어낸다는 것이다. 그래서 브누아는 어떻게 사람은 아트만을 알지 못한다는 도무지 받아들일 수 없는 이런 상황에서 살고 있는가 하고 묻는다. "그는 근본적으로 자신의 상상 놀이를 통해, 그의 정신세계가 지닌 재창조 기능을 통해 그런 삶에 도달한다. 즉 현 자아 상태를 유지하는 것을 유일한 동력 원리로 삼는 주관적 세계를 재창조하는 것이다. 만일 자신만의 우주를 혼자 창조할 수 있는 이 위안되는 능력이 없었다면, 인간은 자신이 실제 우주의 유일한 동기적 힘이 아니라는[즉, 아트만이 아니라는] 사실을 순순히 받아들이지 않았을 것이다."[27] 그것이 아트만 프로젝트의 한 부분, 즉 주체적인 부분이다.

## 삶과 죽음

일단 원래의 완전성으로부터 분리된 이런 개별적인 거짓 자기-감각이 만들어지면, 그 자기는 두 가지 주요 충동에 직면하게 된다. 그런 자기 존재의 영속화(에로스Eros)와 그 자기를 해체하려고 위협하는 모든 것으로부터의 회피(타나토스Thanatos)가 그것이다. 이 내향적이고 고립된 가짜 자기는 한편으로 죽음과 해체 그리고 초월(타나토스)에 맞서 강력하게 자신을 보호하면서도 다른 한편으로는 우주의 중심이자 전능한 불사의 존재를 가장하며 그렇게 되기를 갈망한다(에로스). 이 두 가지 충동이 아트만 프로젝트의 **정적 측면**과 **부적 측면**, 즉 삶과 죽음, 에로스와 타나토스, 비슈누Vishnu와 시바Shiva이다.

따라서 주체 대 객체 경계의 기능으로 발생한 것이 에로스와 타나토스, 삶과 죽음이라는 역동적인 두 가지 주요 요인이다. 에로스란, 궁극적으로는 자기와 낯사 사이에 경계가 구축됐을 때 그로 인해 가려진 원래의 완전성을 회복하려는 욕망이다. 하지만 실질적으로 주체와 객체, 자기와 타자의 진정한 재-합일을 이루기 위해서 필수적인 것은 배타적으로 분리된 자기의 죽음과 해체이다. 그런데 자기가 저항하는 것은 바로 이 죽음이다. 따라서 에로스는 진정한 합일, 진정한 완전성을 찾아낼 수 없으며, 대신 잃어버린 완전체에 대한 상징적 대체물을 찾는 일에 휘말리게 된다. 그런데 이런 대체물이 효과적이기 위해서는 원래의 궁극의 완전체를 이루고자 하는 **소망이 충족된 것처럼 제시되어야만** 한다. 따라서 추구하고, 손에 움켜쥐고, 소망하고, 욕망하고, 영속시키려 하고, 사랑하고, 살아가고, 의지하고 하는 모든 활동의 배후에 놓여 있는 힘은 바로 에로스이다. 하지만 에로스는 다만 대체물만을 찾아낼 뿐이기 때문에 그 소망은 **결코** 만족되지 않는다. 에로스는 존재론적인 배고픔이다.

이렇게 해서 우리는 타나토스에 당도한다. 타나토스 — 죽음과 죽음에 대한 공포. 이는 서양 심리학이 파악하는 데 너무나 힘들어했던 주제로서, 최소한 두 가지의 중요하지만 아주 다른 형태의 공포와 불안이 있다. 한 가지 형태는 병적이거나 신경증적인 공포이다. '정신병', 병적인 방어기제 또는 신경증적 죄책감에서 유래한 것으로 볼 수 있는 모든 유형의 불안도 여기에 해당한다. 그러나 다른 형태의 공포는 정신 이상이나 신경증적 질병 때문이 아니라 진실을 지각했기 때문에 발생하는 공포로서, 분리된 자기-감각으로서 도피나 회피가 불가능한 **기본적인** 공포이다. 인간의 원래 본성은 완전체이다. 그러나 인간이 그 본성을 일단 분리된 자기 대 외부의 타자로 분할시키면, 그 분리된 자기는 필연적으로 죽음과 죽음의 공포를 알게 된다. 그 공포는 (주체와 객체 사이에 경계가 존재하는 한) 본질적이고 실존적이며 주어진 것이다. 그런데 이런 공포의 지각은 정신병적인 지각이 아니라, 자신이 처한 상황에 대한 진실한 지각이다.

우파니샤드에서는 이런 사실을 "타자가 있는 곳에는 어디든 두려움이 있다"[19]라고 멋지게 기술한다. 동양에서는 적어도 3,000년 동안 이런 사실이 전적으로 분명한 것이었다. 그러나 다행스럽게 서양에서도 마침내 실존주의 심리학자들이, 수십 년 동안 실존적인 공포를 신경증적 죄책감으로 환원시켜온 정통파 심리학의 주장의 핵심적인 요점과 그 허구성을 간과한다면 그것은 자신의 무지를 드러내는 것일 뿐임을 명백히 밝히고 설명했다. 위대한 실존주의 심리학자인 보스*는 "근본적이고 기본적인 거대-불안(arch-anxiety, 원초적 불안)은 **인간 존재의 모든 고립된 개별 형태에 내재해 있다**"라고 기술했다. 인간 존재는 기본적인 불안으로서 **자신의** '세계-내-존재'에 **대해서** 불안해할 뿐만 아니라, 그런 존재를 두려워한다.[25] 물론 우리들 대부분은 일상적인 자아 배후에 놓여 있는 이 원초적 공포를 직접적으로 의식하지는 못하는데, 그 이유를 질부르크Zilboorg는 이렇게 설명한다.

> 이 공포가 끊임없이 의식된다면, 우리는 정상적으로 기능할 수 없다. 그저 약간의 편안한 상태로라도 삶을 유지하려면, 이 공포는 적절히 억압되어야 한다. … 우리는 죽음의 공포가 우리 정신 기능에 언제나 존재한다는 것을 당연한 듯 소홀히 다룬다. 죽음의 공포에서 자유로운 사람은 아무도 없다.[436]

이 죽음의 공포는 분리된 자기-감각, 분리된 주체 내부에 **내재해** 있는 것이어서, 경계가 있는 곳이면 어디든 이런저런 모습으로 일어나게 되어 있다. 그런데 일단 이 죽음의 각인(imprint)이 깨어나면 이에 대해 할 수 있는 것은 두 가지, 오직 두 가지뿐이다. 즉,

---

* Medard Boss: 1903-1990. 하이데거의 실존 철학과 심리치료를 결합한 존재(Dasein) 분석으로 알려진 심리치료 기법을 개발한 스위스 정신분석학자.

죽음과 타나토스에 직면했을 때 남녀 인간은 두 가지 선택지만 갖는다. 우리는 죽음을 부정하고 억압할 수 있거나, 아니면 초의식 일체 속에서 죽음을 초월할 수 있다. 분리된 자기-감각을 붙잡고 있는 한, 죽음과 죽음의 공포를 억압할 수밖에 없다. 죽음의 공포를 초월하기 위해서는 자기를 초월해야만 한다. 즉, 분리된 자기 그 자체가 죽음의 **공포이기** 때문에, 분리된 자기가 죽음의 공포를 극복하기 위해서 실제로 할 수 있는 일은 **전혀 없다**는 뜻이다. 분리된 자기와 죽음의 공포, 그 둘은 함께 존재로 들어온 것이기에 함께 사라질 수 있을 뿐이다. 분리된 자기가 죽음에 대해 할 수 있는 유일한 것은 죽음을 부정하거나 억압하거나 희석해서 약화시키거나 그것도 아니면 숨기는 일뿐이다. 죽음의 공포는 오직 초-의식 전체에서만, 실질적인 초월에서만 근절될 수 있다. 왜냐하면 분리된 자기는 실질적인 초월에서만 근절되기 때문이다. 그러나 그때까지, 베커Becker의 구절을 빌리면, "첫 번째로 억압하는 것은 성욕(sexuality)이 아니라 **죽음에 대한 의식이다.**"[25]

죽음-공포, 타나토스에 저항하는 반사작용. 그러나 이 타나토스의 성질은 정확히 어떤 것인가? 타나토스가 궁극적으로 의미하는 것은 무엇인가? 우리는 아마도 아래와 같은 식으로 간단히 답할 수 있을 것 같다.

우리는 근본적으로 개별적인 실체는 어디에도 **없다**는 것, 주체와 객체 사이의 경계는 궁극적으로 실체 없는 허상이라는 사실을 보았다. 따라서 주체와 객체, 자기와 타자 사이의 경계는 매 순간 끊임없이, 쉼 없이 재창조되어야 한다. 무엇보다도 그 경계가 진정한 것이 아니라는 단순한 이유 때문이다. 동시에 '완전체의 당김'이라는 실재의 힘은 매 순간 그 경계를 허무는 작용을 하는데, **그 힘이 바로 타나토스이다.** 사람이 매 순간 자신의 실체 없는 경계를 재창조할 때, 실재는 매 순간 그 경계를 무너뜨리는 음모를 꾸민다.

그러한 것이 타나토스이고, 타나토스의 진정한 의미는 초월이다. 타나토스는 생명체를 무기적인 물질로 환원시키려는 힘이 아니며(앞으로 보겠지만, 그런 힘은 '내화'이다), 강박적인 반복이나 항상성의 원리 또는 자살적 소망도 아니다. 타나토스는 순야타의 힘, 즉 허상인 경계를 초월하도록 밀어붙이는 힘이다. 그러나 (어떤 수준에서든) 그 경계를 포기할 수 없고, 포기하지 않는 자기에게 타나토스는 문자 그대로 죽음과 신체적 사망의 위협으로 **보인다.**

핵심적인 내용은 이런 것이다. 경계가 있는 곳이면 어디든, 자신의 심층 본성의 타나토스는 매 순간 그 경계를 지우기 위해, 또는 그 경계를 희생시키기 위해 작용한다. 그래서 그 사람은 타나토스에 복종하거나 희생하거나 초월하거나 아니면 **그 죽음 소망, 그 자기-희생 충동과 관련해서 무언가 다른 것을 찾아내야만 한다.** 즉, 그 사람은 **대리희생물**을 찾아내야 한다. 그런데 내가 《에덴에서 천상으로》[427]에서 보여주려고 했던 것처럼, 인간의 모든 난파된 사건들, 인간을 가장 교활한 짐승으로 기록한 모든 사건들, 인간을 대량 학살자이자 희생자로 낙인찍은 모든 일들은 **대리희생물**이라는 제목하에 나온다. 이것은 오토 랑크*의 방식으로 완벽하게 설명되었는데, 그의 설명은 우리가 대리희생이란 주제에 관해 말할 수 있는 모든 것을 훌륭하게 요약하고 있다. "자아의 죽음 공포는 타자의 죽음, 희생으로 희석된다. 타인의 죽음을 통해서 사람은 죽는 벌칙, 죽임당하는 벌칙으로부터 자신을 자유롭게 구원한다." 프로이트는 "죽으려는 욕망을 죽이려는 욕망이 대체한다"고 말했으며, 베커는 그것을 "자신의 죽음을 매수하기 위한 타인의 신체 제공"[26]이라고 요약했다.

그런 만큼 죽음의 부정(그리고 대리희생물 찾기)은 아트만 프로젝트의 일부라는 점에 유의하길 바란다. 우리는 그것을 **부적**(negative) 측면, 즉 아트만-의식을 되찾으려는 시도의 '부적' 측면이라고 부른다. 일단 원래의 완전성으로부터 분리된 자기가 만들어지면, 그 자기는 두 가지 주요 충동, 즉 자신의 허구적 존재의 영속화(에로스) 그리고 자신의 해체를 위협하는 모든 것의 회피(타나토스)에 직면하게 된다는 사실을 본 바 있다. **정적**(positive) 측면에서 보면(이 정적 측면은 '좋은 측면'을 의미하는 것이 아니라 단지 자석의 플러스극처럼 에로스 측면을 의미한다), 자기는 무한하고, 우주중심적이며, 전능하고, 영웅적인 신처럼 되려는 자신의 욕망을 충족시켜주는 듯 보이는 온갖 종류의 **대리만족물**을 찾아 나선다. **부적 측면**(타나토스 측면)에서 보면, 자기는 죽음, 해체, 초월, 사라질 것으로 위협하는 모든

---

* Otto Rank: 1884-1939. 오스트리아의 정신분석학자이자 철학자. 프로이트의 제자였으나 이론적인 갈등으로 결별한 후 파리와 뉴욕에서 심리치료소를 운영했으며, 실존주의/인본주의 심리치료에 큰 영향을 미쳤다.

것을 감추거나 억압한다. 우리는 이 두 가지 충동 — 대리만족과 **대리희생** — 모두를 아트만 프로젝트의 모습이라고 말하는데, 그 이유는 두 가지 충동 모두 궁극적으로는 자신이 정말로 무한하고 영원하다는 올바른 직관에 기반을 두고 있기 때문이다. 그러나 그 직관은 개별적인 자기-감각에 적용되었기에 왜곡된 직관이다. 개별적 자기-감각은 유한한 것이고 죽을 수밖에 없다는 것만큼은 절대적으로 확실하기 때문이다.

따라서 에로스, 즉 더 오래 살려는 욕망, 모든 것을 소유하려는 욕망, 우주중심이 되려는 욕망은 실제로 인간은 전체라는 올바른 직관에 기반을 두고 있지만, 자신이 전체라는 올바른 직관을 개별적 자기에게 적용할 경우 전체를 **소유하려는** 욕망으로 변질되고 만다. 모든 것으로 **존재하는** 위치에서 단지 모든 것을 **소유하려고** 욕망한다. 그 욕망이 모든 대리만족의 기초이며, 그 욕망이 모든 개별적 자기라는 주체에 자리 잡고 있는 만족할 수 없는 갈증이기도 하다. 그 욕망이 아트만 프로젝트의 정적 측면인데, 이 욕망은 오직 아트만에 의해서만 충족된다.

마찬가지로 **죽음의 부정**(아트만 프로젝트의 부적 혹은 타나토스 측면) 또한 자신의 원래 본성은 정말로 시간을 **초월해 있고** 영원하며 형상을 넘어 불사라는 올바른 직관에 기반을 두고 있다. 그러나 그런 무시간성의 직관을 개별적 자기에게 적용할 경우, 그 직관은 단지 영원히 살려는 욕망, 계속 이어가려는 욕망, 영구히 죽음을 회피하려는 욕망으로 변질된다. 초월해서 무시간으로 존재하는 대신에 그 사람은 단지 영원히 살려는 욕망으로 이를 대체한다.

영원의 자리를 죽음-부정과 불사성 추구 그리고 대리희생물로 대체한다. 바로 그것이 다시 말하지만 아트만 프로젝트의 부적 측면, 즉 죽음 부정이라는 역한 불멸성이다.

그렇게 해서 개별적 자기-감각은 원래의 완전성을 저해하면서 상징적 대체물을 강요하는 방식으로 완전성을 회복하려는 시도, 즉 아트만 프로젝트에 휘말리게 된다. 진정한 완전성을 찾는 대신 단지 분리된 자신의 존재만 걱정하게 된다. 에로스는 개별적 자기의 거짓 개별성을 지속하도록 내몰고, 타나토스는 그 자기를 죽음과 죽음의 공포에 빠뜨린다. 삶과 죽음, 에로스와 타나토스의 투쟁이 주된 투쟁이기에, 그로 인한 기본적인 불안과 딜레마는 모든 개별적 자기에게 **필연적이다.** 원초적인 이런 공포 분위기는 완전성으로 초월했을 때만 제거된다.

### 객체 진영

이제 아트만 프로젝트의 마지막 주요 측면, 즉 개별적 자기는 불멸성과 우주중심성을 열망하고 자신이 그런 것인 척하지만, 그 목적은 어느 정도 필연적으로 실패할 수밖에 없다. 그 자기는 자신이 안정되고, 영속적이고, 지속적이며, 불사라는 위장을 결코 벗겨낼 수 없다. 제임스*는 그것을 "죽음은 공포스러운 배경으로 거기에 있고, 해골은 연회장에서 미소를 짓는다"[198]라고 말한 바 있다. 일단 분리된 개별적 자기가 발현하면, 죽음이라는 안개 자욱

---

* William James: 1842-1910. 미국 심리학의 아버지로 불릴 만큼 19세기 후반 가장 영향력 있는 심리학자이자 실용주의 철학자이다. 《종교 체험의 다양성》의 저자.

한 분위기가 그 자기의 지속적인 배우자가 된다. 아무리 많은 보상이나 방어나 억압도 이 배경을 이루고 있는 엄청난 공포와 불안을 총체적이고 최종적으로 막기에는 충분하지 않다. 다시 말해 내면의 자기가 이 무서운 광경을 완전히 지워버리기 위해 할 수 있는 일은 전혀 없으며, 그렇기에 아트만 프로젝트를 지원하기 위해, 즉 죽음의 공포를 약화시키고 자기를 불사처럼 보이기 위해 '외적(external)'이거나 '객체적(objective)'인 지주 대상을 들여오게 된다는 것이다.

그런데 이런 외적인 지주들도 정적인 것이거나 부적인 것일 수 있으며, 에로스나 타나토스에 봉사할 수 있다. 개인은 외적 혹은 객체적인 원망, 욕망, 재물 및 소유물과 물건들을 주인으로 삼고 그런 것들에 매달린다. 그는 부와 명성, 권력과 지식을 추구한다. 그는 그 모든 것에 무한한 가치를 불어넣거나 무한한 호감을 불어넣는 경향이 있다. 그러나 남녀 인간이 진정으로 원하는 것은 **정확히** 무한 그 자체이기 때문에, 이 모든 외적이고 객체적인 유한한 대상들은 다시 말하지만 단지 대리만족에 지나지 않는다. 그런 것들은 개별적 자기가 **대리 주체**인 것과 똑같이 **대리 객체**일 뿐이다.

다시 말하지만, 위베르 브누아는 일반적으로는 아트만 프로젝트의 성질에 관해, 특별하게는 대체물의 성질에 관해 다음과 같이 상세한 진술을 훌륭하게 한 바 있다. "인간은 자신의 진정한 신적 본질[아트만]에 무지하기 때문에, 시간 영역에서 자신을 신격화하려고 애쓸 뿐이다. 인간은 최상의 우주 원리의 본질에 완전히 동참하는 신의 자식으로 태어난다. 하지만 그는 자신의 기원을 망각하고, 자기를 자신의 감각기관이 지각한 제한되고 죽어야 할 이 신체일 뿐이라고 허구적으로 확신한다. 기억상실증, 그는 (자신이 실제로 신이면서도) 신이 자신을 버렸다는 허구적인 느낌 때문에 고통받으면서, 시간 영역에서는 찾을 수 없는 자신의 신성을 그곳에서 찾으려고 소란을 피운다."[27] 인간은 여전히 신을 직관하면서도 신을 망각하고 또한 부정하기 때문에, 시간 영역에서 **대체물**을 추구하는 일에 소란을 피운다. 동시에 내적으로는 자신을 신격화하려고 애쓴다(대리 주체). 두 가지 소란 모두 어쩔 수 없이 오직 홀로 완전한 근본적인 일체성의 상실을 초래한다.

그렇게 해서 주체와 객체라는 아트만 프로젝트의 두 진영이 존재하며, 또한 정적 측면과 부적 측면, 에로스와 타나토스라는 아트만 프로젝트의 두 측면이 존재한다(그런데 이 넷은 모두가 완전히 섞여 있다. 에로스 주체와 에로스 객체가 있을 수 있고, 타나토스 주체와 타나토스 객체가 있을 수 있다). 그러나 이 모든 것은 단지 경계의 산물이자 기능에 지나지 않는다. 원래의 일체성에 경계가 그어진 곳이면 거기가 어디든, 그 일체성은 주체 대 객체, 자기 대 타자처럼 보인다. 그러면 이 주관적 자기는 원래의 완전성을 (에로스를 사용해서) 회복하길 원하지만, 자신의 해체(타나토스)를 두려워한다. 자기는 그 타협으로서 아트만 프로젝트를 추진한다. 자기는 완전체에 대해 직관한 특성을 **그 주체에게** 적용하기 때문에 부분이 전체 — 우주중심적, 불멸적, 죽음-거부 — 처럼 보이게 하려고 애쓴다. 대체물을 추구하는 대리 주체, 이 모든 추구는 신에 대한 욕망 때문이다.

## 죽음과 기억의 형태

아트만 프로젝트는 아트만이 결여된 **것처럼** 보이는 곳이면 어디든 다양한 형태로 등장한다. 다시 말해, 아트만 프로젝트는 모든 현현 영역에서 나타난다. 또한 아트만 프로젝트는 단순히 **환영**(maya)에 붙인 또 다른 명칭에 지나지 않는다. 내가 위에서 아트만 프로젝트를 설명했던 방식은 사람들이 가장 흔하게 취하는 형태, 그렇기에 가장 일반적인 형태에 불과하다. 아트만 프로젝트는 가장 낮은 수준에서 가장 높은 수준, 즉 플레로마에서 궁극 근처에 이르는 인간의 발달 과정에서 온갖 종류의 형태와 다양한 구조를 취한다. 그 프로젝트는 가장 원시적이고 미약한 형태일지라도, 심지어 어머니 뱃속에서도 나타난다. 우리는 유아가 의식적으로 신을 부정한다고 비난하지 않는다. 실질적인 아트만 실현은 (이번 생에서는) 아직 **발현할** 기회조차 갖지 못했다(그런 일은 일종의 규칙처럼 인생의 중반 이후, 내향 호에서 일어난다). 그럼에도 우리는 신은 **모든** 사람을 어루만지며, 모든 생명 있는 존재는 신을 직관한다고 말한다. 우주를 조화롭게 하나로 묶는 것은 오직 아트만뿐이다. 생명 있는 존재는 — 어떤 시대, 어떤 조건에서든 — 자신의 본성을 아트만으로 직관하며 그렇기에 특정 수준에 있는 자신들의 적응 조건과 제약과 잠재력 내에서 또는 하에서 또는 그런 것을 통해서 그 본성을 위해 분투한다. 또한 그 존재들이 아트만을 직관하는 정도에 따라 자신들의 수준에 맞게 아트만을 적용한다.

그러나 아트만 프로젝트의 **한 부분**은 정말로 아트만을 **추구한다**는 점에 유의하길 바란다(그 부분은 '아트만 최종 목표'이다). 출발 시부터 모든 피조물은 신을 직관한다. 시작부터 남녀 인간은 자신들의 원래 아트만 본성을 직관한다. 이 직관은 말하자면 마치 거대한 무의식 자석처럼 초의식 전체에서 완전한 해소를 향해 계속 위로 끌어올리는 식으로 작용한다. 하지만 그 힘은 일시적인 치료 수단으로서 아트만에 대한 온갖 대체물 — 대리 주체, 대리 객체, 대리 만족, 대리희생, 불멸 프로젝트, 우주중심적 설계 및 초월의 징표 — 이 널리 퍼지도록 강제하기도 한다.

이런 압력하에서, 여러 의식 구조들이 잇따라 만들어지고 그런 다음 폐기되고, 널리 확산되었다가 초월되고, 구축되었다가 사라진다. **아트만에 대한 하나의 대체물로 그런 구조들이 만들어지고, 그 대체물들이 실패하면 폐기된다.** 진화 과정은 그런 식으로 아트만-의식에 도달하려다 실패한 일련의 시도들로 진행해간다. 즉, 진화의 매 단계마다 아트만에 조금씩 더 가까워지는 아트만 프로젝트를 통해서 진행해간다.

따라서 진화 과정에서 잇따라 더 높은 수준의 구조가 발현한다는 것은 진실이긴 하지만, 그 구조들은 **대리만족물로** 발현한다는 것도 진실이다. 그래서 오직 하위 수준 대체물이 마침내 포기될 때만, 움켜쥐기라는 하위 형태 에로스가 진정될 때만, **오직 최종 합일 자체만 남을 때까지, 원하는 모든 대체물을 발견하고 그런 다음 폐기할 때까지** 점점 더 정묘해진 새로운 상위 수준 구조가 주의를 끌게 된다.

일단 진화의 새로운 수준 — 새롭긴 하지만 상위-계열 대리 자기 — 이 이전 수준의 심층구조의 수직적 변형에 의해 만들어지면, 새로운 수준의 에로스는 일종의 상위-계열 완전성 안에 그 단계의 표면구조를 통합하기 위한 수평적 변환을 수단으로 진행해간다. 새로운 수준은 진실하고 진정한 통합을 달성할 수 없지만, 적어도 (대리인으로서) 자신을 통합시키려고 시도한다. 이런 에로스 변환은 새로운 수준의 발현 특성과 표면구조를 조직하고 발달시키는 작업, 새로운 상위의 상징적 대리인을 **통합함으로써** 그 수준을 안정화하고 유지하는 작업을 하면서 진행해간다. 이 변환 과정 전반은, 여러 가지 이유 때문에, 이런 식의 변환이 적절하지 않다는 점이 드러날 때까지 계속된다. 드러나면 어떤 일이 벌어지는가? 변환이 근본적으로 실패하면 그 결과로 변형이 일어난다.

그런데 변환이 실패하는 이유는 여러 가지가 있는데, 스펙트럼상의 수준에 따라 그 이유는 달라진다. 일반적으로는 (그 수준의) 에로스가 (그 수준의) 타나토스를 압도할 때는 언제나 변환이 진행되고 안정화 작업이 일어난다. 그 특정 수준의 추구와 욕심은 그 수준의 대리만족으로 행복해한다. 대리만족은 마치 합일 욕망이 충족된 것처럼 제시된다. 그러나 타나토스가 에로스를 압도할 경우, 관련된 특정 변환은 줄어들고 결국 포기되며, 다른 양식의 자기로 변형되고 그 결과 다른 유형의 변환 과정이 일어난다. 새로운 심층구조가 상기되고 그 결과 새로운 표면구조의 학습이 가능해진다.

기본적으로 이 변환 과정은 의식이 하위 구조와의 배타적인 동일시를 폐기한다는 것, **그 동일시에서 '죽는다는 것'**을 의미하며, 그 하위 수준의 타나토스를 받아들인다는 것, 그 수준에서 죽는다는 것, 따라서 그 하위 구조와의 **동일시를 파기한다는 것**을 의미한다. 하위 수준의 **죽음을 받아들임**으로써 그 수준을 **초월**한다는 것이다.

그런 식으로 상위-계열 수준이 발현하게 되면, 이미 보았듯이 자기는 그 상위 구조와 **동일시**한다. 따라서 상위 구조는 **새로운** 형태의 에로스-추구를 동반한 새로운 자기 양식을 만들어낸다. 그런데 이 새로운 자기 양식은 새로운 **유형**의 죽음 공포 또는 발작적 죽음 엄습(death seizure)에 직면한다. 새로운 형태의 정체성을 방어하려는 자기의 시도로 인해 새로운 형태의 공포가 만들어진 것이다. 즉 새로운 자기, 새로운 타자, 그리고 그로 인한 새로운 죽음 엄습 **그리고 죽음 부정**이 만들어진다. 이 수준의 에로스가 타나토스를 압도하는 한, 새로운 욕심이 공(순야타)을 능가하는 한, 새로운 구조가 대리만족으로 기여하게 되고 그런 욕망이 시들지 않는 한 새로운 변환은 계속된다. 그러나 일단 타나토스가 에로스를 압도하는 일이 일어나면, 자기는 그 수준의 '죽음'을 받아들이고, 그 수준과의 동일시를 파기한다. 따라서 그 하위 수준을 초월하며, 그로 인해 자신의 정체성을 다음 상위 발현 구조로 변경한다. 그렇게 되면 다음 상위 구조 **그 자체**는 새로운 형태의 에로스를 보유하게 되고, 새로운 타나토스와 죽음 엄습에 직면하게 된다.

우리는 이어지는 장에서 이 모든 내용을 살펴보겠지만, 몇 가지 예를 간단히 들어보면 아래와 같다.

신체자아 단계에서 자기는 신체의 단순한 감정 및 본능과 거의 배타적으로 동일시한다는 점을 보았다. 그 자기의 에로스 추구는 본능적, 생물학적이고 생명 유지적인 것들이어서, 이런 본능들이

고통스럽게 **좌절될** 경우(예컨대, 엄마의 젖을 먹고 싶은 유아의 배고픔 충동) 그 좌절감은 죽음 엄습으로 경험된다. 본능을 방해하는 것은 자기를 방해하는 것과 같은데, 그 단계에서 본능과 자기는 동일한 것이기 때문이다.

그러나 언어적 마음이 발현하면, 자기는 자신의 본능적인 것에 대한 **배타적인** 집착에서 분화, 즉 탈동일시하고 자신의 핵심 정체성을 언어적 자기('페르소나'라고 부르기로 하자)로 변경한다. 그 자기는 이제 먹는 본능의 좌절을 — 분명한 한계 내에서 — 받아들일 수 있다. 그 자기는 음식이 즉각 주어지지 않더라도 '죽지는' 않는다. 다만 배가 고플 뿐이다. 그러나 언어적 마음이라는 새로운 단계는 새로운 자기를 갖게 되었고, 이 새로운 자기는 **새로운 욕망을** 갖게 되고 **새로운 형태의 죽음 엄습에 직면하게 된다.** 예를 들어, 모욕/굴욕감은 페르소나에게는 죽음 엄습이다. 이제 페르소나와 동일시하는 사기는 '체면을 잃거나', 근본적으로 굴욕당하거나, 비웃음을 사게 될 경우 문자 그대로 죽음 엄습으로 고통받는다. 페르소나는 "당황스러워서 죽는 줄 알았어!"라고 말한다. 이런 일은 **자기가 페르소나와 동일시한 채 남아 있는 한**(그 자기의 에로스가 타나토스를 압도하는 한) 일어날 수밖에 없다. 다만 그 자기가 페르소나와의 동일시를 멈출 때(멈춘다면), 페르소나의 죽음을 받아들이고, 그것을 초월해서 더 상위의 더 포용적인 자기 구조로 옮겨갈 때(옮겨간다면) 그런 일은 일어나지 않는다. 앞으로 보게 되겠지만, **이런 유형의 과정은 모든 발달 단계에서 반복해서 일어난다.** 모든 구조와의 동일시를 중단하고 초월했을 때, 그때 존재하는 것은 오직 경계

없음, 무한뿐이다. 모든 죽음이 다 죽었을 때, 거기엔 오직 신만이 존재한다.

이런 얘기들이 모두 다소 추상적인 말로 들릴지도 모른다. 그렇기 때문에 이어지는 장들에서는 각각의 의식 수준에서 나타나는 아트만 프로젝트의 형태를 간략하게 검토해볼 것이고, 거기서 우리는 의식적으로든 무의식적으로든 매 수준마다 궁극의 합일(아트만 대의)을 추구하지만 필연적으로 그 목표를 저해하는 조건하에서 혹은 그런 조건들을 통해서(아트만 제약) 추구하며, 대리 합일을 강요한다(아트만 프로젝트)는 점을 보게 될 것이다. 이런 대체물들에 만족하지 못하게 될 때, 그 하위 수준은 (죽음의 수용을 통해서) 폐기되고, 새로운 상위-계열 수준이 만들어지는데 — 이 수준도 진정한 목표에 더 가깝긴 하지만 여전히 대체물이다 — 이런 일은 오직 진실만이 존재할 때, 혼이 자신의 처음이자 마지막인 유일한 욕망이었던 초-의식 전체와 한 몸이 될 때 비로소 멈춘다.

# 14

★

## 하위 수준을 통과하는 발달

### 우로보로스 단계의 상간과 거세

가장 초기의 가장 단순하고 가장 거친 형태의 아트만 프로젝트는 플레로마 단계의 이트만 프로젝트이다. 이 단계의 자기는 자폐적이고, 무이원적이고, 대체로 분화가 일어나지 않은 자기임을 앞에서 보았다. 더욱이 플레로마 단계의 자기는 환경과 하나였다. 이에 대해 피아제가 기술한 것처럼, 그 자기는 **물질적**(material)이다. 그 자기는 아직 신체적이지도 않고, 아직 심적이지도 않으며, 정묘 상태는 더더욱 아니다. 그 자기는 최초의 기본물질(materia prima)이자 순수한 물질(virgo mater)처럼 문자 그대로 거의 물질적이다. 이 단계의 합일 역시 순전히 물질적이다. 이 단계의 합일은 분화 이전의 합일, 주어진 값으로서의 합일이다. 무지의 낙원이라는 점에서 원초적인 합일이고, 가장 원시적인 합일이다.

그러나 원초적이고 원시적인 낙원은 그리 오래 유지되지 않는다. 근원-무의식으로부터 우로보로스 수준 형태가 발현하기 시작하자마자 물질적이고 플레로마적인 의식이 변형된다. 플레로마단계의 미분화된 덩어리가 두 개의 막연한 파악으로 점차 분산되는데, 우리는 앞에서 그것을 우로보로스 자기 대 우로보로스 타자라고 불렀고, 설명했다. 유아는 환경과 자기가 하나가 아니고 같은 것이 아님을 인식하기 시작한다. 유아는 어떤 것이 자기로부터 떨어져 존재한다는 것을 인식하기 시작하는데, 이 '전체적인 어떤 것'을 우리는 '우로보로스 단계의 타자'라고 부른다. 어떤 식으로 보더라도 이 우로보로스 단계는 극히 모호한 의식 상태이기 때문에, 나는 이 용어에 대해서 의도적으로 모호한 태도를 취하는 것이고, 또한 유아가 실제로 경험하는 바에 대해 과도하게 해석하는 것도 원치 않는다. 그럼에도, 물론 이러한 초기 단계들에 대해 훌륭하게 설명한 학자들이 없지는 않다. 그중 마가렛 말러와 루이즈 카플란,[218] 피아제,[295] 클라인[225] 그리고 (내가 여기서 논하려고 선택한) 에리히 노이만[279]이 대표적인 학자들이다.

노이만은 《의식의 역사와 기원》(History and Origins of Consciousness)이라는 저술에서 자신이 자기-진화의 주요 3단계, 즉 우로보로스 단계, 모계 단계 및 부계 단계로 본 것에 대해 매우 상세하게 설명하고 있다(앞으로 이 모든 단계에 대해 논할 것이다). 노이만은 이 가장 초기의 단계들 — 플레로마와 우로보로스 — 을 검토한 후, 이 수준의 자기는 그가 **우로보로스 단계의 (근친)상간**相姦(incest)/**거세**去勢(castration)라고 부른 것에 의해 작용한다고 결론짓는다.

노이만은 '상간'과 '거세'라는 용어를 '욕망'(상간)과 '고통스러운 파멸'(거세)처럼 매우 일반적인 의미로 사용한다는 점을 지적해야 할 것 같다. 그가 순전히 성적인 암시를 의미해서 가리키는 경우라도 마찬가지다. '상간'과 '거세'는 에로스와 타나토스와 매우 유사하면서도 훨씬 더 생생하고 적극적인 의미를 전달하기 때문에, 다소 거리낌이 있긴 하지만 나 역시 노이만의 예를 따를 것이다. '거세'라는 용어는 적절히 사용할 경우 성차별주의가 아니라는 점도 말해두어야 할 것 같다. 웹스터 사전에는 거세라는 단어에 세 가지 정의를 제시하는데, 1) 고환을 제거하는 것, 거세(emasculate, geld), 2) 난소를 제거하는 것, 난소 제거(spay), 3) 필수적인 활력과 중요성을 훼손, 삭제, 진압 등으로 박탈하는 것이 그것이다. 달리 특별히 언급하지 않는 한, 내가 거세라는 단어에서 의미하는 것은 명백히 마지막 세 번째 정의이다.

그렇다면 우로보로스 상간/거세라는 말로 우리가 전달하려는 것은 무엇일까? 노이만에 따르면, 우로보로스 상간이란 태아 및 플레로마 상태로 돌아가려는 경향성이며, 우리 식으로 말하면 우로보로스 타자와의 합일 및 분화 이전의 무의식 상태로 돌아가려는 욕망이라고 할 수 있다. 유아의 의식이 나약하면서 또한 자신의 존재를 과중하고 압제적이라고 긴장을 느낀다면, 반면 졸음과 수면 상태를 달콤한 쾌감으로 느낀다면, 그 수준의 의식은 아직 자신의 존재성과 차별성을 알지 못하는 것이다. 이런 상태가 지속하는 한, 우로보로스[와 둘을 하나로 다뤄도 괜찮다면 플레로마]는 거대한 삶의 바퀴로 군림한다. 모든 것이 아직 개별적이지 않은[전-개아적인] 이 상태는 [미분화된] 대립의 일치(coincidentia oppositorum)에 매몰되어 있다.[279] 따라서 "우로보로스 단계의 상간 [에로스]에서는 [성적] 쾌락과 사랑에 대한 강조가 전혀 활성화되어 있지 않다. 그 수준의 상간에서는 용해되고 흡수되는 것에 대한 욕망이 더 크다. 즉 플레로마로 가라앉아 녹아 없어지도록 스스로 수동적인 자세를 취한다."

달리 말하면, 우로보로스 단계의 상간은 단순히 가장 원시적인 형태의 에로스, 가장 고색창연하고 가장 덜 발달된 형태의 아트만 프로젝트이다. 우로보로스 상간은 모든 것의 **가장 낮은 수준의 합일**, 즉 단순한 물질적 매몰성을 추구하는 경향성으로서, 그 합일 상태에서는 모든 의식 형태가 칠흑같이 어두운 원시 물질로 용해된다. 하지만 그것 역시나 합일을 향한 **충동이라는 점**에 유의하길 바란다. 다만 상상할 수 있는 한 가장 낮은 형태의 충동, 우리 식으로 말하면 가장 낮은 형태의 아트만 프로젝트에 해당한다.

그런데 자기-시스템이 우로보로스 상간에 붙잡혀 있거나 그것에 의해 작동하는 한, 그 자기-시스템은 바로 그런 이유 때문에 우로보로스 거세(죽음 엄습)를 피할 수 없게 된다. 자기가 플레로마의 혼융 상태를 원하기에, 그 자기는 스스로 그 원초적인 플레로마에 침수되는 일을 면할 수 없게 된다. 노이만이 종종 "치명적인 우로보로스 상간, 그 상태에서 미발달한 [자기]는 소금이 물에 녹듯 용해된다"고 말한 이유는 이 때문이라고 생각된다. 그런데 그 '용해'가 바로 우로보로스 거세이다. 단순한 우로보로스 단계 자기는 플레로마에 의해 전복되고 용해된다. 노이만이 말하는 핵심은 그 자기가 처음에는 아무리 모호해 보일지라도 우로보로스 상간에 관여하는 한, 그 자기는 우로보로스 거세를 면할 수 없게 된다는 것이다. **생명(에로스)이 그 수준을 준비하기에, 죽음(타나토스)도 그 수준을 준비한다.** 그래서 바로 그곳에 우로보로스 단계의 아트만 프로젝트가 있게 된다.

그러나 타나토스와 거세는 정확하게 동일한 것이 아니라는 점에 유의하길 바란다. 때때로 그 두 용어를 바꿔가며 사용하더라도 ─ 여기서 지나치게 많은 정의를 소개하고 싶지 않기 때문에 ─ 거세는 실제로는 **저항된** 타나토스이다. 자기가 우로보로스 상간-에로스에서 죽을 수 없기에, 그 자기는 우로보로스 거세를 면할 수 없게 된다. 그 자기가 우로보로스 거세-에로스를 포기할 수 없기 때문에, 그 자기가 그 욕망에서 죽을 수 없기 때문에, 에로스가 타나토스를 압도하기 때문에, **그래서** 타나토스가 거세처럼 보이고 위협처럼 보이는 것이다. 우로보로스 단계의 자기는 티폰 영역으로 올라가지 않고, 대신 단순히 거세되고 용해되고 파괴되어 플레로마에 매몰된 상태로 돌아가려고 한다. 이러한 핵심직인 모든 내용들은 논의가 진전됨에 따라 더 명확해질 것이다.

우로보로스 단계의 에로스가 타나토스를 압도하는 한, 우로보로스 단계의 추구와 욕망과 상간이 포기되지 않는 한, 우로보로스 단계의 변환은 계속 이어진다. 그러나 자기가 우로보로스의 죽음을 받아들일 만큼 충분히 강해지자마자, 자기가 배타적인 우로보로스 단계의 상간을 포기하거나 죽을 수 있게 되자마자, 타나토스가 에로스를 압도하게 되고 우로보로스 단계의 변환이 멈추면서 그 결과로 상향 변형이 일어난다.

이 상향 변형이 깔끔하게 일어나지 못하거나 완전하지 못할 경우, 의식의 어떤 측면들이 우로보로스 단계의 상간에 붙잡혀 있거나 고착될 수도 있다. 즉, 그 사람은 자기를 해체하는 데서, 의식을 유기하는 데서, 전-개아적 욕망을 추구하는 데서 비밀스러운 쾌감을 얻는다. 그러나 모든 일이 잘 진행될 경우, 우로보로스 단계의 상간은 포기된다. 어쨌든 그 단계의 상간은 대리만족에 지나지 않기에, 일단 맛보고 원하는 것을 얻은 다음 포기하면 근원-무의식으로부터 그보다 상위의 대체물을 발현할 수 있게 된다. 일단 우로보로스 단계의 상간을 포기하면, 우로보로스 단계의 거세도 초월한다는 점에 유의하길 바란다.

전반적인 핵심을 시적으로 표현하자면, 자기는 이 단계에는 미래가 없다는 것, 최종 합일은 이 단계에 있지 않다는 것을 (올바르게) 알게 되고, 따라서 아트만 프로젝트를 다음 진화 단계로 옮겨간다.

**티폰 영역에서의 아트만 프로젝트**

영양자급적 우로보로스 단계에서, 유아의 의식은 대양적 상태로 떠다녔으며, 의식은 우로보로스 자기와 우로보로스 타자 사이의 매우 모호한 경계만으로 간신히 분화되어 있을 뿐이었다. 그러나 유기체 자체가 생리적으로 특히 상상력 측면에서 성숙해지기 시작하면서 원시적인 우로보로스 단계의 자기-느낌은 개별적인 신체자기로 변경을 시작하고, 모호했던 우로보로스 타자는 '어머니 역할을 하는 사람'(mothering one)에게 초점을 모으기 시작한다. 따라서 유아는 순전히 전-개아적인 우로보로스 영역에서 티폰 수준의 존재로 성장하기 시작한다. 그 티폰 영역에서 자기는 존재(being) 대 무(nullity)라는 실존적 투쟁, 때로는 사랑이 가득 차고, 때로는 무섭고, 때로는 자비롭고, 때로는 게걸스러운 대모大母(Great Mother)를 중심으로 한 투쟁에 직면하게 된다.

어머니 역할을 하는 사람은 처음에는 단순히 보살펴주는 사람이 아니라, 아이에게는 문자 그대로 전-세계의 중심이다. "오이디푸스기 이전의 어머니는 생물학적 가족 기반의 결과로 그 아이의 전-세계가 될 수밖에 없는 어머니이다."[57] 유아가 자신의 플레로마-우로보로스 단계의 자기애를 한편으론 내부 세계로, 다른 한편으론 외부 세계로 초월하고 차별화함에 따라, 어머니 역할을 하는 사람은 외부 세계를 이루는 모든 것이 된다. 어머니와 유아의 관계는 먹는 자와 먹이는 자의 관계, 젖먹이와 성인 여자의 관계가 아니라, 있음(being)과 없음(nonbeing)의 관계, 자기와 존재의 관계이다. 모든 정신의학 학파들이 이 초기 발달 난세를 그토록 강조하는 이유는 이 단계가 매우 영향력이 큰 수준이기 때문이다. 어머니 역할을 하는 사람과 유아의 관계는 실제로 존재 그 자체, 전체로서의 존재와의 관계이다. 따라서 이런 능력을 보유한 어머니 역할을 하는 사람으로 가장 잘 생각할 수 있는 존재는 신화에 나오는 대모, 즉 거대 주변(Great Surround), 거대 환경(Great Environment), 거대 기반(Great Ground)일 것이다. 자기가 플레로마 수준의 잠에서 깨어나면서 최초로 본 것, 그것이 대모이다. 그러니 그 충격이 얼마나 컸을지 상상해보라!

이 단계에서 이제 막 자기-감각이 발현을 시작하기 때문에, 그 자기는 처음엔 대모와 자신을 분간할 수 없다. 다시 말해, 유아는 **누가 뭐라 하든 처음에는 대모와 하나이다.**[46,97,214] 그러나 신체와 환경 간의 분화가 시작되고 — 매우 모호한 형태의 분화는 우로보로스 상태에서 시작한다 — 성숙해지면서, 더 새로운 상위 형태의 자기와 타자가 존재에 등장한다. 신체가 주변의 물질세계로부터 자신을 분리하도록 집적거린다. 유기체의 내부 세계가 대모로부터 분화를 시작한다. 그렇게 해서 우로보로스 자기와 우로보로스 타자 사이에 시작된 작은 전투가 이제 신체자기와 대모 사이의 대규모 전투로 격렬해진다. 우로보로스 상태에서 희미하게 떠다니던 자기-정체성이 이제 안정되기 시작하고, 그로 인해 이 티폰 수준에서 생-사를 가르는 요인으로 난폭한 활동을 시작한다.

플레로마 상태에서 유아의 자기는 단순한 물질적 합일체로서 느슨하게 분산되어 있었다. 즉, 가장 조잡한 형태의 아트만 프로젝트였다. 우로보로스 단계에서 자기는 합일해야 할 우로보로스 타자의 몸을 막연히 더듬었다(우로보로스 상간). 신체 단계에서 유아는 다시금 새로운 종류의 아트만 프로젝트에, 새로운 종류의 대리 자기에 당도한다. 그러나 대리 자기의 조건을 상기하길 바란다. 대리 자기는 아트만 프로젝트 욕망, 우주중심이 되려는 욕망, 우주의 중심이고자 하는 욕망을 충족시키는 척해야 한다. 유아가 최종 합일을 위해 투쟁한다는 사실만 잊지 않는다면, 정신분석학 이론의 가장 기괴한 측면들조차도 매우 명확하고 매우 직설적인 이야기가 될 것이다.

예를 들어, 정신분석학에 따르면 이 단계의 유아는 상상의 형태로 세상(대모, 혹은 처음에는 단지 '젖가슴')을 '먹어 삼킴' 또는 '일체화시킴'으로써 자신을 우주의 중심처럼 보이도록 자신의 상황을 (상상으로) 변환시킨다. 유아는 (상상의 형태로) 자신의 분리된 자기 안에 전 세계를 받아들이려고 노력한다. 유아는 자신 내부에 세계를 흡수해서 분리된 자기를 세계 전체로 만들려고 애쓴다. "멜라니 클라인은 자아가 신체에 재투자한 대상 리비도에 기초해 있다는 점, 자기는 잃어버린 타자에 대한 **대리인**, 잃어버린 타자인 척하는 대리인이라는 점, 그 때문에 우리는 어머니를 포옹한다고 생각하면서 자신을 포옹할 수도 있다는 점을 보여주었다. [자기 구조는] 어머니를 먹어 삼킨 척하는 수단, 즉 어머니와 일체화된 척하는 수단에 의해 어머니와 결합하려는 욕망에서 초래된다."[58] 정말로 우주중심을 대체할 만한 것이 있는 곳은 바로 그곳이다! 자신이 세상이 될 수 없다면, 유아는 대신 세상을 집어삼키려고 한다. 우리는 플레로마 우로보로스 단계가 해소된 이후 아마도 가장 원시적인 형태의 아트만 프로젝트를 이 티폰 단계에서 만나게 될 것이다.

그 아트만 프로젝트는 자신의 진정한 세계와 진정한 자기를 찾기 위해 투쟁하는 에로스가 주도하는 단순한 아트만 프로젝트의 한 가지 형태이다. 그 프로젝트에 그의 '상간', 일종의 합일의식을 발견하려는 욕망이 있긴 하지만, 그는 그 욕망을 제약하는 조건하에서, 또한 진정한 세계와 그것과의 결합에 대한 대체물을 상상하도록 강요하는 조건하에서 수행한다.

그렇기에 유아는 본래의 합일을 얻고자 하는 시도로 자기와 세계에 대한 변환을 진행한다. 이런 방식에서 우리는 정신분석학의 영업자산 같은 현상, 즉 엄지손가락 빨기를 볼 수 있다. 앞에서 보았듯이 이 신체 수준을 주도하는 마법적 일차 과정 덕분에 유아는 거대-환경, 즉 대모를 젖가슴 이미지로 다시 엄지손가락 이미지로 **변환시킬** 수 있으므로 엄지손가락을 빨면서 자신이 세계와 결합한 척할 수 있다. 즉, 유아는 자신이 전체 세계 안에 있는 것으로 또한 전체 세계가 자신 안에 있는 것으로 변환시킬 수 있다. 이것은 매우 영리한 대리합일이긴 하지만, 분명한 것은 이 합일은 오직 이미지에서만, 즉 오직 환상과 상상으로만 유효하다는 것이다. 그 합일은 진정한 합일이 아니다. 그 합일은 **대리합일**일 뿐이다.

지금까지의 이야기는 단지 티폰 단계의 에로스-상간, 즉 대모를 삼키거나 집어넣음으로써 대모를 합병해서 일종의 합일에 이르려는 욕망의 일부에 지나지 않는다. 정신분석학에서 '구강 성애'(oral eroticism)에 대해 말할 경우, 그것은 단순히 구강-에로스, 구강-추구, 즉 입을 통해 합일을 발견하려는 노력, 세상을 먹어치움으로써 세상과 하나가 되려는 노력이다. 우리는 이 단계(구강-티폰 단계)의 유아는 세상과의 주요 연결점이 입을 통해서라는 점을 보았다. 그러니 구강 연결점을 통해 세상과의 진정한 합일을 추구하는 것은 얼마나 자연스러운 일이겠는가! 정신분석학의 '구강 성애' 단계는 아트만 프로젝트가 신체 중 입에 집중되어 있다고 할 수 있을 정도로 단순하다. 페니켈은 이 단계에서 "대상을 먹는다는 생각 또는 대상에 의해 먹힌다는 생각은 대상과의 재결합을 무의식적으로 생각하는 방식이다"[120]라고 말한다. 아트만을 발견하기 위해서, 합일을 발견하기 위해서, 유아는 세상을, 대모를 먹는다. 나는 개인적으로 이 단계에 대한 정신분석학의 평가는 전적으로 옳다고 생각한다(물론 이 말은 피아제와 같은 다른 연구자들의 기여를 배제하는 것은 아니다. 단지 아트만 프로젝트의 한 예로 정신분석학 이론을 사용하는 것일 뿐이다).

그렇지만 구강 상간이 있는 곳에는 당연히 구강 거세도 있기 마련이다. 페니켈은 "구강 성애의 특별한 목표에 상응해서… 구강 공포, 특별히 먹히는 것에 대한 공포를 보게 된다"[120]고 말한다. 이런 구강 공포는 앞에서 보았듯이 영양자급체 우로보로스로 거슬러가긴 하지만, 전반적인 점은 매우 명백하다. 티폰 단계의 삶 대 죽음, 에로스 대 타나토스. ─ 자기가 세상을 삼키려고, 세상을 먹으려고 욕망하기에, 동일한 세상에 의해 삼켜지거나 먹히는, 즉 거세되는 것을 면할 수 없게 된다. 대모는 최초의 음식이면서 또한 최초의 파괴자이다.

따라서 유아가 내모와 상간적으로 관여되어 있기 때문에, 즉 유아가 어머니와 병합되기를, 어머니를 삼켜 포함하기를 원하기 때문에 끔찍한 죽음 엄습과 대모의 손에 거세당하는 것을 면할 수 없게 된다. "어머니의 젖가슴에서 새롭고 강력한 결합 양식[에로스-상간]을 경험한 아이는 새롭고 강렬한 양식의 분리와 죽음을 경험할 수밖에 없다. 그 이유는 아이가 어머니와의 분리를 죽음으로 느낄 정도로 어머니를 사랑하기[또는 어머니에 애착하기] 때문이다."[57]

그래서 아이는 대모와의 분리를 죽음으로 **느끼는데, 대모는 한때 그 아이의 자기-시스템의 일부였기 때문이다.** 그 자기는 한때 문자 그대로 대모와 **동일시했기** 때문에, 대모로부터의 분리나 분화가 처음에는 죽음 발작을 일으킨다. 자기가 이 모성 혼용 상태를 욕망하는 한, 자기가 구강-상간을 간직하고 있는 한, 대모로부터의 분리는 죽음 엄습, 원초적 불안일 수밖에 없다.

하지만 자기는 결국 자신의 구강-상간의 죽음을 받아들여야만 한다. 자기는 자신을 어머니로부터 **분화시켜** 원시적인 모성 매몰 상태를 **초월하려면** 조만간 모성 혼용 상태의 죽음을 받아들여야 한다. 이런 일은 구강-상간이 잦아들 때만, 또한 구강-상간의 **죽음**을 수용할 때만 일어날 수 있다.

이 수준의 죽음이나 타나토스를 수용하지 않을 경우, 자기는 계속 구강-상간을 경험할 것이고 **따라서** 구강-거세를 경험할 수밖에 없다. 자기가 이 수준을 포기할 수 없기 때문에, 이 수준과 배타적으로 계속해서 동일시하기 때문에, 이 수준에서 어떤 일이 일어날 때마다 계속 거세 불안으로 고통받는다. 유아는 구강-상간을 깨부술 수 없고, 대모와의 혼용 상태를 깨부술 수 없기 때문에('마마보이'로 남게 된다), 어머니와의 분리를 계속 죽음 엄습으로 경험할 것이다. 이 원초적 '분리 불안'은 오토 랑크가 설명했듯이, 죽음에 대한 공포 이외에 다른 것이 아니다.[25] 분리 불안은 엄청난 죽음의 공포이기 때문에, 그 공포에 사로잡힌 자기는 (너무나 고통스럽고 너무나 죽음을 요구하기 때문에) 분화와 분리를 멈추게 된다. 즉 발달과 초월을 멈추게 된다. **자기가 이 수준의 죽음을 받아들일 수 없기 때문에,**

**이 수준을 초월할 수 없는 것이다.**

정신분석학에서는 이것을 자신의 방식대로 이렇게 기술한다. "유아 초기에 리비도[에로스-추구]가 특별히 입에 집중되는 것은, 빠는 활동의 과도한 몰입은 어머니로부터의 분리를 받아들이지 못하는 무능력에서 비롯하며 인간의 죽음을 수용하지 못하는 무능력의 잔재물임을 보여준다. … 그런데 그 효과는 세계와의 사랑스러운 결합이라는 [아트만] 프로젝트, 자신이 전-세계와 하나가 되는 비현실적인 프로젝트에 부담을 지운다."[57] 자기가 어머니와의 그 낡은 상간 또는 혼융의 죽음을 수용할 수 없다면, 자기가 어머니와의 분리와 분화를 수용할 수 없다면, 그 자기는 이 원시적인 합일 상태에, 이 원시적인 상태의 아트만 프로젝트에 붙잡힌 채 남게 되고 그 수준에서 애쓰게 된다는 말보다 더 평이하게 설명할 수 있는 다른 방법이 있을지 모르겠다.

핵심은 **분리 불안**이 실은 **분화 불안**이라는 것, 실은 **초월**에 대한 불안이라는 것이다. 분리 불안은 모든 발달 단계에서 일어나는데, 그 이유는 제10장에서 보았듯이 분화와 초월은 모든 발달 단계에서 일어나기 때문이다. 그리고 이 분리 불안은 그 단계의 죽음을 받아들일 때까지 계속 이어진다. 자기가 그 죽음을 받아들일 때 그 단계로부터 분화할 수 있고 따라서 그 단계를 초월할 수 있다. 어떤 수준에서의 분리 불안이든 그 수준의 **죽음**을 받아들이지 못한 무능력 때문인데, 그 무능력이 지속할 경우 발달은 바로 그 수준에서 **멈춘다.**

그러나 티폰 수준 이야기로 돌아가서, 발달이 다소간 정상적으

255

로 진행해갈 경우, 결국 이 구강-상간은 약화되고, 타나토스가 에로스를 압도하게 되고, 이어서 상향 변형이 일어난다. 이 낮은 형태의 아트만 프로젝트의 대부분(상상만의 우주중심성, 프로이트의 "상상의 전능성", 페렌치의 "마법적 몸짓에 의한 전능성," 구강-상간과 세상 삼키기 등)은 포기된다. 이 포기가 근원-무의식으로부터 여전히 대리이긴 하지만 상위의 대리만족이 의식에 발현하도록 해준다. 반면, 이런 낡은 형태의 초기 아트만 프로젝트를 포기하는 데 실패하면 그 수준에 고착된다. 의식의 일부가 지속적인 상향-변형과 아트만을 향한 상승작용을 하지 못해 하위 영역에 속박된 채 남게 된다. 이런 고착 지점에서 **상징들**(symbols)이 의식에 발산될 것이고, 필경 증상(symptoms)도 생겨날 것이다. 혼(soul)은 이런 하위 영역에 상간적으로/밀접하게 관여된 채 남아 있을 것이고, 과거 원시적인 저급한 뿌리와의 에로틱한(에로스) 관여를 통한 매우 작은 아트만 느낌을 무의식적으로 받을 것이다.

## 항문기/멤버십 단계의 아트만 프로젝트

앞서 우리는 자기가 실제로 매몰-무의식으로부터 발현을 시작한다는 사실을 보았다. 티폰 단계의 자기는 자기와 타자 간의 꽤 안정된 분화를 발달시켰고, 따라서 이전의 플레로마-우로보로스 단계의 혼용 상태를 초월할 수 있었다. 자기가 잠정적으로 분리된 실체로 발현했기 때문에 자연스럽게 특정한 형태의 에로스-추구(자기-보존, 구강-상간, 마법적 전능감)를 발달시켰고, 그렇기에 특정한 형태의 취약성-죽음(모성 거세, 구강 거세, 해체)을 면할 수 없게 되었다. 따라서 거기엔 이미 매우 조잡한 형태의 아트만 프로젝트가 존재했다. 에로스 측면에서 자기는 이미 스스로를 확장시키길 원했고, 질적으로 향상되길 원했으며, 우주의 중심으로 부풀리고 싶어했고, 심지어 온 세계를 삼켜버리려는 지점에까지 이르렀다. 부정적인 측면, 즉 타나토스 측면에서 볼 때, 자기는 이미 해체의 공포와 고립과 분리와 발현의 공포로부터 자신을 보호하려고 애쓰는 초보적인 형태의 죽음 부정을 시도하고 있었다. 베커는 "정신분석학의 가장 과학적인 단순성은 모든 초기 경험이 어린이가 자신의 발현에 대한 불안을 부정하려는 시도라는 개념이다"[25]라고 기술한 바 있다. 즉 발현, 분리 및 죽음에 대한 불안이라는 것이다. 그런데 그 불안은, 우로보로스로 거슬러가는 모든 단계에서, **모든** 종류의 발현이 발생하자마자 시작한다.

결국엔 이들 하위-계열 상간은 다소간 포기되고, 그로 인해 하위-계열 거세와 죽음 공포 또한 이완된다. 그러나 아트만 프로젝트는 이완되지 않으며 이완될 수도 없다. 아트만 프로젝트는 단지 다음 상위-계열 수준으로 변형될 뿐이다. 새롭게 발현한 상위 자기 양식은 새로운 종류의 타자에 직면하게 되고 따라서 새로운 욕망과 새로운 에로스 충동을 경험한다. 마찬가지로 새로운 죽음-엄습으로 고통받게 되고 그에 따라 새로운 죽음 부정이 만들어진다. 삶 대 죽음의 투쟁은 상위 수준으로 옮겨가고 아트만 프로젝트는 새로운 층으로 이동한다. 이렇듯 상위 수준으로의 성장에는 새로운 성장과 새로운 잠재력의 발현이 있는가 하면, 새로운 공포도 등장한다.

이 지점에서 우리는 우리 이야기 중 언어적-멤버십 단계에 이제 막 도달해 있다(언어적-멤버십 단계는 통상 '항문애'라는 심리성적 단계와 결합해서 시작한다. 이 두 단계를 혼동한 것은 아니지만, 여전히 둘을 묶어서 논의할 것이다). 이 단계 전반의 특징은 언어적 마음이 근원-무의식에서 발현을 **시작해서** 신체로부터 분화하기 **시작하는** 지점이라는 점을 기억하길 바란다. 즉, 티폰 상태의 신체자아가 자연스럽게 심적 자아와 물리적 신체로 분화하기 **시작한다는** 것이고, 따라서 언어적 마음은 신체를 초월하기 시작한다는 것이다. 이 단계에서 우리가 보는 것은 신체로부터 다음 상위-계열 자아가 분화하기 시작한다는 것이다.

이전 단계에서 발달 '작용', 즉 에로스와 타나토스, 상간과 거세는 신체자기와 거대-환경 사이의 경계 **전반에 걸쳐서** 발생했다(그것이 주요한 분화 경계이기 때문이다). 현 단계에서는 발달 작용이 주로 신체와 발현 중인 자아 사이의 경계 전역에 걸쳐서 발생한다(이제 자아가 분화의 성장점이기 때문이다). 따라서 분리 드라마 — 생과 사의 드라마, 에로스와 타나토스의 드라마, 아트만 프로젝트 전반의 드라마 — 는 신체와 환경에서 자아와 신체 간의 드라마로 바뀐다.

언어적-자기는 새로운 상위 자기이기는 하지만, 여전히 대리 자기이다. 언어적-자기는 관념/표상작용이 가능하기 때문에 상위-계열 합일이 가능하다. 언어적 마음을 수단으로 의식이 성장하기 시작하는데, 말하자면 신체적 존재라는 제약을 넘어서 확장해간다. 의식은 더 이상 소박한 현재에 속박되지 않는다. 언어를 통해서 미래를 예견하고 미래를 계획할 수 있게 되고, 따라서 현재의 활동을 내일에 맞춰 실행할 수 있게 된다. 언어와 그 상징적 구조 및 시제적 구조를 통해서 단순한 생물학적 충동의 즉각적이고 충동적인 방출을 지연시킬 수 있게 된다. 이제 더 이상 전적으로 본능적인 요구에 지배당하지 않게 되고, 어느 정도는 그런 본능적 요구를 초월한다. 멤버십 인지작용을 통해서 자기는 언어 공동체(community: comm-unity)를 공유한 상위-계열 합일에 참여할 수 있게 되는데, 이 공동체는 물리적 신체의 단순하고 즉각적인 현재를 훨씬 초월해 있다. 그렇게 해서 아이는 자신의 세계와 자기를 언어적 관념과 멤버십 상징이라는 상위-계열 형태로 **변환시키게** 되는데, 이제 그의 현실은 표상적인 것이 된다.

하지만 언어적 자기가 신체로부터 이제 막 분화를 **시작하고** 있다는 바로 그 이유 때문에 그 신체는 특별한 **객관적** 관심의 중심이 되는데, 여기서 특별하다는 것은 상간의 특별한 거점이자 죽음의 특별한 중심이라는 의미이다. 그리고 매우 단순하게도 신체에 대한 특별한 관심의 초점이 정신분석학적인 '항문애 문제' 전반의 본질적인 부분이다.

오늘날 '항문애(anality)'라는 개념이 대단히 인기 있는 개념은 아니라는 점에 나 역시 동의한다. 특히 인본주의 및 초개아 심리학자들 사이에서는 인기가 없다. 하지만 항문애라는 개념은, 의식의 전체 스펙트럼이라는 맥락에서 본다면, 진정한 인본주의적 관심사이자 초-개아적 관심사에 대한 완벽한 표현이자 훌륭한 표현이기도 하다는 것이 나의 생각이다. 항문애는 진정으로 삶과 죽음의 문제, 초월의 문제이다. 이 모두가 신체에 초점을 모은다. 정신분석학에서 이 항문애라는 개념을 종종 환원주의적인 방식으로 사용한다는 것이 이 개념 자체를 폐기해야 할 이유가 될 수는 없다. 폐기해야 할 것은 오히려 환원주의적인 용법이어야 한다. 베커[25]와 브라운[57] 및 랑크[311] 같은 학자들은 항문애라는 정신분석학 개념을 인본주의와 초개아 심리학에서도 수용 가능할 뿐만 아니라 이제는 필수불가결한 개념이 될 만큼 매우 훌륭한 방식으로 환골탈태시켰다. 실제로 '항문애'는 단지 언어-멤버십 수준의 아트만 프로젝트를 일컫는 암호일 뿐이다.

먼저 어니스트 베커의 발달심리학 연구[25]를 간략하게 요약하면서 시작해보자. 베커는 정신분석학적인 개념들을 **실존적/인본주의적** 용어로 개작했는데, 그렇게 하면서도 정신분석학과 실존심리학의 최선의 것을 유지하고 종합했다. 따라서 베커가 **초-개아** 용어로 개작한 것은 이 주요 세 학파 — 정신분석학, 실존/인본주의 심리학, 초개아/신비 심리학 — 의 최선의 것을 구원한 일이나 다름없다. 이 세 학파 각자가 자신들의 진실을 그저 조금씩이라도 내놓을 수 있다면, 발달 전반에서 실제로 일어나는 전반적인 일에 대하여 놀라울 정도로 신뢰할 만한 설명이 가능해질 것이란 것이 나의 생각이다.

베커는 남녀 인간이 **진정으로** 원하는 것이 무엇인지를 밝혀내려고 하면서 심리학의 매우 오래된 임무이자 명예로운 임무에서 시작한다. 베커는 그 주제와 관련된 다방면의 문헌들을 조사한 후, 인간이 진정으로 원하는 것, 그것은 **영웅주의**(heroism)라고 결론짓는다. 그는 "내가 하고자 했던 것은 영웅주의의 문제가 인간

생활의 중심이라는 것, 다른 어떤 것보다 인간 본성의 심층에 자리 잡고 있다는 것을 제시하는 것이다"라고 결론짓는다. 베커는 **영웅주의**의 본질을 세심하게 검토해볼 경우, "우리는 보편적인 인간 문제를 다루고 있다는 점을 받아들일 수밖에 없다"[25]고 말한다.

영웅주의? 영웅이 되려는 충동? 그것은 어떤 것일까? 베커에 따르면, 영웅주의란 단순히 "우리가 '우주적 중요성'(cosmic significance)이라고 부를 만한 어떤 것에 대한 충동이다. [한 가지 예를 들자면] 우리는 일상적으로 '형제자매 간의 경쟁'(sibling rivalry)에 대해서, 그것이 마치 일종의 성장 과정의 부산물인 것처럼, 아직 사회적으로 관대성을 보일 만큼 성장하지 못한 버릇없는 아이들이 보이는 약간의 경쟁심과 이기심인 것처럼 이야기하기를 좋아한다. 하지만 그것은 상궤를 벗어난 일탈이라고 하기에 너무 지나치게 모든 것을 흡수하고 가혹하게 몰아가는 듯한데, 형제간 경쟁의식은 뛰어나고 싶은 욕망, 사람들 중 첫째가 되려는 욕망으로서 모든 사람의 핵심적 욕망을 표현한다. 자연적인 자기애와 기본적인 자존 욕구를 결합할 경우, 사신을 최우선 가치 대상으로 느끼는 피조물, 즉 자신에서 모든 생명을 나타내는 우주 초유의 존재를 만들어내게 된다."[25] 베커는 평이하게 영웅주의란 단순히 우주의 중심이 되려는 충동, 신처럼 되려는 충동, 모든 세계에서 첫째이자 마지막이자 궁극적인 존재가 되려는 충동이라고 말한다. 우리가 이미 기술해왔듯이, 영웅주의는 **우주중심적** 존재가 되려는 충동이다.

동시에 영웅주의는 자신의 우주중심성에서 무언가를 제거하려는 모든 것을 회피하는 태도를 의미하기도 한다. 죽음은 궁극적인 제거이기 때문에, 죽음은 궁극적인 공포이다. 베커가 기술한 것처럼, "영웅주의는 그 무엇보다 죽음의 공포에 대한 반사작용이다." 마찬가지로 "죽음의 억압은 최초의 억압이다."[25] 따라서 영웅주의는 죽음과 타나토스에 대항하는 반사작용이다. 영웅주의는 불멸, 불사, 영원한 승리자가 되려는 충동을 구현하려는 시도이다.

간단히 말해 영웅주의는 신처럼 되려는 충동, 불멸의 우주중심적 존재가 되려는 충동이다. 영웅주의는 분명히 아트만 프로젝트, 즉 아트만이 되려는 충동, 시간을 초월한 영원이 되려는 충동, 공간을 초월한 무한이 되려는 충동, 하나이자 전체가 되려는 충동이다. 베커의 영웅주의가 갖는 긍정적, 즉 우주중심적 측면과 부정적, 즉 죽음 부정 측면은 단순히 아트만 프로젝트의 에로스와 타나토스 측면에 지나지 않는다.

베커는 영웅적인 아트만 프로젝트의 주체적인 측면과 객체적인 측면에 대해서도 언급한다. 주체적 측면은 베커가 인격(character)의 '중대한 거짓'(vital lie)이라고 부른 것으로서, 이는 분리된 자기가 기본적으로 영웅주의의 가능성에 대한 중대한 거짓이라는 뜻이다. 인격은 '내적' 아트만 프로젝트, 즉 영웅주의의 내적 이야기이다. 베커가 말하는 영웅적 아트만 프로젝트의 객체적 측면은 문화 세계 전반으로서, 모든 문화는 기본적으로 불멸과 죽음 부정을 약속하는 '암호화된 영웅 시스템'이다. 오토 랑크는 모든 문화가 '불멸성 상징'에 기초해 있다고 말했다. 인류가 부패하거나 죽지 않는 돌과 황금 및 강철 기념비를 세운 이유는 그렇게 해서 자신의 비영속성과 비현실성에 대한 두려움을 달래려는 것이다.[26] 남녀 인간이 죽음의 문제를 다루는 것이 문화라는 의미이다.

대략적으로 말하자면, 베커의 연구는 무한자가 되려는, 일체가 되려는, 아트만이 되려는 인간의 시도, 즉 영웅적인 아트만 프로젝트의 주체적 측면과 객체적 측면 그리고 에로스 측면과 타나토스 측면을 다룬다. 이 지점까지는 베커와 내가 전적으로 일치한다. 그러나 베커는 남녀 인간이 줏대 없는 거짓말쟁이라서 신이 되고 싶어한다고 생각한다. 반면 나는 인간의 궁극적인 잠재력이 **신이기** 때문에 신이 되길 원한다고 주장한다. 베커의 경우, 내가 쓰는 용어를 사용하면 아트만 프로젝트는 아트만에 대한 근본적인 거짓이 된다. 사람은 영웅적으로 무한과 영원을 원하지만, (베커에 따르면) 영원과 무한은 존재하지 **않기** 때문에 영웅적 충동, 즉 아트만 프로젝트는 단순히 거짓에 불과하다. 그래서 자기도 거짓이고, 문화도 거짓이고, 종교도 거짓이다. (이에 대해 휴스턴 스미스* 는 이렇게 응답했다. "나는 수많은 일반화를 시도했지만, 그 어떤 것도 이 말만큼 무책임한 것은 없다고 믿는다.")[352]

나의 경우 아트만 프로젝트는 아트만에 대한 거짓이 아니라 아트만에 대한 **대체물**이다. 아트만 프로젝트는 단지 부분적으로 거짓일 뿐이고, 따라서 부분적으로는 **진실**이기도 하다. 남녀 인간은 궁극적으로는 **아트만이며**, 그래서 인간은 그 아트만에 대한 하나의 대체물로서 영웅적 활동에 내몰린다. 영웅적 활동은 **단지** 중대

---

* Huston Smith: 1919-2016. 미국의 가장 뛰어난 종교학자로서 200만 부 이상 팔린 《세계의 종교》의 저자.

263

한 거짓에 불과한 것만이 아니라(일부 거짓이긴 하지만), 중대한 진실이기도 하다. 그 거짓과 진실의 혼합물, 그 절충의 결과물이 아트만 프로젝트이다.

베커의 경우, 발달은 인격의 중대한 거짓 전개 과정, 즉 영웅주의의 전개 과정이다. 나의 경우, 발달은 아트만 프로젝트에 내몰린 아트만의 전개 과정이다. 발달에 대한 베커의 분석은 여전히 타당하긴 하지만, 영웅적 활동을 아트만 프로젝트라는 올바른 맥락에 설정할 때만 타당하다고 생각한다.

이런 점에 유의할 경우, 실존 개념과 정신분석 개념을 사용하면서 베커가 보여주려고 한 것은 영웅주의(아트만 프로젝트)가 발달의 가장 초기 단계에까지 거슬러간다는 점 그리고 발달 관념 전반에서 중심적 위치에 있다는 점이다. 시작부터 어린이는 우주중심성(자기애-에로스)과 죽음 부정(타나토스)에 관여된다. "어린이는 세 살 무렵 죽음에 대한 생각을 갖게 되지만, 훨씬 이전에 이미 자신의 취약성에 저항하는 강화작업을 한다. 이런 과정은 유아의 매우 초기 단계, 즉 '구강기'[우로보로스 및 티폰 단계]라고 불리는 단계에서 자연스럽게 시작한다. 이 단계는 어린이가 어머니[대모]로부터 충분히 분화하기 이전, 자신의 신체[와 그 신체의 기능]에 대해 충분히 알기 이전, 즉 전문적으로 말해 그의 신체가 그의 현상학적 장에서 대상이 되기 이전의 단계이다." 다시 말해 티폰 단계에서는 신체가 곧 **자기이므로**, 그 자기는 신체를 지각하지 못한다. 이 단계에서 신체는 매몰 무의식 상태에 있다.

구강-티폰 단계에 대한 베커의 요점은 단지 "이 시점에서 어머니는 문자 그대로 아이의 생활-세계를 나타낸다는 것이다. 이 시기에 어머니의 노력은 아이가 원하는 것을 만족시키는 일에, 아이의 긴장과 고통을 자동적으로 완화시키는 일에 모인다. 따라서 이 시기의 아이는 단순히 '자족적' 존재, 즉 이 세계의 불굴의 조종자이자 챔피언이다. 아이는 자신의 전능감으로 가득 찬 채 살아가며, 그 전능감을 유지하는 데 필요한 모든 것을 마법적으로 통제한다. … 신체가 그의 자기애 프로젝트이고, '세계를 집어삼키기 위해' 그 신체를 사용한다."[25] 앞에서 보았듯이, 그것이 가장 초기의 가장 조잡한 형태의 아트만 프로젝트였다.

우리는 이제 이번 절의 주요 주제인 항문기에 와 있다. (이 단계에 대한 베커의 해석을 짧막하게 논할 것이고 그런 다음 이 단계 전반에 대해 논의를 계속해갈 것이고, 다음 절에서도 다시 한 번 베커의 생각을 다룰 것이다.) "'항문기'는 어린이가 자신의 현상학적 장에 있는 하나의 대상으로 자신의 신체에 주의를 기울이기 시작하는 시기에 대해서 말하는 또 다른 방식이다"[25]라고 베커는 말한다. 다시 말해, 언어적 마음으로서의 자기가 물리적 신체로부터 스스로를 분화하기 시작하는 시기라는 것, 그렇게 해서 신체는 자기에게 대상이 된다는 것이다. 즉 신체는 더 이상 매몰-무의식이 아니다. "그렇게 해서 어린이의 자기애[아트만] 프로젝트는 자기-통제를 통해 세상을 익히고 소유하게 된다."[25] 즉 우주중심적이고 불사의 존재가 되려는 영웅적 활동의 문제는 이제 신체로 초점을 바꾸기 시작하고, 신체가 삶과 죽음의 중심이 된다.

그런데 그 신체는 참으로 놀라운 중심이다. 정통 정신분석학은 항문기라는 발달 단계의 모든 욕망(과 모든 공포)을 상세하게 밝혀내는 훌륭한 일을 해냈다. 나는 피터라는 네 살짜리 소년에 대한 에릭 에릭슨의 논의를 결코 잊을 수 없는데, 그 이야기는 다음과 같다. "나는 피터가 처음에는 며칠 동안, 더 최근에는 일주일씩이나 배변을 참고 있다는 말을 들었다. 나는 피터가 먹는 것은 그대로 계속 유지하면서 네 살짜리 그 작은 몸에 커다란 관장기를 삽입한 채 일주일이나 버티고 있다는 말에 서두르지 않을 수 없었다. 피터는 절망적으로 비참해 보였으며, 아무도 자신을 보지 않는다고 생각할 경우 불룩하게 튀어나온 배를 지지하기 위해 벽에 기댔다."[108]

일련의 사려 깊은 질문을 통해서 에릭슨은 피터가 '달리는 작은 기차'라는 이야기에 흠뻑 빠져 있다는 사실을 알게 되었다. 이 그림 이야기의 한 페이지에서 작은 기차가 연기를 내뿜으며 터널로 들어갔다가, 다음 페이지에서는 깔때기 모양의 연기 **없이** 터널에서 나오는 그림이 있었기 때문이다. 피터가 에릭슨에게 말했다. "보세요, 기차가 터널로 들어갔는데 깜깜한 터널 안에서 그 기차가 **죽었어요!**" 이 말에 대해 에릭슨은 "살아 있는 무언가가 어두운 터널로 들어갔는데 죽은 채 나왔다"[108]는 설명을 곁들였다. 우리는 종종 이 초기 단계를 지배하는 일차 과정 사고와 원시논리적 사고에 대해 언급한 바 있는데, 이제 그런 사고방식이 왜 그토록 중요한지 알 수 있으리라고 생각한다. 원시논리적 사고는 전체와 부분을 혼동하며 비슷한 속성을 갖고 있는 모든 주체를 같다고 본다. 그래서 터널과 피터의 대장이 '같은 것'이 된 것이다(둘 다 길고 비어 있고 어둡다 등). 그래서 '연기를 내뿜는 살아 있는 기차'는 음식과 같은 것이었고 '연기가 나지 않는 죽은 기차'는 똥과 같은 것이 되었다. 그러므로 피터는 자신이 똥을 누면 살아 있던 것이 다치거나 죽게 될 것이라고 믿었고, 그래서 소중한 생명을 간직하기 위해 참았던 것이다. 단순하게 말하면, 삶과 죽음, 에로스와 타나토스의 전투가 어린 피터의 장 안에서 일어나고 있었고 실존적 고뇌 속에서 그는 그저 공포로 얼어붙었다.

그러나 이 이야기는 이 단계에 수반되는 통상의 공포에 대한 약간 과장된 사례에 불과하다. 베커는 이렇게 말한다. "항문애 문제의 기본적인 핵심은 그 문제가 인간의 조건, 즉 지금 싹트고 성장하는 자아와 신체의 이원론을 반영한다는 것이다. 항문애와 그에 따른 문제는 어린 시절에 발생하는데, 어린이에게 신체는 낯설기도 하고 잘못될 수도 있으며, 자신을 압도하는 확실한 지배력을 갖고 있기 때문이다. 이 경우 인간의 이원론의 비극, 신체와 자아 사이의 점점 커지는 차이, 그의 우스꽝스러운 상황은 너무나 비현실적이 된다. 항문애와 그 이해할 수 없고 혐오스러운 부산물은 물리적 결정론과 구속력뿐만 아니라 모든 물리적 부패와 죽음의 운명도 나타낸다."[25] 항문애는 사실 아이가 무상無常(붓다의 세 가지 존재의 특징 중 하나)을 처음 접하는 것이다. 붓다의 마지막 말은 다음과 같았다. "모든 복합적 합성물은 부패한다. 주의 깊게 그대의 구원을 이루도록 하라." 아이는 이 부패하는 것을 발견하고 그 끔찍한 공포를 상상한다. 부패하는 것은 문자 그대로 자신의 일부이다! 그런데 아이는 자신의 일부를 그저 변기에 흘려보내게 된다. 이 시기에 모든 아이들이 악몽에 시달리고 비명을 지르며 깨어나는 것도 당연해 보이고, 우리 모두가 거짓된 영원성과 실체성을 강화하기 위해 기억을 억누르는 것도 당연해 보인다. 하지만 두려움과 떨림 속에서 아이는 이 내재된 부패를 깨닫는다. 불쌍한 어린 피터가 '내버려둘' 수 없었던 것, 마주하고 싶지 않았던 것은 죽음의 검은 악취, 만찬장에서 미소 짓는 해골이었다. "똥을 어떻게 해야 할까?"라는 질문은 사실 "내 마음속 깊은 곳에서 내가 불멸(아트만)임을 알고 있는데, 필멸이며 변할 수 있는 육신을 어떻게 해야 할까?"이다. 내 생각엔 항문애의 진정한 핵심은 거기에 있고, 앞으로 보게 되겠지만, 신체 공포의 이러한 전체적인 추세(그리고 그에 상응하는 신체 상간)는 엘렉트라와 오이디푸스라는 이름으로 예고된 이후의 심리성적 단계에서 비상한 절정에 이르는 것으로 보인다.

페니켈은 이 항문기 전체가 "신체 손상에 대한 환상적인 두려움"[120]으로 가득 차 있다고 지적한다. 곧 이 문제로 돌아가겠지만, 핵심은 과장된 신체 손상에 대한 두려움은 단순히 새로운 형태의 **분리불안**이라는 것이다. 자아는 신체와 분화 또는 **분리하기** 시작하며, 이 과정이 완료될 때까지 자아는 신체 분리불안에 노출된다. 자아는 한때 신체와 **완전히** 동일시하고 있었고, 그 배타적인 동일시가 유지되는 한 자아는 신체 거세, 즉 '신체 손상에 대한 엄청난 두려움'에 노출되고 두려워한다. 이전 단계에서 유아는 대모가 제거될 때마다 분리불안을 겪었는데, 그 이유는 자아가 한때 어머니와 완전히 동일시했지만 아직 필요한 분화를 완료하지 못했기 때문이다. 마찬가지로 자아는 이제 신체나 그 부속물 또는 (똥과 같은) 그 대표물과 관련하여 분리불안을 경험한다. 피터는 자신의 대변이 자신의 몸과 삶을 나타냈기 때문에 대변과 분리하려 하지 않았다. 그는 분리불안으로 고통받았고 분화하려 하지 않았다.

하지만 이 모든 죽음의 공포와 거세 공포 속에서도 아이는 비밀스러운 욕망, 에로스, 상간을 품고 있다. 아이는 여전히 영웅이 되고 싶어하고, 아트만이 되고 싶어하며, 불멸을 갈망하고 전능함을 추구한다. 정신분석학은 항문기의 욕망과 욕구를 항문성애(anal eroticism)라고 부른다. 그렇다면 이러한 욕망의 근저에는 무엇이 있는 것일까? "항문성애는 자기 완결적이고 자기 보충적인 불멸에 대한 자기애[아트만] 소망을 충족시켜줄 마법의 신체에 대한 유아적 환상으로 유지된다."[57] 불사 — 죽음의 부정. 대변은 피터의 불멸 프로젝트를 위협했다. 유아적 항문애는 에로스와 죽음의 모호한 혼합물이며, 어머니[대모]와의 합일이라는 환상과 자아이자 타자라는 자기애적 환상의 항문 영역에 대한 애착을 포함한다.[57] 브라운은 이것이 "상징적 유지, 지배, 세계 소유"를 향한 추진력이며, "죽음으로부터 도피하는 인간 자기애의 환상"[57]에 기반을 두고 있다고 말한다.

요점은 아이가 단순히 신체의 상징적 조작을 통해 어떤 유형의 합일, 즉 어머니와의 결합, 자아이면서 **또한** 타자이려고 노력한다는 것이다. 탐구 그 자체와 탐구의 맥락은 모든 근거의 토대인 그 합일을 향한 것이다. 모든 존재는 의식적이든 무의식적이든 그 상태를 향해 이끌린다. 아이도 마찬가지로 자신의 단순하고 심지어 조잡한 방식으로 그렇게 한다. 이 시점에서 아이는 자신의 신체를 조작하고 언어를 조작하여(이 단계의 멤버십 측면) 어떤 유형의 상징적인 대리 결합을 추구한다. 이것이 페렌치와 프로이트가 이 수준에서 꽃피우는 "단어와 생각의 전능함"에 대해 말한 이유이고,[121] 설리번이 "자폐적 언어, 엄청나지만 환상적인 힘을 휘두르는 언어"의 독특한 힘에 대해 말한 이유이며,[359] 라캉이 "대양적(원시적인 아트만) 갈망과 자기만의 요구에 뿌리를 둔 어린 시절의 잊혀진 언어"에 대해 말한 이유[269]이기도 하다. 이 모든 것은 단순히 아이의 에로스, 상간, 고군분투하는 아트만 프로젝트, 영웅, 신, 무엇보다 일체가 되고자 하는 욕망의 일부이다.

독일인들은 고집불통(stubbornness) 단계라고 부르고 에릭슨은 자율성의 중심이라고 부르는 이 단계, 이 단계를 이들보다 어떻게 더 잘 파악할 수 있겠는가?[108] **자율적** 존재가 되는 것! 영웅! 그것은 분명 아이의 가장 깊은 곳에 자리 잡고 있는 갈망의 일부이다. 자율적 존재가 되는 것 — 그것은 세상을 움직이는 첫 번째 원동력, '고유의 운동 원리'가 되는 것이다. 아이는 "싫어!" 그리고 "내가 할래!"라고 소리 지른다.[243] 아이는 가장 절묘하게 고집스럽게 반대하고, 저항의 근육을 과시하며, 절대적으로 자율적일 수만 있다면 과감하게 온 세상에 도전한다. 자신과 세상의 축소판인 제1원인처럼. 아이는 자신의 의지를 나-아님(not-self)이라는 고집스러운 타자성에 맞서 무너뜨리며 절대적인 승리를 요구한다. 이것은 치열한 싸움이다. 신이 되고자 하는 자와 그의 마법적 시도를 이해하지 못하고 따르려 하지 않는 세상 사이의 충돌이다. 하지만 그런 시도와 절대적인 몸짓은 버려지고, 마법적으로 세상을 굴복시키고 궁극적으로는 제우스나 토르*나 이시스**처럼 세상을 소유하려는 욕망이 피어오른다.

그런데 그 운명은 어떠한가? 아이는 예컨대 엄지손가락을 빠는 것을 통해서도 그랬던 것처럼, 말과 몸짓의 조종을 통해서도 온 세상이 될 수 없고, 전체가 될 수 없고, 아트만이 될 수 없다. 새로운 대리 자기는 결국 자기와 타인의 주된 자율적 추진력이 아니다. 아트만 프로젝트의 유아적 형태가 모든 면에서 깎여나가고, 결국에는 진정한 아트만에 더 가까운 다음 상위-계열 대체자가 등장할 수 있게 된다. 오직 이런 식으로만 점점 더 정묘한 자기가 창조된다. 아트만 프로젝트는 오직 이런 식으로만 아트만에게 자리를 내어준다. 반면 자기가 이 하위 수준 상간의 포기를 거부한다면, 그에 상응하는 저급한 형태의 거세와 죽음의 공포에 계속 노출된다. 자기는 신체 자체의 분리불안을 극복할 수 없을 것이고, 따라서 자신의 그런 기반으로 인해 희생된 채 남게 된다.

---

*   Thor: 게르만족 신화에 나오는 천둥과 관련된 신.
**   Isis: 고대 이집트의 여신.

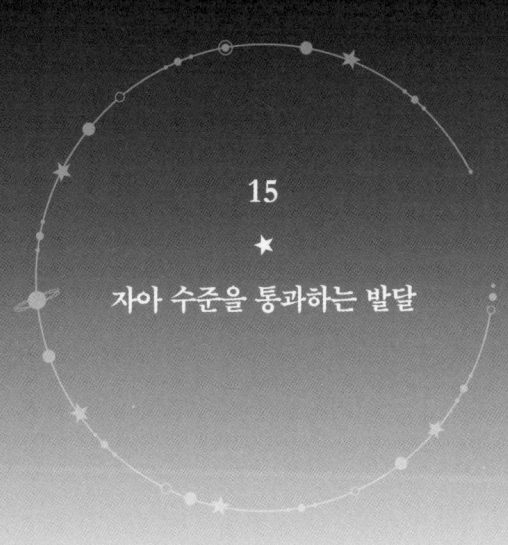

## 15

★

## 자아 수준을 통과하는 발달

우리는 자아 단계에서 매우 많은 발달 요소들이 출현한다는 것, 또는 많은 사례에서 놀랄 만큼 많은 요인들이 강화되는 것을 보았다. 그러나 단계 전체를 간략하게 요약한다면, 자아 단계는 심적 자아와 물리적 신체의 최종적인 분화를 나타낸다고 말하고 싶다. 나는 이 장에서 자아와 신체의 최종적인 분화 측면에 초점을 맞출 텐데, 먼저 신체 측면부터 다룬 다음 심적 측면을 다루기로 한다.

신체 측면에서 가장 중요한 점은 구강 및 항문 자극이 결국 성기(남근-음핵)로 이어지고 이 전체 과정이 악명 높은 오이디푸스/엘렉트라 콤플렉스로 귀결된다는 것이다.

이제 전통적인 정신분석 이론에 따르면(짧게 수정할 경우), 오이디푸스 발달 단계 동안 모든 정상적인 남자아이는(단지 절약을 위해 논의를 관례적으로 남성의 성으로 제한한다) 최소한 말과 상징과 환상으로

어머니를 **성적으로 소유하려고 한다.** 실제 자위행위는 매우 일반
적이며, 수반되는 환상에 대한 분석은 성기가 아무리 초기이고 미
숙하더라도 어머니가 성기적 사랑의 첫 번째 대상이라는 것을 분
명히 보여준다고 분석 이론은 주장한다. 아이는 아버지에 대한 질
투심을 느낀다. 그 이유는 이제 아버지가 어머니의 애정에 대한
강력한 경쟁자로 여겨지기 때문이다. 아버지는 그렇게 해서 탐욕
스러운 환상의 핵심에 있는 장애물, 좌절 유발자, 벌레가 된다. 그
러나 조만간 아이는 자신만의 환상적인 방식으로 아버지가 자신
의 비밀스러운 소망을 알아차리면 문제의 기관을 절단하여 극심
하게 처벌할 것이라고 상상한다. 이것이 거세 콤플렉스인데, 이
거세 콤플렉스가 "오이디푸스 단계 욕망을 산산이 조각낸다"고 한
다. 재앙을 피하기 위해 아이는 아버지의 관점을 따르고, 부모의
금지와 금기를 초자아 형태로 내면화해서 상간 욕망을 포기하거
나 억압한다. 오이디푸스 콤플렉스와 거세 콤플렉스, 우리는 이
콤플렉스들을 어떻게 이해해야 할까?

오이디푸스 콤플렉스에 관해서는 이미 이전 단계에서 아이가
타나토스를 피하고 자신을 우주 중심으로 보이기 위해 자신의 세
계를 변환시킨다는 점, 그리고 이 아트만 프로젝트를 실행하기 위
해 자기애적 집중, 대리만족, 특별한 저항, 보상, 방어를 발달시킨
다는 점에 대하여 살펴본 바 있다. 돌이켜보면, 아이는 신체자기
수준에서 자기와 타자 양자 모두가 되었고, 세상을 삼켜서 자신을
자신의 세계로 만들었다. 멤버십 단계에서 아이는 멤버십 언어와
말들을 숙달하고 모든 방법으로 소유해서 합일을 얻으려고 시도

했으며, 그로써 자신이 자율적이고 우주 중심적 존재임을 증명하려고 했다. 그리고 이제 자아-구문 단계의 출발점에서 아이는 자신이 대모와 **육체적으로** 결합하여 그로써 일종의 본래 합일을 얻을 수 있다고 상상한다. 아이에게 전 세계를 대표하는 어머니로서의 존재와 결합하는 것은 모든 목적을 위해 문자 그대로 전체와 결합하려는 욕망이거나 적어도 그 욕망을 대체하는 아주 좋은 욕망이다. 이보다 더 자연스러운 욕망이 있을 수 있을까? 그 모든 욕망 뒤에는 모든 존재와 모든 의식의 무한하고 진정한 상태인 아트만을 되찾고자 하는 욕망이 존재한다. 신체-에로스를 수단으로 대모와 합일을 이루는 것 — 이것이 아이의 강력한 상간 형태이다. "성행위의 목적은 어머니의 자궁으로 돌아가려는 시도 외에 다른 것일 수 없다"는 페렌치의 말은 실제에 매우 근접해 있다. 그것이야말로 욕망하는 아트만으로의 진정하고 절대적인 회귀이며, 그 그림에 끼어드는 실질적인 퇴행 요소들은 이차적인 역할을 할 뿐이다. 그러나 성행위는 환상적이든 현실적이든 그 자체로 이러한 **직접적이고 지속적인** 결합을 달성하지 못한다(잠시 탄트라는 예외로 제쳐두자). 성적인 행위를 아무리 많이 하더라도, 당신은 여전히 당신일 뿐, 당신의 감춰진 성교의 목표와 욕망인 전체는 아니다. 따라서 성기 성욕은 대리만족일 뿐이고 성은 하나의 상징, 아트만에 대한 상징일 뿐이다.

하지만 여기엔 더 많은 것들이 있다. 대모, **자신의** 대모와 일체가 된다는 것은 문자 그대로 **자신을 임신해서**, 자신의 아버지 또는 부모가 되어서 스스로에게 신이 되는 것이다. 노만 브라운이 그

증인이다. "오이디푸스 콤플렉스의 본질은 신이 되고자 하는 프로젝트로서, 스피노자의 공식에서는 **자신의 이유**(causa sui)이고, 사르트르의 공식에서는 **스스로에게 신이 되는 것**(entre-en-soi-pour-soi)이다. … 오이디푸스 프로젝트는 자신의 아버지가 됨으로써 죽음을 정복하려는 추구이다."[57] 프로이트는 "본능, 사랑, 감사, 관능, 반항, 자기-주장, 독립, 이 모든 것들은 **자신의 아버지**가 되고자 하는 소망에서 만족을 얻는다"[57]라고 말했다. 베커는 "오이디푸스 프로젝트는 수동성, 소멸, 우연성으로부터의 도피이며, 아이는 스스로를 더 잘 이해하고 자신의 삶의 창조자이자 유지자가 됨으로써 죽음을 정복하고자 한다"[25]고 말한다.

신이 되려는 프로젝트, 즉 **신-의식**, 합일의식, 아트만-의식을 **향해 다가가려는 프로젝트**가 오이디푸스 콤플렉스 배후에 놓여 있다는 것이다. 오이디푸스 콤플렉스는, 비록 매우 낮은 형태이긴 하지만, 불멸의 아트만 프로젝트의 또 다른 형태이다. 즉 모든 것과 하나가 되고자 하는 욕망, 이 경우 성기적 충동을 통해 표현된 죽음을 무릅쓴 전능하고 영원한 존재가 되고자 하는 욕망이다. 따라서 이 프로젝트의 성기 측면은 이차적인 것이다. 아이는 단지 불멸의 탐구를 극화할 수 있는 새로운 기관을 갖게 된 것일 뿐이다. 아이는 대변을 조작하고 변환했던 것과 똑같이 남근도 조작하고 변환할 수 있는데, 둘 다 궁극적으로는 아트만 프로젝트에 의해 주도된다.

이 에로스-상간이 상반되는 성기 거세 콤플렉스와 충돌하자 거세 콤플렉스가 이 에로스-상간을 산산이 조각낸다. 하지만 이 상간도 실제로는 아트만 프로젝트의 한 형태인 만큼, 거세 콤플렉스를 어떻게 이해하면 좋을까? 베커에게서 시작해보자. "거세에 대한 공포는 상간적 성행위에 대한 처벌의 공포가 아니다. 오히려 오이디푸스 콤플렉스의 위협은 삶과 죽음에 대한 실존적 불안이 동물적 신체에 초점을 맞춘 것이다. 오늘날 우리는 피와 배설물, 섹스와 죄책감에 대한 온갖 이야기가 사실이라는 것을 깨닫고 있다. 이 모든 것이 인간이 자신의 기본적인 동물적 상태, 특히 아이로서는 이해할 수 없는 이런 상태에 대한 공포를 반영하기 때문이다. … 이것이 결국 거세 콤플렉스의 절망적인 공포이다."[25] 거세 콤플렉스는 붓다의 사성제 중 첫 번째인 고苦, 즉 연계된 사물은 고통받고 결국 해체된다는 것에 대한 최종적인 인식이자 강요된 현실이다.

그러나 그러한 설명 지점을 넘어서면, 우리는 실존주의자들과 베커(그리고 정통 정신분석학자들)와 결별하게 된다. 왜냐하면 그들은 거세 콤플렉스를 훌륭하게 인간화한 후, 모든 것을 허공에 내팽개쳤기 때문이다. 베커는 아트만 프로젝트는 **전적으로** 불가능하다고 생각한다. 신도 없고, 아트만도 없으며, 오직 신과 아트만에 대한 치명적인 거짓만 존재할 뿐이다. 따라서 베커는 거세 콤플렉스가 낙원의 가능성을 완전히 폐위시키고 아트만 프로젝트를 완전히 산산이 조각낸다는 것을 증명했다고 생각한다. "이는 아이가 **불가능한** 프로젝트를 품고 있다는 것, 즉 그가 착수한 원인(아트만 프로젝트)의 추구가 **신체-성적 수단으로는 이뤄질 수 없음**을 깨닫는다는 것을 표현한다. — 이것이 아이의 비극적인 폐위이며, 거세 콤플렉스가 상징하는 낙원에서의 추방이다."[25]

그러나 사실 베커는, 자신의 말을 빌리자면, 영웅적인 아트만 프로젝트가 **신체-성적** 수단으로는 달성될 수 없음을 단순히 증명했을 뿐이다. 실제로 그런 일은 불가능하다. 하지만 더 상위의 수단으로는 달성할 **수 있으며**, 그 첫 단계 중 하나는 (비록 그것이 **하나의 단계에** 불과하더라도) 신체-성적 수단을 포기하고 상위 영역으로 상향 변형할 수 있게끔 하는 것이다. 거세 콤플렉스의 전반적인 핵심은 신체-성적 거세를 분화하고 초월하도록 도와주어서, 자기로 하여금 마음 영역으로 변형해가도록 열어주는 것이다. 그것이 '승화(sublimation)'의 전반적인 핵심이며, 그것이 정신분석학에서 승화가 **유일한** 성공적 방어기제라고 주장하는 이유이다.[46,120] 사실상 승화는 방어기제도 아니다. 승화는 상향 변형이나 진화를 위한 또 다른 수단일 뿐이다. 하지만 요점은 명확하다. 바로 **신체에서 마음으로**의 변형, 즉 승화가 그 요점이다. 거세 콤플렉스는 **배타적인** 신체-상간 형태의 아트만 프로젝트의 실질적인 종말이다. 하지만 아트만 프로젝트 그 자체의 종말은 아니다. 거세 콤플렉스는 아트만 프로젝트를 산산이 조각내는 것이 아니라, 단지 유아적이고 신체적인 형태의 아트만 프로젝트를 산산이 조각낼 뿐이다.

간단히 말해서, '성공적인' 거세 콤플렉스는 배타적으로 티폰 단계 신체를 통해 진정한 합일, 즉 아트만에 이르는 것이 전혀 가능하지 않다는 점을 지적하는 데 도움이 된다. 그것이 거세 콤플렉스의 핵심이다. 물론 거세 콤플렉스는 지나치게 심각할 수도 있고 신체의 억압이나 단순한 분화가 아닌 분리로 이어질 수도 있다(아래 참조). 나는 분명코 외상성 거세 불안을 권장하거나 또는 모든 부모가 다섯 살짜리 자녀에게 실제로 신체 절단을 위협해야 한다는 말을 하는 것이 아니다. 나는 '거세 콤플렉스'라는 말을 분명히 좋은 면과 나쁜 면 모두를 다루기 위해 일반적인 의미로 사용하고 있다. 요점은 신체-성기 상간을 완전히 포기해야 한다는 것인데, 이러한 포기를 전통적으로 '거세 콤플렉스' 또는 '거세 콤플렉스의 풍화'라고 부른다. 자기는 성적인 방식으로 신체자아와 세상을 재결합하려는 욕망에서 **전적으로** 죽어야 한다. 플레로마 단계의 혼융(우로보로스 상간)과 굶주림(티폰 단계 상간) 및 성적 결합은 가능한 모든 형태의 결합 중 가장 낮은 형태의 결합이다. 그러한 결합은 짧은 시간 두 몸의 단순하고 원시적인 합일에 지나지 않는다. 이는 높든 낮든 **모든** 신체가 영원 속에서 완벽하게 하나인 절대적 합일에 비하면 매우 빈약한 결합이다. 영원 속에서 완벽하게 하나인 절대적 합일, 그것이 곧 아트만 합일이다. 성적인 해소는 절대적인 합일의 짧은 섬광에 지나지 않으며 오르가슴은 그 합일에 대한 대리만족일 뿐이다. 하지만 더 높은 합일(마음, 정묘, 원인, 아트만)이 나타나기 위해서는 이러한 하위 합일과 상간이 그 배타성을 포기하고 그 목적에서 변형되어야만 한다. 자기는 성을 통한 합일을 찾으려는 욕망에서 **죽어야만** 한다. **그리고 그 상간의 죽음은 거세 콤플렉스가 성공적으로 완료되었다는 것**, 이 수준에서 타나토스가 수용되었다는 것, 따라서 상향 변형이 가능해졌다는 것을 의미한다.

반면 이 거세 콤플렉스를 초월하지 못할 경우, 그 사람은 매우 나쁜 의미에서 '거세'를 면치 못한 채, 즉 수용되지 않은 타나토스로 남게 된다. 정신분석학에서 "남근기의 소년은 **자신의 성기와 동일시하고 있다**"[120]고 말할 때 의미하는 것은 자기가 다소간 여전히 신체와 동일시하고 있는 마지막 지점이 바로 이 남근기라는 것이 전부이다. 이 단계를 지나면 자기와 신체는 결국 **분화된다.** 하지만 바로 이 단계에서 자기가 감정적 성적 신체와 동일시하기 때문에 성기 자체는 귀중한 소유물이 된다(이 말이 좀 이상하게 들린다면, 남자든 여자든 이 단계를 전혀 벗어나지 못한 사람을 떠올려보라). 다시 어린이로 돌아가보자. 소년은 "자신의 성기와 자신을 동일시했기" **때문에** 성기-거세 불안을 겪게 된다. 페니켈은 이 점을 아주 명확하게 지적했는데,[120] 나 역시 그의 지적이 옳다고 생각한다(인지적 발달, 도덕적 발달 등도 있어서 그의 지적이 이야기의 전부는 아니지만, 이야기의 진정한 일부이긴 하다).

"이 민감하고 소중한 기관에 무슨 일이 일어날지 모른다는 두려움을 거세불안이라고 한다."[120] 이제 나는 순수한 성기 기세불안은 단지 새로운 형태의 **분리불안** 중 하나라는 점이 매우 분명하다고 생각한다. 이것이 성기 거세불안의 선행요인이 젖가슴이나 대변의 상실과 관련된 구강 및 항문 불안인 이유이다.[120] 페니켈은 대변, 어머니의 젖가슴, 젖병, 어머니 자신 등이 "모두 한때는 [자기였으나 이제는 대상이며,"[120] 앞에서 보았듯이 정확히 그것이 사실이기 때문에 그 하나하나와 관련된 **분리불안**이 있었고, 이 불안은 그 하나하나로부터 분화와 탈동일시가 완료될 때까지 계속되었다고 말한다. 마찬가지로 자기가 성기-신체로부터 분화할 때까지 자기는 신체에 초점을 둔 병적이고 저항적인 형태의 고전적인 성기-신체 거세불안, 타나토스로 알려진 **성기 거세불안**을 경험하게 될 것이다. "남근기 소년의 거세불안은 구강기 때 먹힐까 봐 두려워하거나, 항문기 때 신체 내용물을 빼앗길까 봐 두려워했던 것에 비교될 수 있다. 거세불안은 신체 손상에 대한 환상적 두려움의 절정을 나타낸다."[120] 이 모든 일은 신체와의 환상적/배타적인 **동일시 때문에** 일어나는데, 이는 신체와 세계와의 연결점 중 하나, 즉 구강, 항문, 성기를 통해서 전개된다. 신체-상간이 신체-거세를 초래한다는 것, 이것이 이야기의 기본이다.

반면 이 정서적-성적 상간의 배타성을 포기하는 것, 그 상간의 **죽음**을 받아들이는 것, 그 상간으로부터 분화하고 탈동일시하는 것은 거세 콤플렉스를 (자아/초자아 콤플렉스와의 심적 동일시를 통해서) 성공적으로 극복해서 마음 영역으로 승화하는 일에 자신을 개방하는 것이다(뒤에서 보게 될 것이다). 따라서 타나토스가 에로스를 압도하게 되면, 이 하위 변환을 포기하게 되면, 개인은 다시 한 번 자신의 자기 양식과 추구 형태(대리 주체와 대리 객체)를 변형시키게 된다. 그는 결국 티폰, 즉 정서적-성적 신체로부터 분화해서 자신의 중심 정체성을 심적-자아로 변경한다. 그리고 이 새로운 상위 대리 자기의 손에 자신의 아트만 프로젝트를 위임한다.

### 혼융, 분화 및 분리

자아 영역을 통과해가는 진화 이야기를 잠시 멈추고 발달 전반에 걸쳐 매우 중요한 핵심을 간략하게 논하고자 한다. 이 절의 제목이 암시하듯이 그 중요한 점이란 혼융(fusion)과 분화

(differentiation)와 분리(dissociation) 사이의 차이점을 말한다. 거의 모든 발달 단계에서 이 셋 중 하나가 '선택(choice)'되기 때문에 중요하다는 것이다. 더욱이 어느 것을 선택하느냐 하는 그 '결정(decision)'의 결과는 그야말로 치명적이다.

자아 단계에 관해 논의를 시작하면서, 마음과 신체가 **분화하는** 것은 필수적인 과정이고 바람직한 일이란 점에 의심의 여지가 없음을 보았다. 자기는 이런 분화를 통해서만 단순한 감각, 지각, 충동(신체자기 전반)에 국한된 상태 위로 올라설 수 있다. 마음과 신체가 분화하면 자기는 단지 현재에 얽매인 신체의 즉각성에 갇혀 있지 않고 마음의 세계로 확장해갈 수 있다. 신체와 환경이 분화되는 것이 바람직했던 것처럼, 이제 자아와 신체가 분화되는 것은 바람직한 일이다. 정신분석학에서는 단순한 신체적 에로티시즘을 극복할 수 없고 유아적 신체 조작 범주에 머무르는 단지 신체 양식(구강, 항문, 남근)에 고정된 자아의 끔찍한 결과에 대해 매우 분명하게 알려준다. 예컨대 우리는 신체와 깔끔하게 완전히 분화하지 못한 자기가 신체의 구멍을 **통해서**, 아마도 강박적인 과식(세상을 먹어서 세상과의 합일을 찾으려는 구강 고착), 또는 가학적 조작(세상을 소유함으로써 세상과의 합일을 추구하는 항문 고착), 또는 히스테릭한 활약(세상과 성적으로 관계함으로써 세상과의 합일을 추구하는 남근 고착)을 통해서 아트만 합일을 찾으려고 시도한다는 것을 보았다. 그런 아트만 프로젝트의 결과는 신체자기 수준에 **묶인 채, 혼융된 채** 남게 되는 끔찍한 결말이다.

그러나 다른 한편으론, **분화**分化와 **분리**分離 사이에도 차이점이 존재한다. 자아와 신체가 분화하는 것은 필요하고 바람직한 일이지만, 그 둘이 분리되거나 해리된다면 그것은 재앙이다. 일반적으로 분화가 일어나는 곳이면 그곳이 어디든 분리도 일어날 **수 있다.** 성공적인 발달은 분리가 거의 없거나 전혀 없는 일련의 깔끔한 분화를 의미한다. 하지만 물론 그런 분화는 드문 편이다. 분리는 단순히 어떤 구조가 침잠-무의식으로 추방되는 것, 즉 초월이 아니라 억압되는 것을 의미한다.

이렇게 해서 우리는 1) 혼용 상태에서 2) 분화, 3) 분리로 이어지는 연속선상에 이르게 된다. 일반적으로 (어떤 발달 수준에서든) **전혀 분화하지 못한 혼용 상태**는 에로스-상간을 포기하지 못하거나 변형을 이루지 못했을 때 발생한다. 개인은 그 수준의 대리만족을 받아들이고 더 이상 발달하기를, 즉 분화하거나 초월하기를 거부한다. 정신분석학에서 "지나친 만족을 경험한 결과[지나치게 많은 에로스-상간]로 이 수준을 마지못해 포기할 경우 나중에 불운한 일이 생기면 항상 이전에 누렸던 만족에 대한 갈망이 있게 된다"[120]고 말할 때 의미하는 바는 이것이다. **이런 일은 모든 발달 수준에서 일어난다.** 현 상황에서 스트레스를 받고 있고, 플레로마 혼용 상태에서 젖가슴과의 합일이 매우 만족스러웠기 때문에 계속해서 엄지손가락을 빨고 있는 세 살짜리 꼬마에 대한 이야기를 우리는 모두 알고 있다. 하지만 이와 똑같은 **유형**의 일이 모든 발달 단계에서, 최상위 단계인 원인 단계에서조차도 일어난다는 사실을 과연 알 수 있을까? 합리주의자는 개념 활동을 통해서 만족을 경험한다. 고로 그 심적 수준에서 분화해서 탈동일시하는 것을 거부하는 경향이 있다. 즉, 그는 합리적 엄지손가락 **빠는** 행위를 그만두기를 두려워하기 때문에 정묘 영역으로 들어가는 것을 거부한다는 것이다. 마찬가지로 고도로 정묘한 특정 형태의 명상은 너무나 행복해서 그 사람은 정묘 수준의 엄지손가락 빨기를 포기하지 않게 되고, 따라서 원인 영역으로 들어서는 것을 거부하면서 장기간 정묘 영역에 갇힌 (**혼융된**) 상태로 남아 있을 수 있다. 이런 사례에서 보듯이 각 수준의 에로스-상간을 포기하지 않기 때문에 자기는 분화를 **멈추고** 그 수준과 **혼융된** 채 대리만족을 진정한 만족으로 잘못 받아들이게 된다.

과도한 에로스-상간이 혼융으로 이끌어가는 데 비해, 과도한 타나토스-거세는 **분리**로 이끌어간다. 이 과도한 타나토스-거세는 과도한 좌절이나(그렇게 되면 에로스가 감소한다) 노골적인 공포와 트라우마의 형태를 취할 수 있게 된다(그렇게 되면 타나토스가 과장된다.) 정신분석학에서 말하듯이, "타나토스가 과장되어 좌절이 억압으로 이어졌다면, 문제의 충동은 **성격의 나머지 부분과 단절되어**[그 충동들은 분리된다], 더 이상의 성숙에 참여하지 않게 되고, 무의식으로부터 불안을 유발하는 파생물을 의식으로 내보낸다."[120] 우리는 그러한 '불안을 야기하는 파생물'의 본질에 대해 이미 광범위하게 다룬 바 있다. 그 파생물들은 억압된 침잠-무의식(자기의 **분리된** 측면들)에서 비롯된 **상징**이자 **증상**들이다.

나는 이 자아 단계에서 일어난 신체/마음 분리가 어떤 형태이든, 이런 분리를 피할 수 있는 사람은 아무도 없다고 믿는다는 점을 언급하지 않을 수 없다. 자아는 실제로 신체를 초월하긴 하지만, **대단한** 초월은 아니다. 자아는 여전히 배타적 신체(오로빈도는 '신체적 자아'라고 불렀다)와 과도하게 밀접한 연관성을 유지한 채 남아 있어서 신체자아에 지나치게 두려움을 느끼는 경향이 있다. 의식이 자아와 분화하기 시작하는 켄타우로스 단계에 이르러서야 자아와 신체를 광범위하게 또한 긴밀하게 통합할 수 있다. 그 이전에는 신체/마음 분리의 크기를 **감소시키는** 정도만 할 수 있을 뿐이고, 결코 분리를 제거할 수는 없다. 하지만 대부분의 정상적인 사례에서는 마음과 신체의 **혼융 상태**는 과도하지 않은 편이고, 마음과 신체의 **분리**도 과도하지 않은 편이라서, 마음과 신체의 **분화**가 거의 일정대로 잘 진행된다고 말할 수(또한 그렇게 진행해가기를 희망할 수) 있지만, 분화가 있는 곳에는 어디든 분리가 **있을 수 있기** 때문에, 이러한 분리는 주요 발달 수준 모두에서 보게 될 것이다.

### 모성 상간/거세

나는 이 책에서 기초적인 면에서만큼은 모든 주요 심리학 학파와 접점을 유지하고 싶기 때문에, 이번 절에서는 융 학파의 관점을 대표하는 에리히 노이만과 연계해서 다루려고 한다. 하지만 노이만의 관점은 우리의 논의 전체와도 직접 연관되어 있기 때문에, 이 논의가 단지 부수적인 것만은 아닐 것이다. 예를 들어보자.

노이만의 관점에서 볼 때, 티폰 단계의 신체(body)에서 심적-자아(mental-ego)로 이동하는 것은 '모성 상간'(maternal incest)에서 '부성 상간'(paternal incest)으로 이동하는 것과 같다(후자는 다음 절에서 설명한다). 노이만에 따르면, 이 발달은 몇 개의 하위단계로 이루어져 있긴 하지만(포기자, 투쟁자, 살인자, 용과의 싸움), 전체적으로는 단순히 신체에 속박된 욕망에서 심적 양식과 개념으로 이동, 변형하는 것과 같다.[279]

노이만식으로 말하면 '모성 영역'이란 본능적이고 정서적이며 생물학적인 '어머니 자연'으로서, 이 영역의 중심은 구강, 항문, 성기 같은 신체 부위이다. '모성 상간'은 이들 부위 중 어느 부위에서든 일어날 수 있지만, 성기 단계에서 결말에 이른다. 우리는 여기서 몇 가지 용어를 매우 일반적인 의미로 사용하고 있다는 점에 유의하길 바란다. 예컨대, '신체자기(bodyself)'가 그렇다. 티폰 단계의 신체는 우로보로스 단계와 더불어 초보적인 방식으로 영향력을 발휘하는데, 물질-신체와 심상-신체 수준에서 자기의 주도적인 양식이 되며, 멤버십/항문기까지 확장되고 초기-자아 단계에서 결말에 이른다. 그렇기에 다른 여러 발달 과정들(인지 발달, 언어 발달 등)이 동시에 일어나고 있긴 하지만, 이 **모든** 수준을 매우 **일반적인** 의미에서 '신체 영역'이라고 지칭할 수 있다. 이 수준들은 '모성 영역'과 동일하다. 우로보로스 단계에서는 대모가 영향력을 발휘하기 시작했고, 물질-신체 단계에서 절대적으로 중요해졌으며, 항문/멤버십 단계로 확장해갔고, 초기-자아/남근기에서 끝났다. 따라서 노이만은 '모성 상간'과 '신체 상간'이란 용어를 **상호 교환적으로** 사용한다. 노이만은 (내가 쓰는 용어로 말하자면) '신체 영역'과 '대모 영역'이 대체로 동일하다는 것, 그리고 **둘 다** 초창기 우로보로스에서 시작하여 물질/심상 신체 단계에서 영향력의 정점에 달한 후 항문/멤버십 단계를 거쳐 마침내 남근기/초기-자아 단계에서 끝남을 의미하는 것에 지나지 않는다. 초기 발달 단계가 신체 ('티폰 영역')와 어머니('모성 상간', 아이는 '어머니 역할'을 하는 돌봐주는 사람과의 합일을 추구한다)의 **지배**를 받는다고 생각하면, 노이만의 요점은 자연스럽게 자리 잡게 될 것이다. 나는 이번 절에서 이들 용어 모두를 매우 느슨하고 매우 일반적인 의미로 사용할 것이고, 이 전반적인 변형, 즉 신체/모성에서 자아/부성으로의 변형에 대한 노이만의 매우 중요한 결론과 연결 짓는 작업만 할 것이다.

노이만의 요점은 신체-성적 상간이 실제로 일어나므로(구강, 항문, 성기 등 모든 '신체 영역'), 티폰/신체 영역 전반을 지배하는 대모와의 외상적 붕괴나 거세 또는 해체도 면하기 어렵게 된다는 것이다. 대모는 "자기-파괴, 자기-상실의 위협으로, 달리 말하면 죽음과 거세로 자아를 위협한다."[274] 그런데 우리가 매우 익숙한 토대는 거기에 있다. 노이만은 계속해서 "남근에 집착하는 청소년의 자기애적 본성이 성과 거세에 대한 두려움 사이에 연관성을 구성한다는 것을 알게 되었다"[279]고 말한다. 이것 역시 익숙한 토대이다. 노이만은 계속해서 말한다. "여성에게서 남근의 죽음은 상징적으로 대모에 의한 거세와 동일한 것으로 여겨지는데, 심리학 용어로 하면 이것은 [싹트는] 자아가 무의식으로 해체되는 것을 의미한다."[279] 정신분석학자 페니켈이 했던 것과 거의 동일한 방식으로, 노이만은 이 모성 단계에서 "남성성과 영웅의 자아는 남근 및 성욕과 동일시한다"[279]고 말한다. 따라서 **"아직 대모와의 연결이 끊어지지 않은 자아에게 모성 거세의 위협이 들이닥친다."**[279] 또한 이 거세는 (오직 이 단계에서만) 실질적인 **성기**-거세라는 특수한 형태(뿐만 아니라 비이성적인 '짜증', 과잉감정, 쾌락주의적 충동에서 심적-자아의 거세-해체라는 더 일반적인 형태)를 취할 수 있다. 이런 것들은 나의 말이지만, 노이만의 생각이기도 하다. 대모/신체 영역에 의해 거세되는 것은 새롭게 발현하는 심적 영역에서 티폰-프라나-신체 영역으로 끌려가는 것과 같다는 해석은 노이만이 염두에 두고 있는 해석과 정확히 일치한다.[279]

나는 이 단계를 지나 계속 발달해가기 위해서는 모성 상간과 동일시하는 자기가 이 신체 수준에서 죽어야 한다고 제안한 바 있었다. 노이만이 "우리는 이제 대모와의 싸움과 그녀의 패배에 이르렀다. 경외심을 불러일으키는 이 용(dragon)의 특징은 본질적으로 자아를 유혹한 다음 모성 상간에서 자아를 거세하고 파괴하는 그녀의 힘에 있다. … 그러나 자아가 더 이상 [이 단계]에 머물러 있기를 원하지 않을 경우, 자아는 두려움을 극복하고 자신이 가장 두려워했던 바로 그 일을 해야 한다"[279]고 말한 이유는 이 때문이라고 생각한다. 자아는 죽음(타나토스)과 퇴행하거나 해체되거나 억압하지 **않고** 모성 수준의 분리를 통과해가야만 한다. 자아는 혼융(상간) 상태를 멈춰야 하고, 분리됨 없이 분화를 시작해야 한다. 이 작업이 성공적일 경우, "영웅의 자아는 더 이상 남근과 성욕과 동일시하지 않는다. 이 [새로운 상위 수준]에서, 신체의 다른 부분, 즉 기관을 지배하는 의식의 상징인 눈이 있는 머리가 자신을 상징적으로 '상위 남성성'으로 내세운다. 그리고 자아는 이제 이 상위 남성성과 동일시한다."[279]

하위 수준의 죽음/분리의 수용, 그 수준으로부터의 분화와 탈동일시, 다음 상위 수준의 발현, 그리고 그 상위 수준과의 동일시라는 이 과정에 다시 한 번 주목하길 바란다. 이런 과정은 분리불안을 극복하고 통과한 후(노이만의 '용과의 싸움' 후)에만 일어나는데, 이 극복 과정은 초월이라는 상위 양식을 예고한다. 노이만은 이를 통해 "대모의 우월성, 즉 대모가 본능적인 신체의 힘을 통해 행사하던 통제력은 자아, 즉 자신의 의지를 가지고 이성에 복종하는 상위 [자기]의 상대적인 자율성으로 대체된다"[279]고 말한다.

나아가 노이만에 따르면, 이 새로운 영역인 심적-자아의 특징은 신체로부터 분화되어 있다. 노이만의 표현을 빌리면, "자아의식의 발달은 자신을 신체로부터 독립시키려는 경향과 병행하는데," 자아는 "세속적이고 신체에 속박된 무의식의 세계와 대조되는 빛과 의식의 세계이기 때문이다. … 자아와 의식은 자신을 신체와 구별해서 현실을 경험한다. 이는 인간 마음의 근본적인 사실 중 하나이다."[279] 노이만은 분리와 분화에 대해 상세히 논하고 있지 않지만 그 둘 사이의 차이점을 알고 있다는 점에 유의하길 바란다. "두 체계[마음과 신체]의 구분을 초래한 발달은 필수적인 정신적 분화 과정에 부합하지만, 모든 분화와 마찬가지로 과도하게 왜곡된 분화가 발생할 위험성도 있다."[279] 그 과도하게 왜곡된 분화가 분리이다.

어쨌든 심적-자아라는 이 새로운 단계는 개념, 의지, 논리 및 도덕의 세계이다. 이 세계는 처음에는 '문화적 또는 부성 상간-거세'라고 부르는 것에 지배당한다. 이 세계에서는 자신의 욕망과 공포가 신체보다는 사회문화적 페르소나와 그것이 갖는 **관념**에 더 중

점을 둔다. 그래서 아트만 프로젝트의 두 팔 사이에서 흔들리는 자기는 이제 이 상위 매개체를 통해 새로운 상간을 짊어지게 되고 새로운 죽음으로 고통받게 된다.

## 부모 상간/거세

정상적인 심적-자아는 플레로마, 우로보로스, 티폰 및 멤버십 같은 하위 수준(즉 '신체 영역' 전반)에서의 변형 또는 그런 수준에서의 죽음이나 초월을 받아들인 결과라는 사실을 보았다. 그러나 자기는 이제 심적-자아와 동일시하고 있고, 따라서 이 새로운 구조의 죽음에 격렬하게 저항한다. 삶과 죽음, 에로스와 타나토스의 전투가 이 마음 수준으로 **변경되며,** 아트만 프로젝트는 이 구조를 통해 전개되기 시작한다. 아트만 프로젝트는 더 이상 신체적-성적인 것이 아니라 심적-자아적인 것이 된다. 아트만 프로젝트는 이제 배설물이나 남근과 노는 것이 아니라 자아와 페르소나와 놀게 된다.

제5장에서 심적-자아의 뚜렷한 특징은 **내적** 분화에 있다는 점을 살펴본 바 있다. 자아는 여러 개의 (필수적이고 유용한) 하부인격, 즉 페르소나로 분화되는데, 가장 지배적인 하부인격은 부모/초자아/지배자(탑독Top Dog)와 아이/하위 자아/피지배자(언더독Under Dog) 그리고 어른/계산자(Adult/Calculator), 자아 이상(ego-ideal)과 양심(conscience)이다. 이러한 하부인격은 출현 시 (분화하는 대신) **분리될 수도 있는데,** 그럴 경우 그것은 침잠-무의식이 된다(이들은 태고-무의식과 무자비하게 뒤섞인 '무의식적 인격체', 즉 그림자가 된다). 마찬가지로

이러한 하부인격은 근원-무의식으로부터 **매몰-무의식으로** 출현할 수 있고 실제로 출현하는 경우도 많다(이는 특히 초자아의 경우에 진실이다). 자아의 이런 내적 분화 과정은 적절히 진행해가는 한 정상적이고 건강한 자연스러운 과정이다.

나는 교류분석 연구를 좋아하기 때문에, 전체 심적-자아(최소한 초기와 중기 자아)를 종종 P-A-C 자아라고 부른다. 이런 명칭은 자아의 내적 분화와 가장 중요한 세 개의 페르소나(Parent-부모, Adult-어른, Child-아이)를 쉽게 기억할 수 있는 방법이기도 하다(참고로, 예컨대 '부모'를 대문자로 쓸 경우, 이는 외부의 실제 부모가 아니라 '내면화된 부모'를 의미한다). 그러나 이는 매우 중요한 문제이므로 **나는 이 장의 나머지 부분에서는 대부분의 논의를 초자아**(superego, 내면화된 부모) **하나에 국한시킬 것이다.** 이렇게 논의를 제한시킨다고 해서 나머지 자아 측면들의 중요성을 가볍게 본 것으로 받아들이지 않길 바란다. 단지 초자아가 모든 하부 페르소나 중 가장 중요한 것이고, 따라서 이론적 요점의 대부분을 초자아만을 언급해도 제시할 수 있다는 뜻일 뿐이다(관심 있는 독자는 필요에 따라 다른 하부 페르소나에도 이런 식으로 적용할 수 있을 것이다).

가장 일반적인 용어로 말하자면, 초자아는 본질적인 부분에서는 단순히 심적-자아 수준 자기의 **상위-수준 동일시**이다. 특히 초자아는 아이가 **부모와 동일시하고** 부모를 **심적으로** 내면화해서 내면화된 부모를 형성했다는 것을 의미한다. 심적-자기를 형성하는 데 도움이 되도록 아이가 심적으로 부모를 모방했다는 의미이다.[14,38,51,97] 이런 내면화는 신체적이고 성적인 수준이 아니라 언어적이고 심적인 수준에서 이루어진다. 이 단계에서 아이는 **개념**과 아이디어를 형성할 수 있기 때문에, 자신의 조력자인 부모와 **개념적으로** 또는 심적으로 동일시할 수 있다. 이는 신체적 상간이 아니라 부모/개념적 상간, 즉 상위 수준 에로스이다.

아이가 최초로 물리적 신체 세계와 접하게 되는 것은 대모를 통해서이고, 탄생을 시작으로 빨기, 수유하기, 만지기, 느끼기, 대소변 훈련 등을 통해서 접촉은 계속된다. 하지만 아이가 최초로 심적 세계와 접하게 되는 것은 엄마 아빠와의 **언어적** 대화와 멤버십 언어를 통해서이다. 언어 이전의 대모는 비개념적 감정, 소망, 감각, 욕구 및 욕망의 세계를 구현한다. 하지만 **개인적**이고 **언어적**이며 개념을 사용하는 엄마는 다르다. 한때 대모였던 엄마는 이제 언어적, 심적 수준에서 단어와 이름을 기반으로 이해된다.[359] 또한 엄마는 곧 **아빠**라는 또 다른 언어적, 개념적 인물과 합류된다. 이 모든 것은 아이에게는 새로운 교후이며 따라서 아이는 새로운 부모, 즉 언어적 부모를 더 큰 역할 모델로 삼는 경향이 있다. 그래서 아이는 결국 **상위-계열 역할 모델로** 부모를 내면화된 부모, 초자아로서 동일시하는데, 이 초자아는 단순히 상위-계열의 새로운 자기이다.[165,178] 아이는 **부모 상간**, 즉 부모 역할 모델링을 통해서 부모를 **개념적 모델로** 삼는다.

같은 것을 약간 다른 각도에서 말하면, 부모는 아이에게 일련의 특수조건들로 구현된 새로운 현실 변환 방법을 제공한다고 할 수도 있다. 이런 **특수조건들은 늘 그렇듯이** 단순히 새로운 상위 수준의 특성을 나타낸다. 이 경우 아이에게 제공되는 특수조건들은 일련의 언어적이고 개념적인, 자아적이고 구문적인 패턴들이다. 이전에 신체적으로 또는 감정적으로 표현했던 아이는 이제 자아-구문적 형태로 표현하도록 가르침을 받는다(때로는 요구된다). 또한 부모는 이런 특수조건들을 계속 사용하면서 아이가 이 새로운 변환 양식을 통해 변형을 거의 완료할 때까지 지속하도록 적용한다. 이 모든 것들은 우리가 일반적으로 '부모 상간'(parent incest)이라고 부르는 것의 일부이다.

실제로 부모 상간은 아이가 오이디푸스 콤플렉스에서 심적-자아와 초자아로 옮겨가는 데 도움이 된다. 정신분석학에서 "초자아는 오이디푸스 콤플렉스의 상속자"[46]라고 말할 때 의미하는 것은 바로 이것이며, 이런 일은 "동일시가 대상 선택을 대체하기 때문에 일어난다"[382](실제로는 심적-동일시가 신체적 성적 욕망을 대체한다는 의미이다). 페니켈은 이런 식으로 표현한다. "자아는 오이디푸스 콤플렉스를 억누를 수 있는 힘을 강한 부모로부터 빌려온다. 이런 식으로 오이디푸스 콤플렉스의 해결은 이후의 자아 발달에 매우 중요한 내적 분화를 나타내는 '자아 내부의 현저한 결정적 단계'를 초래한다."[120] 예컨대, 정신분석학에 따르면 "[외부] 부모에서 [내부] 초자아로의 변화는… 개인의 독립을 위한 전제조건이다. 자존감은 더 이상 외부 대상의 승인이나 거부에 의해 조종되지 않고, 오히려 옳은 일을 했거나 하지 않았다는 느낌에 의해 규정된다."[120] 하지만 이 모든 것은 단순히 "초자아의 구성은 상위 수준에서 이루어진다는 사실"[120]을 보여준다. (초자아의 측면들이 퇴행적이고 자기애적이며 태고적일 수 있다는 것은 사실이지만[초자아는 부분적으로 구강 통합에 의해 형성된다고 하는데, 나는 이 이론을 대체로 거부한다), 전반적인 요점은 간단하다. 초자아가 오이디푸스 콤플렉스의 '상위 수준' 상속자라는 말은 심적-자아가 티폰 단계 신체를 넘어선 자기라는 말과 같다).

초자아 심리학의 이러한 전체 영역을 노이만은 '부계 상간/거세'라고 부른다.[279] 그는 몇 가지 이유 때문에 '부계'라는 용어를 사용한다. 첫째, 가부장제가 **역사적, 신화적으로** 모계제를 대체했다.[17,66] 이는 성차별적인 발달이었을 **수도 있겠지만**, 이런 성차별적 발달은 인류의 책임이지 노이만의 책임은 아니다. 노이만은 단지 일어난 일을 보고하는 것일 뿐이다. 둘째, 페니켈에 따르면 오늘날 우리 역시도 "문화적 조건하에서 일반적으로 남녀 모두에게 **부계** 초자아가 결정적임"[120]을 알게 된다. 이 또한 성차별적인 것일 수 있고 문화적으로 유발될 수도 있지만, 설령 그렇다 해도 사회가 변화하기 전까지는 대부분의 사람들, 또는 남녀 인간 모두에게 "부계 초자아는 결정적이다." 따라서 이 단계에서 **부계** 상간/거세가 나타나는 것은 단순히 (대부분의 사람들에게) 부모 중 아버지가 가장 결정적인 역할 모델이사 권위자라는 것을 의미할 뿐이다.

그럼에도 여러 이유 때문에 나는 '**부모** 상간/거세'라는 보다 일반적인 용어를 더 좋아하는데, 각 개별 사례에서 보다 결정적인 인물이 부모 중 어머니인지 아니면 아버지인지는 누구나 간단히 결정할 수 있을 것이다. 부모 모두가 중요한 역할을 하며, 모두가 (어느 정도는) 부모 상간을 통해 내면화된다.[127]

나는 내면화된 부모인 초자아의 본질적인 점은 자기가 티폰 단계 신체를 초월하도록 도움을 준다는 점, 이러한 초월은 (통상) 상위-계열 구조의 발현과 자기가 이 구조와 동일시함으로써 발생한다는 점만 강조하고 싶다. 부모는 이 단계에서 매우 중요한 인물이다. 부모는 자녀가 부모 상간을 통해 동일시할 수 있는, 다양하고 필요한 모든 페르소나의 구체적인 역할 모델을 제공해주는데 — 또는 제공해줄 것으로 생각되는데 — 이러한 역할이 다시 풍부한 내적 분화가 일어나도록 발달을 도와주기 때문이다. 부모가 자녀에게 억압을 강요하는 경우보다는 적절한 역할 모델이 되지 못하는 경우가 더 자주 일어난다. 그런 경우 자녀는 근원-무의식으로부터 자신의 잠재력을 분화시키고 발달시키는 데 실패한다. 이러한 성장 결핍은 부모가 한 일 때문이 아니라, 하지 못한 일, 즉 부모 상간을 위한 적절한 역할 모델이 되지 못한 일에서 비롯한다.

### 자아 단계의 아트만 프로젝트: 자아 이상과 양심

자아 단계의 자기인 P-A-C 자아는 그야말로 새로운 상위-계열 합일을 구현하는 새로운 자기이다. 이 자기는 아트만에 좀더 가깝고, 아트만 대의를 좀더 많이 실현했지만, 아직 아트만 그 자체는 **아니므로** 여전히 빛나는 영웅, 불멸의 전능한 존재가 되려는 그 단계의 아트만 프로젝트를 지속한다. 자기는 모든 하위 수준의 죽음과 초월을 (거의) 받아들였지만, 이제는 심적-자아, P-A-C 자아와 강력하게 **동일시하고** 있다. 따라서 이 새로운 대리 자기는 죽음과 초월에 대항해서 강력하게 보호받는다. 새로운 상간으로 양육되는 동안, 자아는 새로운 죽음의 공포에 질려 위축된다. 새로운 삶과 죽음의 싸움이 시작되고, 새로운 형태의 아트만 프로젝트가 불멸의 머리를 쳐든다.

우리는 이런 현상을 초자아만으로도 매우 분명하게 알 수 있다 (다시 말하지만 나는 자아의 하부인격에 대한 논의를 내면화된 부모인 초자아에 국한시키고 있으므로, 자아 수준의 아트만 프로젝트를 내면화된 부모라는 관점에서만 논의할 것이다). 이제 초자아는 전통적으로 모든 '긍정적' 지시와 이상으로 이루어진 자아 이상(ego ideal)과 모든 '부정적' 지시와 금지사항들로 이루어진 양심(conscience)으로 세분된다. (나는 콜버그의 매우 중요한 연구를 배제하려는 것이 아니다. 단지 논의를 정신분석학적 개념들에 대한 재해석으로 제한하는 것뿐이다.) 자아 이상이란 자아 단계 아트만 프로젝트의 에로스 측면이고, 양심이란 그 프로젝트의 타나토스 측면이라는 말로 이 주제 전체를 요약할 수도 있다는 것이 나의 생각이다. 자아 이상과 양심은 자아 수준에서 영웅, 신, 아트만이 되려는 불멸의 시도에서 나타나는 긍정적, 부정적 측면으로 해석할 수 있는데, 여러 사실들이 이런 해석을 지지해준다.

먼저 자아 이상에서 시작해보자. 뢰빙거는 (랑플-드 그루Lampl-de Groot가 제시한 것처럼) 자아 이상에 대한 정통적 관점을 나음과 같이 멋지게 요약하고 있다.

자아 이상은 유아의 '환각적 소망 충족'[우로보로스 영역]에서 시작한다. 유아가 내부와 외부의 구별을 알게 되면서[물질-신체 수준], 환각적 소망 충족은 전능함과 위대함에 대한 환상으로 대체된다[일차 과정의 이미지 아트만 프로젝트]. 상대적인 무력감을 경험한 후, 이러한 환상은 부모의 전능함에 대한 환상으로 대체된다[부모 상간의 시작]. 이 점에 대해서도 환멸을 느낀 후, 아이는 이상과 윤리를 형성한다. 랑플-드 그루의 경우, 전체 순서는 소망-충족 중 하나[일반적으로 에로스-상간]로 남는다.[243]

위의 문단은 거의 한 세기에 걸친 정신분석학 연구를 요약한 것이나 다름없다. 자아 이상은 기본적으로 에로스-소망 충족의 정점, 단순히 아트만 프로젝트의 긍정적인 측면을 의미한다는 것이 나의 생각이다. 즉, 자아 이상은 단순히 다양한 형태의 아트만 프로젝트를 확보하기 위해 노력했던 많은 변형 사건의 정점이자 요약이라는 것이다. 일부에 따르면, 그 시작은 플레로마와 우로보로스 상태로까지 거슬러간다. 자아 이상은 에로스, 상간, 긍정적인 욕망과 갈증과 과장된 욕망, 우주 중심이자 영웅이 되려는 모든 초기 형태의 온갖 시도를 포함한다. 다른 식으로 말하면 그런 모든 형태를 통과했다. 정신분석학에 따르면 이런 초기 수준들에서 얼마나 고착이 일어났는가에 따라 이런 원시적인 상간과 욕망은 자아 이상으로 계속 살아가면서 자신의 이상을 왜곡하고, 자신의 능력을 거짓으로 늘리고, 불가능한 낙원의 꿈으로 자신에게 짐지운다. 결론적으로 우리는 자아 이상이 일반적으로 우주적 완벽함을 향한 과거의 모든 시도의 거처가 될 수 있다고 말할 수 있다. 이는 자아 이상의 본질을 이해하는 가장 간단한 방법이며, 특별히 정신분석학과도 부합할 뿐만 아니라 일반적으로는 베커 및 실존주의자들과도 부합하는 해석이다.

하지만 이런 해석은 이야기의 절반에 지나지 않는다. 올바른 절반이라고 생각하지만 그럼에도 어쨌든 절반일 뿐이다. 정신분석학은 자아 이상을 살펴보고 그 핵심이 **개인적 한계를 넘어선** 초월적 완벽함에 대한 소망이라는 점을 밝혀내긴 했지만 — 정신분석학은 초-개아 영역을 모르기 때문에 — 자아 이상이 플레로마 단계의 낙원이라는 **전-개아적** 완벽함을 추구하는 퇴행적 소망이라고 결론짓는다.[120] 그렇기에 나는 그런 결론이 진실의 **일부일 수 있다**고 말하긴 했지만, 그것은 단지 일부일 뿐이다. 왜냐하면 자아 이상의 많은 부분은 단순히 아트만 프로젝트의 **현재** 형태이기 때문이다. 자아 이상은 성인이 순간순간의 실제적이고 더 높은 아트만-의식에 대한 직관을 쏟아붓는 틀이다. 자아 이상은 진정한 완전성에 대한 직관이 흐르는 자아의 작은 구멍이다. 따라서 실제로 고착이 발생하지 않는 한, 자아 이상의 '이상성(idealness)'은 많은 분석가들이 생각하는 것처럼 플레로마 단계의 전-시간적 완전성에 대한 퇴행적 소망이 아니다.[46,120,122,141] 오히려 궁극의 합일에서 시간을 초월한 영원한 해방을 맞기 위한 진보적(하지만 여전히 다소 제한적인) 소망이다. 자기는 초월을, 아트만을 원하기 때문에, 하지만 현재의 자아 수준의 죽음이나 타나토스를 받아들이지 않기 때문에, 어쩔 수 없이 타협과 대체물을 받아들이게 되는데, 그 대체물이 기본적으로 일부는 환상이자 거짓이고 일부는 진실이자 현실인 자아 이상이다. 자아 이상은 현재로서는 이루어지거나 실현될 수 없는 모든 아트만 직관을 포함하고 있으며, 그렇기에 개인이 대체물로 소란을 피우는 동안에도 언제나 자신의 현재 평범함이라는 상태를 넘어서도록 이끌어간다.

따라서 이 자아 이상이 무엇을 추구하는가에 대한 장황한 논쟁은 당연히 설득력이 없을 것이기에, 나는 단순히 자아 이상은 사람들을 "창의성, 영웅심, 희생과 이타심이라는 놀라운 업적으로" 이끈다는 블로스Blos의 말에 동의할 것이다. 사람은 자신의 자아 이상이 죽도록 내버려두기보다는 차라리 자아 이상을 위해 죽는다[대리희생]. 자아 이상은 개인의 성숙한 행동에서 가장 타협 불가능한 영향력을 발휘한다. 자아 이상의 입장은 언제나 명확하다.[45] 그러면 그 입장은 어떤 것일까? 그 입장은 단순히 "영원과 융합되는 무한한 미래로 확장해가는 탐구이다. 따라서 시간의 유한성, 죽음 자체에 대한 두려움은 존재하지 않는다."[45] 불멸성과 우주중심성, 자아 이상의 아트만 프로젝트. 자아 이상의 불멸성 프로젝트는 단순히 영원한 완벽함으로서, 이는 단순히 죽음과 공空(sunyata)으로부터 달아나는 에로스, 영원한 내일의 사슬을 통해 불멸성을 갈망하는 에로스의 새로운 유산일 뿐이다. 한마디로 자아 이상은 불멸이면서 완벽한 아트만이라는, 어찌 보면 올바르긴 해도 왜곡된 환상 속에 있는 자기-감각을 유지하고 확보하려는 시도라는 것, 즉 자아 이상의 핵심은 바로 여기에 있다는 것이 나의 생각이다.

이제 아트만 프로젝트의 **부정적인 측면**으로 넘어가보자. 자아 이상이 에로스의 본거지라면, 양심으로 미소 짓고 있는 것은 타나토스라고 할 수 있다. 자아 이상의 뿌리가 플레로마와 우로보로스 단계까지 거슬러갈 수 있듯이, 양심의 기원은 우로보로스 타자에 의해 전달되는 타나토스에 대한 첫 번째 경험과 그에 대한 저항에 놓여 있다. [225,226] "불쾌한 경험[타나토스]의 일부는 후에 부모의 제약과 요구로[멤버십 단계에서 '본능적 윤리'로] 구조화되며, 아이는 부모의 사랑을 받기 위해 그 요구에 복종한다. 다음 단계[자아의 시작]에서 이런 요구 중 일부가 동일시[부모 상간]를 통해 내면화된다. 마침내 아이는 제약을 받아들이고 양심을 형성한다. … [이 양심은] 계속해서 기본적으로 제약의 주체로 남는다."[243] 또한 타나토스에 의해 강요되는 제약은 양심에 의해 구속되고 자아가 그 요구에 순응하는 데 필요한 용량으로 방출되는 죽음에 대한 끊임없는 두려움이다(프로이트 자신도 결국 초자아의 이러한 측면이 타나토스에 의해 형성되었다고 말하지 않았던가?).

따라서 요약하자면, 자아 이상이 이전의 모든 상간의 정점인 것처럼, 양심은 이전의 모든 거세, 즉 제한, 부정, 죽음 엄습의 정점이라고 말할 수 있다. 또한 이전 수준의 거세가 심각했고 고착이 일어났다면, 개인은 실제로 통합되어야 했던 의식의 이전 측면들을 억압하고 분리하기 위해 계속해서 가혹한 양심의 손아귀에 놓이게 된다. 분화와 초월과 통합 대신에 분리와 고착과 억압이 발생한다. 이전 단계를 **희생**하고 죽음을 받아들이는 대신, 그 이전 단계의 측면들을 **대리희생**으로 분리시킨다. 분리는 기본적으로 대리희생이다. 즉, 특정 이전 단계의 적절한 죽음을 받아들이는 대신, 자신의 일부를 대리희생물로 제공한다. 내면화된 부모의 지시에 따라, 그 사람은 내면화된 부모의 눈에 죽음의 위협으로 보이는 자아의 모든 측면을 억압하고 소외시키고 분리한다. 따라서

(그림자처럼) 거짓되고 이상화된 페르소나를 소지하고 있는 사람은 이 부풀려진 자아상을 위협하는 자기의 모든 측면을 억압하고 소외시키고 분리한다. 거짓된 페르소나의 죽음을 받아들이는 대신, 그 사람은 그림자를 억압하고 분리시킴으로써 그림자의 죽음을 대체한다. 자아 이상이 에로스를 대체하는 것처럼, 양심은 타나토스를 대체한다. 나는 초자아 그리고 초자아의 자아 이상과 초자아의 양심에 대한 정신분석학의 중요한 연구들을 재해석하는 가장 쉬운 방법은 여기에 있다고 생각한다.

### 부모 상간/거세의 포기

일단 부모 상간이, 부모 상간과 부모 역할 모델링을 통해 상위-계열 자기를 만들어내는 자신의 기능을 마치면, 그 상간은 탈동일시와 분화를 통해 포기되어야 한다. 부모 양쪽 모두 희생되어야 하고, 그들의 죽음을 받아들여야 하며, 그들의 독점적인 의식 지배력도 부서져야 한다. 만일 자기가 부모 상간의 포기를 거부한다면, 부모 거세를 면할 수 없게 된다. 그 사람은 부모의 명령에 대하여 발육이 부진한 순종 상태에 머물게 된다. 자기는 부모와 **혼융된** 상태로 남게 된다. 그 사람은 내면화된 엄마와 아빠를 떠나는 **분리불안**을 견딜 수 없기에, 심적-자아 영역 전체가 '엄마 아빠'의 의견에 의해 **거세된다.** 그 사람은 감히 독창적인 아이디어를 떠올리거나 스스로 시작할 용기를 내지 못한 채 인생을 살아가게 된다. 발달이 멈추고, 분화가 멈추고, 초월이 멈춘 혼융 상태가 그를 지배한다.

이 모든 드라마는 보통 청년기에 이르러 절정에 이른다. 개인은 부모 상간을 통해 여러 가지 적절한 페르소나를 만들어낸 후, 이제 이 모든 페르소나와 차별화하고 탈동일시해서 이를 초월하고 성숙한 자아에 통합시킨 다음, 성숙한 자아마저 완전히 초월하기 **시작한다.** 이러한 초월은 예전 엄마 아빠인 초자아의 죽음을 요구한다(노이만은 이를 '첫 번째 내면화된 부모의 살해'라고 부른다).[279] 이런 일은 실제 부모로서는 당연히 위협적으로 느낄 수 있는 일이기에, 그로 인해 발생한 긴장은 당사자 모두에게 힘든 시기를 초래하기도 한다.[292]

이 단계를 성공적으로 통과하면 개인은 내향 호의 첫 번째 단계인 성숙하고 통합된 자아를 발달시키게 되고, 그런 다음 자아초월적 자기 양식, 즉 켄타우로스, 정묘, 원인 및 궁극으로 나아가게 된다. 아트만 프로젝트는 점점 더 미묘해지고, 결국에는 아트만에게 완전히 굴복하게 된다. 그리고 그 궁극적인 빛의 비전 속에서, 눈부시게 빛나는 신이 탄생한다.

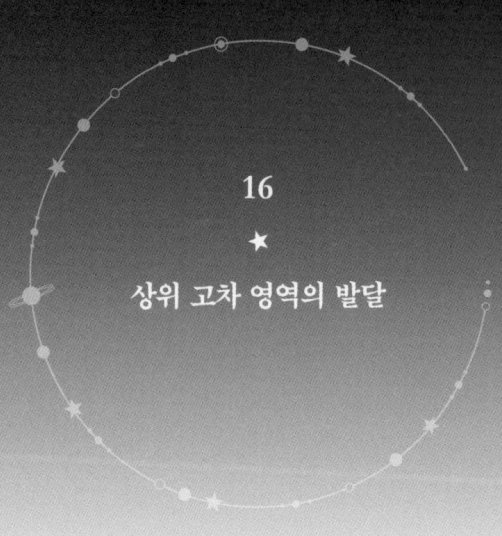

# 16

## ★
### 상위 고차 영역의 발달

지난 몇 개의 장에서 이미 진화의 기초 개념들(에로스와 타나토스, 발현, 상간과 거세, 분화와 분리 등)을 개략적으로 살펴보았기 때문에, 남아 있는 발달 단계들은 아주 빠르게 진행할 수 있게 되었다. 뿐만 아니라 정통 서양 심리학 모델의 상위 영역들을 우리 식으로 해석하기 위해 또다시 멈출 필요도 없게 되었는데, 그 이유는 상위 영역에 대한 정통 서양 심리학 모델은 사실상 존재하지 않기 때문이다.

### 켄타우로스

켄타우로스의 모든 특징들(의도성, 비전-이미지, 심신 통합)은 일반적으로 아트만 대의<sup>大義</sup>(telos), 즉 새로운 형태의 **상위-계열 합일**을 보여주거나 반영한다. 켄타우로스 수준 치료 전문가들 대부분(인

본주의 또는 실존주의)이 언제나 자아, 신체, 마음 및 정서의 합일에
대해, 즉 '상위-수준 합일'이나 '저변의 합일'에 대해 말하는 이유는
이 때문이다. 롤로 메이는 "자아의 이러한 다중성이[많은 심리학
파에서는 근본 상태라고 가정한다] 현대인의 단편화를 반영한다
는 반론이 있지만, 나는 단편화라는 개념은 **단편화의 일부 통일성**
을 전제로 한다고 다시 말하고 싶다. … 논리적으로나 심리적으로
우리는 자아-이드-초자아[티폰과 P-A-C 자아]의 이면을 들여다보
고 이것들이 표현하고 있는 '존재'를 이해하려고 노력해야 한다"[266]
고 말한다. 칼 로저스는 "유기체의 감각이나 경험은 신체 내부 상
태와 변연계 시스템[티폰] 활동에 대한 감각적 인식을 높이는 것
이상으로, 즉 이러한 인식을 신피질이 나타내는 기능에 대한 인식
과 통합하는 것이자, 좌우 피질의 활동[시각-이미지]을 통합하는
것이기도 하다"[187]고 말한다. 펄스 등은 대부분의 사람들이 자아와
신체를 완전히 별개로, 심지어 단편화된 것으로 경험한다고 지적
한다. 하지만 그들은 "다행히도 **진정한 근본적인 통일성**을 증명할
수 있다"[292]고 말하면서, 그 증명을 위해 책 한 권을 쓰기도 했다.
마찬가지로, 로웬Lowen은 대부분의 사람들이 신체와 정신을 분리
하고, 정신과 신체 사이에 차단막이나 장애물을 세운다고 지적한
다. 그는 "차단막은 정신 영역을 신체 영역에서 분리하고 고립시
키는 작용을 한다. 우리의 의식은 그 두 영역이 각기 서로에게 작
용하지만 차단막 때문에, **저변에 존재하는 통일성**을 감지할 수 있
을 만큼 충분히 깊이 확장하지 못한다"고 말한다.[251]

심신 통합체인 켄타우로스는 단순히 새로운 상위 형태의 아트

만 프로젝트, 즉 최종 합일로 가는 길에서 더 높은 또 하나의 새로운 합일일 뿐이다. 그러나 켄타우로스라는 새로운 단계에 이르기 위해서는 이전의 낡은 단계에서 죽어야만 한다. 즉, 자아의 죽음을 받아들여야만 한다.

그런데 그 과정은 새로운 분리불안, 즉 자아를 떠나보내는 불안, 자아 수준 자기-개념과의 배타적인 동일시에서 죽는 불안을 수반한다. 대체로 자아 너머의 모든 것을 매우 의심스러운 눈초리로, 통상 자아 이전 수준으로 보는 오늘날의 집합적인 진화 단계를 감안해볼 때, 이 **분리불안**은 두려운 것이 아닐 수 없다.

그러나 (개인으로 돌아가서) 진화의 현시점에서, 자아의 과업은 완성되었다. 자아는 진화를 잠재-의식에서 자기-의식으로 향상시키는 일에 기여했다. 그러나 이제 자아는 초-의식에게 길을 터주기 위해 자신을 포기해야만 한다. 내향 호에 들어서서 이 오랜 친구에게 작별을 고해야만 한다. 자기는 자아로부터 분화해야 하고, 자아와 탈동일시해야 하고, 자아를 초월해야만 한다. 그런 다음 그 자아를 새로 발현한 상위 구조에 통합해야만 한다. 하지만 마치 자아가 신체를 초월하더라도 신체는 온전히 남아 있는 것처럼, 자기가 자아와 탈동일시하더라도 자아는 원래대로 온전히 남아있다는 사실을 기억하길 바란다. 초월은 기형이 되는 것을 의미하지 않는다. 초월해도 자아는 여전히 보유된다. 다만 그 사람의 정체성이 더 이상 자아에 배타적으로 국한되지 않는 것뿐이다.

그러나 이런 일이 모두 일어나기 위해서는, 자아를 뒤에 남겨두는 분리불안을 통과해가지 않으면 안 된다. 이러한 과정은 앞에서 자아 스스로 신체 분리불안(거세 콤플렉스)을 극복했고, 그 이전에는 신체 스스로 대모 분리불안을 극복했던 것과 똑같다. 자기가 한때 무의식적으로 동일시했던 모든 것과 분화하고, 탈동일시하고, 초월해야 하는데 이제 자아의 차례가 된 것이다.

자아와 동일시한 채 남아 있는 한, 자아의 욕망과 상간으로 작동하는 한, 그 사람은 **자아 거세**에 직면하게 된다. 자아는 현실을 개념과 생각으로 변환하기 때문에, 자신의 생각이 공격받으면 그것을 죽음으로 경험한다.[232] 자아는 나름의 강력한 충동과 목표를 갖고 있기 때문에, 그런 목표가 좌절될 경우, 자아는 그 목표 좌절을 죽음으로 경험한다. 그런 일들은 모두 일종의 자아 거세에 해당한다. 자아와 자아 상간이 존재하는 한, 자아의 죽음과 거세불안을 면할 방법은 없다.

만약 자기가 자아의 분리불안을 견뎌내 극복할 수 있다면, 자기는 자아로부터 분화할 수 있고, 자아를 초월할 수 있고, 그런 다음 자아를 통합할 수 있다. 그렇지 않다면, 자기가 대리만족이나 자아의 상간과 사랑에 빠져 있나면, 분화는 멈출 것이고, 성장도 멈출 것이고, 초월도 멈출 것이다. 자아 **혼융 상태**가 그를 지배할 것이다.

그렇지만 오늘날의 사회 수준을 감안해볼 때, 어느 누구도 성숙한 자아 단계를 넘어 진화하는 것은 매우 드문 일이다. 사회 전체의 평균적인 자기-감각 양식이 초기나 중기 혹은 후기 자아 수준에 있는 것으로 보이기 때문에, 그 자아 단계를 통과하도록 하는 '변형 페이스메이커'로서의 사회적인 힘은 기대하기 어려운 실정이다. 따라서 자아 단계를 **넘어** 성장하려는 사람들은 자신의 뛰어난 재능에 의존하거나 아니면 특별한 전문적인 지원을 받아 성장할 수밖에 없다. 후자의 경우, '정신과 의사'가 아니라 자기-실현 안내자, 일반적으로 실존적-인본주의적 치료자(및 그 수준 너머에 있는 영적 스승들)를 의미한다.

인본주의 치료자(앞에서 보았듯이 이들은 켄타우로스 영역을 이야기하는 경향이 있다)의 과업은 이제 막 켄타우로스 수준으로 상향 변형해가는 자아로 하여금 그 과업에 협조하도록 돕는 일이다. 그런데 이 과업은 켄타우로스-수준 치료자가 그 사람에게 현실을 **변환하는** 새로운 방법을 알려주면서 시작한다는 것을 의미한다. 치료자는 자아가 켄타우로스로 **변형할** 때까지 내담자의 자아(또는 페르소나) 수준 변환에 대항해서 자신의 실존적 변환을 수단으로 싸운다. 즉, 치료자는 이제는 흐지부지된 사회와 부모의 힘을 대신해서 **변형의 페이스메이커**로 작용하게 된다는 것이다. 치료자는 한편으론 낡은 자아의 변환과 상간을 전략적으로 좌절시키고 방해하면서, 다른 한편으론 상위의 새로운 켄타우로스 수준 변환을 가르치고 고무한다.[426] 내담자가 새로운 켄타우로스 변환을 진심으로 자유롭게 채택할 수 있게 되면, 변형은 거의 완성된 것이나 다름없고 그러면 (대부분의 목적에서) '치료'는 끝난다.[292]

이런 과정에서 그 사람은 단지 그의 정신적 틀 짓기(programming), 즉 자기-제작 현실이라는 조형물로부터 만들어진 것만은 아니다. 어떤 수준에서든 진정한 변형은 세뇌 작업의 결과가 아니며, 최면이나 선전의 결과도 아니다. 치료자는 켄타우로스 **수준에**

**서** 현실을 변환하면서, (모든 일이 잘 진행된다면) 내담자에게서도 같은 수준, 즉 켄타우로스 수준의 자기를 **끌어낸다.** 치료자는 내담자의 상위 자기 언어에 관여하는데, 내담자 스스로가 그 상위 수준에서 **살게 될** 때까지 치료자는 내담자와 그 상위 언어나 형태로 함께 산다. 치료자는 근원-무의식으로부터 (회상을 통해) 켄타우로스 수준의 발현을 도와주는 역할을 할 뿐이다.

앞에서 다른 단계에서도 이미 설명했듯이, 실존-켄타우로스 수준 치료자는 내담자에게 **특수조건**을 부과함으로써 이런 변형을 돕게 되는데, 이 특수조건들은 내담자에게 **변형의 상징**으로 작용한다. 켄타우로스의 어떤 특징들이라도 이런 상징으로 작용하게 된다. 치료자는 (자신이 속한 특정 학파에 따라) 의도성이든 비전-이미지든, 아니면 현재에 살거나 심신 합일 훈련 등을 변형의 상징으로 사용할 것이다. 제3세력(인본주의/실존주의 심리학)에 관한 문헌 전반은 자세히 이야기할 필요가 없을 만큼 익숙하리라고 생각한다. 켄타우로스 치료자는 일반적으로 새롭고 더 미묘한 형태의 상간-에로스, 새롭고 더 미묘한 욕망과 동기(탁월한 것으로는 자기-실현 동기)를 발달시키도록 돕는다는 것이 핵심이다. 의식적으로 관심을 갖게 된 이러한 자기-실현 충동은 더 이상 섹스와 쾌락주의적 신체-상간이 아니고 더 이상 직선적 목표와 충동과 개념적 소망이라는 자아-상간이 아니긴 해도 새로운 형태의 상간이라는 점에서는 마찬가지인데, 관습적 존재 양식을 넘어선(생물사회 대역을 넘어선) 자기-실현을 욕망하는 켄타우로스-상간이라는 점에서 다르다. 그런데 자아의 죽음을 기반으로 발생한 그 새로운 상간은 **자기-**

실현한 것일 뿐만 아니라, 삶의 진정한 의미를 만들어내는 것이기도 하다.[64] 그 진정한 의미의 창조는 — 실존주의자들에 따르면 — 단순히 의도성의 일부이긴 하지만, 그것이 롤로 메이가 "의도성이란 경험에 의미를 부여하는 구조"[265]라는 것을 증명하기 위해 한 권의 책을 쓴 이유이다. 그러면서 메이는 "의미는 마음의 의도이다"라는 후설의 말을 자신을 지지하는 말로 인용한다. 따라서 실존주의가 지적하는 의미 없는 세계란 상위-계열 의도성이 없는 세계, 자신의 삶에 참여하지도 소망하지도 않는, 따라서 동일한 활동 속에서 삶의 의미를 창조하지 않는 사람, 자신의 전체적인 삶을 의도하지 않는 사람이 사는 세계에 지나지 않는다.[131] 사물에 다가가거나 의도한다는 것은 그 사물을 지적하거나 의미한다는 것이며, 그것이 실존주의자들이 의도성과 의미를 언제나 같은 것으로 보는 이유이다. 즉, "나의 삶은 의미 없다"는 말은 실제로는 "나는 나의 삶에 진심이 아니다"라고 말하는 것과 같으며, 그 말은 "나는 나 자신의 존재를 의도하거나 소망하지 않는다"는 말이라는 것이다. 실존주의자들에 따르면, 의도성이 내 삶에서 발현하지 않으면, 의미도 내 삶에서 출현하지 않는다.[265]

실존주의자들에게 이러한 말들은 아무런 실체도 없는 이론화에 불과한 것이 아닌데, 왜냐하면 그들은 질병(삶에서의 의미 결여, 또는 자기-실현 에로스의 결여)을 지적했을 뿐만 아니라 그 이유도 지적했기 때문이다. 그들은 내가 근원-무의식으로부터 의도성이 발현하도록 하지 않을 이유, 또는 내가 나의 삶을 의도하지 않거나 삶에서 의미를 찾지 않을 이유를 명확하게 보여주었다. 그런데 그 이유는 우리가 내내 이야기해왔던 바로 그것, 즉 죽음에 대한 두려움 때문이다.

죽음 — 그것은 타나토스, 시바Shiva, 공(Sunyata)으로서, 그 죽음이 자신의 새로운 현재에서 명확하게 드러나면, 나는 죽음의 새로운 포옹으로 인해 얼어붙는다. 나는 실제로 이 새로운 수준의 실존적 공포, 두려움, 불안 및 '죽음에 이르는 병'[223]에 직면한다. 그런데 그 공포는 단지 나의 하위 수준만을 동결시키는 것이 아니라, 즉 나의 '모성 상간'이나 '부모 상간'만을 얼어붙게 하는 것이 아니라, 나의 켄타우로스 수준 **전반**의 의도성, 삶에 대한 나의 **전반적인** 소망도 동결시킨다.

심신체 전체의 죽음을 두려워하기 때문에, 나는 삶을 **조심해서** 살아가야 한다. 즉 나는 나의 전 존재를 삼가고 억제하고 동결시킨다.[25,361] 따라서 나는 같은 이유로 의도성과 비전-이미지도 동시에 동결시킨다. 삶에 대한 **비전**도 없고 삶에 대한 전반적인 의미도 없으므로, 낡아빠진 자아의 흥분과 직선적인 추상 관념만이 남게 된다. 그런 흥분과 관념에 대한 매력은 이미 사라졌음에도 불구하고 나는 앞으로 나아가는 것을 두려워한다. 내가 이 새로운 수준에 얼어붙어 있는 이유는 내가 이 새로운 수준의 죽음에 직면해 있기 때문이다. 상위 자기를 찾아냈지만, 내가 보는 것은 그 자기가 또다시 미소 짓는 죽음의 해골에게 꼼짝없이 위협받는다는 사실뿐이다. 이제 새로운 상위 에로스(자기-실현)의 가능성이 눈앞에 있지만, 그 상위 자기는 필연적으로 새롭고 더 미묘한 타나토스, 즉 심신체 전체의 거세라는 공포를 일깨울 뿐이다. 전체적 자기의 발견으로 얻은 것은 전체적 죽음에 대한 직면뿐이다. 현재의 삶을 두려워하기 때문에, 미래의 삶을 의미 있게 지향하는 일은 불가능하다.[228]

그래서 매슬로는 자기-실현의 가장 큰 장애물이 '요나 증후군'(Jonah Syndrome)이라는 사실을 발견했다. 가장 일반적인 형태의 요나 증후군은 '위대함에 대한 두려움'(fear of greatness)이다. 하지만 위대함에 대한 두려움, 완전한 잠재력과 자기-실현에 대한 두려움이 존재하는 이유는 무엇일까? 매슬로는, 그 진정한 해답은 "우리가 더 위대한 것을 견뎌낼 만큼 강하지 못하다!"는 이유 때문이라고 말한다. 자기-실현과 삶의 완전한 의미, 삶에 대한 완전한 개방성이 너무나도 지나치다는 것이다. "그것은 너무나 소름 끼치고 고단할 뿐이다. 따라서 사람들은 종종 황홀한 순간에 '이건 말도 안 돼'라던가 '도무지 참을 수가 없어' 또는 '죽을 것만 같아'라고 투덜거린다"고 매슬로는 말한다. 미칠 듯한 행복감은 오래 간직할 수 없다. 요나 증후군의 뿌리에 존재하는 것은 "산산이 부서진 존재에 대한 두려움, 통제력을 잃은 존재에 대한 두려움, 흩어져 분해된 존재에 대한 두려움, 경험에 의해 죽임당한 존재에 대한 두려움"[25,263] 이외에 다른 것이 아니다. 그런 만큼 **죽음에 대한 두려움**은 **삶에 대한 두려움**으로 위축된다는 점에 유념하길 바란다. 이런 일은 이전의 모든 수준에서도 (그 수준들의 거세로서) 다소 약한 모습으로 분명히 일어나지만, 이 켄타우로스 지점에선 최초로 심신체 전체의 생과 사에 직면한다. 또한 이 켄타우로스 죽음에 대한 두려움은 이 수준의 잠재력, 자기-실현의 잠재력과 존재의 근본적인 의미의 잠재력을 동결시키는 음모를 꾸밀 수도 있다.

이 주제는 참으로 중요하기 때문에, 이 놀라운 주제를 너무 요약해서 다룰 수밖에 없다는 점이 안타깝다. 실존주의 치료자의 작업은 사람들로 하여금 현재에 굳게 발을 딛도록, 그렇게 해서 이 **현재에 중심**을 두고 '존재할 용기'[377]로부터 자신의 미래를 **의도하고 의미하기**를 시작해서 그 안에서 의미를 찾아내도록, 즉 자기-실현하도록 도와줌으로써 켄타우로스 거세에 맞설 수 있게 도와주는 것이라고 요약해서 말할 수 있을 뿐이다.[64,131,228] 자아 수준 상간이 모두 죽기 시작할 때, 자아의 모든 대리만족이 의미를 잃을 때, 그러면 그때 어떻게 할 것인가? 자아의 모든 목표가 달성됐을 때, 역사가 우리에게 주는 의미가 모두 사라졌을 때, 그러면 그 이후엔 무엇을 할 것인가? 사회적 대체물이거나 자아 혹은 페르소나 수준의 대체물이 사라져버렸을 때, 그 이후엔 어떻게 될까? 엘리엇*의 감동적인 시구를 보자.

"이제 나는 무엇을 해야 할까? 무엇을 해야 좋을까?
나는 지금 이대로 달려 나가 머리를 산발한 채
거리를 걸을 거야.
그러면 우리는 내일 뭘 하지? 우리는 뭘 해야 하지?"
10시에 따뜻한 물을 쓸 거고
4시에 비가 오면 지붕 덮인 차를 탈 거야,

---

* T. S. Eliot: 1888-1965. 미국에서 태어났으나 영국에서 주로 활동한 시인이자 문학비평가. 1948년 노벨문학상 수상. 《황무지》와 《네 개의 사중주》가 대표작임.

그러고는, 무거운 눈꺼풀을 눌러대면서 누군가 문을
두드릴 때까지 우리는 체스 놀이를 하면서 기다릴 거야.

모든 자아 수준 충동이 가라앉아 호소력을 잃으면, 영혼은 자연
스럽게 삶과 자기 그리고 존재에 대한 성찰에 관심을 갖게 된다.
— 그러면 **의미**와 **자기-실현**의 문제가 불가피하게 떠오르게 되고,
그리하여 온전한 심신체인 켄타우로스는 딜레마에 **빠지게** 된다.
실존주의자들에 따르면, 사람은 이 딜레마에 직면하여 그 딜레마
를 (우회하는 것이 아니라) 헤쳐 나가야 한다. 그래야 자신의 삶에 대
한 비전-이미지, 그리고 의도성과 의미를 되살릴 수 있다. 실존주
의자들은 삶의 **의미**가 삶에 대한 **소망**과 같다고 말하면서, 사람은
죽음에 직면할 때에야 비로소 자신의 삶을 소망할 용기를 낼 수
있다고 말한다.

전반적으로 실존주의자는 자아의 죽음과 켄타우로스의 발현에
봉사한다. 켄타우로스는 더 높은 새로운 자기이다. 그 자기의 에
로스는 단순히 의도성과 자아-실현에 대한 추진력이고, 그 자기의
타나토스는 단순히 죽음에 대한 전반적인 불안이지만, **일반적으**
**로** 이 수준에서 자기는 처음으로 죽음을 의식적으로 진지하게 인
정하고 반성하기 시작한다. 켄타우로스는 자신의 죽음을 받아들
일 수 없지만(켄타우로스로서는 할 수 없는 일이다), 죽음을 드러내놓고
마주하고 대면할 만큼 충분히 강한 최초의 자기-감각이다. 그런데
"진정하지 못한 사람(티폰 또는 자아 영역)이 불안을 덜 자주 그리고
덜 강렬하게 경험하는 이유는 바로 이 때문인데… 그에게는 하이

데거가 진정성에 귀속시킨 예상치 못한 외로운 죽음에 대한 생생한 인식이 없다."[228] 그리고 켄타우로스 수준 치료사의 역할 중 일부는 '존재할 용기'와 더불어 이 새로운 두려움에 맞서고, 예상치 못한 외로운 죽음이라는 그 분위기 속에서 비전-이미지를 찾아내도록 돕는 일이다.

그것을 넘어서는, 켄타우로스의 죽음 엄습을 초월하는 유일한 방법은 켄타우로스 자체를 넘어서는 것, 그것에서 분화하는 것, 그것과의 동일시를 떨쳐내는 것이다. 그런데 그 방법은 개인이 켄타우로스 상간에서 죽어야 한다는 것을 의미한다. 처음에는 이상하게 들리겠지만, 개인은 '내 삶에서의 의미'를 **넘어서야** 하고(왜냐하면 '내 것'을 넘어서기 시작했기 때문이다), 의도성과 '자기-실현'을 포기해야만 한다('자기'를 포기해야 하기 때문이다). 개인은 자기-자율성도 버려야 한다(왜냐하면 의식에 동기를 부여할 주체는 내가 아니라 그리스도이기 때문이다).

켄타우로스는 실제로 나의 새롭고 더 높은 단계의 자기이긴 하지만 여전히 대리자기이고, 여전히 진실과 환상의 혼합물이며, 여전히 자신을 아트만이라고 상상하고, 여전히 아트만 프로젝트의 지배를 받고 있다. 우리가 켄타우로스가 더 높은 차원의 자기라고 말한 것은 모두 진실이다. 하지만 아직 아트만은 아니므로 여전히 스스로를 으스대는 영웅으로 연기한다. 이러한 형태의 아트만 프로젝트는 자족적이고 자신에게 만족하는 '자율성'이라는 개념, 영원 앞에서 스스로 우상이 되는 작은 신보다 더 명확한 것이 없어 보인다. 이것은 실제로 분리된 주체가 그 상태 그대로 **남으려는** 가장 교묘한 시도일 뿐이다. 고립된 경향성을 발휘하고, 제한된 잠재력을 부풀리고, 시간적 특성에서 전능하고 자율적인 신이 되고, 스스로에게서 **자존성**을 취하려는 분리된 주체의 시도일 뿐이다.

이전의 다른 구조들과 마찬가지로 켄타우로스도 실제로 필수적이지만 **중간적** 기능을 수행하는 구조이기에, 일단 켄타우로스를 실현했다면 그것을 신격화하거나 찬양할 것이 아니라 초월해야 한다. 켄타우로스의 에로스도 결국 포기되어야만 한다. 포기하지 않으면 그 수준과 **혼융되어** 켄타우로스 단계의 상간에 갇히게 된다. 분화가 멈춘, 발달이 멈춘, 초월이 멈춘 고립된 '자율성'이라는 대리만족에 머물게 된다. 이 자율성은 자율적인 아트만의 원초적 직관에 **기반**을 두고 있긴 하지만, 고립되고 필멸적인 유기체로 대체되고 왜곡된 자율성이다. 실제로 비교적 강하고 유능한 구조인 켄타우로스의 핵심 과업은 **죽을 수 있을 만큼 충분히 강한 자기를 만드는 것**이다. 강한 자기를 만드는 것은 남에게 자랑하기 위해서가 아니며, 오래오래 인본주의 만남 그룹의 리더가 되기 위해서는 더더욱 아니다.

누구라도 이 새롭게 요구되는 **분리불안**을 견뎌낼 수 있다면, 켄타우로스 수준의 상간을 포기할 수 있다면, '자기-실현'과 '자율성'을 넘어서는 것을 견뎌낼 수 있다면, 실제로 **개인적인 삶 전부**를 떠나보낼 수 있다면, 즉 누구든 그 모든 것으로부터 분화 작업을 견뎌낼 수 있다면, 그 사람은 정묘 영역과 원인 영역이라는 초-개아 영역을 맞이할 수 있게 될 것이다.

## 정묘 영역과 원인 영역으로의 진화

나는 정묘 영역과 원인 영역을 아주 간략하고 간결하게 다룰 텐데, 그 이유는 이미 두 영역에 대해 많은 핵심을 다루었기 때문에 지금쯤은 그 요점들이 매우 분명할 것 같기 때문이다. 두 영역에도 새로운 상간, 새로운 거세, 새로운 정체성, 새로운 대리자기가 있는 일련의 상위-계열 분화와 통합이 존재한다. 마지막 정점에 도달하면 그때 개별적 자기는 없어지고 오직 참자기만 있을 뿐이다. 그때 비로소 아트만 프로젝트는 아트만으로 붕괴된다.

정묘 영역에서 시작해보자. 구루, 즉 스승이 부과한 **특수조건**을 통해 정묘 영역이 근원-무의식으로부터 발현하기 시작한다. 켄타우로스 수준의 변환이 잦아들고 정묘 수준의 변형이 시작된다. 결국 자기는 **정묘 상간** 또는 정묘 에로스를 통해 이 원형 구조와 **동일시하고**, 켄타우로스(및 몸과 마음)와 탈동일시함으로써 정묘 구조로 작용하게 된다. 정묘 상간, 정묘 에로스는 그 정묘 자기로부터 계속 작용하여 행복한 사랑, 스승과 그의 제자들과의 직접적인 상간적 결합, 이슈타데바와의 결합, 사하스라라의 행복한 빛 등의 형태를 띤다. 정묘보다 더 상위 영역(사하스라라 너머)에서의 상간에는 소리(나다)의 계시, 청각적 깨달음 및 빛나는 존재 속에서의 거친 죽음으로부터의 황홀한 해방이 포함된다. 혼(soul)은 '신과 일체가 되기' 시작하고, 그 일체성 또는 동일시는 원형적 신의 **형태로서** 정묘 상간을 통해 이루어진다.

간단히 말해, 그것이 정묘 상간이다. 그런데 그 상간은 정묘 거세를 수반한다. 정묘 거세의 가장 흔한 형태는 한편으로는 빛을 잃어버릴지도 모른다는 끊임없는 두려움이고, 다른 한편으로는 빛에 의한 자기의 실제적 소멸에 대한 두려움이다. 빛-지복에 의한 자기의 소멸은 자기를 빛과 동일시하거나 빛에 재흡수되는 것과는 다르다(동일시와 재흡수는 일어나야 할 일이다). 정묘 거세는 자기의 우아한 초월과 통합이 아니라, 혼란과 파괴를 수반한다.

정묘 수준의 발달에서 자기는 자신의 가장 높은 원형인 이담/이슈타데바/구루에게 재흡수되어야 하는데, 이러한 재흡수는 실제로 자신의 가장 높은 원형이므로 따라서 의식의 상실이나 감소가 아니라 의식의 강화와 확장에 해당한다. 그러나 정묘 에너지는 자기를 침범해서 파괴할 수도 있는데(정묘 분리), 그런 일은 통상 지나치게 빠르게 등장한 정묘 상간으로 인해 초래된 정묘 거세의 한 가지 형태이다. 그런 일은 특히 쿤달리니 요가에서 자주 발생하는 것으로 보이는데, 요가 수행자가 정묘 에너지를 너무 과도하게 밀어붙여 조대 상간을 정묘 상간으로 승화시키는 바람에 원형적 에너지가 범람해서 그 에너지에 의해 침수된 것이다.

정묘 자기는 아트만에 가까운 비범한 상위-계열 자기이긴 하지만, 여전히 아직 아트만은 아니다. 그러나 이 단계의 대리자기는 너무나 미묘해서 거의 언제나 아트만 그 자체로 오해되며, 이로 인해 아트만 프로젝트에서 가장 깨부수기 어려운 형태가 된다. 개인이 이 **융합 상태**를 깨고 원인 영역으로 넘어가려면 정묘 상간, 즉 사하스라라의 지복과 빛, 황홀한 소리를 포기해야만 한다. 정묘 영역의 **분리불안**을 극복할 경우, 정묘의 초월을 맞게 될 것이고 마침내 원인 영역으로 이끌리게 된다.

원인 영역에서 근원-무의식의 마지막 주요 형태가 의식 속에서, 의식으로서 발현하고, 따라서 **모든** 형태가 여여로서의 의식으로 환원되고, 그 의식에 의해 재흡수된다. 모든 형태는 정묘 차원에서 원형으로 환원되고, 이 원형은 (저-원인 영역에서) 최종-신으로 환원되며, 이 최종-신은 (고-원인 영역에서) 무형상 의식으로 환원된다. 이 무형상으로의 추락이 실제로는 원인 상간으로서, 형상과 무형상 사이에서 발생한 매우 미묘한 이 긴장 상태가 원인 거세이다. 즉, 무상 삼매나 즈나나 삼매에서 드러난 현현과 드러나지 않은 비현현 사이에 지극히 미묘한 긴장 상태(이러한 표현이 맞다면)가 발생한다는 것이다. 비현현으로의 추락, 즉 공<sup>空</sup> 안에서 해방되는 것에 대한 갈망이 원인 상간이다. 그 원인 상간 주위에서 현현 영역이 해방에서 멀어지게 한다는 느낌, 현현 영역이 무형상 광휘를 거세한다는 미묘한 느낌이 심장 주변에서 발달하는데, 그곳에서 마지막으로 풀리는 매듭이 이 미묘한 긴장감이다.

개인이 원인 상간, 즉 공과의 융합과 배타적인 정사를 포기할 수 있다면, 모든 방향에서 궁극의 상태가 유일한 최종 실재로 부활한다. 그 궁극의 상태에서는 형상과 무형상의 구별이 사라진다. 이 궁극의 상태는 볼 수 없다. 궁극의 상태는 보이는 모든 것이기 때문에 보이지 않는 것으로 남는다. 궁극의 상태는 들을 수 없다. 왜냐하면 궁극의 상태는 들리는 모든 것이기 때문이며, 그렇기에 말할 수 없는 것으로 남는다. 궁극의 상태는 알 수 없다. 왜냐하면 궁극의 상태는 알려진 모든 것이기 때문이다. 그러므로 궁극의 상태는 위대한 신비로 남는다.

궁극의 상태는 알 수 없고, 방해받지 않고, 규정지을 수 없는 의식으로서, 순간순간 완벽하게 빛난다. 그 궁극의 상태는 마치 새롭게 완성된 상태의 무한한 시리즈처럼 놀이 속에서 무한히 변화하지만, 그 충만함 속에서 영원히 동일하다. 궁극의 상태는 마치 진화의 최종 한계처럼 보이지만, 사실은 처음부터 끝까지 끝없이 이어지는 모든 진화 단계의 본래적 현실태이다. 궁극의 상태는 바로 그런 것이기에 언제나 그리고 전적으로 획득 불가능하다. 왜냐하면 궁극의 상태는 이미 언제나 그러하며, 시간을 초월해 있고 영원하기 때문이다. 궁극의 상태는 다만 그럴 뿐, 그것을 얻고자 하는 모든 시도는, 심지어 원인 영역에서도 결국에는 무너지기 마련이다. 궁극의 상태는 처음부터 완전히 존재해 있었기에 결코 잃어버리거나 되찾을 수 없으며, 결코 잊혀지거나 기억될 수 없다. 궁극의 상태는 그 어떤 것보다 항상 먼저 존재해 있었던 것으로 이해된다(그래서 평범한 존재도 그 궁극의 상태가 부족하지 않으며, 붓다도 그 궁극의 상태를 얻지 못한다고 하는 것이다).

무한하면서 모든 것을 관통하며 모든 것을 포용하는 의식으로서의 그 궁극의 의식은 하나이자 또한 다수이고, 유일한 것이자 모든 것이며, 근원이자 그러함, 원인이자 조건이다. 그러므로 모든 것은 이 하나의 몸짓에 지나지 않으며, 모든 것은 그 몸짓의 무한한 놀이로 인해 형성된다. 무한으로서의 궁극의 의식은 신에 대한 경이로움을 요구하고, 신으로서의 그 의식은 예배를 요구한다. 진실로서의 궁극의 의식은 지혜를 요구하고, 자신의 참자기로서의 그 의식은 정체성을 요구한다.

존재로서의 궁극의 의식은 걸림돌이 없는데, 이 걸림돌 없음이 온 우주에 스며 있다. 행동으로서의 그 의식은 흔적을 남기지 않으며, 이 흔적 없음이 영원히 계속된다. 지복 너머의 지복 너머의 지복, 이 지복은 느낄 수 없다. 빛 너머의 빛 너머의 빛, 이 빛은 감지할 수 없다. 오직 명백할 뿐이어서 의심조차 할 수 없다. 오직 현재할 뿐인 그 현재는 지금도 빛나고 있다.

# 17

★

## 정신분열병과 신비주의

    정신분열병(schizophrenia, 조현병)과 신비주의는 보기에 따라 언제나 광기 또는 천재성과 유사한 것으로 여겨져 왔다. 이 둘은 밀접하게 유사한 것처럼 보이기도 하고, 때로는 전혀 다른 것처럼 보이기도 한다. 그러나 정신분열병과 신비주의 사이의 유사성은 일반적으로 이 두 정신 상태에 대한 두 가지 다른 분위기의 믿음으로 이끌어왔다. 정신분열병을 질환으로, 질병으로, 최악의 병리로 보는 사람들은 모든 신비주의도 마찬가지로 그와 유사한 시선으로(그 둘의 유사성이란 점에서) 보는 경향이 있다. 신비주의 현자들을 전적으로 병든 사람들은 아닐지라도, 적어도 그 절반 어디쯤엔가 해당하는 사람처럼 본다. 정신의학진흥그룹(Group for the Advancement of Psychiatry: GAP)의 최근 보고서에 따르면, "정신의학자들은 내적이거나 외적인 스트레스에 대항해서 방어하기 위한 형태의 자아 퇴행을 입증할 수 있다는 이유 때문에, 정상과 노골적인 정신병 중간쯤에 해당하는 형태의 행동을 보이는 신비 현상에 홍미를 보이게 될 것이다"[167]라고 한다. 퇴행은 일어날 수 있을 뿐만 아니라 실제로 일어나고 있다는 사실, 스스로 신비가라고 부르는 사람들 중에는 실제로 퇴행 상태에 있는 사람도 있다는 사실, 그리고 어떤 신비가는 성숙한 합일 상태로 가는 과정에서 가끔 퇴행적인 콤플렉스를 재활성화시키기도 한다는 사실에 대해 나 역시 동의해왔고 그런 식으로 주장하기도 했다. 그러나 그런 사실 때문에 정신분열병과 신비주의를 깔끔하고 명료하게 분별하는 작업 자체를 중단해서는 안 된다. 그런 점에서 GAP의 입장은 초월과 신비주의의 본질을 전면적으로 밝혀주는 심리학적 진술로서는 매우 제한적인 도움만 줄 뿐이다.

정신분열병과 신비주의에 대한 두 번째 일반적인 태도는, 조금은 진실에 더 가까운 것처럼 보이긴 하지만, 때로는 독단적이고 과도하게 많은 것을 아우르고 있다는 점에서 첫 번째 태도와 마찬가지로 어려움을 겪고 있다. 이 집단에서는 정신분열병을 질병이 아니라 엄청난 초-건강 상태로 보는 경향이 있다. 이들의 관점(랭R.D. Laing[230]과 노만 브라운[58] 등)이 그렇지만 않다면, 나 역시 이 부류의 연구자들을 매우 존중한다. 이들은 초월 상태가 매우 진정한 것이며(내가 동의하는 점이다), 정신분열병과 신비주의가 너무나 유사해 보이기 때문에 정신분열병 환자 역시 매우 건강한 사람의 예임이 틀림없다는 주장에 호의적이다. 브라운이 말한 것처럼, "분할된 마음은 정신분열병이 아니라 정상 상태이다. 정신분열병에서는 잘못된 경계들이 분해된다. … 정신분열병 환자들은 진실로 인해 고통받는다. … 정신분열병 환자의 세계는 신비에 동참한 세계, 즉 '형언할 수 없는 내적 감각의 확장', '참 대상에 대한 불가사의한 느낌', 초자연적인 심신 상관적 영향력과 힘이다."[58]

나 자신의 견해는 이 두 진영 사이 어딘가에 있는데, 제7장에서 간략하게 다룬 바 있는 전前과 초超라는 매우 중요한 차이점에 기반을 둔 입장이다. 이제는 정신분열병 환자 자신의 경험을 사용할 수 있다는 현상학적 보고들에 기초해서 그림 2와 3을 참고해볼 경우, 전형적인 정신분열병 증상 발현(episode)에는 통상 다음과 같은 요인들이 관여한다.

1. 갑작스럽게 발생한 증상 발현은 흔히 극단적인 스트레스 상황이거나 가혹한 딜레마로 인해서이다.[114] 이에 앞서 개인은 매우 나약한 자아(페르소나)를 보유하고 있고 고립주의 경향이 있어서 사회적 관계를 수립하는 데 큰 어려움을 겪을 수도 있다.[6] 다른 편에서 보면, 그 사람은 단지 윤회에 내재된 진정한 고(Dukha), 즉 고통과 직면했고 그 고통스러운 통찰로 인해 일시적으로 압도되었을 수도 있다.[239] 정신분열병을 유발한 계기가 무엇이든(나는 생화학 요인도 배제하지 않는다. 그런 요인들도 극히 중요하며 뇌-기반 과정에 대한 생화학적 연구는 정신의학에서 가장 중요한 돌파구가 되고 있다. 내가 여기서 생리학 요인을 논하지 않는 것은 그것만으로도 몇 개의 추가적인 장이 필요할 것이고, 다루지 않더라도 우리가 도달하게 될 결론을 근본적으로 바꿔놓지는 않을 것이기 때문이다), 자아/페르소나의 변환은 부서지고 크게 손상된다(정신분열병에 대한 이중구속 이론은 이 자아의 변환이나 거창한 계획이 와해되는

것에 직접 관련이 있다).[23]

2. 자아의 편집하고 여과하는 변환 기능(이차 과정, 현실원리, 구문적 구조화 등)의 와해는 개인을 **하위 의식 수준과 상위 의식 수준 모두**로부터 무방비 상태로, 그런 의식에 개방된 상태로 방치해버린다. 그로 인해 **이중과정**이 작동하는 듯 보인다는 것이 나의 생각이다. 자기가 하위 의식 수준들로 역행해갈 때, 동시에 상위 영역(특히 정묘 영역) 측면들이 밀려들어 오도록 개방된다. 달리 말하면, 그 사람이 잠재-의식으로 이동해갈 때 초-의식이 그에게로 밀려온다는 것이고, 그가 하위 수준으로 퇴행해갈 때, 그는 상위 수준에 의해서도 침범된다는 것이다. 그는 침잠-무의식뿐만 아니라 발현-무의식에도 맞닥뜨리게 된다. 나는 개인적으로 정신분열병적 분할의 현상학을 이와 다르게 설명할 수 있는 다른 방법이 과연 있을 수 있는지 알지 못한다. 정신분열병을 퇴행만으로 보는 사람들은 그 병의 진정한 종교적 차원을 완전히 간과하며, 정신분열병이 전부 대단히 영적이고 최상의 건강 상태라고 보는 사람들은 그 병이 실제로 정신적 분열이자 퇴행이라는 증거를 보면 몹시 당황한다.

어쨌든 자아 수준의 변환이 실패하기 시작하면, 통상 극단적인 불안이 초래된다.[75] 퇴행이 시작되어 자아 수준 구문이 와해되면, 그 사람은 신화적 사고와 신화-멤버십 영역의 마법적 참조 특성을 받아들이기 쉬워진다.[6] 앞에서 보았듯이, 신화적 사고는 부분과 전체, 부류와 성분을 혼동한다. 정신분열병적 사고의 특성을 규정하는 것이 **바로** 그런 신화적 사고이다.[6,7,23] 예를 들어, 어떤 정신분열병 환자가 추워서 잠자기 힘들었다고 보고하면서 "어젯밤 병 속으로 들어갔는데, 뚜껑을 닫을 수 없었어요"라고 말했다고 해보자. 신화적 사고는 이런 식으로 진행한다. 이불이나 담요가 있는 침대는 병, 즉 다른 물건을 담을 수 있는 용기라는 부류에 속한다. 병 또한 이런 부류에 속하는데, 신화적 사고는 부류와 성분을 구분할 수 없기 때문에 "침대로 들어간다"와 "병 속으로 들어간다"는 (상징적으로가 아니라) 실제로 **똑같은 것**이다. 마찬가지로, "이불"과 "뚜껑"도 같은 것이다. "뚜껑을 닫을 수가 없었어요"는 "이불이 계속 떨어졌어요"를 의미한다. 그것이 추웠던 이유이고 잠을 잘 수 없었던 이유이다. 베이트슨이라면, 그가 논리적 유형(logical types)에서 어려움을 겪고 있다고 말할 것이다.

퇴행이 신화적 사고를 조금 더 넘어설 경우, 그 사람은 언어 이전의 화려한 환상과 일차 사고를 면하기 어려워진다. 즉, 그는 통상 청각적 환각 때로는 시각적 환각에 빠진다.[6,114,217]

3. 이야기에 대한 왜곡이 끼어든다. 자아 수준 변환이 실패하기 시작하고 전-자아 영역으로 빠져들면, 초-자아 영역에서의 침범(거세)도 쉬워진다. 따라서 그 사람의 의식은 성질상 흔히 매우 강력한 종교적 직관(그저 퇴행적인 환상이 아니라 실질적이고 타당한 영적인 통찰)으로 흘러넘친다. 내적 경험의 많은 부분을 "창조적 경험과 종교적 개종 및 절정 경험이 차지할 수 있는데, 이런 경험에는 심각한 정신병적 반응이 수반될 수 있다."[114] 그런 사실이 간과되어서는 안 될 것으로 보인다.

그러나 흔히 그 사람은 이런 통찰들을 조직화할 수 없다. "침대에 들어간다"와 같은 단순한 일을 "병 속으로 들어간다"고 보고한다면, 그가 그리스도에 대한 통찰적 이미지(vision-image)를 어떻게 묘사할지 상상해보라! 게다가 이런 통찰들은 매우 '자폐적'이고 자기-지향적이며 비밀스러운 경향이 있다. 그 사람은 자신은 그런 경험을 이해할 수 있지만, 자기 외에 어느 누구도 이해할 수 없다고 믿는다. 정신분열병의 퇴행적 측면이 역할 이해 이전 수준으로 옮겨가는 경향이 있기 때문에 그 사람은 자신이, 오직 자신만이 (예컨대) 그리스도라고 생각한다는 사실과 관련이 있어 보인다. 그는 다른 사람의 역할을 취하거나 받아들일 수 없어서, 실은 모든 사람이 그리스도라는 사실을 알 수 없다. 그는 자신의 아트만-본성(상위 수준으로부터의 유입)을 생생하고 강력하게 직관하지만, 단지 원시적이고 자기애적인 수준에서 직관할 뿐이다. 여기에 신비현자와 시설에 입원한 정신분열병 환자 사이에 있었던 대화 내용이 있다. 이 대화는 내가 말하는 것이 무엇인지를 완벽하게 알려준다. 바바 람 다스*는 이렇게 말한다.

> 그[입원한 정신분열병 환자]는 전혀 읽을 수 없었던 그리스어를 읽고 있었고, 엄청난 양의 글을 쓰고 있었다. 그는 의사들이 병적이라고 보았던 수많은 놀랄 만한 일들을 했다. 즉 훔치고, 거짓말하고, 속이고, 심지어 자신이 그리스도라고까지 말했다. 그는 여러 차례 병원에서 탈출했을 만큼 매우 똑똑한 친구다. 내가 그의 원고를 읽고 느낀 점은 그가 소수의 최상위 존

---

* Baba Ram Dass: 1931-2019. 본명은 리처드 앨퍼트Richard Alpert로 미국의 현대 요가 스승이자 작가.

재들이 밝혔던 세상에서 가장 위대한 어떤 진리에 분명히 파
장을 맞췄다는 사실이다. 그는 이런 진리를 경험하긴 했지만,
이런 일이 오직 자신에게만 일어났다는 느낌에 사로잡혔다.
… 따라서 그는 "나는 이것을 받았지만 당신은 받지 못했소"라
고 말하는 혼란스러운 곤경에 빠졌다. 내가 "그대는 자신이 그
리스도, 순수한 의식의 그리스도라고 생각해요?"라고 말하면
그는 "그래요"라고 말한다. 나는 "좋아요, 나 역시도 내가 그리
스도라고 생각해요"라고 말한다. 그러자 그는 나를 보고는 "아
니요, 당신은 이해 못해요"라고 말한다. 나는 "그들이 당신을
여기 가둬둔 이유는 바로 그것 때문이에요, 아시겠어요?"라고
말한다.[114]

4. 반 듀센Van Dussen은, 스웨덴보리[*]에 기초한 매우 중요한 연구
에서 이런 두 가지 중요한 형태의 환각을 현상학적으로 구분하였
다.[381] 나는 그가 그 작업을 어떻게 해냈는지 기술할 수 없지만 —
너무나 복잡해서 — 그의 방법과 결론이 타당하다는 점을 알았기
때문에 그 연구의 가치는 충분해 보인다. 기본적으로 반 듀센은
단순히 환자의 입장에서 이런 환각들에 대해 말하면서, 그런 환각
들의 '전기적 개요'(biographical sketches)를 묘사한다. 그렇게 해서
기본적으로 두 가지 유형의 환각이 드러난다. '하위-계열 환각들'
은 일반적으로 악의적인 환각들로서 프로이트의 이드처럼 보이

---

[*] Emanuel Swedenborg: 1688-1772. 스웨덴의 과학자, 철학자, 신학자 및 신비주의자로서 칸
트, 융, 에머슨, D. T. 스즈키 등 많은 사람에게 영향을 미침.

고, '반反-영적'이면서 '끊임없이 말을 한다'(즉 언어적 구조이다). 가장 중요한 점으로, 그 환각들은 하위이지만 여전히 마음의 무의식 영역, 개인적인 기억에 있으며, 어쨌든 환자 자신의 경험에 국한되어 있다. 그러나 "상위 계열의 환각은 순전히 시각적이며 전혀 말을 사용하지 않는다[초-언어적이며 정묘 영역이다]." 상위-계열의 환각들은 무엇보다 "칼 융의 원형(Archetype)처럼 보인다." 즉 이런 환각들은 순전히 정묘, 초-개아, 원형 수준에서 기인한다. **그런 점**에서 상위-계열 환각은 환각이 아니라 진정한 경험이다.

5. 끝으로, 그 사람은 실제로 자기와 타자, 내부와 외부를 완전히 혼동하는 우로보로스 및 전-개아 구조로 퇴행할 수도 있다. 그럴 경우 시간은 시간관념 이전 상태로 사라지고, 자기 시스템은 완전히 붕괴한다. 이것은 초-시간적 영원한 지금의 직관이 아니다. 아리에티의 불쌍한 환자들이 너무나 분명하게 보여줬던 것처럼 단지 과거, 현재, 미래로 이어지는 시간 계열을 인지할 수 없는 평범하고 단순한 무능력에 지나지 않는다.[6,7]

전반적으로 볼 때, 정신분열병이 우리에게 보여주는 깃은 아트만 프로젝트에 의해 조종되는 합일 탐색 과정에서 개인은 부계에서 모계를 거쳐 우로보로스와 플레로마에 걸친 수많은 태고적 또는 유아적 합일로 퇴행할 수 있다는 점이다. 에리히 프롬은 이런 현상과 그런 단계적 퇴행이 갖는 함의에 대해 완벽하게 알고 있었던 것으로 보인다. 프롬은 그 특별한 단계들을 구체적으로 언급하지 않았지만, 아래의 인용문은 그가 관련된 단계들에 대해 잘 인식하고 있다는 점을 보여준다.

인간은 이 퇴행적 합일을 여러 수준에서 찾으려고 할 수 있는
데, 이 수준들은 질병임과 동시에 비합리성 수준이기도 하다.
인간은 자궁으로, 대자연인 어머니에게로, 죽음[플레로마 단
계 상간]으로 되돌아가려는 열망에 사로잡힐 수 있다. 이런 목
표가 매우 강력하고 또한 억제되지 않을 경우, 그 결과는 자살
이거나 정신이상[플레로마적 거세]이다. 합일에 대한 덜 위험
하고 덜 병적인 퇴행적 탐색 형태는 어머니 젖가슴[모성 상간]
이나 어머니의 손에 또는 아버지의 명령[부성 상간]에 매인 채
남아 있으려는 목표이다. 또 다른 형태의 퇴행적 지향은 파괴
성, 즉 모든 것과 모든 사람을 파괴하려는 열망으로 분리를 극
복하려는 목표[우리가 '대리희생'이라고 부르는 것]에 놓여
있다. 인간은 모든 것과 모든 사람을 먹어 치우고 내부에 채워
넣는 것으로, 즉 세계와 모든 것을 먹는 것으로 경험함으로써
[구강 고착] 합일을 추구할 수 있다.[148]

위의 짧은 인용문에서 프롬은 플레로마적 상간, 모성 상간, 부
모 상간 및 초보적인 우로보로스 상간이라는 전체 스펙트럼상에
서 추구하는 퇴행적 합일의 예를 보여준다. 그러면서 이 모든 퇴
행적 합일과 함께 프롬은 깨달음-신비 상태가 전혀 다른 유형의
합일이라는 점도 완벽하게 인식하고 있다. 신비 합일은 "낙원에
대한 전-개인적, 전-의식적 조화로 되돌아가서 발견한 퇴행적 합
일[플레로마-우로보로스적 잠재-의식]이 아니라, 새로운 초-개아
수준에서의 합일이다. 이 합일은 인간이 자신의 개별성을 경험한

후에만, 자신과 그의 세계로부터 소외의 단계를 통과해간 다음 완전히 새롭게 태어난 후에만 도달할 수 있는 합일이다. 이 새로운 합일은 실재에 대한 즉각적이고 직관적인 파악에서 이성이 더 이상 분리하지 않는 단계로 이끌어가는 인간 이성의 완전한 발달에 대한 하나의 약속이다."[148] 이런 약속은 이제 너무나 명백한 사실이어서, 그런 사실을 더 이상 어떻게 무시할 수 있을지 나는 도무지 알 수가 없다. 신비-현자와 정신병자를 간단히 등치시키는 일은 이와 관련된 미묘한 점들에 대한 자신의 무지를 드러내지 않고는 전혀 할 수 없는 일일 것이다.

마지막으로 언급하고 싶은 매우 중요한 점 한 가지는, 정신분열병 증상 발현을 겪은 사람이 그 이후 정상적인 자아 수준 현실로 '복귀할' 수도 있고 그렇지 않을 수도 있다는 것이다. 복귀하지 못할 경우, 그 사람은 단순히 언어 이전 또는 그보다 더한 전-개인적 분열이라는 혼돈 상태에서 길을 잃고 그 상태에 갇히거나 버려진 상태로 남게 되는 경향이 있다. 그 상태는 초-언어적인 요소라고는 거의 혹은 전혀 없는, 전적으로 언어 이전 상태이다. 그림에도 고전적인 '정신분열적 붕괴'에서는 전(pre)과 초(trans) 양쪽의 특이한 혼합을 보여준다. 랭이 "사람이 미칠 경우, 모든 존재 영역과의 관계에서 보이는 그의 입장에서 엄청난 치환이 발생한다. 그의 경험 중심이 자아(ego)에서 참자기(the Self)로 이동한다. 세속적인 평범한 시간은 단지 일화적인 것이 되고, 영원한 것만이 중요해진다. 그렇지만 광인은 혼란을 겪는다. 그는 자아와 자기, 내적인 것과 외적인 것, 자연적인 것과 초자연적인 것의 어중간한 위치에 있다. … 우리가 알고 있는 존재의 풍경에서 추방된 그는 침묵하고 있는 공으로부터 우리에게 신호를 보내는 외계인, 이방인이다."[114]

이 사람이 '복귀한다면', 그것도 매우 완전하게 복귀한다면, 그는 통상 현실에 훨씬 더 잘 적응한다. — 그는 더 유능하게 느끼고, 세상에 더 개방적이며 덜 방어적이다. 그러나 **어느 쪽이 되었든** — 정신분열병 환자로 남든 아니면 치료되어 복귀하든 — '깨달음'이나 '해방(moksha)'과 비슷한 어떤 일도 전혀 일어나지 **않는다.** "이전에 자신들을 압도했던 그런 질병 이전 삶의 병적인 내적 경험을 계속 탐색하는 패턴에서 자신들을 일단 해방시켰음을 보여주는, 회복된 정신분열병 환자에 대한 보고서는 전혀 없다. 신비-현자와는 달리, 이들의 내적 경험은 오랜 기간 의식적으로 선택한 것이고 문화적인 맥락 속에서 발달한 것들이다. 정신분열병 환자의 자기 감정에 대한 가장 깊은 경험은 그 자신의 사회적 기능을 부정하면서 갑작스럽게 발생한다[이것은 초-생물사회적이 아니라 전-생물사회적이다]. 정신병으로부터의 도피는, 성공할 경우 사회의 생산적 성원으로 기능하는 능력을 회복시켜주지만, 그것이 반드시 내적[및 초-개아적] 경험과 사회적 기능 사이의 일생에 걸친 과정을 준비시켜주지는 않는다."[386]

'성공적인' 정신분열병 사건('치료되어' 복귀한 경우)은 내가 보기에 자아에 봉사하는 퇴행에 정확히 들어맞는 하나의 진정한 예로 보인다. 그런 일은, 이제 많은 연구자들이 보고하고 있듯이, 창조적인 유형의 정신적 재적응과 성장, 일종의 삶과 죽음의 경험이다. [49,217,239,347] 회복한 정신분열병 환자들은 자신의 '옛 자기'가 전적으로 부적절하고, 부적응적이고, 조각나 있고, 단순한 삶조차 불가능했다고 말하는 경향이 있다. 한 여성은 자신의 '붕괴'에 대해서 이런 식으로 말한다. "나에게 무슨 일인가 일어났어요. ― 난 그게 무언지 모릅니다. 나의 이전의 나는 부서져 떨어져 나갔고, 내가 전혀 알지 못하는 새로운 생명체가 출현했다는 것이 전부입니다." 그러나 '부서진' 이전의 자기는 실제로는 "그녀가 알아냈듯이 삶에 적응할 수 없었던 ― 그 삶에서 도망칠 수도 없고, 그렇다고 그 삶에 적응할 수도 없었던 ― 불쌍한 생명체였을 뿐이다. 그래서 그녀는 미치게 되었고, 비탄으로 죽었던 것이다." [386]

닷새간의 강력한 고통과 광기와 문자 그대로 옛 자기의 죽음 이후, 이 여성은 세상과 자신의 존재에 대해 비교적 평화로운 자기, 스스로 '새로운 나'라고 부른 자기로 등장했다. 이 자기는 초월적 자기도 아니고 깨달은 자기도 아니지만, 꽤나 잘 적응된 자기이다. 정신분석학에서는 이 자기를 '건강한 자아'라고 부를지도 모른다.

이런 유형의 소동에서 생기는 일 중 하나는, 그 사람이 구조를 구축하던 유아기나 아동기 초기에 트라우마를 겪었던 심층 심리 구조로까지 퇴행한다는 것이다(다시 말하지만, 나는 생화학적인 요인들을 배제하고 싶지 않을 뿐만 아니라, 정신분열병으로 잘못 진단되었던 많은 현상이 쿤달리니가 정말로 정묘 영역으로 올라가는 것이었다는 점도 부정하고 싶지 않다). 내가 보기에 이런 단계들 중 가장 중요한 단계는 자기와 자기-아님이 처음 분화되는 신체자기 단계로 보인다. 그 단계는 의식이 신체에 확고하게 자리 잡게 되는 시기로 보이며, 그 지점에서부터 그 단계가 조대 영역에서 자기-조작의 확고한 기반으로 작용하는 것으로 보인다. 랭은 의식이 신체에 자리 잡는 데 실패할 경우, 이어지는 발달 기간 동안 마음과 몸 사이의 과장된 분할이나 분리 및 '거짓-자기'(false-self) 시스템이 구성될 가능성이 있다고 말한다.[238,289] 나 역시 그가 말하는 일반적인 점들에 동의할 뿐만 아니라, 내가 제시한 발달 계열들도 그런 나의 동의를 지지해준다고 생각한다. 특별히 아래 사항에 주목하길 바란다.

정신분열병의 병인이 되는 두 개의 '위험' 지점은 신체자기 단계의 발현과 심적-자아 단계의 발현 지점이라는 것이 나의 생각이다. 신체자기 단계의 붕괴/분열은 의식이 신체에 완전히 자리 잡는 것을 막는 경향이 있어서 나약한 심상-신체가 그 이후의 인격 구성의 기반이 되고 '거짓-자기' 시스템으로 이끌어가기 쉬워진다. 나는 근본적으로 이런 일이 심적-자아 단계의 발현과 함께 발생한다고 생각하는데, 그 이유는 인격이 강력한 신체상에 확고하게 자리 잡지 못하면 자아가 신체에서 분화할 때 처음부터 신체를 '부정확하게', '타인'의 일부로 경험할 운명에 처해지기 때문이다. 더욱이 그 자기는 어쩔 수 없이 (거세 콤플렉스 단계 동안) 통상보다 훨씬 강력한 몸과 마음의 분리를 겪게 되고, 그것이 신체와 분리된 '거짓-자기'를 남겨놓게 된다. 따라서 랭에 따르면, 정신분열병 환자는 자신의 '마음'을 '자기'로 경험하고, 신체는 '타자'로 느끼는 경향이 있다.[238]

그러나 나는 랭이 지적한 사소한 점 하나를 더 추가하고 싶다. 일단 몸과 분리된 거짓 자기가 만들어지면, 그로 인해 그 단계에서는 통상 정신분열병의 가장 극적인 측면이 설정된다. 우리는 앞에서 일반적으로 자아가 발현한 이후에는 어떤 지점에서든 정묘가 **발현할 수 있다는** 사실을 보았다. 따라서 청년기 이후부터는 누구든 잠정적으로 정묘 영역이 자연스럽게 발현하기 쉬워진다. 핵심은 정신분열병 환자에게 정묘가 발현할 경우 그것을 받아들일 수 있는 구조는 허위 자기 시스템뿐이라는 점이다. 정묘 영역이 만나는 것은 강한 자아 또는 켄타우로스가 아니라, 빈약하게 고정된 허위 자기이다. 그런데 나는 **그것이** 고전적인 종교적 통찰을 수반한 정신분열병 발발을 초래한다고 믿는다. 정묘가 허위 자기에 밀려들면서, 상위 영역으로로부터의 침범과 함께 동시에 하위 구조로 퇴행하도록 한다. 통계적으로 볼 때[200] 20대 후반은 정신분열병 발발의 가장 일반적인 연령대이다. 정묘가 발현하기 시작하는 것도 같은 연령대이다. 내가 제시하려는 것은 그러한 부분은 자아의 붕괴가 아니라 정묘의 돌파라는 점이다.

다시 우리 이야기로 돌아와서, 심한 파탄 과정에서 개인은 유아기나 아동기 초기에 '트라우마'를 겪었던 심층구조(신체자아나 그 밖의 다른 구조)로 퇴행한다. 그는 문자 그대로 그 지점까지 퇴행하는데,[6,7] 그런 다음 그 지점에서 기반을 다지고 인격을 재구축한다. 또는 심층 콤플렉스나 심층구조 혼란을 재접촉하거나 '완화시킨' 후, 의식의 상위 층들이 새롭게 재정비된 심층구조 주변에 자발적으로 그 상위 층들을 개조하거나 재구축한다고 할 수도 있다. 그 것이 진정한 성장 경험, 자아에 봉사하는 진정한 퇴행이다. 안톤 보이젠Anton Boisen은 이 관점을 다음과 같이 잘 묘사한 바 있다. "따라서 우리는 그러한 [정신분열병적] 혼란이 반드시 나쁜 일이 아니라, 신체의 염증이나 발열처럼 하위 수준의 심적 생활로 퇴행해서 지금까지 살면서 겪은 소화하지 못한 인생 경험들을 동화시키려는 시도라고 결론 내릴 수 있을 것 같다."[49]

대체적으로 말한다면, (만성 정신분열병이 아닌) 정신분열병 발병에 대해 할 수 있는 최선의 말은 그 발병이 자아에 봉사하는 진정한 퇴행으로서 그 후 더 건강한 자아로 전향적인 진화가 따라올 수도 있다는 것이다. 그런 발병이라면 그 사람을 심오한 통찰을 수반한 새로운 자아로 바꿔놓을 수 있을 것이다. 그러나 일반적으로 이런 발병이 바람직하다고는 할 수 없는데, 그런 발병은 논리와 구문, 멤버십 및 자아 구조에 접촉이 박탈된 상태에서 그 사람의 의지와는 상관없이 발생하기 때문이다. 게다가 그 결과가 어떤 쪽이 되었든 그 사람은 깨달은 존재나 진정한 합일의식으로 끝나지도 않는다.

진정한 신비-현자의 전향적인 진화에서는, 정신분열병 환자를 압도한 동일한 상위 영역을 탐색하고 숙달한다는 일반적으로 인정된 사실을 제외하고, 위에서 말한 그런 일들은 일어나지 않는다. 신비-현자는 전향적인 진화를 **추구한다.** 그는 그것을 위해 수행한다. 영속적이고 성숙한 초월적 합일 구조에 이르는 데 걸리는 수행 기간은 운이 따른다 해도 거의 평생에 해당한다. 동시에 신비-현자는 자아, 논리, 멤버십, 구문 등에 **접촉할** 수 있는 잠재력도 유지한다. 신비-현자는 면밀한 감독하에 신중하게 작성된 길을 따라 진행한다. 그는 과거의 경험과 유아기 경험들에 접촉하는 것이 아니라, 현재와 본래부터 존재하는 심층 실재에 접촉한다.

나는 이 장을 쿠퍼Cooper, 랭 및 이스터슨Esterson의 임상 연구를 제시하면서 마치고 싶다. 이들은 저술과 실제 임상 연구를 통해 정신분열병에 대한 현상학적인 이해 그리고 그 병과 정상 상태(normality) 및 온전한 정신(sanity)과의 관계에 대한 이해를 증진시키는 일에 유례없는 업적을 이룬 것으로 보이기 때문이다(정상 상태와 온전한 정신은 같은 것이 아니다). 하지만 쿠퍼가 자신들의 전반적인 지향적 결과를 간추리기 위해 사용한 그림을 제시하는 것으로 만족해야 할 듯하다(그림 4 참조).[87]

독자는 그림 4와 앞에 제시했던 기본 모델 사이의 유사성을 알수 있을 것이다(그림 3과 4를 비교해보라). 쿠퍼가 '탄생'이라고 이름붙인 A 지점은 우리의 물질 수준, 즉 신체자기 단계와 유사하다. 그의 '정상 상태'는 우리의 자아-페르소나 단계와 거의 같다. B로 이행하는 것은 우리의 내향 호에 해당하며, '정신병적 붕괴'는 우리의 퇴행에 해당한다. 쿠퍼의 그림에서 '탄생 라인' 아래에 있는 모든 지점은 (우리의 경우) 왼쪽은 전-개아, 오른쪽은 초-개아에 해당한다. 이 그림에 대한 쿠퍼 자신의 설명은 다음과 같다.

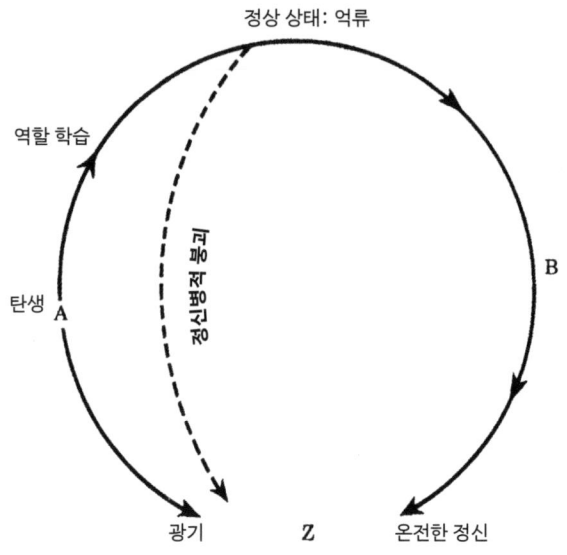

**그림 4.** 쿠퍼의 생애 주기: 온전한 정신, 억류 및 광기

대부분의 사람은 탄생 순간부터 가족과 학교라는 사회적 학습 상황을 거쳐 사회적 정상 상태에 도달할 때까지 성장해간다. 대부분의 사람은 이 정상 상태에서 발달이 정지된다. 어떤 이들은 이런 진행 과정 중 파탄에 이르러 그림에서 광기라고 부른 곳으로 퇴행하기도 한다. 또 어떤 이들은 매우 드물지만 통계적 정상 상태로 표시된 소외된 타성이나 발달적 중단[자아/페르소나] 상태에서 빠져나와 사회적 정상 상태 기준에 맞는 인식을 유지한 채, 즉 자주 지적했듯이 모든 하위 수준과의 접촉을 유지한 채, 따라서 그런 하위 수준들이 무효화되지 않도록 하면서 올바른 정신 B[우리의 경우 초-개아]의 길에서 어느 정도 진전하기도 한다(이것은 언제나 모험적이고 위험한 게임

이다). 정상 상태는 광기뿐만 아니라 정반대 극인 온전한 정신
이 있는 곳과 '멀리 떨어져 있다'는 점에 유의해야 한다[우리
가 애써 강조해왔던 점이다]. 온전한 정신은 광기와 가까운 곳
에 있긴 하지만 언제나 엄청난 간극, 차이가 존재한다. 온전한
정신이 곧 오메가 지점(Z)이다.[87]

그의 그림에 제시된 것처럼 '온전한 정신'과 관련해서 공동연구
자인 랭은 다음과 같이 기술한다. "진정 올바른 정신은 어떤 방식
으로든 정상적인 자아, 즉 소외된 사회 현실에 능숙하게 잘 적응
한 거짓 자기의 붕괴를 필요로 한다. 신성한 힘의 '내적인' 원형적
중재자의 발현, 그리고 이 죽음과 재탄생 및 자아-기능의 궁극적
인 새로운 재설정을 통해서, 이제 자아는 더 이상 신의 배신자가
아니라 신의 종이 된다."[114]

끝으로, 오메가 지점에 주목해보자. 오메가 지점의 본질에 대하
여 최종적으로 어떤 결정이 내려지든, 한 가지 결코 부정할 수 없
는 확실한 것은 오메가 지점이 최종적으로 또한 절대적으로 존재
한다는 사실이다. 그리고 이 하나의 사실만이 언젠가 모든 사람이
어린아이로 퇴행하는 것이 아니라 신으로 복귀한다는 자명한 진
실을 지지해주리라고 나는 믿는다. 신비주의는 자아에 봉사하는
퇴행의 길이 아니라, 자아를 초월하는 진화의 길이다.

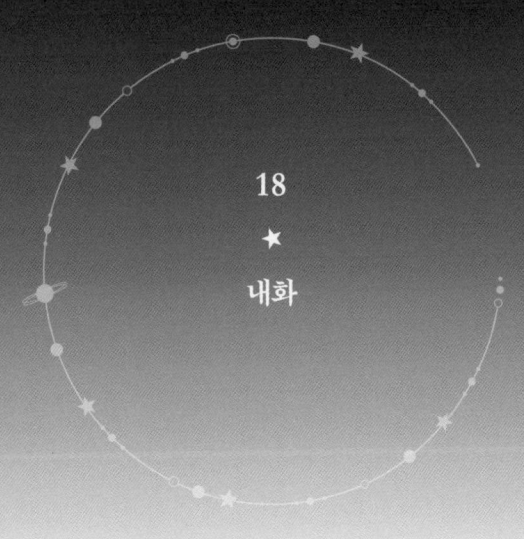

# 18

## 내화

힌두교에 따르면, 드러난 현현 우주와 브라만의 관계는 실제로 진화進化(evolution)와 내화內化(involution)라는 두 개의 주요 '운동'으로 구성되어 있다.[13] 진화는 이미 검토한 대로 브라만-아트만을 향해가는 세계의 운동이다. 이와는 달리 내화는 진화의 정반대, 즉 브라만이 현현 세계를 창조하기 위해 자신을 밖으로 내던지는 운동, 자기-비움의 **케노시스**kenosis 과정이자 동시에 순수한 역사役事, 순수한 창조 과정이기도 하다. 진화가 낮은 곳에서 높은 곳으로 올라가는 운동이라면, 내화는 높은 곳에서 낮은 곳으로 내려가는 운동, 즉 존재의 상위 수준들이 저급한 하위 수준에 '감싸이고 내포되는' 운동이다. 존재의 대연쇄(Great Chain of Being)에서 말하는 '하향' 운동이 곧 내화로서, 우리가 이 장에서 간략하게 살펴보려는 것도 바로 이 내화 운동이다(그림 5와 6 참조).

먼저 독자에게 한 가지 주의사항부터 전해야 할 것 같다. 이 시점에서 우리는 말하자면 자동차를 뒤로 운전하는 것과 같은데, 적어도 지금까지 우리 주의를 끌어왔던 진화 이야기와 비교하면 그렇다. 지금까지 우리는 전진해가는 상승의 길에서 연속적으로 생성되는 의식의 상위 구조에 대해 말해왔다. 그러나 이제 우리는 이야기의 반대편에 대해 말할 것이다. 즉 존재의 상위 양식이 아래로 내려와 하위 양식으로 하강하고 그 안에 내화되어 감싸이는 과정에 대해 논할 것이다. 이 과정을 이해하기 위해서는, 이제 독자들도 이른바 뒷걸음질로 걷는 방법을 배워야 할 것이다.

왜냐하면 영원의 철학에 따르면, 어떻게든 상위 구조들이 전개해 나오는 진화가 일어나기 **위해서는** 그런 상위 구조들이, 말하자면 처음부터 존재해 있어야 하기 때문이다. 상위 구조들은 하위 양식 안에 **잠재력**으로 감싸여 있어야만 한다. 그렇지 않다면 진화는 **무無에서 또 다른 무를 창조하는 것**이 되고 말 것이다. 그래서 내화 이야기는 단순히 상위 양식들이 하위 상태에서 어떻게 상실되었는가, 즉 어떻게 해서 상위 양식들이 하위 상태 안에 감싸이고 내포되었는가에 관한 이야기이다. 상위 구조가 하위 구조 안에 감싸이는 내화는 하위 상태로부터 상위 상태가 펼쳐지는 진화의 전제조건이다.

내화의 극단 지점 — 물질세계인 플레로마 — 에는 존재의 모든 상위 상태와 최상위 상태가 **미분화된 잠재력**으로 감싸인 채 놓여 있다. 최상위 상태와 최하위 상태, 무한과 유한, 영과 마음과 물질. 이 모든 것들이 미분화된 잠재력으로 무의식 안에 감싸여 있다. 그리고 **이 미분화된 무의식적 잠재력이 바로 근원-무의식이다.** 따라서 진화란 단순히 감싸여 있는 잠재력이 펼쳐져 나오는 전개 과정이라 할 수 있다.

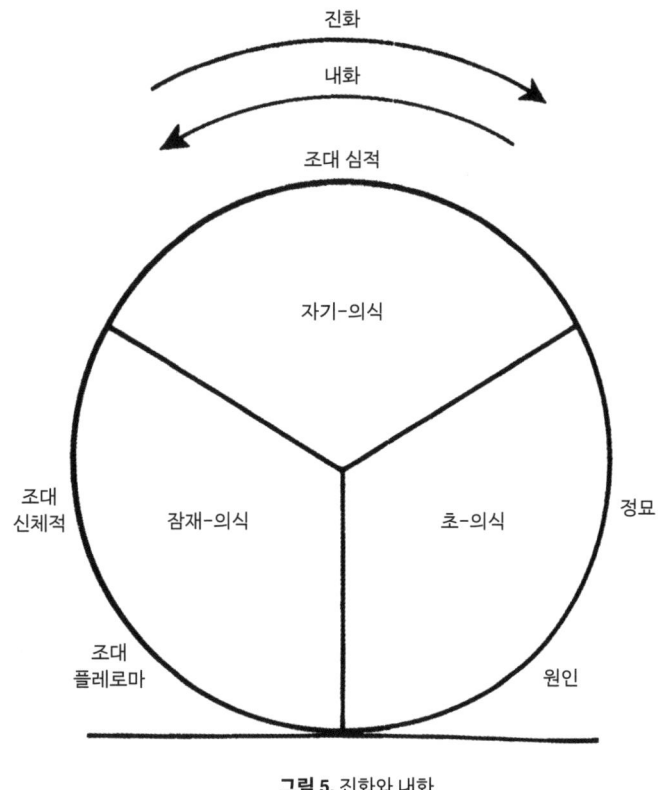

**그림 5.** 진화와 내화

다양한 존재 양식들이 결국에는 근원-무의식으로부터 모두 발현할 수 있는데, 이 발현 과정은 최하위 존재 양식(플레로마)에서 시작하여 최상위 존재 양식(아트만)으로 끝난다. 이런 과정의 각 단계에서, 하위와 상위의 혼융 상태가 하위와 상위의 통합으로 대치된

다. 그러나 이러한 통합 자체는 하위와 상위가 분화되고 탈동일시
될 때까지는 일어날 수 없는 과정이다. 근원-무의식 안에 감싸인
**모든** 잠재적 구조들이 의식에 등장하고, 그렇게 해서 근원-무의식
이 완전히 비워진 진화의 종결점에는 아트만, 즉 여여로서의 의식
(Consciousness as Such)만이 남는다.

### 티베트 사자의 서

태어나기 이전에 당신에게는 어떤 일인가 일어났었다. 당신은
이 말을 비유적으로나 상징적으로 또는 신화적으로 생각할 수 있
을 것이고, 아니면 액면 그대로 받아들일 수도 있겠지만, 당신이
태어나기 전에 당신에게는 어쨌든 분명 어떤 일인가 일어났었다.
이 장에서는 그 놀라운 이야기 중 하나를 제시하려고 한다.

《티베트 사자死者의 서書》(The Tibetan Book of the Dead)는 탄생(혹
은 환생) 이전의 '사건들'에 대해 이야기해주는 것을 목적으로 하는
희귀한 영적 기록물 중 하나이다. 이 책은 육체적 죽음의 순간에
서 새로운 몸으로 육체적 환생을 하는 순간까지 일어나는 것으로
알려진 사건들, 즉 49일 동안에 일어난다고 하는 일련의 사건들을
보고한다. 《티베트 사자의 서》의 티베트어 제목은 《바르도 퇴돌
Bardo Thodol》인데(티베트 고서에서는 Bardo Thosgrol이라고 표기한다), 바
르도는 '간극(gap)', '과도기(transition) 상태', '중간(intermediate) 상태',
또는 내가 좋아하는 '사이(in between)'를 의미한다. 그러므로 49일
이라는 기간은 죽음과 환생 '사이'의 기간이다.

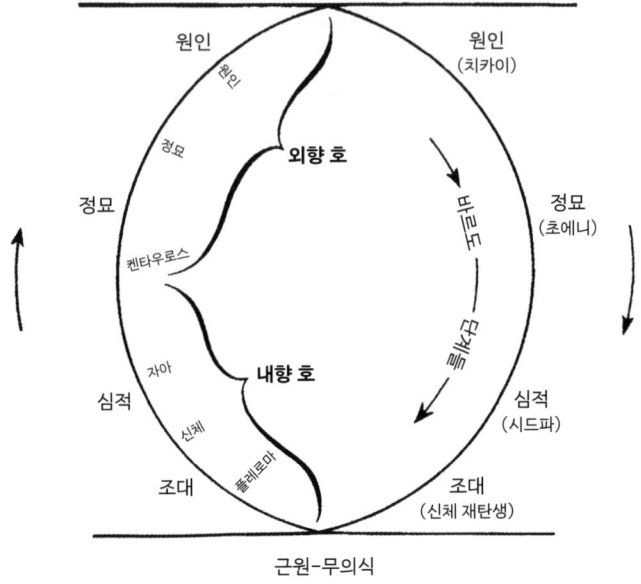

**그림 6.** 바르도 경로 — 진화와 내화

그러나 어머니 뱃속에서 나오는 실제 탄생 사건만이 유일한 탄
생은 아니다. 불교 현자인 잇큐 선사*가 말한 것처럼, "모든 순간
이 마지막 순간이고, 모든 순간이 환생이다."[367] 즉 생과 사는 순
간순간, 매 순간, 지금도 일어나고 있다. 매 순간 온 우주와 그곳
에 사는 모든 것들이 존재로 등장하고, 매 순간 그 모든 것들이 자
신의 원래 근원으로 돌아간다. 매 순간 그 모든 것이 탄생하고, 매
순간 그 모든 것이 죽는다. 바르도는 단순히 죽음과 환생 '사이' 상

---

* 一休宗純: 1394-1481. 일본의 선승이자 시인. 승려의 계율을 파기하고 독신주의에 반대했으
며 선불교, 특히 임제종에 대한 급진적인 자세로 유명함.

태이므로, 이 순간과 다음 순간 사이에도 바르도가 정말로 존재한다는 말이 된다. 즉, 바르도 상태는 여러 세계의 흥망성쇠와 더불어 순간순간 발생한다.

따라서 두 개의 주요 바르도, 즉 '사이'가 존재하는데, 하나는 육체적 죽음 이후 49일에 걸쳐 일어나는 일련의 시간적 사건으로 일어나는 사이이고, 다른 하나는 순간순간 **지금** 일어나는 사이이다. 그래서 티베트 전통에서는 **이 두 개의 바르도는 같은 것**이라는 단순하지만 매우 중요한 한 가지 핵심을 추가한다. 태어나기 전에 당신에게 일어났던 일들이 지금도 순간순간 당신에게 일어나고 있다는 것이다. 이 중 하나를 이해하는 것은 다른 것도 이해하는 것이어서, 티베트 사람들이 《사자의 서》가 자신의 **인생**을 살아가기 위한 정교한 안내서라고 주장하는 이유는 그 때문이다. 우리는 죽음 이후 49일 기간에 일어난다고 하는 바르도 상태의 사건들을 간략하게 기술할 것이고, 그런 다음 그 이해를 순간에서 순간으로 이어지는 존재의 바르도 상태에도 적용할 것이다.

당신이 태어나기 전에 당신에게는 어떤 일인가 일어났었는데, 그 일어난 일들은 이런 것이다.


### 제1단계: 치카이

49일이라는 바르도 기간 동안에 일어난 사건들은 (순서대로) 치카이Chikhai, 초에니Chonyid, 그리고 시드파Sidpa라는 세 개의 주요 단계로 나뉜다. 육체적 죽음 이후 곧바로 영혼은 치카이에 들어선다. 치카이란 흠 없이 순결하고 밝게 빛나는 법신, 궁극의 의식,

브라만-아트만 상태를 말한다. 모든 사람에게 이 궁극의 상태가 선물로서 **베풀어진다.** 모든 사람은 곧장 궁극적 실재에 빠져들고 궁극의 법신으로 존재하게 된다. 《사자의 서》에서는 이렇게 말한다. "이 순간 **모든 지각 있는 존재(중생)** 는 법신의 완전한 마음이자 존재의 근원에서 나오는 청정광을 처음으로 얼핏 **목격한다.**"[110] 다른 식으로 표현하자면, 《사자의 서》는 우리에게 "비어 있고 위대한 빛나는 광휘체와 분리할 수 없는 그대 자신의 의식은 탄생도 없고 죽음도 없다. 그 마음이 바로 영원히 변치 않는 빛, 아미타불이다. 이것을 깨닫는 것으로 충분하다. 그대 자신의 지성의 공성을 아는 것이 불성을 이루는 것이고… 신성한 마음 상태에 머물게 되리라."[110] 한마디로 육체적 죽음 이후 영혼은 (궁극과 원인을 하나의 상태로 묶어볼 경우) 궁극-원인 신체로서 그 신체에 즉각 흡수된다는 것이다.

《사자의 서》에 대한 간략한 요약에 곁들여서, 내화에 대한 또한 내화에서의 아트만 프로젝트의 본질에 대한 나의 추가적인 주석을 제시할 것이다. 바르도 경험의 출발점에서, 영혼은 존재의 절대적인 높이, 궁극의 일체성 상태로 끌어올려진다는 점, 즉 바르도 경력을 **제일 위에서** 시작한다는 점에 유의하면서 시작해보자. 하지만 제일 위는 통상 영혼이 머물러 있는 곳이 아닌데, 《사자의 서》에서는 그 이유를 다음과 같이 말해준다. 에반스-웬츠*의 말에 따르면, "밝은 빛의 영역[최상위 치카이 단계]에서 사람의 정신

---

* Walter Evans-Wentz: 1878-1965. 미국의 인류학자. 《티베트 사자의 서》의 편집 및 편찬자.

은 잠시 동안 완벽한 균형과 평형 및 [궁극적인] 일체성 상태를 즐긴다. 이러한 자아-없는, [원인] 의식의 황홀한 상태는 익숙한 상태가 아니기 때문에… 보통 사람은 그 상태에서 기능할 만한 힘이 부족하다. 카르마 성향이 개성, 개별화된 존재, 이원론적인 생각들로 의식-원리를 가로막기 때문에 의식-원리는 균형을 잃으면서 청정광으로부터 떨어져 나간다."[110]

"카르마 성향이 의식을 흐리게 하기 때문에" 영혼은 궁극의 일체성에서 떨어져 나간다. '카르마 성향'이란 추구하고, 움켜쥐고, 욕망하는 것을 의미하며, 실은 이러한 성향이 곧 에로스이다. 이 에로스-추구가 발전해감에 따라 완벽한 일체 상태가 (환상적으로) '파괴되기' 시작한다. 또는 다른 각도에서, 순수한 일체의 강도를 견딜 수 없기 때문에(그런 상태에 익숙하지 않기 때문에), 개인은 그 상태로부터 **위축되어** 일체성을 희석시키려 하고, 아트만의 완벽한 강도에서 스스로 벗어나려고 한다. 무한에 직면하여 위축되면서 그 대신 추구, 욕망, 카르마, 움켜쥐기의 형태로 돌아가 평형상태를 '찾으려고' 한다. 위축과 에로스, 이러한 카르마 성향들이 결합해 공모하면서 영혼을 순수한 의식에서 멀어지게 하고 덜 강력하고 덜 진실한 다중성이라는 존재 상태로 하향하도록 몰아낸다. 하지만 이 시점에서 우리는 단순히 1) 에로스와 2) 위축의 일반적인 역할만을 기억하도록 하자. 또한 바로 이곳에서 영혼이 가장 높은 상태에서 낮은 상태로 이동하기 시작한다는 점에도 유의하도록 하자. 가장 높은 상태에서 낮은 상태로의 이동은 이제 막 내화가 시작했음을 의미한다.

《사자의 서》에 따르면 이러한 카르마 성향, 에로스와 추구와 위축은 전반적으로 강화되는 이 바르도 영역의 다양한 단계 모두에서 반복적으로 일어나고 강화된다. 매번 이어지는 위축 과정에서 영혼은 근원에서 점점 더 멀어진다. 이런 과정은 위축과 에로스와 카르마가 소진되어 내화의 힘이 쇠진될 때까지 그 패턴이 반복된다. 《바드로 퇴돌》의 핵심 메시지는 바로 그곳에 있다. 라마 카지 다와-삼둡*이 설명하듯이, "처음 바르도가 시작할 때 가장 강력한 황홀함의 첫 번째 청정광이 존재한다. 이어지는 단계들은 그 강도가 점점 약해진다. 공을 바닥에 치면 처음에 가장 높이 튀어 오르고, 두 번째는 그보다 낮게 튀어 오르고, 그다음부터는 공이 바닥에 멈출 때까지 계속 낮게 튀어 오르는 것과 같다."[110]

이를테면 공은 **내화** 과정에 있는 자기이고, 이 자기는 위축과 에로스, 즉 추구하고 움켜쥐고 목마른 '카르마 성향들'에 의해 내몰리며, 스스로 더 희석되고 덜 활발한 상태로 튀어 오른다. (이미 간략하게 살펴보았듯이) 첫 번째 튀어 오름에서 자기는 궁극의 원인 영역을 통과하고, (곧 보겠지만) 두 번째 튀어 오름에서 자기는 정묘 영역을 통해 튀어 오르고, 세 번째 튀어 오름에서 물리적 신체와 뒤이은 환생의 조대 영역에서 튀어 오른다. 트룽파**는 그 일반 원리를 이렇게 설명한다. "움켜쥠[에로스/위축]이라는 일반적인 경향성은 빛나는 광휘 상태에서 발달하기 시작하며… 그런 다

---

\* Lama Kazi Dawa-Samdup: 《티베트 사자의 서》를 영문으로 번역한 티베트 불교의 라마승.

\*\* Chogyam Trungpa: 1939-1987. 티베트 불교의 카규파와 닝마파 양쪽 계보를 계승한 승려로서, 서양(미국)에 티베트 불교를 처음 소개했으며 불교 교육센터인 나로파 대학을 설립했다.

음 그 에너지는 말하자면 광휘의 절대 에너지로부터 최종적으로 희석된 에너지라는 다른 수준으로 맹목적으로 추락한다."¹³² 《사자의 서》에 따르면 그렇게 해서 마침내 "카르마의 힘은 소진되고 의식-원리는 지하에서 휴식을 취하게 된다."¹¹⁰ 위축/에로스는 마침내 힘을 잃고, 공은 튀어 오름을 멈추고, 하향 변형이 멈추고, 영혼은 신체에 속박된 플레로마로 환생한다.

그렇지만 이 내화 이야기의 **출발점**으로 돌아가보면, 본래 원인/법신의 완전성에서의 휴식은 개인의 추구와 움켜쥠과 위축으로 인해서 사라진다는 사실을 알게 된다. 사라질 수밖에 없는 이유는 법신은 오직 일체로만 존재하는데, 추구하기 위해서는 둘(추구하는 주체와 추구되는 객체)이 필요하기 때문이다. 따라서 원인 수준에서의 안정화는 실패하고 그 결과로 결국 하향 변형이 일어나는데, 그로 인해 개인은 바르도의 두 번째 단계, 즉 정묘 영역으로 내려서게 된다.


**두 번째 단계: 초에니**

초에니는 평화로운 신과 분노의 신들이 출현하는 시기, 다시 말해 정묘 영역, 보신 단계이다. 원인 영역의 청정광에 저항하고 그 빛에서 위축될 경우, 실재는 평화로운 신들(정묘 영역의 이슈타데바)의 최초 종자 형태로 **변형되는데** 이 평화로운 신들에 대해서도 저항하고 부정할 경우 이 신들은 차례로 분노의 신으로 **변형된다.**

일곱 개의 연속적인 하위 단계를 통해서 평화로운 신들이 먼저 출현한다. 이 신들은 여래/타타가타, 다키니, 비니야다라 등 다양한 형태로 출현하는데, 모두 가장 눈부신 화려한 색깔과 경외심을 불러일으키는 인간계를 넘어선 소리를 수반한다. 신성한 비전과 빛, 미묘한 소리들이 차례로 폭포수처럼 의식에 쏟아져 내린다. 거의 고통스러울 정도로 강력하고 눈부신 신의 비전들이 그 사람에게 드러내놓고 아낌없이 충실하고 완전하게 **주어지고** 보여진다.

개인이 이러한 신성한 환상과 소리를 어떻게 처리하는지는 매우 중요하다. 각각의 신성한 시나리오는 훨씬 덜 강력한 비전, 비교적 둔하고 흐린 빛의 영역이 수반되기 때문이다. 이렇게 수반된 둔하고 흐릿한 비전은 이원성과 단편화로 이루어진 희미한 세계를 나타내며, 원시적인 형태의 저수준 합일에 대한, 자아 수준 움켜쥠의 육계六界와 윤회 세계에 대한 첫 번째 희미한 빛을 나타낸다.

《사자의 서》에 따르면, 대부분의 사람은 이러한 신성한 깨달음 앞에서 단순히 **반발한다.** 그들은 덜 강력하고 다루기 쉬운 형태의 경험으로 **위축된다.** 신성한 깨달음에서 벗어나 단편화되고 덜 강렬한 이원성과 다중성의 영역으로 추락한다. 하지만 신성한 깨달음에 반발하는 것만은 아니다. 그들은 더 낮은 영역에 끌리고, 그런 영역에 **이끌리고,** 그곳에서 만족을 찾는다. 《사자의 서》에서는 그들이 실제로 "불순한 빛에 끌린다"고 말한다. 이미 말했듯이, 이런 낮은 영역이 곧 **대리만족**이다. 개인은 그런 낮은 영역들이 바로 그가 원하는 낮은 밀도의 영역이라고 생각한다. 하지만 이 영역은 실제로 더 어둡고 덜 강렬하기 때문에 결국 행복도 없고, 깨달음도 없으며, 고통과 괴로움으로 가득 찬 세계임이 증명된다. 사람이 신의 대체물로 지옥을 만들어내고 윤회, 환영, 실망으로 알려져 있는 지옥에 매달린다는 것은 얼마나 아이러니한 일인가? 지옥의 불꽃을 기독교 신학에서는 거부된 하나님의 사랑(아가페)이라고 부른다.

따라서 초에니 단계에서는 다섯 가지 지혜와 미묘한 여래의 빛에 머무르라는 메시지와 윤회, 육계, 안전한 환상과 자아의 둔함이라는 희미한 빛을 보지 말라는 메시지가 계속해서 반복된다. 한 가지 예를 보자.

> 그러므로, 카르마의 힘 때문에 그대는 법계 지혜의 눈부신 푸른빛에 대해 무서움과 두려움을 느낄 것이다. 그대는 그 빛으로부터 달아나고 싶은 생각이 들 것이다. 그리고 천상계에서 흘러나오는 어두운색에 애착을 가질 것이다. 이 단계에서 그대는 빛나고 눈부시고 장엄한 푸른빛을 두려워하지 말아야 한다. 그 빛은 '진리의 세계로부터 나오는 지혜의 빛'이라고 부르는 깨달은 자의 빛, 법계 지혜의 빛이라 불리는 여래의 빛이다.
> 칙칙한 흰 빛을 띤 신들을 좋아하지 마라. 그 빛에 집착하지 말고, 약해지지도 말라. 그 어두운 빛에 집착하면 그 신들의 거처에서 방황할 것이고, 6계의 소용돌이 속으로 들어갈 것이다.[110]

요점은 이런 것이다. "그대가 지혜의 순수한 빛을 두려워하고 6계[하위 영역들]의 불순한 빛에 끌리면, 6계 중 어느 하나에 몸을 두고 윤회의 고통을 겪게 된다. 그리고 그대는 윤회의 바다에서 결코 해방되지 못할 것이다. 그곳에서 그대는 뱅글뱅글 돌면서 그 고통을 맛보게 될 것이다."[110]

그러나 실제로 일어나는 일은 다음과 같다. 우리는 부정적이고 위축적인 측면에서 아트만 프로젝트의 원초적인 원래의 형태를 보고 있다. 이 두 번째 단계(초에니)에서는 이미 인식에 어떤 경계가 생겨났으며, 원래의 전체성과 치카이 법신의 일체성에 중첩된 어떤 유의 주-객 이중성이 존재한다. 그렇게 해서 이제 경계가 만들어진다. 그런데 경계가 있는 곳이면 그곳이 어디든 아트만 프로젝트는 존재하기 마련이다. 개인은 에로스와 위축을 통해 자신의 궁극적이고 비이원적인 의식을 환상적으로 두 개의 주요 조각으로 분할하여 1) 지금 주시하는 주관적인 자기와 2) 주시되는 객관적인 광휘의 나열(신성한 광휘, 사실이지만 그럼에도 '객관적이고 영원한')을 만들어냈다. 영혼이 정상에 있을 때, 바르도 응시를 시작할 때 영혼은 그 모든 **것이었고** 멀리 떨어져서 그것을 보지 않았다. 그는 단순히 일체성 **그 자체였고** 주-객 분열이 없었으며, 치카이에서 드러난 원초적인 합일 그 자체였다. 하지만 이제 그는 그 일체성을 한편으론 주관적 자기와 다른 한편으론 객관적인 대상으로 나누었다. 이제 경계가 존재하고, 아트만 프로젝트가 존재하고, 에로스와 타나토스가 존재하게 되었다. 이 모든 것은 첫 번째 경계와 더불어 밀려 들어온다.

영혼은 이제 더 이상 전체가 아니기 때문에, 처음으로 **결핍**을 느끼고 따라서 **욕망**(에로스)을 느낀다. 그런데 영혼이 이 결핍을 겪지 않는 유일한 방법은 영혼이 브라만-아트만이라는 본래의 일체성을 **회복할** 때이다. 따라서 영혼은 존재의 가장 밑바닥에서 이 일체성 상태를 원한다. 그 일체성보다 덜한 것은 영혼을 만족시킬 수 없다. **이것이 본래의 아트만 욕망이고 아트만 대의이다.** 단테는 그것을 분명히 보았다. "완벽함에 대한 욕망은 모든 쾌락을 늘 불완전하게 보이게 하는 욕망이다. 왜냐하면 우리 영혼의 갈증을 해소시킬 수 있을 만큼 큰 기쁨이나 쾌락은 현세의 삶에 없기 때문이다."³⁵² 아트만 욕망을 성적 강박관념으로 망쳐놓긴 했지만, 심지어 프로이트조차 이 욕망을 직감했다는 것은 놀랄 일이 아니다. "더 완벽한 것을 향한 지칠 줄 모르는 충동으로 나타나는 욕망은 인간 문명에서 가장 소중한 모든 것의 기반이 되는 본능을 억압한 결과로 쉽게 이해될 수 있다. 억압된 본능[실은 억압된 아트만 의식]은 완전한 만족[지복-환희]을 위해 끊임없이 노력하며[에로스], 이는 원초적인 만족감 경험[일체로서의 합일의식]이라는 반복된 원초적인 경험[사토리/깨달음]으로 이루어진다. 어떤 대치나 반동형성이나 어떤 승화도 억압된 본능의 지속적인 긴장을 제거하기에는 충분하지 않다."¹³⁹ 이것은 또한 성 아우구스티누스St. Augustine의 글 '불안한 마음'(cor inquietum)과 플라톤의 《향연(Symposium)》이 전하는 메시지이기도 하다. "이렇게 둘 대신 하나가 되는 것은 인류의 오래된 필요의 표현이었다. 그 이유는 인간 본성이 원래 하나였고 우리는 완전체였으며 이 완전체에 대한 욕망과 추구를 사랑이라고 부르기 때문이다."

초에니 정묘 단계에서 이제 영혼이 일체성을 회복할 수 있는 유일한 방법은 지금 **눈앞에서** 쏟아지는 객관적인 신성한 빛의 표현과 주관적 자기를 **재결합하는** 일이다. 《사자의 서》가 권장하는 것도 바로 그것이다. 《사자의 서》는 이 단계에서 계속해서 영혼에게 거의 간청하다시피 권고한다. **"만약 모든 객관적인 현상이 자신의 의식의 발산에 불과한 것이라고 이해한다면, 이해하는 바로 그 순간에 불성이 획득될 것이다."**[110]

그렇게 해도 주체와 객체를 재결합하는 것은 그 **주체**의 **죽음** 또는 분리된 자기-감각을 둘러싼 의식의 배타적인 위축을 이완하는 것이다. 하지만 그 주체, 그 분리된 자기-감각은 이 죽음, 이 타나토스, 이 순야타를 두려워한다. 그것이 바로 주체가 신성한 깨달음을 그토록 두려워하는 이유이고 신과 재결합하는 것을 그토록 두려워하는 이유이다. 신과의 재결합은 죽음을 의미한다. 순수한 빛은 문자 그대로 죽음과 해체를 의미한다. 그 빛은 시바 신과 공의 현현이다.

고로 내가 종종 언급했던 근본적인 딜레마는 여기에 있다. 자기의 위대한 역동성은 원래의 일체성을 되찾거나 그 일체성으로 복귀하는 것이다. 그러나 **실제로** 그 일체성으로 복귀하는 것은 자기의 죽음과 해체를 의미한다. 그런데 지금 자기가 피하거나 저항하는 것은 바로 이 죽음이다. 그렇게 해서 자기는 합일을 원하지만 절대적으로 그 합일을 저해하는 방식으로 추구하는 딜레마에 빠진다.

아트만 프로젝트가 끼어드는 곳은 바로 그곳이다. 분리된 자기-감각에 대해 실제적이고 즉각적이며 희석되지 않은 합일은 이제 가능하지 않기 때문에(그것은 죽음을 요구하기 때문에) 영혼은 상실된 합일을 **대체할** 다른 것을 찾아내야만 한다. 그런데 이렇게 찾아낸 대체물이 효과적이려면 이전의 일체성에 대한 **소망이 충족된 것처럼 보여야만** 한다. 그런데 그 대체물은 분명히 실제적이지도 않고 진정한 합일도 아니며 실제 아트만도 아니기 때문에, 오직 상징적으로 충족된 체하거나 상대적으로만 그런 척할 수 있는데, 그것이 바로 아트만 프로젝트로 알려진 반쪽짜리 진실이다. 따라서 스펙트럼상의 각 수준들은 상실된 통일성을 상징적으로 대체하는 대체물로 이루어져 있으므로 (깨달음 이전에) 스펙트럼의 각 수준은 궁극적으로 아트만 의식을 대체하는 대체물에 불과하다.

우리가 지금 논하고 있는 내용은 진화가 아니라 **내화**라는 점을 상기하길 바란다. 아트만 프로젝트는 진화와 내화 모두에서 작용하는데, 대체물도 두 가지 모두에서 작용하기 때문이다. 하지만 방향은 정반대이다. **진화**는 실제로 일련의 대리만족, 대리자아, 대리합일체였긴 하지만 각 대체물은 진화에서 더 높은 계열이었고, 근원에 더 가까웠고, 더 현실적이고 대체성은 덜 했다. 또한 그 '상향 운동', 즉 상향 변형은 정확히 자기가 각 하위 합일체의 **죽음**과 타나토스를 받아들여 의식 속에서 더 높은 합일체를 발현할 수 있었기 때문에 발생했다. 자기가 (궁극적으로) 현재 구조의 죽음을 받아들이고 그 구조와 동일시하지 않고, 그 구조를 더 통합되고 덜 대리적인 더 높은 구조로 초월할 수 있었기에 진화는 계속되었다. 더 높은 계열의 합일체가 발현하는 것은 원래의 아트만 대의, 기독교 용어로는 아가페에 의해 주도된다.

그러나 **내화**에서 그런 일이 일어나지 **않는** 것은 확실하다. 자기는 어떤 단계에서도 죽음과 타나토스를 받아들이지 않으며, 아가

페에 의해 작동되지 않고 위축에 의해 작동된다. 즉, 내화는 아트만 대의가 아니라 아트만 제약에 의해 작동된다. 이러한 힘들(아가페, 위축, 에로스, 타나토스)은 다음과 같이 제시될 수 있다.

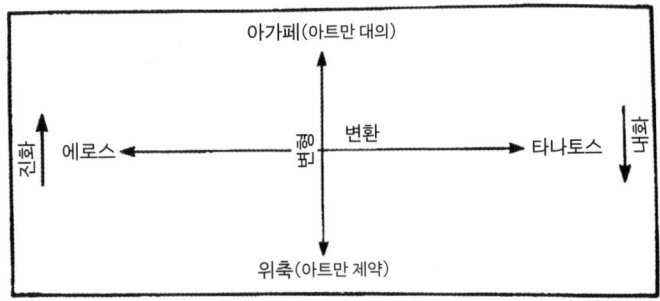

**진화** 과정에서 (아가페를 통해) 더 높은 단계가 발현할 때마다, 자기는 그 단계와 동일시했고, 그 단계와 동일시하는 **동안** 자기의 에로스는 실제로 그 수준의 타나토스와 투쟁했고 그것을 거부했다. 자기는 현재 수준의 죽음을 받아들이지 않았고, 그래서 그 특정 수준에 대한 온갖 죽음 거부와 불멸 프로젝트를 만들어냈다. 그러나 결국 그 단계의 에로스가 잦아들었고 마침내 타나토스를 받아들이게 되었다. 자기는 그 수준에서 '죽었고', 그 수준과 탈동일시했고, 그 수준에서 상위-계열 수준으로 초월했다. 아가페와 타나토스가 마침내 에로스와 위축을 극복하고 이겼으므로 진화를 계속해 나갔다.

내화에서는 그와 정반대의 일이 일어난다. 에로스와 위축이 아가페와 타나토스를 극복하고 이긴다. 그러므로 각각의 대리자기는 점점 더 낮은 계열에 속하게 된다. 공이 튀어 오를 때마다 높이는 점점 낮아진다.

에로스와 타나토스는 기본적으로 변환의 힘이다. 에로스와 타나토스는 어떤 수준과 맞서도 분노하며, 영혼의 운명에 맞서 수평적으로 싸운다. 그러나 아가페와 위축은 변형의 힘으로 보는 편이 가장 좋을 것이다. 아가페와 위축은 자기가 수준을 변화시키도록 반대 방향에서 끌어당긴다. 기존 수준에서 에로스가 타나토스에 승리하는 한, 그 수준의 변환 과정은 거의 흔들림 없이 계속된다. 그러나 타나토스가 에로스를 이겨 변환이 실패할 경우, 자기 시스템은 수직적 수준 변화, 즉 변형을 시작한다. 그리고 **아가페가 위축을 압도하면, 변형은 수직적 상향 방향을 취하게 되고** 아트만 프로젝트는 아트만 그 자체에 점점 더 가까워진다. 이것이 진화이다. 그러나 **위축이 아가페를 압도하면, 변형은 아래쪽을 향하게 되고** 아트만 프로젝트는 아트만으로부터 점점 더 멀어지게 되는데, 이것이 내화이다. 아트만 프로젝트가 진화와 내화 과정 모두에 관련되어 있는 것은 이 두 과정 모두에 대체물이 들어 있기 때문이며, 진화와 내화 과정의 방향이 다른 이유는 변형의 힘이 변화하기 때문이다.

이제 정묘 영역 — 초에니 단계 — 에 있는 영혼으로 되돌아가면, 이에 대한 많은 사실들이 분명해지리라고 생각한다. 초에니 단계에서 영혼은 궁극의 원인 영역(치카이)을 떠나 신성한 원형적 광휘(초에니)라는 정묘 영역에 들어섰다. 하지만 영혼은 이전 단계의 궁극의 일체성을 떠난 것은 아니다. 단지 그런 것같이 느낄 뿐이다. 앞에서 말했듯이, 놀라운 일체성의 상실을 유지하기 위해서, 영혼은 다양한 **보상**을 마련해야 한다. 그런데 일체성은 주-객 이원성이 그 일체성에 덧씌워져서 (착각적으로) 상실한 것이므로, (아트만 프로젝트의 두 날개인) 의식의 주체 측과 객체 측 모두에서 다양한 보상과 대체물이 마련될 수 있게 된다.

먼저 객체 측면부터 살펴보자. 영혼은 더 이상 일체(the One)가 **아니기** 때문에, 영혼이 소지하고 있는 것은 단지 그 일체성(Oneness)에 대한 환상이나 그림뿐이다. 따라서 이런 '객체적 환상'은 모두 한때 자신이 일체 **그 자체였다는** 의식의 잔존물들이다. 일체와 직접적이고 즉각적인 형상 없는 합일이 있어야 할 곳에 영혼은 단지 일체에 대한 환영과 형상을 세운다. 그래서 이 원형적 형상들이 실제로는 영혼을 일체성에서 분리하는 역할을 한다. 그 형상들이 주체와 객체로 갈라놓는 역할을 한다. 그러나 이러한 정묘 형상들은 영혼에게 대리만족감을 주는 대체물들이라는 점에 유의하길 바란다. 혼은 진정한 일체 그리고 그 일체와의 합일을 대신해서 대리만족을 움켜잡는다. 혼은 전체(the All, 원인 치카이)가 되는 대신에, (정묘 초에니에 있는) 전체의 **형상들**에 홀린다. 그런데 《사자의 서》에 따르면, 이런 (원형적) 형상과 환영들이란 지금 의식을 통해 폭포수처럼 쏟아지는 평화로운 신들, 이슈타데바, 미묘한 빛과 소리 외에 다른 것이 아니다. 신이 되는 대신, 그 사람은 나다, 이슈타데바, 미묘한 소리와 빛으로 알려진 신의 축소된 형상과 환영을 듣고 본다. 《사자의 서》에서 말하는 것처럼, 궁극의 일체는 정묘 신들로 (하향) **변형되고** 이런 춤추는 환영들, 원형적이고 원초적인 지금은 대리자기를 위한 대리만족, 잃어버린 낙원을 위한 대체

위로품으로 작용한다. 그런 것들은 대리 객체들에 불과하다. 영혼은 더 이상 **신이 아니며** 단지 **신에 대한** 환영만을 간직하고 있을 뿐이다.

하지만 이런 객체 측면만이 유일한 대리만족은 아니다. 아트만 프로젝트에는 주체 측면도 있기 때문이다. 영혼은 더 이상 비이원적 일체성인 법신이 **아니기** 때문에 이제 더 이상 전체가 아니며, 전체로부터 떨어져 나와 이제 그 전체의 객체 **측면들을** 보기 위해 뒤로 물러서 있는 감시자-원리, 주체적 경향성으로 변형된다. 영혼은 자신의 내면으로 위축되어서 아트만 참자기가 있을 **자리에** 정묘 영역에서 떨어져 나온 **분리된 자기를** 정착시킨다. 하지만 대리자기가 처한 상황을 떠올려보라. 대리자기는 아트만-의식이 되려는 욕망, 우주중심이 되려는 욕망, 그리고 최소한 우주의 중심적인 역할을 차지하려는 욕망을 충족시키는 것처럼 해야만 한다. 그런데 영혼은 자신의 본래 합일의식 대신 영혼 자신에게 **초점을 맞춰서**, 또한 이 초점이 맞춰진 자기를 우주의 중심에 자리 잡게 해서 이 충족시키는 일을 시도한다. 그렇게 해서 영혼은 거대한 우주가 **되는** 대신, 그 우주의 중심처럼 **보일** 뿐이다.

대리자기는 우주중심이고 싶은 소망, 아트만이고 싶은 소망, 근원이고 싶은 소망을 **충족하는 것처럼 자신을 제시한다**고 말할 때 내가 의미한 바는 이것이다. 착각으로 상실한 아트만을 대리하는 것이 자기인데, 이 대리자기는 상징적인 형태로 자신이 잃어버린 아트만인 척한다는 것이다. 1) 자기는 아트만-의식을 회복하고 싶어하기 때문에, 하지만 2) 자기는 그렇게 하기 위해 필수적인 죽음

과 초월을 두려워하기 때문에, 그래서 3) 자기는 보상물과 대체물
을 준비한다. 자기는 순간-순간 언제나 발동하는 아트만-의식을
직관하면서, 그 직관을 자신에게 돌린다. 자기는 아트만을 **가로
막는** 방식으로 아트만을 **추구하면서** 상징적 **대체물**을 아트만으로
강요한다. 위베르 브누아에게서 인용한 글을 떠올려주길 바란다.
"혼은 어떻게 아트만 없이 살 수 있는 것일까? 혼은 자신의 상상
놀이를 통해서, 자신의 정신이 가지고 있는 **주관적 세계를 재창조
하는 능력**을 활용해서 자신을 창조한다. 그가 **자신을 위한 우주를
창조하는** 이 위안을 주는 상상 능력이 없었다면, 그는 자신이 실제
우주의 유일한 동력(아트만)이 아니라는 말을 결코 받아들이지 않
았을 것이다."

그럼에도 우리는 "인간은 자신의 진정한 신적 본질을 모르기 때
문에, 자신을 오직 시간 영역에서 신격화하려고 한다. 그는 기억
상실증에 걸려 (실제로는 그가 신 자신이지만) 신에게 버림받았다는 착
각으로 고통받는다. 그는 시간 영역에서 자신의 신성을 뒷받침할
확실한 증거를 찾아 소란을 피우지만 그곳에선 찾을 수 없다"라는
브누아의 말도 추가로 들었다.

그렇게 해서 항상 자신의 참된 본래 상태인 아트만 의식 대신
에, 비록 착각으로 버리긴 했지만, 그는 자신을 우주중심적이고,
신격화되고, 독특하고, 불멸하며, 둘 없는 유일한 존재로 (설득력 있
게) 가장할 대체물을 찾아 '소란을 피운다.' 참으로 무한하고 영원
한 그 직관을 절대적으로 유한하고 필멸인 자신의 분리된 자기에
게 적용함으로써 왜곡시킨다. 합일의식 대신, 그는 한편으로는 내

면의 주관적인 세계를 대리자기로 삼고, 다른 한편으론 대리대상으로 '저 바깥 세계'를 창조하고는 이 대리자기를 저 대리세계의 정중앙에 단호하게 (우주중심으로 보이도록) 들이세운다. 내면의 자기와 외면의 세계는 모두 잃어버린 합일에 대한 상징적 대체물로서, 원래의 합일은 주체적이거나 객체적인 것이 아니라 단순히 완전체였다. 이런 대체물들은 일체성의 상실을 스스로 위로하는 대리만족이며, 이를 통해 그는 이제 분리된 자기-감각의 드라마, 욕망의 놀이, 자신의 개(별)성을 목표로 하는 아트만 대체물을 찾는 일에 매달린다.

다시 바르도 상태 이야기로 돌아와서, 이제 정묘 영역(초에니)에 있는 혼은 대리자기와 대리세계 둘 다를 갖고 있다. 자신을 우주중심이고 무적이라고 상상하는 분리된 자기는 이제 자신의 의식에 넘쳐나는 미묘한 환상과 빛 그리고 원형적인 황홀경의 신성한 모습을 지켜보기 위해 뒤로 물러난다. 이제 그런 모습들이 자신의 인식에 넘쳐흐른다. 그런데 이런 대리만족은 실제로 만족감을 주긴 하지만 오래가지는 못한다. 정묘 영역이 아무리 신성하고 원형적이라 하더라도 그런 황홀경은 여전히 대리만족일 뿐이어서, 영혼은 마침내 그 대리만족이라는 진정제에 질려 크게 동요하기 시작한다.

이 시점에서라도 분리된 자기의 **죽음과 초월을 받아들일 수** 있다면, 영혼은 즉시 일체로서 일체로 되돌아갈 것이다. 《사자의 서》는 그 점에 대해서 매우 분명하게 말한다. 하지만 영혼은 죽음과 희생으로부터 달아나는데, 그 때문에 평화로운 신들은 분노에 찬 신들로 **변형되기** 시작한다. 《사자의 서》에서는 "따라서 환영하려고 온 완전한 지식을 보유한 평화로운 신들의 여명이 멈춘 후, 불꽃에 휩싸이고 분노하며 피를 마시는 쉰여덟 명의 신들의 여명이 떠오른다. 이들은 **평화로운 신들의 변화된 모습(변형)일 뿐이다**"[110]라고 말한다.

영혼은 지금 정묘 영역에서 작용하고 있기 때문에, 정묘 에로스와 정묘 상간에 휘말려 있고 그로 인해 정묘 거세를 피할 수 없다. 따라서 이제 타나토스, 시바 신, 염라대왕이 문자 그대로 격노한 모습으로 살기등등하게 현장에 난입한다. 그런데 이런 일은 영혼이 예상하지 못했던 일이다. 영혼이 일체이기를 거부하고 대신 덜 흥미로운 정묘 신의 영역을 취하면서도 자신이 모든 달콤함과 빛을 차지하고 있다고 생각했다. 그러나 타자가 있는 **곳에는 반드시** 두려움이 존재하기 마련이다. 이제 경계가 생겼기 때문에 타자가 존재한다. 비록 신성한 타자라 해도 그 타자는 단지 신성한 공포일 뿐이다. 그것을 증명하기 위해 쉰여덟 명의 살기등등한 공포의 신들이 정묘 영역을 통해서 행진해온다.

영혼은 정묘 상간 때문에 정묘 거세를 면할 수 없다. 진화에서는 자기가 거세공포와 분리불안을 **통과해서** 위로 진행하여 아가폐를 통해 특정 수준의 죽음을 **받아들이고** 그 수준을 초월하지만, 이제 내화에서는 그렇지 않다. 내화에서 자기는 현 구조의 죽음을 받아들이지 **않는다**. 자기가 실제로 하는 일은 단순히 공포로부터 벗어나는 일이다. 《사자의 서》에 나와 있듯이, 자기는 단지 '기절하거나 멍한 상태'가 된다. 더 요즘식으로 말하면, 자기는 평화롭고 분노에 찬 전체 정묘 영역을 억압해서 모든 사건 전체를 무의식 상태로 만든다. 비록 드라마 자체를 준비하고 사건 전체를 지시한 것이 자신일지라도, 영혼은 기절하고 멍해지고 무의식 상태에 빠진 후, 더 낮은 다음 바르도에서 '깨어난다.'

따라서 정묘 수준의 아트만 프로젝트는 그 위로하고 달래는 사명에서 결국 비참하게 실패한다. 정묘 영역의 대리자기는 결국 죽음과 모든 분리된 자기와 대리주체의 불꽃에 휩싸이고 분노하며 살기등등한 운명에서 면제되지 않는다. 정묘 대리자기는 불멸성과 영원한 완벽함을 가져다주지 **못한다.** 그 대리자기는 결국 자기와 타자의 첫 번째 자율적 운동자가 아니다. 우주중심도 아니고, 영웅도 아니며, 신적인 존재도 아니다. 따라서 실제로 죽음과 타나토스가 위협할 때, 정묘 자기는 위축되고 공포에 질려 기절한 후, 다음 바르도에서 깨어난 자신을 발견한다. 변환이 실패하고 변형이 그 뒤를 따르게 되는데, 위축이 아가페를 압도하기 때문에 여기서의 변형은 하향 변형이다. 내화는 이런 식으로 계속 이어진다.

### 세 번째 단계: 시드파

이렇게 아트만을 대체할 만한 대체물을 찾으려는 노력으로 인해, 영혼은 시드파 단계로 던져진다. 시드파 영역은 조대-반영 마음 영역이며, 마음의 대체물을 찾기 위해 거친 물리적 세계로 내딛는 영역이다. 이 영역에서 영혼은 강렬한 상간/거세 전투를 경험하게 되는데, 《사자의 서》에서는 그 경험을 생명의 신(에로스)과 죽음의 신(타나토스)으로부터 받는 공포스러운 심판으로 표현한다.

그렇다면 시드파 수준의 상간 형태는 어떤 것일까?《사자의 서》
에 따르면 이러하다. "고귀하게 태어난 자여, 이제 그대는 결합해
있는 남녀의 환영을 보게 될 것이다. 이때 그대가 남자로 태어날
예정이라면, 남자의 느낌이 차츰 드러나기 시작할 것이다. 더불
어 아버지가 될 사람에 대한 강한 증오심이 생기며, 어머니가 될
사람에 대해서는 애착과 매력을 느낄 것이다[여자라면 그 반대이
다]."[110]

그렇게 해서 우리는 모든 영역 중 가장 낮은 육체적-성적 상간
과 육체적 성적 거세, 오이디푸스와 엘렉트라 콤플렉스, 쾌락원리
등 프로이트가 말한 모든 것을 간직한 채 모든 영역 중 가장 낮은
영역, 즉 플레로마와 티폰 수준으로 들어가는 영역에 와 있다. 대
리자기는 이제 거친 세계를 반영하면서 신체에 속박된 양식인 티
폰과 우로보로스 수준을 향하고 있으며, 그 자기의 대리만족은 단
순한 쾌락주의적 쾌락과 성적 해방으로 축소된다.《사자의 서》에
따르면, 남녀가 결합해 있는 이런 환영을 보면서 그들을 떼어놓으
려고 할 경우, 그는 결국 그 부부를 부모로 하여 다시 태어나게 된
다. 그 수준의 아트만 프로젝트는 부모를 떼어냄으로써, 즉 그 둘
사이에 영웅적으로 끼어들어 남자에게서 여자를 훔쳐냄으로써 우
주의 중심이 되려는 시도로 축소된다. 그렇게 하여 임박한 위기를
두려워하는 영혼은 문자 그대로 다시 한 번 기절하고, 의식을 잃
고, 시드파 영역 전체를 억압한 다음, 일어났던 그 모든 일들은 망
각한 채 어머니의 자궁에서 나와 플레로마와 합병된 조대 영역에
서 깨어난다.

## 기억상실과 바르도

하지만 영혼이 다시 태어나기 **위해** 겪은 모든 일들을 보라! 궁극의 일체성, 즉 편재하는 법신의 청정광으로부터, 정묘 영역 보신의 신성하며 빛나는 환희를 거치고 시드파 단계의 조대-반영 마음 영역을 거친 다음, 조대 신체와 플레로마 상태라는 환생에 도달한다. 그 사람은 그 모든 단계를 통과했고, 또한 그 모든 **것이었다.** 바르도 경험에서 그 사람은 신으로 출발했고 티폰으로 마감했다. 하지만 그는 그 사이에서 일어났던 일들은 단 하나도 기억하지 못한다….

일어난 일이란 이런 것이다. 우리는 내화 과정의 매 단계에서 영혼이 대리자기와 대리세계를 만들어낸다는 것을 알고 있다. 원인, 정묘, 마음, 신체. 이 모든 구조들은 자기가 자신을 죽음 없는, 불멸이자 우주중심인 신 같은 존재처럼 보이기 위해 창조해낸 대리형성물들이었다. 이런 대체물들은 매 단계마다 결국 실패했지만, 자신의 해체를 두려워한 자기는 자신이 만들어낸 대체물의 죽음을 받아들이지 않고 난지 **위축되었으며,** 그런 다음 두려움으로 정신을 잃었다. 에반스-웬츠는 "한 바르도에서 다음 바르도로 통과해가는 것은 출산 과정과 유사하다. 하나의 기절 상태 또는 비몽사몽 상태에서 깨어나고, 세 번째[이자 마지막] 바르도가 끝날 때까지 또 다른 기절 상태가 이어진다."[110] 따라서 그 사람은 "매 단계마다 점점 더 낮은 의식 상태로 후퇴하는 것으로 보인다."[110] [우리는 이것을 내화 또는 하향 변형이라 부른다.] **일체를 저해하는 방식으로 일체를 추구하는 짓은 점점 더 꽉 쪼이고 좁고 제약된 양식**

**의 정체성을 만들어내도록 내몰린다.** 아트만을 저해하는 방식으로 아트만을 찾으려고 하면서, 개인은 점점 더 적은 의식과 점점 더 덜한 아트만을 포함한 대체물을 만들어내도록 내몰린다. 그렇게 해서 의식의 스펙트럼이 만들어진다.

그러나 이러한 각각의 하향 단계들은 망각이라는 기절 상태를 수반하기 때문에, 그 과정 전체는 무의식이 된다. 각 단계는 파괴되거나 제거되거나 비워지는 것이 아니라 **무의식에 놓이게 되는데**, 이것은 모든 상위 수준이 **존재하지만** 단지 그 수준들을 잊었을 뿐이라는 것을 의미한다(또는 내화 과정에서 상위 영역들이 억압되거나 강제적으로 의식에서 가려졌다고 말하는 편이 더 적절할 수도 있겠다).

그런데 아주 간단히 말하면, 바르도 계열 전체의 망각 결과가 바로 **근원-무의식**이다. 따라서 존재의 상위 영역들은 모두 신생아의 근원-무의식에 감싸이고 포개진 채 놓여 있다. 그 모든 영역들이 내화 과정을 통해 근원-무의식에 놓였고, **미분화된 잠재력으로** 그곳에 남아 있다. 따라서 발달이든 진화든 단순히 이런 감싸인 구조들이 가장 낮은 곳에서 시작하여 가장 높은 곳으로, 즉 신체에서 마음, 정묘, 원인으로 이행해가는 전개 과정이다.

우리는 진화 과정에서 이런 구조들이 **대리만족물로** 출현하며, 그 구조가 만족을 주지 못할 때 포기된다는 사실을 이미 본 바 있다. 그래서 우리는 각각의 구조들이 내화 과정에서 대체물로 **만들어진 것이기** 때문에 진화 과정에서도 대체물로 출현한다는 사실을 알 수 있다. 자기는 이 내화된 대체물들을 연쇄적으로 맛보고, 그 대체물들의 결핍을 찾아내고, 그 대체물들의 죽음을 받아들이고,

그렇게 해서 그 대체물을 초월할 때에만 이 연쇄 과정을 거슬러 올라갈 수 있다(자기는 내화 과정에서 이 모든 일들을 거부했다). 그러나 자기는 연쇄적인 대체물에서 만족할 만한 대리만족으로 받아들이는 지점(신체적 대체물이든 심적 대체물이든 아니면 정묘 대체물이든 원인 대체물이든)까지만 진화할 것이다. 자기의 상간을 정착시킨 수준, 그 대체물을 진정한 것으로 받아들인 수준, 에로스가 타나토스를 압도한 그 특정 수준에서, 자기는 그 수준에서 죽어야 하고 초월해야 하는 분리불안을 겪지 않을 것이고, 따라서 진화는 (이번 생에서는) 그 지점에서 차갑게 멈출 것이다. 그 자기는 이번 생에서는 근원에 이를 수 있는 가능성을 닫아버린 것이다(그러면서 여전히 자신은 **근원이라고** 상상한다). 신체적인 죽음 이후의 바르도 상태에서 자기는 **진화했던** 만큼 **내화할** 것이고, 매우 진화한 존재는 어떤 내화도 겪지 않을 것이다. 매우 진화한 영혼은 첫 번째 청정광 단계에 그 **청정광으로서** 일체로 남을 것이다. 그 영혼은 신의 모습으로 위축되지도 않을 것이고 영원이 포옹하려고 할 때 움츠러들지도 않을 것이다. 그 영혼은 어떤 대리 주체나 대리 객체도 만들기를 서부할 것이기에, 결코 분리된 자기로 환생하지 않을 것이다(물론 툴크Tulku나 아바타 또는 보살처럼 환생을 선택할 수도 있다).

다시 신생아로 돌아가서 조대 신체, 마음, 정묘, 원인 같은 여러 수준의 심층구조 전체는 이미 근원-무의식 내부에 잠재력으로서 존재하고 있기 때문에, 창조해야 할 필요는 없고 다만 상기해낼 필요가 있을 뿐이다. 그런 구조들은 기절과 망각을 통해 **감싸여졌고** 이제 깨어남과 상기를 통해서 펼쳐진다. 그 심층구조들이 (아가페를 통해서) 상기됨에 따라 그 구조의 표면구조들은 **이번** 생에서 그 영역에서 일어난 사건들로 채워진다. 앞에서 말했듯이, 심층구조는 상기되고, 표면구조는 학습된다.

그런데 이러한 상위 양식들이 연속해서 펼쳐지거나 현시되는 것이 심리학자에게는 낮은 '것으로부터' 높은 것이 발현하는 듯 **보이게 되고**, 실제로 많은 학자들이 그런 식으로 규정하곤 한다. 자아는 이드로부터 나온 것이라고 말하고, 마음은 조건화된 신체 반사작용으로부터 나온 것이라고 말한다. 혼은 본능으로부터 나온 것이라고 말하는가 하면, 인간은 아메바로부터 나온 것이라고 말하기도 한다. 사실은 하위 영역 **이후에** 상위 영역이 등장하며, 그런 다음 **하위 영역으로부터 자신을 분리하기** 때문에 상위 영역이 하위 영역으로부터 나온 것은 아니다. 발달이나 진화의 매 단계마다 앞 단계만으로는 전혀 **설명할 수 없는** 요소들이 새롭게 출현한다는 사실은 이제 일반적인 지식이 되었다. 피아제 자신도 이 점을 매우 분명히 했으며,[297] 폴라니Polanyi 역시 그렇게 했다.[298] 어느 누구도 논리적으로든, 존재론적으로든. 심리학적으로든 형이상학적으로든 하위 양식에서 상위 양식을 도출해낼 수는 없다. 상위 양식들은 처음부터 하위 양식 안에 잠재력으로 감싸여 있었기 때문에, 바로 그런 이유 때문에만 출현할 수 있는 것이며, 진화가 진행해감에 따라 하위 양식들로부터 상위 양식이 분화해서 자신을 구체화하는 것이다. 오로빈도는 말한다. "이 의식[궁극의 브라만-아트만]은 세상의 창조자이므로 지식의 상태일 뿐만 아니라 지식의 힘이어야 하며, 빛과 비전에 대한 의지일 뿐만 아니라 힘과 일에 대한 의지여야 한다. 그리고 마음도 그것[아트만]에서 창조되므로 마음은 이 원초적 능력과 이 최고 의식의 **제한된 발달**이어야 한다. [제한된 발달이 정확히 진화이며,] 따라서 **확장에 의한 역**逆**발달**을 통해 그 자체를 다시 분해할 수 있어야 한다. 진화란 이런 것이다."306 그러므로 진화는 혼이 신으로부터 도망치는 동안 하위 양식에 감싸여 있던 상위 양식을 재발견해가는 과정, 즉 내화의 상기 과정이다.

따라서 진화는 어디에서 나타나든 발현, 상승, 초월의 연속적인 계열로서 또한 상위-계열 **전체**의 발현으로서 자신을 드러낸다. 기억한다는 것(remember)은 실제로 다시(re) 일원(member)이 되는 것, 즉 다시 하나가 되는 것을 의미한다. 바로 그것이 진화가 오직 최종적인 일체만이 존재할 때까지 점점 더 일련의 상위 전체들로 구성해가는 이유이다. 자연이 신을 상기해가는 과정이 곧 진화이기 때문에, 진화는 전체론적이다.

그리고 마지막으로 바르도, 즉 사이에 대한 또 다른 의미가 있는데, '환생'이나 '재탄생'을 받아들이기 어렵다고 느낀다면, 이 다른 의미를 더 쉽게 받아들일 수 있을 것 같다(이 둘은 실은 **정확히** 같은 의미이다). 사람이 태어나기 전에 내화 시리즈 전체가 일어났을 뿐만 아니라, 지금 살고 있는 사람도 이 내화 시리즈 전체를 매 순간 재연하고 있다. 이 순간, 바로 이 순간 개인은 **붓다이고**, 아트만이고, 법신이다. **그러나** 이 순간, 바로 이 순간 그 사람은 아무개로, 분리된 자기로, 다른 고립된 신체들에 둘러싸인 고립된 신체로 끝난다. **이** 순간과 모든 순간의 시작에서 모든 사람은 청정광으로서의 **신이다.** 그러나 이 똑같은 순간이 **끝날** 무렵, 눈 깜박하는 순간, 그는 고립된 자아로 끝나버린다. 그런데 **이** 순간의 시작과 끝 사이에서 일어난 일은 《사자의 서》에서 설명한 것처럼 죽음과 환생 사이에서 일어났던 일과 동일하다.

이러한 순간순간의 현상을 우리는 '미시발생(microgeny)'이라고 부른다. 이 순간의 현상은 의식 스펙트럼에서의 미시발생적 내화이다. 매 순간 개인은 궁극에서 원인, 정묘, 마음, 조대 영역에 이르기까지 전 계열의 바르도를 통과하는데, 그가 기억하는 것은 자신이 진화한 정도까지이다. 개인이 정묘 영역까지 **진화했다면** 그는 의식의 조대, 마음 및 정묘 측면들을 기억할 것이지만, **이 순간 경험의** 원인과 궁극적 측면들은 기억하지 못한다. 그런 측면들은 상기를 통해 발현하기를 기다리면서 발현-무의식에 놓여 있다. 진화는 단순히 점점 더 높은 단계에서 미시발생적 내화 과정을 감소시키는 과정이다. 더 높이 진화한 사람일수록 내화의 정도는 줄어든다.

이번 생에서 영혼에게 지워진 의무는 기억해내는 일이다. 불교의 스므르티smriti와 사티-파타나sati-patthana, 힌두교의 스마라smara, 수피의 지크르zikr, 플라톤의 상기(recollection), 그리스도의 회상(anamnesis)… 이 모든 용어는 정확히 기억(remembrance)으로 번역된다. 쿠마라스와미는 "기억하지 못하는 것이 영혼을 높은 곳에서 끌어내린다", "영혼은 신과 함께 걸었고, 진실에 대한 비전도 어느 정도 가졌지만 그 기억을 간직할 수 없다"[84]고 말한다. 그러나 《사자의 서》가 전하는 메시지가 바로 거기에 있다. 노이만이

"세상에서 인간의 임무는 의식이 출현하기 이전에 알고 있었던 지식을 의식적인 마음으로 기억해내는 것"[279]이라고 결론지은 것이나, "사딕*은 태어날 때 잃어버린 것을 찾아내서 사람들에게 그것을 회복시켜준다"[279]고 말한 것은 놀라운 일이 아니다.

그렇게 해서 영혼은 마침내 희미하게나마 이 모든 것을 기억해내고, 그 모든 것을 보고 난 후 잠시 멈춰 서서 매우 의아해한다. 어떻게 잊을 수 있었을까? 유일하게 진실인 그 상태를 어떻게 포기할 수 있었을까? 나의 영혼은 어떻게 해서 오직 비참함이 자신을 감싸안을 정도로 추락할 수 있었던 것일까? 지금 이것을 보고, 지나가는 모든 것에서 오직 신만을 기억하고, 그밖에 아무것도 없는 바로 그 참자기의 은총을 기록한다면 어떻게 그 표적을 놓칠 수 있었을까? 어떻게 그 표적을 놓칠 수 있었던 것일까?

그 마지막 상기에서, 절대적인 신비와 근본적인 무지 속에서 오직 신의 충격만이 아트만 프로젝트를 단번에 해체시킨다. 거기 더이상 아트만 프로젝트가 존재하지 않는 것은 이제 오직 아트만, 즉 근본적이고 빛나고 모든 것에 스며들며 완벽하게 황홀히 해방되고, 완벽하게 평범하고, 완벽하게 명백한 방식으로 작동하는 아트만만이 존재하기 때문이다. 하지만 아트만은 보이지 않고, 알려지지 않으며, 말로 표현되지도 않는다. 아트만은 모든 것이 발생하기 이전부터 있었지만, 동시에 그 모든 것과 조금도 다르지 않

---

\* Saddik: 주로 파키스탄, 인도 및 중동 등에서 어떤 인물의 명예와 존중을 나타내기 위해 부여하는 명칭으로 '진실한(truthful)'이란 의미를 갖고 있다.

기에, 정반대로 완전히 드러나 있다고도 할 수 있다. 도겐 선사[*]
는 말했다.

느리게 흘러가는 저 구름 참으로 가련하구나.
우리 모두는 꿈속에 사는 몽유병 환자들!
깨어나니 하나의 위대한 진실뿐.
사원 지붕 위에 검은 비가 내린다.

영겁의 시간 동안 우리는 이 위대한 진실을 찾아왔고, 영겁의
시간 동안 우리는 이 위대한 진실을 원했다. 그러나 영겁의 시간
동안 있어왔던 것은 오직 이 하나의 위대한 진실뿐, 사원 지붕 위
에 검은 비가 내린다….
한데, 존재하는 것은 언제나 오직 아트만뿐이기에, 일찍이 아트
만 프로젝트는 일어난 적이 없었다.

※ 에로스, 아가페 및 타나토스라는 용어는 갈피를 잡기 힘들 정도로 서로 다
르게, 때로는 모순되는 의미로 다양하게 제시되었다. 이 용어들에 대한 흥
미 있는 논의를 보고 싶다면, 《아이 투 아이Eye to Eye》(Shambhala, 1996)를
참조하길 바란다.

---

[*] 道元希玄: 1200-1253. 일본의 선종인 조동종의 시조. 묵조선을 주장했으며, 지관타좌를 실
천법으로 삼았음.

나는 의식의 상승을 나타내는 여러 단계에 대한 일종의 조사이자 요약된 결과물로서 꽤 많은 참고 도표를 작성했고 그 표들을 여기에 포함시켰다. 그러나 먼저 부언해서 언급해야 할 사항들이 몇 가지 있다. 내가 인지 발달, 도덕성 발달, 자아 발달과 같이 여러 항목을 나란히 배열하긴 했지만, 그런 발달들 모두가 똑같은 성질의 발달이라는 의미는 전혀 아니다. 그렇긴 하지만 일반적인 상호 비교를 위해서 다양한 심리적 발달의 모든 지류를 분리해서 다루지 않기로 마음먹었다. 이 책의 앞부분에서 언급했듯이, 그런 식으로 하는 것은 여러 면에서 볼 때 오늘날의 지식 수준을 넘어선 과제이기 때문이다. 예를 들어, 지적인 발달이 심리성적 발달과는 독립적인 발달체계라는 것은 꽤나 잘 정립된 명백한 사실이다. 뢰빙거는 자아 발달이 심리성적 발달과 독립적이라고 생각하며,[243] 콜버그도 지적 발달이 도덕 발달에 필요조건이긴 하지만 충분조건은 아니라는 사실을 보여주었다.[229] 다양한 발달 경로들은 또 다른 다양한 발달 경로와 평행선을 그리거나, 독립적이거나 서로 밀접한 관계를 보이면서 진행해간다. 당연히 나 역시 이 문제에 대해 나름의 생각을 갖고 있지만, 이 문제는 그 자체로 또 다른 전반적인 연구과제여서 지금보다 더 진전된 발달 연구들을 기다려야 할 것이다.

내가 여기서 하려는 것은 그런 것이 아니라 단지 존중할 만한 연구자들이 제시한 다양한 발달 체계에서 드러난 다양한 단계 모두를 정연하게 설정하려는 것이고, 그렇게 해서 일반적인 경향성, 즉 의식의 수직적 상승 과정을 한눈에 알아볼 수 있게 하려는 것이다. 이런 작업은 의식의 일반적인 상승 과정을 전반적으로 보는 데 도움이 될 뿐만 아니라, 진화와 자기-발달의 상위 단계에서 앞으로 시도할 필요가 있는 연구를 지적하는 데도 도움이 될 것이다. 서양 연구자들의 상관관계 표 제작에는 주로 뢰빙거,[243] 아리에티,[7] 디 레오Di Leo,[97] 존스[204] 및 로버트[321]의 연구를 참조했음을 밝혀둔다.

표에 제시된 자료를 보는 하나의 전형적인 예로서, 다수의 연구자들이 이 역시 하나의 발달 계열을 보여주는 자료[243]라고 보고 있는 매슬로의 욕구위계[321]를 살펴보자. 욕구위계는 다음과 같이 전개한다. 유아는 먼저 배고픔 같은 자신의 단순한 **생리적 욕구**를 만족시켜야 한다. 이 욕구는 양분흡수관 같은 우로보로스이다. 환경과 혼용된 상태로부터 유아의 신체자아가 발현하면, 유아는 거대한 타자에 직면해서 자신을 안정적인 존재로 확보하려는 욕구, 즉 **안전 욕구**에 직면한다. 자기-시스템이 마침내 멤버십 인지와 멤버십 의식으로 진화하면, 자기는 **소속**(과 사랑) **욕구**, 즉 자신의 신체자기보다 더 큰 멤버십-집단에 속하려는 욕구에 직면한다. 자아 자체가 확고하게 발현해서 마침내 자기-시스템이 자아 단계 중기 및 후기까지 성숙하게 되면, 그 자아는 **자기-존중 욕구**에 직면한다 (칼 로저스도 지적한 바 있다).[187] 개인이 성숙한 켄타우로스 수준으로 진화하면, (제7장에서 보았듯이) **자기-실현 욕구**가 발현하는 경향이 있다. 마지막으로 등장하는 것은 '자기-실현을 넘어서'는 욕구, 즉 정묘와 원인 영역 같은 초-개아 영역으로 넘어가려는 **초월 욕구**이다. 이 모든 것이 그에 상응하는 우리의 단계 옆에 간단히 매슬로의 단계라는 제목이 붙은 표 4에 요약되어 있다.*

---

* 서로 다른 발달 경로들을 구분하는 것과 관련된 다양한 상관관계를 알고 싶다면, 《의식의 변형》(Transformations of Consciousness, Shambhala, 1986)과 《모든 것의 역사》(A Brief History of Everything, Shambhala, 1996)를 참조하길 바란다.

**도표 1**

| 대략적인 자기-감각 양식 | 카발라[338] | 오로빈도[11,12] | 그로프[66] (대략적인 상관) | 그린과 그린[163] |
|---|---|---|---|---|
| 플레로마 | 말쿠트 | 잠재의식 | 신체적 | 1. 신체적 |
| 우로보로스 | | 신체적 | 심미적 | |
| 물질-신체 | | 생명력 | | |
| 정서-신체 | 예소드 | 정서적 | | 2. 정서적 |
| 심상-신체 | | | | |
| 멤버십-인지 | 호드 | 의지 | 정신역동적 | 3. 심적 |
| 초기 자아/페르소나 | 넷차크 | 이성적 마음 | 프로이트 | |
| 중기 자아/페르소나 | | 신체적 자아 | COEX 시스템 | |
| 후기 자아/페르소나 | | 이데아 마음 | | |
| 성숙한 자아 | | | | |
| 생물사회적 대역 켄타우로스 | 티페릿 | 상위 심적-신체 계몽-마음 | 실존적 / 죽음-환생 | 4. 직관적 |
| 저-정묘 | 케부라 | 직관심 | 심령적 / 아스트랄 | 수준 5 |
| 고-정묘 | 헤세드 | 조심 | 원형적 / 신적 / 계몽 | |
| 저-원인 | 비나 | 초월심 | 우주심 | 수준 6 |
| 고-원인 | 호크마 | | 초우주적 무 | |
| 궁극 | 케테르 | 브라만 / 파라마트만 | 궁극 | 수준 7 |

**도표 2**

| 대략적인 자기-감각 양식 | 뢰빙거[243] (자아 수준) | 불교의 식[362] (의식 수준) | 에릭슨[108] (심리사회적 단계) |
|---|---|---|---|
| 플레로마 | 전-사회적 | | |
| 우로보로스 | 상징적 | | 신뢰 대 불신 |
| 물질-신체 | 충동적 | 오온(오감) | |
| 정서-신체 | | | |
| 심상-신체 | | | |
| 멤버십-인지 | 자기-보호적 | | 자율 대 수치심과 의심 |
| 초기 자아 / 페르소나 | 동조주의자 | | 솔선 대 죄의식 |
| 중기 자아 / 페르소나 | 양심적-동조주의자 | 의식(조대심) | 근면 대 열등감 |
| 후기 자아 / 페르소나 | 양심적 | | 정체감 대 역할 혼미 |
| 성숙한 자아 | 개인주의적 | | 친근감 대 고립 |
| 생물사회 대역 | 자율적 | | 생산성 대 침체 |
| 켄타우로스 | 통합적 | | 통합 대 절망 |
| 자-정묘 | | 마나스(정묘심) | |
| 고-정묘 | | | |
| 자-원인 | | 오염된 장식(정합적 정신) | |
| 고-원인 | | | |
| 궁극 | | 리타마트라 | |

**도표 3**

| 대략적인 자기-감각 양식 | 콜버그[229] (도덕 발달) | 정신통합[10] | 피아제[297] (인지 발달) |
|---|---|---|---|
| 플레로마 / 우로보로스 | | 하위 집합 무의식 | 감각-운동 / 전-개념 / 전-조작 |
| 물질-신체 | 1. 처벌과 복종 | 하위 무의식 | |
| 정서-신체 | | | |
| 심상-신체 | 2. 도구적 쾌락주의 | | |
| 멤버십-인지 | 3. "착한 아이" 동조성 | | 직관적 전-조작 / 구체적 조작 |
| 초기 자아 / 페르소나 | 4. 법과 질서 | 의식적 자기 (중기 무의식) | |
| 중기 자아 / 페르소나 | 5. 사회적 계약 | | 형식적 조작 |
| 후기 자아 / 페르소나 | | | |
| 성숙한 자아 / 생물사회 대역 / 켄타우로스 | 6. 보편주의 | | |
| 자-정모 / 고-정모 | | 상위 무의식 / 상위 집합 무의식 | |
| 자-원인 | | | |
| 고-원인 | | 초월적 자기 | |
| 궁극 | | | |

**도표 4**

| 대략적인 자기-감각 양식 | 페렌치(F),[121] 오수벨(A)[14] (자아 단계) | 프롬(F),[146] 리즈먼(R)[318] (자아 유형) | 매슬로[262,263] (욕구위계) |
|---|---|---|---|
| 플레로마 / 우로보로스 | 무조건적 전능감(F) / 마법적-환영적 전능감(F) / 자아 전능감(A) | 공생적(F) | 생리적 욕구 |
| 물질-신체 / 정서-신체 / 심상-신체 | 마법적 자세의 전능감(F) / 물활론(F) / 자아 평가절하 위기(A) | 무질서(R) | 안전욕구의 시작 |
| 멤버십-인지 | 마법적 말과 생각(F) / 위성화의 시작(A) | 사회-지향 동조(R) | 안전 욕구 / 소속감 욕구 |
| 초기 자아 / 페르소나 | 위성화(A) | 동조성(F) | |
| 중기 자아 / 페르소나 | 위성화의 위기(A) | 타인-지향 동조(R) | 자존감 |
| 후기 자아 / 페르소나 / 성숙한 자아 / 생물사회 대역 | 탈위성화 | 내적-지향 동조(R) | |
| 켄타우로스 | | 자율적(F, R) | 자기-실현 |
| 저-정묘 | | | 자기초월 |
| 고-정묘 | | | |
| 저-원인 | | | |
| 고-원인 | | | |
| 궁극 | | | |

# 도표 5

| 대략적인 자기-감각 양식 | 설리번, 그랜트와 그랜트[358,243] (통합 수준) | 부바 프라나-존[60] (인생 단계) | 브로튼[53,243] (자연 인식론) |
|---|---|---|---|
| 플레로마 우로보로스 물질-신체 | 1. 자기 대 자기-아님 | 1. 물리적 신체 | 0. 내부 대 외부 |
| 정서-신체 심상-신체 | 2. 거친 조작, 동등적, 대상과 사람의 문화 | 2. 정서적 신체 | |
| 멤버십-인지 | 3. 힘의 추구 a) 힘 있는 사람을 이용하기 | | |
| 초기 자아/페르소나 | b) 힘 있는 사람에 동조하기 | 3. 하위-심적 의지력 언어적 마음 조대성 | 1. 대인심 대 소인심 |
| 중기 자아/페르소나 | 4. 갈등의 시작, 반응의 개별화 (이 수준의 신경증 하위 유형이 우리의 페르소나에 해당함) | | 2. 심신 분화 |
| 후기 자아/페르소나 | | | 3. & 4. 진정한 자아로부터 페르소나 분화 |
| 성숙한 자아 | 5. 모든 역할과의 탈동일시 | | |
| 생물사회적 대역 | 6. 역할로부터 자기의 분리 | | 5. 모든 역할과의 탈동일시 |
| 켄타우루스 | 7. 모든 하위 수준의 통합 | 4. 상위 심신 존재 하위 섬령 | 6. 통합 |
| 자-정묘 | | | |
| 고-정묘 자-원인 | | 5. 우주적 영지 고정묘/심령 초상위 심적 | |
| 고-원인 | | 아트만(=브라만) | |
| 궁극 | | 니르바나 | |

378

**도표 6**

| 대략적인 자기-감각 양식 | 베단타 힌두교[94] | 불교 5온[379] | 바티스타[24] | 휠우드(w)[392] 스미스(s)[352] | 아리에티[7] |
|---|---|---|---|---|---|
| 플레로마 우로보로스 | 안나마야코샤 | 1. 신체 형태 2. 감각 | 감각 지각 | | 본능 감각운동 외부지각 |
| 물질-신체 | | 3. 지각 | | 신체(s) 느낀 의미(w) | |
| 정서-신체 | 프라나마야코샤 | 3. 정서적/충동적 | 정서 | | 원시적 정서 |
| 심상-인지 | | | | | 환상적/내부지각 |
| 멤버십-인지 | | 4. 인지, 언어적 | 인지 | | 언어/초보적 논리 |
| 초기 자아/페르소나 중기 자아/페르소나 후기 자아/페르소나 성숙한 자아 생물사회 대역 | 마노마야코샤 | 5. 자기-의식의 흐름 | 자기-인식 | 마음(s) 개아적 바탕(w) | 개념적 |
| 켄타우로스 | 비즈나나마야코샤 | | | | |
| 저-정묘 고-정묘 | | | 합일 | 혼(s) 초개아적 바탕(w) | |
| 저-원인 고-원인 | 아난다마야코샤 | | | | |
| 궁극 | 브라만-아트만 | | 절대 | 영(s) 열린 바탕(w) | |

**도표 7**

| 대략적인 자기-감각 양식 | 7 쿤달리니 차크라와 7 상위 사브드 차크라 | 틸러[271] (본질의 위계) |
|---|---|---|
| 플레로마 우로보로스 | 1. 배고픔, 물질적, 플레로마, 음식 | 물리적 |
| 물질-신체 정서-신체 심상-신체 | 2. 정서적-성적 충동 | 에테르 아스트랄 |
| 멤버십-인지 | 3. 힘: 멤버십 세계 내에서의 안전 | M-1 (하위 마음) |
| 초기 자아 / 페르소나 | 4. 멤버십 세계 내에서 초기 자아의 사랑과 소속감 | |
| 중기 자아 / 페르소나 | 5. 안전한 언어적 자기: 구체 조작적이고 언어적인 지식 | M-2 (지적 마음) |
| 후기 자아 / 페르소나 성숙한 자아 생물사회적 대역 | 6. 형식 조작적 및 개념적 지식 (심혼의 시작) | |
| 켄타우로스 | 6. 하위 여섯 차크라의 통합 | |
| 자-정묘 고-정묘 | 6. 아즈나/심령 차크라의 열림 7. 사하스라라 | M-3 (영적 마음) |
| 자-원인 고-원인 | 사하스라라를 넘어선 7 상위 사브드 차크라 영역 최종-신에서 상위 차크라 정상 | |
| 궁극 | 모든 차크라의 초월 | 영 |

## 주요 인물 및 용어 해설

## 인물 해설

### 노이만, 에리히 Neumann, Erich (1905-1960)

융의 수제자로 꼽히는 독일 베를린
출신의 분석 심리학자이자 철학자. 특히
발달심리학 분야와 의식 및 창조성을
연구하는 데 크게 기여한 것으로
평가받는다. 역사에서 신화가 개인과
사회의식의 발달적 측면을 어떻게
드러내는지를 밝히고자 하였다. 저서로는
《위대한 어머니/대모》(Great Mother)와
《의식의 기원과 역사》(Origin and History of
Consciousness, 1949)가 있다. 윌버는 그의
용어 중 플레로마와 우로보로스, 대모 등을
차용해서 쓰고 있다.

### 라캉, 자크 Lacan, Jacques (1901-1965)

프랑스의 정신분석학자. 기존
정신분석학의 사회적 역할을 검토하면서
그것이 오류로 가득 차 있음을 발견하고
새로운 정신분석학 이론과 자아관을
제시하였다. 라캉 사상의 전개 과정은
편의상 세 단계로 구분할 수 있는데, 첫째
'상상계'를 집중적으로 연구하던 1940년대
이전 시기, 둘째 구조주의와 '상징계'를
연구하던 1940년대 이후부터 1960년대
중반 시기, 셋째 '실재계'를 연구하면서
그의 사상을 마무리하였던 1965년부터
사망 시기로 요약할 수 있다.

### 매슬로, 에이브러햄 Maslow, Abraham (1908-1970)

욕구위계이론과 자기실현적 인간상을
제시하여 유명해진 유대계 미국인
인본주의 심리학자. 위스콘신 대학에서
당시 새롭게 등장한 행동주의 심리학
분야에서 박사학위를 받았다. 일반적으로
'욕구위계 이론'으로 널리 알려져
있지만, 제3세력(인본주의) 심리학과
제4세력(초개아) 심리학을 제시하고 주도한
학자이다. 1970년 심장마비로 갑작스럽게
사망한 후 학계에 큰 주목을 끌지 못했던
그의 초개아 심리학(Transpersonal
Psychology)은 윌버의 《의식의 스펙트럼》을
계기로 새로운 전기를 맞게 되었다.

### 메이, 롤로 May, Rollo (1909-1994)

실존철학과 인본주의 심리학을 접목한
실존주의 심리학을 미국에 전파하고
심리치료에 적용한 핵심적인 인물이다.
심리치료는 피상적인 문제의 해결보다는
죽음, 늙음, 고독과 같은 실존적인 문제에
관심을 갖도록 해야 한다고 주장하면서
고독과 두려움 속에서 죽음을 기다리는
수동적인 삶이 아니라 주체적으로 자신의
존재 의미를 발견하도록 도와야 한다고
주장했다. 저서로는 《불안의 의미》와
《사랑과 의지》 등이 있다.

**번, 에릭 Berne, Eric (1910-1970)**

캐나다 몬트리올 출신의 정신의학자로 인간 행동을 설명하는 방법으로 '교류분석'을 창안했다. 번의 교류분석 이론은 프로이트와 융의 이론에 기반을 두고 있긴 하지만, 프로이트가 환자의 성격 파악을 위해 '대화 치료'에 초점을 두는 데 비해 번은 환자의 사회적 교환 과정을 분석하는 데 초점을 맞춘다는 점에서 다르다. 번은 사람들이 대인관계에서 보이는 개인의 세 가지 자아 상태를 '부모, 성인, 아이' 상태로 구분하였다. 1943년 자신의 이름을 Eric Leonard Bernstein에서 Eric Berne으로 간소화시켰으며, 1970년 심장마비로 사망했다. 저서로는 《사람들이 하는 놀이》(Games People Play, 1960)와 《안녕이라고 말한 후 무슨 말을 하는가?》(What Do You Say After You Say Hello, 1973) 등이 있다.

**베커, 어니스트 Becker, Ernest (1924-1974)**

인간의 무의식 속에는 죽음에 대한 공포가 자리 잡고 있으며, 자신의 존재를 영원히 존속시키고자 하는 불멸의 욕구가 개인의 삶뿐만 아니라 인류 문화의 기반이라고 주장했다. 인간의 가장 궁극적이고 근원적인 갈등을 다루고 있다는 점에서 모든 심리치료의 철학적 바탕을 제공한다. 대표작으로는 《죽음의 부정》(Denial of Death, 1973)이 있다.

**브누아, 위베르 Benoit, Hubert (1904-1992)**

프랑스 낭시 출신의 정신의학자이자 심리치료사. 정신분석학적인 시각과 동양의 영적 전통인 선불교의 통찰을 통합시킨 새로운 심리치료법을 개척하는 데 크게 기여하였다. 그는 서양인들이 겪는 많은 심적 고통의 원인이 영적인 무지에 있다고 진단한다. 그의 영문 번역서 《최상의 교의》(The Supreme Doctrine, 1955)는 헉슬리의 《영원의 철학》 저술에 영향을 미쳤으며, 윌버의 아트만 프로젝트에서 주체 진영을 설명하는 데도 상당한 영향을 미친 것으로 평가된다. 또 다른 저서로 《렛 고 Let Go!》가 있다.

**브라운, 노만 Brown, Norman O. (1913-2002)**

미국의 사회 철학자이자 저술가. 고전 인문학자로 출발했으나, 역사, 문학, 정신분석, 문화 등 다양한 분야를 탐구한 후 베커의 《죽음의 부정》에서 영향을 받아 역사에 대한 정신분석학적 의미를 제시한 《죽음에 대항하는 삶》(Life against Death, 1959)을 출간하여 죽음에 대한 새로운 관점을 제시했다. 캘리포니아 대학 인문학 교수로 재직하면서 '의식의 역사'를 강의하기도 했다.

**설리번, 해리 Sullivan, Harry Stack (1892-1949)**

개인의 성격과 정신병리를 대인관계의 맥락에서 이해하고자 했던 미국의 정신의학자이자 대인관계 이론의 선구자이다. 아동은 부모와의 관계에서 여러 수준의 불안을 경험하면서 '좋은 나', '나쁜 나', '내가 아닌 나'로 구성된 자기 체계를 형성하는데, 이 자기 체계가 현실과 얼마나 일치하느냐에 따라 성숙과 정신건강이 결정된다고 주장했다. 인격을 개인에게 내재된 것이라기보다는 인간 상호작용을 통해 펼쳐지는 발달의 맥락에서 지속적으로 드러나는 것으로 보았다. 개인이 타인과 교류하는 세 가지 소통방식, 즉 원형적 또는 미분화적(prototaxic) 소통, 병렬적 또는 현실 괴리적(parataxic) 소통, 구문적 또는 통합적(syntaxic) 소통방식을 구분하고, 현실을 왜곡하여 부적응적 대인관계로 몰아가는 병렬적 소통을 점진적으로 통합적 소통으로 변화시킴으로써 타인과의 성숙한 대인관계로 유도하는 것을 치료 목표로 삼았다. 불안, 동기, 자아체계에 대한 정교한 이론을 발전시켰으며, 오늘날의 심리치료의 이론과 실천 분야에도 크게 영향을 미쳤다.

**아리에티, 실바노 Arieti, Silvano (1914-1981)**
정신분열병(조현병) 치료 분야에서 세계적으로 가장 뛰어난 권위자 중 한 사람으로 칭송되는 이탈리아 출신의 정신의학자이다. 이탈리아 피사 대학에서 박사학위를 받자마자 당시 무솔리니 정권의 극심한 반유대인 정책 때문에 미국으로 건너와 뉴욕 의과대학 정신의학 교수를 지냈다. 1950년대 거의 유일한 치료법이었던 생물학적 접근에 심리사회적 접근법을 추가하여 통합적인 치료 방안을 제시했다. 아동기에 겪은 불안과 심리적 경험이 이후 정신분열병을 유발시키는 주요 원인이 된다고 보았으며, 심각한 정신병 환자를 치료하는 데 평생을 바친 지적 거인으로 추앙받는다. 그의《정신분열병의 해석》(Interpretation of Schizophrenia, 1975)은 과학 분야 우수도서 상을 받았다.

**에릭슨, 에릭 Erikson, Erik (1902-1994)**
독일 태생의 미국 정신분석학자. 프로이트의 딸 안나 프로이트에게 분석 교육 및 훈련을 받았다. 프로이트의 성심리 발달 이론을 바탕으로, 영아기에서 노년기에 이르는 전 생애의 단계마다 겪게 되는 독특한 사회문화적 발달과제와 위기를 어떻게 대처하느냐에 따라 성격이 달라진다는 사회심리적 발달 이론을 제시했다. 비록 프로이트의 이론을 기초로 하고 있긴 하지만, 심리성적 발달 단계의 한계를 지적하면서 자아가 적응해야 하는 사회문화적 환경요인을 중시했을 뿐만 아니라, 인생 단계마다 겪게 되는 도전적 과제와 그 결과로 생성되는 긍정적인 성격 특질을 제시했다. 주요 저서로는《유아기와 사회》(Childhood and Society, 1950)와 《정체성과 생애 주기》(Identity and Its Life cycle, 1968)가 있다.

**엘리아데, 미르치아 Eliade, Mircea (1907-1986)**
루마니아 부카레스트 출신의 종교학자. 인도에서 3년간 인도 철학을 공부한 후 부카레스트 대학에서 요가 연구로 박사학위를 받았다. 1945년 파리 소르본 대학 종교학 객원교수를 역임했으며, 1956년 비교 종교학 책임자로 시카고 대학에 부임하여 이곳에서 교육과 연구에 전념하다 타계했다.《샤머니즘》(1945)과 《종교사 개론》(1949) 등의 저서가 있다.

**워시번, 마이클** Washburn, Michael
미국의 초개아 심리학자. 인간의 생애를
크게 세 단계(유아기-자아-초월)로
나누었으며, 이를 다시 세분하여 자기의
발달 단계를 7단계로 나누었다. 두 번째
저서《정신분석 시각에서 본 초개아
심리학》에서 영적 위기에 대해 주로
다루었는데, 이는 많은 심리치료사가 영적
문제로 찾아오는 내담자를 대하는 데 큰
도움을 주었다고 평가된다.

**융, 칼** Jung, Carl Gustav (1875-1961)
스위스 바젤 태생의 심리학자이자 정신과
의사. 프로이트의 애제자로서 정신분석을
이어받을 황태자로 여겨졌으나 성적
욕구를 지나치게 강조하는 것에 반대하여
결별한 후, 독자적인 이론 체계인
분석심리학을 제창하고 발전시켰다.
무의식을 개인적, 생물적으로 해석하지
않고 집합적, 역사적인 것으로 보아
'집단무의식', '원형'과 같은 개념을
도입했으며, 성격을 내향성과 외향성으로
나누는 등 심리학 역사에서 큰 업적을
남겼다. 인간의 정신세계를 가장 넓고 깊게
탐구한 심리학자로서 불교를 비롯 동양의
종교와 문화에도 깊은 이해를 지녔으며,
동서고금의 지혜를 통섭하여 인간의 마음을
설명하고자 했던 위대한 인물이다.

**펄스, 프리츠** Perls, Fritz (1893-1970)
독일 태생의 유대인 정신의학자,
정신분석학자 및 심리치료사이다. 빈에서
정신분석학을 공부했으며, 1946년
미국으로 이주하여 부인 로라와 함께
게슈탈트 치료법을 개발했다. 프로이트
학파의 간접적이고 지지적인 치료보다
문제와 직접 대면하는 파격적인 방법을
채택했으며, 지금-여기에서의 감각, 지각,
신체 느낌, 감정에 대한 인식을 증진시키는
데 초점을 맞췄다. 사고보다 감정을,
내용보다 과정을 지나치게 강조한다는
비판을 받기도 했다.

**페니켈, 오토** Fenichel, Otto (1897-1946)
오스트리아 빈 출신의 '제2세대'
정신분석학자. 10대 후반부터 이미
프로이트의 강의에 참석한 바 있으며
23세에 빈 정신분석학회의 회원이
되었다. 독일을 거쳐 미국으로 이주한
후 전 세계에 흩어져 있던 마르크스주의
정신분석학자들의 만남을 조직했고, LA
정신분석학회를 설립하기도 했다. 여성의
성욕, 승리의 감정, 오이디푸스 콤플렉스
선행 단계를 밝히는 연구에 기여했다.

**페렌치, 산도르** Sándor Ferenczi (1873-1933)
헝가리의 정신분석학자로 프로이트와 매우
가까운 핵심 이론가 중 한 사람이었다.
가장 치료하기 힘든 환자를 다루기 위한
정신분석적 치료법을 고안했으며, 아동기
부모에 의한 성적 학대가 꾸며낸 얘기가
아니라 사실이라는 점을 밝혀내기도 했다.
1920년대 초반 프로이트의 고전적인
소극적 치료법을 비판하면서 '지금-
여기'를 강조하는 새로운 심리치료법을
개발하기 위해 오토 랑크와 협업하기도
했다. 1918~1919년 국제 정신분석학회
회장을 역임했다.

## 프로이트, 지그문트 Freud, Sigmund (1856-1939)

오스트리아 출신의 유대계 정신분석학 창시자. 인간의 성격과 정신병리를 설명하는 거대한 심리학적 이론 체계를 제시했을 뿐만 아니라, 인간관의 혁명적 변화를 통해서 20세기 문화 전반에 강력한 영향을 미친 위대한 학자이다. 프로이트 사후 정신분석학은 크게 두 개의 흐름으로 발전했는데, 하나는 기본적인 체계를 고수하면서 더욱 발전시킨 자아심리학과 대상관계이론 같은 관계적 정신분석이고, 다른 하나는 무의식을 인정하되 프로이트의 정신분석을 비판하고 독자적인 이론 체계를 발전시킨 흐름으로서 융의 분석심리학, 아들러의 개인심리학 및 설리번, 호니, 프롬 같은 신프로이트학파의 이론들이다. 국내에도 《정신분석학 입문》과 《꿈의 해석》을 비롯하여 모든 저술이 번역되어 전집으로 출간되었다.

## 프롬, 에리히 Fromm, Erich (1900-1980)

미국 신프로이트학파의 정신분석학자이자 사회심리학자. 전통적인 정신분석학의 이론적인 위상을 재검토하면서 인간이 본래적으로 악하고 공격성을 지니고 있다는 견해를 비판하였다. 프롬은 역학에 의해 사회나 문화의 변동을 분석하는 방법론으로 '인본주의적 정신분석'을 제시하였다. 저서로는 《자유로부터의 도피》(1941), 《건전한 사회》(1955), 《선과 정신분석》(1960) 등이 유명하다.

## 피아제, 장 Piaget, Jean (1896-1980)

앎과 지식의 발생과정을 밝히는 일에 평생을 헌신한 스위스의 발달심리학자이다. 아동을 관찰하는 실증적 연구를 통해서 아동이 성인과 같은 방식으로 사고하지 않는다는 점에 주목하여, 겉보기에는 비논리적인 아동의 말에 감추어진 아동 특유의 질서와 논리를 발견하였으며, 인간의 인식능력이 발달하는 과정을 이해하는 기본적인 틀, 즉 '인지발달 이론'을 제시했다. 그가 제시한 발달 과정은 질적으로 다른 네 개의 단계(감각운동 단계, 전조작 단계, 구체적 조작 단계, 형식적 조작 단계)로 진행되는데, 다른 학자들의 연구에서 크고 작은 한계점이 발견되어 일부 수정이 진행되기도 했다.

## 힉슨, 렉스 Hixon, Lex (1941-1995)

미국의 수피즘 작가이고 시인이자 영적 스승. 예일 대학에서 철학을 공부했으며, 콜롬비아 내학에서 비교송교학으로 박사학위를 받았는데, 주제는 힌두 철학인 아드바이타 베단타에 관한 것이었다. 다양한 종교 전통을 직접 수행하기도 했으며, 라마크리슈나의 생애와 가르침을 연구하면서 모든 종교는 진실하다고 믿게 되었다고 한다. 1974년 이후 한 방송에서 10년에 걸쳐 앨런 와츠, 달라이 라마, 마에즈미 로시, 테레사 수녀, 크리슈나무르티 등 다양한 종교 전통의 수많은 영적 리더, 스승과 인터뷰하기도 했다. 대표 저서로는 《귀향》(Coming Home, 1978)이 있는데, 1988년 판에는 켄 윌버의 서문이 실려 있다.

# 용어 해설

## 게슈탈트 치료 Gestalt therapy

프리츠 펄스가 프로이트, 라이히, 도교, 선 등에 기초해서 부인 로라와 함께 개발한 실존치료 기법의 하나이다. 심리나 행동상의 문제를 지각의 불균형과 자신의 타고난 소질과 장점을 부정하는 데서 비롯하는 것으로 보고, 현재를 올바르게 전체적으로 자각하고 충분히 경험하도록 하는 것을 치료 목표로 삼는다. '지금-여기'에 초점을 맞추도록 강조하며, 개인과 환경 간의 통일성을 자각하는 것을 중요시한다. 이름은 게슈탈트이지만 심리학의 게슈탈트 학파와는 무관하다.

## 교류분석 Transactional Analysis

1950년대 중반 미국의 정신과 의사 에릭 번에 의해 주도된 일종의 자기분석 심리학이자 대인관계 치료법으로서, 토마스 해리스의 저서 《I'm OK, You're OK》에 의해 널리 알려졌다. 교류분석은 한 사람 안에 내면화된 '부모, 성인, 아이'가 존재한다고 보며, 인간관계에서의 친밀성을 중시하면서 정감 어린 인정이라는 개념을 사용해서 관계를 설명한다. 일상생활 속에서의 의사소통 행동에서 자신과 타인을 수용하면서 그 정적인 인정을 통한 태도를 기르는 자율적이고 친밀한 교류관계와 인생관 형성을 치료 목표로 삼는다.

## 대상관계 이론 Object Relations theory

오이디푸스 콤플렉스가 나타나는 남근기 이전의 유아가 어머니와의 관계에서 겪게 되는 내면적 경험과 갈등에 초점을 맞춘 이론으로, 고전적 정신분석으로는 잘 치료되지 않던 자기애성 성격장애와 경계선 성격장애를 이해하고 치료하는 데 크게 기여했다. 여기서 '대상'은 어머니를 비롯하여 개인이 관계를 맺게 되는 타인을 총칭하며, 이들과의 관계를 '대상관계'라고 한다.

## 동일시와 탈동일시
**Identification and Disidentification**

발달 과정에서 개인이 특정 단계의 심층구조나 의식 상태가 곧 자신이라고 인식하는 것을 말하며, 프로이트의 이론에 뿌리를 둔 개념으로 정신분석적 관점에서는 기본적으로 '자아 동일시'를 의미한다. 윌버는 이 개념을 자아와의 동일시뿐만 아니라 자아를 넘어선 실존 수준, 초개아 수준에도 확대해서 사용한다. 탈동일시는 '정신통합(psychosynthesis)'을 주창한 이탈리아 심리학자 아사지올리Assagioli의 개념으로서 동일시로부터의 이탈을 의미한다. 윌버는 이 탈동일시를 합일의식 이전의 모든 수준에서 다음 단계로 성장해가기 위한 필수 과정으로 확대해서 초월과 같은 의미로 사용한다.

## 변형과 변환 transformation and translation

의식 스펙트럼의 한 수준에서 다른 수준으로의 수직적 이동을 변형變形이라고 하며, 동일 수준 내에서의 수평적 이동을 변환變換 혹은 해석이라고 부른다. 예컨대 어떤 현상을 자아 수준 내에서 새롭게 해석하고 이해할 경우 그 과정을 변환이라 부르며, 그 현상을 실존(켄타우로스) 수준으로 상승해서 전혀 다른 관점으로 해석하고 이해할 경우 변형이라고 부른다. 변형은 현 수준의 자기와 탈동일시하고 초월하는 수직적 성장을 의미하는 데 비해, 변환은 '분리된 개별적 자기'에 내재하는 혼란과 두려움을 동일 수준 내의 새로운 사고방식이나 신념, 패러다임을 통해 완화시키는 작업을 말한다.

### 비전-이미지 Vision-image

통합적 의식을 지지하기 위해 필요한 인지 단계로서 형식조작적 인지 이후 바로 등장하기 때문에 인지 발달 최초의 '후형식적' 단계로 불린다. 하지만 비전-이미지는 '초합리적'이라기보다는 여전히 합리적 인지 단계에서 작용하는 인지이기 때문에 마음과 마음 너머를 연결하는 다리 역할을 한다고 할 수 있다. 윌버는 이 비전-이미지를 비전-논리(logic)라는 용어로 바꿔 사용한다.

### 실존주의 및 인본주의 심리학
#### Existential and Humanistic Psychology

인간의 실존에 대한 탐구를 기본으로 하며 죽음, 자유, 책임, 고독, 무의미와 같은 존재의 궁극적인 문제를 다루는 동시에, 이를 직면함으로써 삶을 적극적으로 선택하고 의미를 발견하는 삶을 살아가는 실존주의 철학에 뿌리를 둔 심리학이 실존주의 심리학이다. 1950~60년대

양대 산맥을 형성하고 있던 정신분석과 행동주의의 결정론적이고 기계론적인 이론을 비판하면서 인간의 존엄성과 성장 가능성 및 자유의지를 가진 긍정적인 인간관에 근거하여 대두된 제3세력의 심리학이 인본주의 심리학이다. 켄 윌버는 흔히 실존적/인본주의 치료라는 식으로 둘을 하나로 묶어 다루는데, 이는 둘 다 윌버가 말하는 실존(켄타우로스) 수준을 목표로 하기 때문이다.

### 심층구조와 표면구조
#### deep structure and surface structure

이 구조들은 언어학자 촘스키Chomsky가 사용한 용어이지만 켄 윌버는 가족, 부족, 국가나 인류 전체 또는 모든 종이나 모든 존재가 공유하는 구조나 전체적 패턴을 가리킨다. 여기서 '심층'은 반드시 '보편적'임을 의미하는 것이 아니라 '다른 사람이나 존재와의 공유'를 의미한다. 모든 심층구조는 그 구조 특유의 석절한 표면구조를 갖게 되는데, 표면구조란 특정 의식 수준이 갖는 지역적이거나 문화적인 또는 개인적인 특정 패턴이나 내용을 가리킨다.

### 《아이 투 아이》 Eye to Eye

켄 윌버가 1983년 쓴 책으로 30대 초반에 쓴 논문 열 편에 일관성을 부여하여 하나의 책으로 다시 엮어낸 것이다. 윌버 사상의 제2기에서 제3기로 넘어가는 징검다리 역할을 하는 중요한 시기에 쓰인 것으로 '전/초 오류'에 대한 글을 통해 많은 논쟁을 불러일으키기도 하였다. 이 책에서 윌버는

우리에게 육신의 눈, 마음의 눈, 관조의 눈이 있고 이 눈들의 양식 모두 완벽하게 타당한 지식의 유형이며, 온 우주에 대한 포괄적이고 우아한 이해에 도달하기 위해서는 세 가지 앎의 유형 모두를 분명히 포함해야 함을 주장한다.

## 《에덴에서 천상으로》 Up from Eden

인간의 인류학적, 사회문화적 진화 및 발달에 관해 쓴 켄 윌버의 1981년 저작. 윌버 사상의 제1기에 해당하는 낭만적 관점에서 스스로 낭만적 관점을 비판하고 극복한 후 발달적 관점으로 전환한 제2기의 저술로서, 《아트만 프로젝트》가 개인의 발달(개체발생)에 초점을 맞춘 저술임에 비해 이 책은 인류 전반의 발달(계통 발달)에 초점을 맞춘 한 쌍의 자매 저술이다.

## 영원의 철학 Perennial Philosophy

'영원의 철학'은 동서고금의 위대한 형이상학적, 영적 전통에서 공통으로 발견되는 보편적인 세계관으로, '인간과 실재의 본질에 관한 보편적인 교의' 또는 '실재에 관한 가장 정밀한 사상'을 담고 있다. 여기서 '영원'이란 문화와 시대를 초월하여 본질적으로 동일한 보편적인 특징을 나타낸다. 라이프니츠Leibniz가 처음 사용했고, 헉슬리Huxley에 의해 널리 알려진 동서고금의 진실을 담은 철학이다. 윌버는 이 영원의 철학에 상응하는 '영원의 심리학', 즉 인간 의식의 본질에 관한 보편적인 관점이자 영원의 철학과 동일한 통찰을 심리학적으로 제시하는 새로운 통합 심리학을 제안했다.

## 유상삼매와 무상삼매

요가의 궁극적인 목표는 자기를 초월한 상태를 획득하는 데 있다. 유상삼매는 아직 이미지 같은 것이 남아 있는 상태다. 그 대상이 붓다가 되었든 신이 되었든 수행자의 뇌리에는 외부의 대상에 대한 일정한 이미지가 남아 있다. 무상삼매의 단계로 들어감으로써 요가 수행자는 대상에 대한 순수 인식을 얻는다.

## 이중구속 이론 Double binding theory

상호 모순된 두 개 이상의 메시지를 동시에 받았을 때 발생하는 의사소통에서의 딜레마, 즉 한 메시지에 대한 성공적인 반응이 다른 메시지에서는 실패 반응을 유발하기 때문에 이러지도 저러지도 못하는 딜레마를 설명하는 이론으로서 1950년대 중반 베이트슨과 동료들이 정신분열병 발병의 원인 중 하나로 제시한 이론이다. 예를 들어, 엄마가 아이에게 말로는 사랑한다고 하면서 행동으로는 차갑게 대하거나 때릴 경우, 또는 사랑은 마음에서 우러나와야 한다고 하면서 다른 한편으론 엄마를 사랑해야 한다고 강요할 경우, 아이가 말과 행동 또는 두 말 사이의 모순에 어떻게 반응해야 할지 몰라 진퇴양난에 빠지게 되는 경우가 이에 해당한다.

## 자기실현 Self-actualization

골드스타인이 제창하고 매슬로에 의해 널리 알려지게 된 개념으로 인본주의 심리학의 기본적인 주요 개념이다. 매슬로는 자기실현을 '잠재력, 능력, 재능의 실현, 사명(또는 소명)의 달성, 자신의 본래 성질의 수용과 그에 관한 충분한 지식, 개인 내에서의 통일성, 통합, 시너지를 향한 경향의 증대'로 정리한다. 매슬로는 말년에 실현한 자기마저 초월하려는 자기초월 욕구를 추가하였다. 자기실현이란 개념은 융의 말하는 '개성화(individuation)', 아들러의 '창조적 자기', 호니의 '진정한 자기'에 대응하는 개념이기도 하다.

## 전/초 오류 pre/trans fallacy

인간 의식의 진화에서 전X, X, 초X 영역의 차이점을 명백하게 규정하고 설명한 전/후 오류는 윌버가 지금까지 자신의 사상을 전개해오면서 보여준 이론적 급선회 중 가장 큰 변화이며, 가장 심오하고 독창적인 아이디어이기도 하다. 초超이성과 전前이성은 둘 다 이성적이지 않으며, 전인습 단계와 후인습 단계는 둘 다 인습적이지 않다. 그렇다 보니 훈련되지 않은 눈에는 그 둘이 구분되지 않을 뿐만 아니라 심지어 똑같은 것으로 보여 혼동하는 경향이 있는데, 이런 혼동을 전/후(또는 전/초) 오류라고 한다. 이런 오류에 빠지면 두 가지 큰 실수를 범하게 된다. 프로이트가 그랬던 것처럼 초이성적인 심오한 비이원적 신비 상태를 원초적이고 자기도취적이며 전이성적인 유치한 헛소리로 환원시키거나, 아니면 융처럼 전이성적인 유아적인 이미지와 신화를 초이성적인 영광으로 격상시키게 된다.

## 존재의 대연쇄 Great Chain of Being

전통적으로 '실재는 물질, 육체, 마음, 혼, 영으로 요약될 수 있는 존재와 앎이라는 커다란 위계로 구성되어 있다'는 전근대 지혜 전통의 핵심 주장을 의미한다. 이 주장에 의하면 인간은 신과 짐승 사이의 과도기적 존재, 더 이상 짐승은 아니지만 아직 신이 아닌 존재가 된다. 윌버는 이런 주장을 수용하면서도 대연쇄는 플라톤식의 이미 주어진 것이 아니라 진화적 전개 과정의 산물이라고 보며, 사슬처럼 연결된 연쇄라기보다는 작은 인형들을 안에 품고 있는 러시아의 인형처럼 이전의 존재 수준을 포함하면서 초월하는 대둥지(Great Nest)가 더 적절한 표현이라고 본다.

## 초개아 심리학 Transpersonal Psychology

초-개아는 윌버의 의식 스펙트럼상에서 켄타우로스(실존) 수준과 합일의식 수준 사이에 위치하는 영역으로서, 개아個我를 넘어서 있긴 하지만 온 우주와 일체화된 아트만에는 도달하지 못한 상태에 속한다. 초개아 심리학은 인본주의 심리학자 매슬로와 수티치Sutich 그리고 그로프에 의해 1969년에 등장한 이른바 제4세력에 해당하는 심리학이다. 동양사상, 비전秘傳적 지식 및 서양 심리학의 통합을 꾀하며 엄밀한 과학적, 합리적인 접근보다는 직관과 성장을 강조한다. 윌버는 한때 초개아 심리학의 기수로 각광받았지만, 지금은 인간 발달의 모든 측면과 모든 수준을 포함하면서 행동주의, 정신분석, 실존 및 인본주의 심리학의 핵심을 포괄하고 넘어서는 '통합심리학(Integral

Psychology)'을 제안한다.

## 카야 kaya

몸(身)을 의미하며 네 개의 카야가 있다.
첫째 다르마카야는 진리의 몸(法身)이며
불성의 완전한 모습이다. 둘째
삼보가카야는 즐거움, 환희의 몸(報身)이며,
진리와 통하는 불성의 모습이다. 평화와
분노의 신들의 모습으로 나타난다. 셋째
니르마나카야는 창조의 몸(化身)으로
그 몸 안에서 불성은 스스로 이 세상에
나타난다. 넷째 스와바비카카야는 이 세
몸(카야)을 품고 있으면서 이들을 능가하는
것으로 고유의 성품을 지닌 본질적인
몸(原初身)이다.

## 페르소나와 그림자 Persona and Shadow

자아 수준이 분열되면 자아는 페르소나와
그림자로 분리되는데, 페르소나란 외적
인격체인 자신의 이미지 또는 거짓 자기를
말하며, 그림자란 그 이미지에 어울리지
않기 때문에 억압되어 생긴 자아의
무의식적 일부(욕망, 경향성, 기억 등)를
말한다. 이런 분열이 진행되어 그림자
영역이 커지면 사회적으로 충실히 적응하지
못하는 신경증 증상이 나타난다고 하지만,
그림자는 자아에 의해 거부당한 부정적인
내용물뿐만 아니라 창의적이고 본능적인
에너지, 자발성과 활력의 저장소이기도
하기 때문에 윌버는 '페르소나 + 그림자 =
건전한 자아'로 본다.

## 합일의식 Unity Consciousness

모든 의식의 근원인 동시에 모든 의식 그
자체이기도 하며, 어떤 경계도 없는 통일된
절대 의식을 의미한다. 윌버는 이 의식
수준을 절대 마음(대문자 Mind로 표기) 수준
또는 브라만-아트만 의식이라고 부르기도
한다. 전통적으로 깨달음(Enlightenment),
도道, 신(God), 영(Spirit) 등으로 불리는
개념과 대체로 일치한다.

본 역서는 1996년 퀘스트 북스 출판사에서 신판으로 발행한 켄 윌버의《The Atman Project: A Transpersonal View of Human Development》의 완역본이다. 여기서 아트만은 언제나 현존하는 궁극의 전체성, 시간과 공간을 초월해 있는 영원이자 무한, 그것 밖에는 어떤 것도 존재하지 않는 하나의 통합적 전체를 의미하는 베단타 힌두교의 개념이다. 불교의 불성이나 도道, 영, 절대 주체, 또는 어쩌면 신에 견줄 수 있는 개념이다.

남녀 인간은 자신이 이 궁극적인 아트만임을 직관하면서 진정 그 아트만으로의 초월을 원하지만, 이를 위해 필요한 분리된 자아의 필연적인 죽음/초월을 받아들이지 않기 때문에 실제로는 아트만에 이르는 길을 가로막으면서 상징적인 대체물들(섹스, 돈, 명예, 지식, 권력 등)을 강요하는 방식으로 추구한다는 것이 '아트만 프로젝트'의 정의이자 이 책의 핵심 내용이다. 우리의 진정한 자기, 아트만, 불성을 재발견하는 것, 즉 시간과 공간을 초월한 존재의 근원에 대한 즉각적이고 직접적인 파악이 곧 해방이고, 이 해방에 이르기 위해선 분리된 자기와의 동일시를 초월해야만 하지만, 죽음의 공포로 인해 어쩔 수 없이 상징적 대체물을 만들어내고, 추구하고, 폐기하고 또다시 새로운 상징물을 추구하고 폐기하는 삶을 사는 것이 곧 아트만 프로젝트이자 인간의 발달 과정이라는 말이다.

자매 책인 《에덴에서 천상으로》와 동시에 집필된 《아트만 프로젝트》의 초기 버전은 앞서 나온 《의식의 스펙트럼》과 《무경계》와 마찬가지로 인간의 발달이 인생 초기의 무의식적 천국을 의식적으로 회복하는 것이라고 본 낭만적 관점을 취하고 있었고, 바로 그 낭만적 관점을 공고히 하는 것이 목표였다. 하지만 전작에서 다루지 않았던 생애 초기(영유아기)를 기술해 나가면서 낭만적 관점의 문제점들이 드러나기 시작했다. 아직 드러나지 않았거나 할 수 없는 시기(전)와 이미 드러났고 할 수 있게 되었지만 넘어선 시기(초) 간의 엄청난 차이점을 무시하고 그 둘(전과 초)을 같은 것으로 혼동하는 '전/초 오류'가 발견되었던 것이다.

윌버는 이 시기를 "인생에서 가장 격동적인 이론적 혼란기"였다고 묘사한 바 있는데, 거의 1년을 끌어온 이 오류가 해결되자 그는 이미 집필이 거의 끝났던 이전 원고를 불과 3주 만에 새롭게 완성할 수 있었다. 이제 인간은 에덴동산에서 내쫓긴 존재가 아니라 성장해서 스스로 걸어 나온 존재이며, 자신의 삶에 대해 일정 부분 개인적인 책임을 지면서 아트만으로 나아갈 위대한 수직적 변형을 시도하는 존재가 되었다.

그러나 이 책 《아트만 프로젝트》에서 보여주듯이, 서양 발달학자들이 밝혀낸 탄생 이후부터 성인에 이르는 단계들(플레로마, 우로보로스. 티폰, 멤버십, 자아, 켄타우로스) 위에 동양의 요가나 명상 전통에서 밝혀낸 성인기 이후의 또 다른 상위 발달 단계들(정묘, 원인, 비이원)을 쌓아놓을 경우, 얼핏 보기엔 동서양의 관점이 멋지게 통합된 전 생애 발달모델처럼 보이지만 자세히 보면 풀기 어려운 문제들이 있음을 또 알게 된다.

정묘, 원인, 비이원 영역의 경험을 하기 위해선 반드시 그 이전의 모든 단계를 거쳐 올라가야만 하는 것인가? 거꾸로 보면, 누군가 원인 영역 경험을 했다면 그는 이전의 모든 단계를 다 통과했다는 의미일까? 왜냐하면 발달 단계(stages)를 제시하는 모든 이론들은 각기 경로가 다르고 단계의 수와 명칭이 다를지라도, 그 어떤 단계도 우회하거나 생략할 수는 없다고 하나같이 주장하기 때문이다. 답하기 어려운 물음이다. 여기에 더해, 합리적 이성이나 시스템적 사고가 등장한 것은 적어도 근대 이후로 보이는데, 그런 발달이 등장하기 2,000여 년 전에 원인이나 비이원 영역에 도달한 것으로 보이는 깨달은 분들은 어떻게 존재가 가능했던 것일까? 한편 이와는 반대로, 정묘 혹은 원인 영역을 경험한 것처럼 보이는 일부 자칭 깨달은 존재들이 종종 매우 미신적이고 자기중심적인 언행을 보이는 것은 또 어떻게 설명해야 할까?

《아트만 프로젝트》가 나온 이후에도 이런 복잡한 문제가 거의 20여 년 동안 풀기 어려운 고디안 매듭(Gordian knot)으로 남아 있었다. 이 매듭을 단칼에 해결하는 일은 의식의 상태(states) 혹은 존재 영역(realms of being)과 의식의 구조(structures) 사이의 차이점을 이해하는 데서 비롯되었는데, 이 문제를 해결한 켄 윌버는 몇 년 후 앨런 콤즈Allan Combs 역시 독자적으로 유사한 해결책에 도달했음을 알게 되었고 그와 긴밀한 의견 교환을 거친 후 이를 '윌버-콤즈 격자'(Wilber-Combs Lattice)라고 명명했다.

이 격자에는 세로 수직축에 의식 구조의 수준들(우로보로스, 멤버십, 자아, 켄타우로스)이 있고, 가로 수평축에는 의식의 상태가 자리 잡고 있다. 따라서 《아트만 프로젝트》에서 켄타우로스 수준과 생물사회 대역 너머에 놓여 있는 것으로 보았던 정묘, 원인, 비이원 영역 같은 상위 수준들은 의식의 상태 또는 존재의 영역을 나타내는 수평축으로 옮겨갔고, 대신 새로운 상위 발달 수준들이 수직축 상부에 놓이게 되었다. 이 격자는 명상이나 좌선, 요가를 통해 평소와 다른 의식 '상태'를 경험하더라도 이후 일상적 의식으로 돌아와 그 경험을 자신의 구조 내 발달 '수준'에 따라 해석한다는 점을 보여준다. 요컨대 모든 사람이 공통으로 깨어 있고, 꿈꾸고, 잠잔다는 점에서 우리 각자는 지금 어떤 '수준'에 도달해 있든 간에 항상 모든 '상태' 경험에 대해 열려 있다. 이렇게 해서 윌버-콤즈 격자는 매우 범위가 넓은 절정 경험이나 영적 경험이 심화되는 과정과 서양 심리학에서 밝혀낸 의식 구조의 발달 단계를 새롭게 관련 짓는 획기적인 길을 제시했다.

이번 번역이 처음이 아닌데도 켄 윌버의 책을 우리말로 옮기는 작업은 늘 쉽지 않다. 동서양의 종교와 철학, 인문학과 사회과학을 넘나드는 그의 깊이 있는 지성과 폭넓은 지식을 따라가는 것은 고사하고, 수시로 등장하는 전문용어와 개념에 걸맞은 우리말을 적절히 선택하는 일조차 매번 버겁게 느껴졌다. 세세한 부분까지 완벽하게 전달되긴 어렵더라도 전반적인 줄거리는 큰 잘못 없이 전달되길 바랄 뿐이다.

켄 윌버의 저술 중 국내에 가장 늦게, 무려 45년 만에 소개되는 이《아트만 프로젝트》가 그의 통합사상에 이미 익숙한 독자들에게는 하나의 좋은 선물이 되길 바라고, 처음 접하는 독자들에게는 그의 다른 저술로 이어지는 다리가 되어 그의 심오한 통합적 안목에 가까이 다가가는 계기가 되길 희망한다.

끝으로, 이 책을 우리말로 옮길 수 있는 귀한 기회를 만들어주신 정신세계사 김우종 사장님께 감사드리고, 어떤 역할로든 이 출판 과정에 참여하신 모든 분에게도 고마운 마음을 전한다.

— 2026년 3월,

옮긴이 김철수

1. Allport, G. W. *Personality: A psychological interpretation.* New York: Holt, Rinehart, Winston, 1937.
2. ____. *Pattern and Growth in personality.* New York: Holt, Rinehart, Winston, 1961.
3. Anderson, R. "A holographic model of transpersonal consciousness." *J. Transpersonal Psychology,* vol 9, no. 2, 1977.
4. Angyal, A. *Neurosis and treatment: A holistic theory.* New York: Wiley, 1965.
5. Aquinas, T. *Summa theologiae.* 2 vols. Garden City: Doubleday, 1969.
6. Arieti, S. *Interpretation of schizophrenia.* New York: Brunner, 1955.
7. ____. *The intra-psychic self.* New York: Basic Books, 1967.
8. ____. *Creativity: the magic synthesis.* New York: Basic Books, 1976.
9. Arlow, J. A., and Brenner, C. *Psychoanalytic concepts and the structural theory.* New York: International Universities Press, 1964.
10. Assagioli, R. *Psychosynthesis.* New York: Viking, 1965.
11. Aurobindo, Sri. *The life divine.* Pondicherry: Centenary Library, XVIII, XIX.
12. ____. *The synthesis of yoga.* Pondicherry: Centenary Library, XX, XXI.
13. ____. *The essential Aurobindo.* McDermott, R. (ed.) New York: Schocken, 1973.
14. Ausubel, D. *Ego development and the personality disorders.* New York: Grune and Stratton, 1952.
15. Avalon, A. *The serpent power.* New York: Dover, 1974.
16. Baba Ram Dass. *Be here now.* San Cristobal: Lama Foundations, 1971.
17. Bachofen, J. *Das Mutterecht.* Basel: 1948. 2 vols.
18. Bak. "The phallic woman: the ubiquitous fantasy in perversions." *Psychoanalytic Study of the Child,* 1968.
19. Bakan, D. *The Duality of human existence.* Chicago: Rand McNally, 1966.
20. Baldwin, J. M. *Thought and things.* New York: Arno, 1975.
21. Bandura, A. *Social learning theory.* Englewood Cliffs: Prentice Hall, 1977.
22. Barfield, O. "The rediscovery of meaning." Adventures of the Mind, *Sat. Evening Post,* vol. 1. New York: Knopf, 1961.
23. Bateson, G. *Steps to an ecology of mind.* New York: Ballantine, 1972.
24. Battista, J. "The holographic model, holistic paradigm, information theory and consciousness." *Re-Vision,* vol. 1, no. 3/4, 1978.
25. Becker, E. *The denial of death.* New York: Free Press, 1973.
26. ____. *Escape from evil.* New York: Free Press, 1975.
27. Benoit, H. *The supreme doctrine.* New York: Viking, 1955.
28. Berdyaev, N. *The destiny of man.* New York: Harper, 1960.
29. Berger, R. and Luckmann, T. *The social construction of reality.* New York: Doubleday,

1972.

30. Bergson, H. *Introduction to metaphysics.* New York, Harper, 1949.
31. ____. *Time and free will.* New York: Harper, 1960.
32. Berne, E. *Games people play.* New York: Grove, 1967.
33. ____. *What do you say after you say hello?* New York: Bantam, 1974.
34. Bertalanffy, L. von. "The mind-body problem: a new view." *Psychosomatic Medicine,* vol. 26, no. 1, 1964.
35. Bharati, A. *The tantric tradition.* Garden City: Anchor, 1965.
36. Binswanger, L. *Being-in-the-world.* New York: Basic Books, 1963.
37. Blakney, R. B. (trans). *Meister Eckhart.* New York: Harper, 1941.
38. Blanck, G. and Blanck, R. *Ego psychology: theory and practice.* New York: Columbia Univ. Press, 1974.
39. Blanco, M. *The unconscious as infinite sets.* London: Duckworth, 1975.
40. Blavasky, H. P. *The secret doctrine.* London: Theosophical Publishing House, 1966.
41. Blofeld, J. *Zen teaching of Huang Po.* New York: Grove, 1958.
42. ____. *Zen teaching of Hui Hai.* London: Rider, 1969.
43. ____. *The tantric mysticism of Tibet.* New York: Dutton, 1970.
44. Bloom, C. M. *Language development.* Cambridge: M.I.T., 1970.
45. Blos, P. "The geneology of the ego ideal." *Psychoanalytic Study of the Child,* vol. 29, 1974.
46. Blum, G. *Psychoanalytic theories of personality.* New York: McGraw-Hill, 1953.
47. Blyth, R. H. *Zen and zen classic,* vols. 1-5. Tokyo: Hokuseido, 1960, 1964, 1970, 1966, 1962.
48. Boehme, J. *Six theosophic points.* Ann Arbor: Univ. of Michigan, 1970.
49. Boisen, A. *The exploration of the inner world.* New York: Harper, 1962.
50. Boss, M. *Psychoanalysis and daseinanalysis.* New York: Basic Books, 1963.
51. Bower, T. *Development in infancy.* San Francisco: Freeman, 1974.
52. Broad, C. D. *The mind and its place in nature.* New Jersey: Little-field, Adams, 1960.
53. Broughton, J. "The development of natural epistemology in adolescence and early adulthood." Unpublished doctoral dissertation, Harvard, 1975.
54. Brown, D, "A model for the levels of concentrative meditation." *Int. J. Clin. Exp. Hypnosis,* vol. 25. 1977.
55. Brown, G. "The farther reaches of Gestalt therapy." *Synthesis* 1.
56. Brown, G. S. *Laws of form.* New York: Julian, 1972.
57. Brown, N. O. *Life against death.* Middletown: Wesleyan, 1959.
58. ____. *Love's body.* New York: Vintage, 1966.
59. Bubba Free John. *The paradox of instruction.* San Francisco: Dawn Horse, 1977.
60. ____. *The enlightenment of the whole body.* Middletown: Dawn Horse, 1978.
61. Buber, R. *I and thou.* New York: Scribners, 1958.
62. Bucke, R. *Cosmic consciousness.* New York: Dutton, 1923.
63. Buddhagosa. *The path of purity.* Pali Text Society, 1923.
64. Bugental, J. *The search for authenticity.* New York: Holt, Rinehart, Winston, 1965.
65. Bucke, K. "The rhetoric of Hitler's battle." *The Philosophy of literary form.* New York: Vintage, 1957.
66. Campbell, J. *The mask of God,* vols. 1-4. New York: Viking, 1959, 1962, 1964, 1968.
67. Canetti, E. *Of fear and freedom.* New York: Farrar Strauss, 1950.
68. Capra, F. *The tao of physics.* Berkeley: Shambhala, 1975.
69. Cassirer, E. *The philosophy of symbolic forms.* New York: Yale, 1953-1957. 3 vols.
70. Castaneda, C. *Journey to Ixtlan.* New York: Simon and Schuster, 1972.

71. Chang, G. C. C. *Hundred thousand songs of Milarepa.* New York: Harper, 1970.
72. _____. *Practice of zen.* New York: Harper, 1970.
73. _____. *The Buddhist teaching of totality.* Pennsylvania: Univ. of Pennsylvania, 1971.
74. _____. *Teachings of Tibetan yoga.* New York: Citadel, 1971.
75. Chapman, J. "The early symptoms of schizophrenia." *British Journal of Psychiatry,* vol. 112, 1966.
76. Chaudhuri, H. *Philosophy of meditation.* New York: Philosophical Library, 1965.
77. Childe, C. *Man makes himself.* New York: Mentor, 1957.
78. Chomsky, N. *Syntactic structures.* The Hague: Mouton, 1957.
79. _____. *Language and mind.* New York: Harcourt, 1972.
80. Conze, E. *Buddhist meditation.* New York: Harper, 1956.
81. _____. *Buddhist wisdom books.* London: Allen and Unwin. 1970.
82. Cooley, C. H. *Human nature and the social order.* New York: Scribners, 1902.
83. Coomaraswamy, A. K. *Hinduism and Buddhism.* New York: Philosophical Labrary, 1943.
84. _____. "Recollection, Indian and Platonic." Supplement to *JAOS,* no. 3, 1944.
85. _____. *Time and eternity.* Ascona: Artibus Asial, 1947.
86. _____. *The dance of Shiva.* New York: Noonday, 1957.
87. Cooper, D. *Psychiatry and anti-psychiatry.* New York: Ballantine, 1971.
88. Corsini, R. *Current personality theories.* Itasca: Peacock, 1977.
89. Dasgupta, S. B. *An introduction to tantric Buddhism.* Berkeley: Shambhala, 1974.
90. Davidson, J. "The physiology of meditation and mystical states of consciousness." *Perspectives Biology Medicine,* Spring, 1976.
91. Dean, S. (ed.) *Psychiatry and mysticism.* Chicago: Nelson Hall, 1975.
92. Deikman, A. "De-automatization and the mystic experience." *Psychiatry,* vol. 29, 1966.
93. Desoille, R. *The waking dream in psychotherapy.* Paris: Presses Universitaires de France, 1945.
94. Deutsche, E. *Advaita vedanta.* Honolulu: East-West Center, 1969.
95. Dewey, J. and Bently, A. F. *Knowing and the known.* Boston: Beacon, 1949.
96. Dewey, J. and Tufits, J. *Ethics.* New York: Holt, Rinehart, Winston, 1908.
97. DiLeo, J. *Child development.* New York: Brunner/Mazel, 1977.
98. Duncan, H. *Symbols in society.* New York: Oxford Univ. 1968.
99. Edgerton, F. (trans). *The Bhagavad Gita.* New York: Harper, 1964.
100. Edinger, F. F. *Ego and archetype.* Baltimore: Penguin, 1972.
101. Ehrmann, J. (ed.) *Structuralism.* New York: Anchor, 1970.
102. Eisendrath, C. *The unifying moment.* Cambridge: Harvard, 1971.
103. Eliade, M. *The myth of eternal return.* New York: Pantheon, 1954.
104. _____. *The sacred and the profane.* New York: Harvest, 1959.
105. _____. *Shamanism.* New York: Pantheon, 1964.
106. _____. *Images and symbols.* New York: Sheed and Ward, 1969.
107. Eliot, C. *Hinduism and Buddhism.* vols. 1-3. New York: Barnes and Noble, 1968.
108. Erikson, E. *Childhood and society.* New York: Norton, 1963.
109. _____. *Insight and responsibility.* New York: Norton, 1964.
110. Evans, Wentz, W. *The Tibetan book of the dead.* London: Oxford Univ., 1968.
111. _____. *The Tibetan book of the great liberation.* London: Oxford Univ., 1968.
112. _____. *Tibetan yoga and secret doctrines.* London: Oxford Univ., 1971.
113. Fadiman, J., and Frager, R. *Personality and Personal growth.* New York: Harper, 1976.
114. _____, and Kewman, D. (ed) *Exploring madness.* Pacific Grove: Brooks/Cole, 1973.

115. Fagan, J., and Sheperd, I. (ed.) *Gestalt therapy.* New York: Harper, 1970.
116. Fairbairn, W. *Psychoanalytic studies of the personality.* London: Tavistock, 1952.
117. ____. *An Object-relations theory of the personality.* New York: Basic Books, 1954.
118. Farber, L. *The ways of the will.* New York: Basic Books, 1966.
119. Federn, P. *Ego psychology and the psychoses.* New York: Basic Books, 1952.
120. Fenichel, O. *The psychoanalytic theory of neurosis.* New York: Norton, 1945.
121. Ferenczi, S. "Stages in the development of the sense of reality." *In Sex and psychoanalysis.* Boston: Gorham, 1956.
122. ____. *Thalassa.* New York: The Psychoanalytic Quarterly, 1938.
123. ____. *Further contributions to the theory and technique of psychoanalysis.* New York: Basic Books, 1952.
124. Festinger, L. *Theory of cognitive dissonance.* New York: Peterson, 1957.
125. Feuerstein, G. A. *Introduction to the Bhagavad Gita.* London: Rider, 1974.
126. ____. *Textbook of yoga.* London: Rider, 1975.
127. Fingarette, H. *The self in transformation.* New York: Basic Books, 1963.
128. Flugel, J. *Man, morals and society.* New York: International Universities Press, 1945.
129. Foulkes, D. *A grammar of dreams.* New York: Basic Books, 1978.
130. Frank, J. "Nature and function of belief systems: Humanism and transcendental religion." *American Psychologist,* vol. 32, 1977.
131. Frankl, V. *Man's search for meaning.* New York: Washington Square, 1963.
132. Freemantle, F., and Trungpa, C. *The Tibetan book of the dead.* Berkeley: Shambhala, 1975.
133. Fremantle, A. *The Protestant mystics.* New York: Menntor, 1965.
134. Freud, A. *The ego and the mechanisms of defense.* New York: International Universities Press, 1964.
   Freud, S. *The standard edition of the complete psychological works of Sigmund Freud.* 24 volumes, translated and edited by James Strachey. London: Hogarth Press and the Institute of Psycho-analysis, 1953-1964.
135. ____. *The interpretation of dreams.* Standard Edition, vols. 4 and 5.
136. ____. *Three essays on the theory of sexuality.* Standard Edition, vol. 7.
137. ____. *Totem and taboo.* Standard Edition, vol. 13.
138. ____. "On narcissism: an introduction." Standard Edition, vol. 14.
139. ____. *Beyond the pleasure principle.* Standard Edition, vol. 18.
140. ____. *The ego and id.* Standard Edition, vol. 19.
141. ____. *Civilization and its discontents.* Standard Edition, vol. 20.
142. ____. *New introductory lectures.* Standard Edition, vol. 22.
143. ____. *An outline of psychoanalysis.* Standard Edition, vol. 23.
144. ____. *A general introduction to psychoanalysis.* New York: Pocket Books, 1971.
145. Frey-Rohn, L. *From Freud to Jung.* New York: Delta, 1974.
146. Fromm, E. *Escape from freedom.* New York: Farrar, Straus, and Ginoux, 1941.
147. ____. *Psychoanalysis and religion.* New York: Bantam, 1967.
148. ____, Suzuki, D. T., and De Martino, R. *Zen Buddhism and psychoanalysis.* New York: Harper, 1970.
149. Gardner, H. *The quest for mind.* New York: Vintage, 1972.
150. Gebser, J. *Ursprung und gegenwart,* Stuttgart: Deutsche Verlags-Ansalt, 1966.
151. ____. "Foundations of the aperspective world." *Main Currents,* vol. 29, no. 2, 1972.
152. Geertz, C. *The interpretation of cultures.* New York: Basic Books, 1973.
153. Gemdlin, E. *Experiencing and the creation of meaning.* New York: Free Press, 1962.
154. Giovacchini, P. "Psychoanalysis." In Corsini, R., reference note 88.

155. Glasser, W. *Reality therapy.* New York: Harper, 1965.
156. Globus, G. et al. (eds). *Consciousness and the brain.* Plenum, 1976.
157. Goble, F. *The third force.* New York: Pocket, 1974.
158. Goffman, E. *The presentation of self in everyday life.* Garden City: Anchor, 1959.
159. Goldstein, K. *The organism.* New York: American Book, 1959.
160. Goleman, D. *The varieties of the meditative experience.* New York: Dutton, 1977.
161. Govinda, L. *Foundations of Tibetan mysticism.* New York: Weiser, 1973.
162. Gowan, J. *Trance, art, and creativity.* Northridge, CA: 1975.
163. Green, E., and Green, A. *Beyond biofeedback.* New York: Delacourte, 1977.
164. Greenacre, P. "Certain relationships between fetishism and faulty development of the body image." *Psychoanalytic Study of the Child,* vol. 8, 1953.
165. Greenson, R. *The technique and practice of psychoanalysis.* New York: International Universities Press, 1976.
166. Grof, S. *Realms of the human unconscious.* New York: Viking, 1975.
167. Group for the Advancement of Psychiatry. *Mysticism: spiritual quest psychic disorder?* New York: Group for the Advancement of Psychiatry, 1976.
168. Guinon, R. *Man and his becoming according to the Vedanta.* London: Luzac, 1954.
169. Guenther, H. *Buddhist philosophy in theory and practice.* Baltimore: Penguin, 1971.
170. ____. *Treasures on the Tibetan middle way.* Berkeley: Shambhala, 1971.
171. ____. *Philosophy and psychology in the abhidharma.* Berkeley: Shambhala, 1974.
172. ____. (trans.) *The life and teaching of Naropa.* London: Oxford Univ., 1963.
173. ____, and Trungpa, C. *The dawn of tantra.* Berkeley: Shambhala, 1975.
174. Hakeda, Y. S. (trans.) *The awakening of faith.* New York: Columbia Univ., 1967.
175. Hall, C. *A primer of Jungian psychology.* New York: Mentor, 1973.
176. Hall, R. "The psycho-philosophy of history." *Main Currents,* vol. 29, no. 2, 1972.
177. Harrington, A. *The immortalist.* New York: Random House, 1969.
178. Harris, T. *I'm o.k., you're o.k.* New York: Avon, 1969.
179. Hartmann, H. *Ego psychology and the problem of adaptation.* New York: International Universities Press, 1958.
180. Hartshorne, C. *The logic of perfection.* Chicago: Open Court, 1973.
181. Heard, G. *The ascent of humanity.* London: Jonathan Cape, 1929.
182. Heidegger, M. *Existence and being.* Chicago: Henry Regney, 1950.
183. ____. *Being and time.* New York: Harper, 1962.
184. ____. *Discourse on thinking.* New York: Harper.
185. Hixon, L. *Coming home.* Garden City: Anchor, 1978.
186. Hocart, A. *Social origins.* London: Watts. 1954.
187. Holdstock, T., and Rogers, C. "Person-centered theory." In Corsini, R., reference note 88.
188. Hood, R. "Conceptual criticisms of regressive explanations of mysticisms." *Rev. Religious Res.,* vol. 17, 1976.
189. Hook, S. (ed.) *Dimensions of mind.* New York: Collier, 1973.
190. Horney, K. *The neurotic personality of our time.* New York: Norton, 1968.
191. Hume, R. (trans.) *The thirteen principle Upanishads.* London: Oxford, 1974.
192. Husserl, E. *Ideas.* New York: Macmillan, 1931.
193. Huxley, A. *The perennial philosophy.* New York: Harper, 1970.
194. Jacobi, J. *The psychology of C. G, Jung.* London: Routledge and Kegan Paul, 1968.
195. Jacobson, E. *The self and the object world.* New York: International Universities Press, 1964.
196. Jakobson, R. *Child language aphasia and phonological universals.* Quoted in Garder,

reference note 149.

197. James, W. *The principles of psychology,* vol. 1-2. New York: Dover, 1950.

198. ____. *Varieties of religious experience.* New York: Collier, 1961.

199. Jantsch, E., and Waddington, C. (eds.) *Evolution and consciousness.* Redding: Addison-Wesley, 1976.

200. Jaynes, J. *The origin of consciousness in the breakdown of the bicameral mind.* Boston: Houghton Mifflin, 1976.

201. John of the Cross, St. *Dark night of the soul.* Garden City: Doubleday, 1959.

202. ____. *Ascent of Mount Carmel.* Garden City: Doubleday, 1958.

203. Jonas, H. *The gnostic religion.* Boston: Beacon, 1963.

204. Jones, R. M. *Contemporary educational psychology selected essays.* New York: Harper, 1967.

Jung, C. G. *The collected works of C. G. Jung,* Adler, G., Fordham, M., and Read H., eds.; Hull, R.F.C, trans. Bolligan Series XX, Princeton: Princeton Univ. Press

205. ____. *Symbols of transformation,* collected works 5.

206. ____. *Psychological types,* collected works 6.

207. ____. *Two essays on analytical psychology,* collected works 7.

208. ____. *The psychological foundations of belief in spirits,* collected works 8.

209. ____. *The structure and dynamics of the psyche,* collected works 8.

210. ____. *The archetypes and the collective unconscious,* collected works 9, part 1.

211. ____. *Aion--researches into the phenomenology of the self,* collected works 9, part 2.

212. ____. *Mysterium coniunctionis,* collected works 14.

213. ____. *The portable Jung.* Campbell, J. (ed.) New York: Viking, 1972.

214. ____. *The basic writings of C. G. Jung.* Delaszlo, V. S. (ed.) New York: Modern Library, 1959.

215. Kadloubovsky, E., and Palmer, G. (trans.) *Writing from the "Philokalia" on prayer of the heart.* London: Farber and Farber, 1954.

216. Kahn, H. I. *The soul whence and whither.* New York: Sufi Oder, 1977.

217. Kaplan, B. (ed.) *The inner world of mental illness.* New York: Harper, 1964.

218. Kaplan, L. *Oneness and separateness.* New York: Simon and Schuster, 1978.

219. Kaplan, P. "An excusion into the 'undiscovered country.'" *Rediscovery of the body.* Garfield, C. (ed). New York: Dell, 1977.

220. Kapleau, P. *The three pillars of Zen.* Boston: Beacon, 1965.

221. Keleman, S. *Your body speaks its mind.* New York: Simon and Schuster, 1975.

222. Kierkegaard, S. *The concept of the dread.* Princeton: Priceton Univ., 1944.

223. ____. *Fear and trembling and the sickness unto death.* New York: Anchor, 1954.

224. Klein, G. S. *Psychoanalytic theory: an exploration of essentials.* New York: International Universities Press, 1976.

225. Klein, M. *The psychoanalysis of children.* New York: Free Press, 1960.

226. ____. *New directions in psychoanalysis.* London: Tavistock, 1971.

227. Kluckhohn, C., and Murray, H. *Personality in nature, society, and culture.* New York: Knoph, 1965.

228. Kobasa, S, and Maddi, S. "Existential personality theory." In Corsini, R., reference note 88.

229. Kohlberg, L. "Development of moral character and moral ideology." In Hoffman, M. and Hoffman, L. (eds.) *Review of Child Development Research,* vol. 1, 1964.

230. ____. "From is to ought." In Mischel, T. (ed.) *Cognitive development and epistemology.* New York: Academic Press, 1971.

231. Krishna, Gopi. *The secret of yoga.* New York: Harper, 1972.

232. Krishnamurti, J. *The first and last freedom.* Wheaton: Quest Books, 1968.
233. _____. *Commentaries on living.* Series 1-3. Wheaton: Quest Books, 1968.
234. Kuhn, T. *The structure of scientific revolutions.* Chicago: Univ. of Chicago Press, 1962.
235. La Barre, W. *The human animal.* Chicago: Univ. Chicago Press, 1954.
236. Lacan, J. *Language of the self.* Baltimore: John Hopkins, 1968.
237. _____. "The insistence of the letter in the unconscious." In Ehrmann, J., reference note 101.
238. Laing, R. D. *The divided self.* Baltimore: Penguin, 1965.
239. _____. *The politics of experience.* New York: Ballantine, 1967.
240. Levi-Strauss, C. *Structural anthropology.* New York: Basic Books, 1963.
241. Lifton, R. *Revolutionary immortality.* New York: Vintage, 1968.
242. Lilly, J. *The center of the cyclone.* New York: Jullian, 1972.
243. Loevinger, J. *Ego development.* San Francisco: Jossey-Bass, 1976.
244. Loewald, H. "The superego and ego-ideal. II: Superego and time." *International Journal of Psychoanalysis,* vol. 43, 1962.
245. _____. "On motivation and instinct theory." *Psychoanalytic Study of the Child,* vol. 26, 1971.
246. _____. *Psychoanalysis and the history of the individual.* New Heaven: Yale, 1978.
247. Lonergan, B. *Insight, a study of human understanding.* New York: Philosophical Library, 1970.
248. Longchenpa. *Kindly bent to ease us.* vols. 1-2. Guenther, H. (trans.) Emeryville: Dharma Press, 1975.
249. Lowen, A. *The betrayal of the body.* New York: Macmillan, 1967.
250. _____. *The language of the body.* New York: Macmillan, 1967.
251. _____. *Depression and the body.* Baltimore: Princeton, 1973.
252. Luk, C. *Ch'an and Zen teaching,* Series 1-3. London: Rider, 1960, 1961, 1962.
253. _____. *The secrets of Chinese meditation.* New York: Weiser, 1971.
254. _____. *Practical Buddhism.* London: Rider, 1972.
255. _____. (trans.) *The Surangama Sutra.* London: Rider, 1969.
256. _____. (trans.) *The Vimalakirti Nirdesa Sutra.* Berkeley: Shambhala, 1972.
257. Maddi, S. *Personality theories.* Homewood: Dorsev Press, 1968.
258. Maesumi, H.T, and Glassman, B.T. (eds.) \Zen writings series./ vols. 1-5. 1976-1978. Los Angeles: Center Publications.
259. Mahrer, A. *Experiencing.* New York: Brunner/Mazel, 1978.
260. Marcel, G. *Philosophy of existence.* New York: Philosophical Library, 1949.
261. Marcuse, H. *Eros and civilization.* Boston: Beacon, 1955.
262. Maslow, A. *Toward a psychology of being.* New York: Van Nostrand Reinhold, 1968.
263. _____. *The further reaches of human nature.* New York: Viking, 1971.
264. Masters, R., and Houston, J. *The varieties of psychedelic experience.* New York: Delta, 1967.
265. May, R. *Love and will.* New York: Norton, 1069.
266. _____. (ed.) *Existential psychology.* New York: Random House, 1969.
267. Mead, G. H. *Mind, self, and society.* Chicago: Univ. of Chicago Press, 1934.
268. Mead, G. R. S. *Apollonius of Tyana.* New Hyde Park, N. Y. : University Books, 1966.
269. Miel, J. "Jacques Lacan and the structure of the unconscious." In Ehrmann, J., reference note 101.
270. Mishra, R. S. *Yoga sutra.* Garden City: Anchor, 1973.
271. Mitchell, E. *Psyche exploration.* White, J. (ed.) New York: Capricorn, 1976.
272. Muktananda. *The play of consciousness.* Camp Meeker, CA: SYDA Foundation, 1974.

273. Murphy, G. *Personality: a biosocial approach to origins and structure.* New York: Harper, 1947.
274. Murti, T. R. V. *The central philosophy of Buddhism.* London: Allen and Unwin, 1960.
275. Muses, C., and Young, A. (eds.) *Consciousness and reality.* New York: Discus, 1974.
276. Naranjo, C., and Ornstein, R. *On the psychology of meditation.* New York: Viking, 1973.
277. Needham, J. *Science and civilization in China,* vol. 2. London: Cambridge Univ. Press, 1956.
278. Nelson, M. (ed.) *The narcissistic condition.* New York: Human Sciences, 1977.
279. Neumann, F. *The origin and history of consciousness.* Princeton: Princeton Univ. Press, 1973.
280. Nikhilananda, S. *The gospel of Sri Ramakrishna.* New York: Ramakrishna Center, 1973.
281. Nishida, K. *Intelligibility and the philosophy of nothingness.* Honolulu: East-West Press, 1958.
282. Northrop, F. *The meeting of east and west.* New York: Collier, 1968.
283. Nyanaponika Thera. *The heart of Buddhist meditation.* London: Rider, 1972.
284. Ogilvy, J. *Many dimensional man.* New York: Oxford Univ. Press, 1977.
285. Ornstein, R. *The psychology of consciousness.* San Francisco: Freeman, 1972.
286. Ouspensky, P. D. *In search of the miraculous.* New York: Harcourt Brace, 1949.
287. ____. *The fourth way.* New York: Knopf.
288. Pelletier, K. *Toward a science of consciousness.* New York: Delta, 1978.
289. ____, and Garfield, C. *Consciousness east and west.* New York: Harper, 1976.
290. Penfield, W. *The mystery of the mind.* Princeton: Princeton Univ. Press, 1978.
291. Perls, F. *Gestalt therapy verbatim.* Lafayette, CA: Real People Press, 1969.
292. ____, Hefferline, R., and Goodman, P. *Gestalt therapy.* New York: Delta, 1951.
293. Piaget, J. *The child's conception of the world.* London: Humanities Press, 1951.
294. ____. *The origins of intelligence.* New York: International Universities Press, 1952.
295. ____. *The construction of reality in the child.* New York: Basic Books, 1954.
296. ____. *Structuralism.* New York: Basic Books, 1970.
297. ____. *The essential Piaget.* Gruber, H., and Voneche, J. (eds.) New York: Basic Books, 1977.
298. Polanyi, M. *Personal knowledge.* Chicago: Univ. of Chicago Press, 1958.
299. Pope, K., and Singer, J. *The stream of consciousness.* New York: Plenum, 1978.
300. Pribram, K. *Language of the brain.* Englewood Cliffs: Prentice Hall, 1971.
301. Price, A. F., and Wong Moul-lam (trans.) *The Diamond Sutra and the Sutra Hui-Neug.* Berkeley: Shambhala, 1969.
302. Prince, R., and Savage, C. "Mystical states and the concept of regression." *Psychedelic Review,* vol. 8, 1966.
303. Progoff, I. *The death and rebirth of psychology.* New York: Julian, 1956.
304. Pursglove, P. (ed.) *Recognitions in gestalt therapy.* New York: Harper, 1968.
305. Putney, S., and Putney, G. *The adjusted American.* New York: Harper, 1966.
306. Radhakrishnan, S., and Moore, C. *A source book in Indian philosophy.* Princeton: Princeton Univ, Press, 1957.
307. Rahner, K., and Vorgrimler, H. *Theological dictionary.* New York: Hender and Hender, 1968.
308. Ramana Maharshi, Sri. *Talks with Sri Ramana Maharshi,* 3 vols. Tiruvannamalai: Sri Ramanasramam, 1972.
309. ____. *The collected works of Sri Ramana Maharshi.* Osborne, A. (ed.) London: Rider,

1959.

310. _____. *The teachings of Bhagavan Sri Ramana Maharshi in His Own Words.* Osborne, A. (ed.) London: Rider, 1962.

311. Rank, O. *Beyond psychology.* New York: Dover, 1958.

312. _____. *Psychology and the soul.* New York: Perpetua, 1961.

313. Rapaport, D. *Organization and pathology of thought.* New York: Columbia Univ. Press, 1951.

314. Reich, W. *The function of the organism.* New York: Orgone Press, 1942.

315. _____. *Character analysis.* New York: Farrer, Strauss, and Giroux, 1949.

316. Ricoeur, P. *Freud and philosophy.* New Heaven: Yale, 1970.

317. Rieker, H. *The yoga of light.* Middletown, CA: Dawn Horse, 1974.

318. Riesman, D. *The lonely crowd.* New York: Doubleday, 1954.

319. Rimm, D. C., and Masters, J. *Behavior therapy.* New York: Academic Press, 1975.

320. Ring, L. "A transpersonal view of consciousness." *Journal of Transpersonal Psychology,* vol. 9, no. 1, 1977.

321. Roberts, T. "Beyond self-actualization." *Re-Vision,* vol. 1, no. 1, 1978.

322. Rogers, C. *On becoming a person.* Boon: Houghton Mifflin, 1961.

323. Roheim, G. *Gates of the dream.* New York: 1955.

324. _____. *Magic and schizophrenia.* New York: 1955.

325. Rossi, I. (ed.) *The unconscious in culture.* New York: Norton, 1968.

326. Ruesch, J., and Bateson, G. *Communication.* New York: Norton, 1968.

327. Rycroft, C. *A critical dictionary of psychoanalysis.* New Jersey: Littlefield, Adams, 1973.

328. Sahukar, M. *Sai Baba: the saint of Shindi.* San Francisco: Dawn Horse, 1977.

329. Saraswati, S. *Dynamics of yoga.* India: Blue School of Yoga, 1973.

330. _____. *Tantra of kundalini yoga.* India: Blue School of Yoga, 1973.

331. Sartre, J. *Existential psychoanalysis.* Chicago: Gateway, 1966.

332. Sasaki, R., and Miura, I. *Zen dust.* New York: Harcourt Brace, 1966.

333. Satprem. *Sri Aurobindo or the adventure of consciousness.* New York: Harper, 1968.

334. Schachtel, E. *Metamorphosis.* New York: Basic Books, 1959.

335. Schafer, R. *A new language for psychoanalysis.* New Heaven: Yale, 1976.

336. _____. *Language and insight.* New Heaven: Yale, 1978.

337. Schaff, A. *Language and cognition.* New York: McGraw-Hill, 1973.

338. Schaya, I. *The universal meaning of the Kabalah.* Baltimore: Penguin, 1973.

339. Schilder, P. *The image and appearance of the human body.* New York: International Universities Press, 1950.

340. Schlogel I. *The zen teaching of Rinzai.* Berkeley: Shambhala, 1976.

341. Schuon, F. *Logic and transcendence.* New York: Harper, 1975.

342. _____. *The transcendent unity of religions.* New York: Harper, 1975.

343. Selman, R. "The relation of role taking to the development of moral judgement in children." *Child Development,* 1971.

344. Sgam, Po. Pa. *Jewel ornament of liberation.* Guenther, H., trans. London: Rider, 1970.

345. Shibayama, Z.. *Zen comments on the Mumonkan.* New York: Harper, 1974.

346. Silverman, J. "A paradigm for the study of altered states of consciousness." *British Journal of Psychiatry,* vol. 114, 1968.

347. _____. "When schizophrenial helps." *Psychology Today,* Sept. 1970.

348. Singh, K. *Naam or word.* Delhi: Ruhani Satsang, 1972.

349. _____. *The Crown of life.* Delhi: Ruhani Satsang, 1973.

350. _____. *Surat shabd yoga.* Berkeley: Images Press, 1875.

351. Sivananda. *Kundalini yoga.* The Divine Life Society, 1971.

352. Smith, H. *Forgotten truth*. New York: Harper, 1976.
353. Smith, M. "Perspectives on selfhood." *American Psychologist,* vol. 33, no. 12, 1978.
354. Smuts, J. *Holism and evolution*. New York: Macmillan, 1926.
355. Snellgrove, D. *The hevajra tantra*. Part 1. London: Oxford Univ. Press, 1955.
356. Stiskin, N. *Looking-glass god*. Autumn Press, 1972.
357. Straus, A. (ed.) *George Herbert Mead on social psychology*. Chicago: Univ. of Chicago Press, 1964.
358. Sullivan, C., Grant, M. Q., and Grant J. D. "The development of interpersonal maturity." *Psychiatry,* vol. 20, 1957.
359. Sullivan, H. S. *The interpersonal theory of psychiatry*. New York: Norton, 1953.
360. Suzuki, D. T. *Studies in Zen*. New York: Delta, 1955.
361. ____. *Manual of Zen Buddhism*. New York: Grove, 1960.
362. ____. *Studies in the Lankavatra Sutra*. London: Routledge and Kegan-Paul, 1948.
363. ____. *Mysticism: Christian and Buddhist*. New York: Macmillan, 1969.
364. ____. *Essays in Zen Buddhism,* 1st, 2nd, and 3rd Series. London: Rider, 1970.
365. ____. *The Zen doctrine of no-mind*. London: Rider, 1970.
366. ____. *Zen and Japanese culture*. Princeton: Princeton Univ. Press, 1970.
367. ____. *Living be Zen*. London: Rider, 1972.
368. Suzuki, S. *Zen mind, beginner's mind*. New York: Wheatherhill, 1970.
369. Swearer, D. (ed.) *Secrets of the lotus*. New York: Macmillan, 1971.
370. Taimini, L. K. *The science of yoga*. Wheaton: Quest Books, 1975.
371. Takakusu, J. *The essentials of Buddhist philosophy*. Honolulu: Univ. of Hawaii, 1956.
372. Tart, C. (ed.) *Altered states of consciousness*. Garden City: Anchor, 1969.
373. ____. (ed.) *Transpersonal psychologies*. New York: Harper, 1975.
374. Tattwananda, S. (trans.) *The quintessence of vedanta of Acharya Sankara*. Calcutta: Sri Ramakrishna Ashrama, 1970.
375. Teilhard de Chardin, P. *The future of man*. New York: Harper, 1964.
376. (내용 없음. 원서 자체에 누락되어 있다. 역주)
377. Tillich, P. *The courage to be*. Haven: Yale, 1952.
378. Trungpa, C. *Cutting through spiritual materialism*. Berkeley: Shambhala, 1973
379. ____. *The myth of freedom*. Berkeley: Shambhala, 1976.
380. Vaughan, F. *Awakening intuition*. Garden City: Anchor: 1979.
381. Van Dussen, W. *The natural depth in man*. New York: Harper, 1972.
382. Waelder, R. *Basic theory of psychoanalysis*. New York: International Universities Press, 1960.
383. Walsh, R. *Towards an ecology of brain*. New York: Spectrum, 1979.
384. ____, and Shapiro, D. (eds.) *Beyond health and normality*. New York: Van Nostrand Reinhold, 1978.
385. ____, and Vaughan, F. (eds.) *Beyond ego: transpersonal dimensions in psychology*. Los Angeles: Tarcher, 1980.
386. Wapnick, K. "Mysticism and schizophrenia." *Journal of Transpersonal Psychology,* vol. 1, 1969.
387. Warren, H. (trans.) *Buddhism in translation*. New York: Athenum, 1970.
388. Washburn, M. "Observations relevant to a unified theory of meditation." *Journal of Transpersonal Psychology,* vol. 10, no.1, 1978.
389. Watts, A. *The way of Zen*. New York: Vintage, 1957.
390. ____. *Psychotherapy east and west*. New York: Ballartine, 1969.
391. Wei Wu Wei. *Posthumous pieces*. Hong Kong: Hong Kong Univ. Press, 1968.
392. Welwood, J. "meditation and the unconscious." *Journal of Transpersonal Psychology,*

vol. 9, n0.1, 1977.

393. Werner, H. *Comparative psychology of mental development*. New York: International Universities Press, 1957.

394. ____. "The concept of development from a comparative and organismic point view." In Harris, ed. *The concept of development*. Minneapolis: Univ. of Minneapolis, 1957.

395. Wescott, R. *The divine animal*. New York: Funk and Wagnalls, 1969.

396. White, J. (ed.) *The highest state of consciousness*. New York: Anchor, 1972.

397. ____. (ed.) *What is meditation?* New York: Anchor, 1972.

398. ____. (ed.) *Kundalini, evolution, and enlightenment*. New York: Anchor, 1979.

399. ____, and Krippner, S. (eds.) *Future science*. New York: Anchor, 1979.

400. Whitehead, A. N. *Modes of thought*. New York: Macmillan, 1966.

401. ____. *Adventures of ideas*. New York: Macmillan, 1967.

402. ____. *Science and the modern world*. New York: Macmillan, 1967.

403. Whorf, B. L. *Language, thought and reality*. Cambridge: M.I.T. Press, 1956.

404. Whyte, L. L. *The next development in man*. New York: Merton, 1950.

405. Wilber, K. "The spectrum of consciousness." *Main Currents,* vol. 31, no. 2, 1975.

406. ____. "The perennial psychology." *Human Dimensions,* vol. 4, no. 2, 1975.

407. ____. "Psychologia Perennis." *Journal of Transpersonal Psychology,* vol. 7, no. 2, 1975.

408. ____. "The ultimate state of consciousness." *Journal of Altered States of Consciousness,* vol. 2, no. 3, 1975-6.

409. ____. "The eternal moment." *Science of Mind,* June 1976.

410. ____. *The spectrum of consciousness*. Wheaton: Quest Books, 1994.

411. ____. "On dreaming: the other side of you." *Foundation for Human Understanding,* vol. 1, no. 1, 1978.

412. ____. "Microgeny." *Re-Vision,* vol. 1, no. 3/4, 1978.

413. ____. "Projection." *Foundation for Human Understanding,* vol. 1, no. 2, 1978.

414. ____. "Some remarks on the papers delivered at the spiritual/transpersonal symposium." Annual meeting of the American Psychological Association, Toronto, 1978.

415. ____. "Transpersonal developmental psychology." *Re-Vision,* vol. 1, no. 1. 1978.

416. ____. "The transpersonal dynamic of evolution." *Re-Vision,* vol. 1, no. 2. 1978.

417. ____. "Where it was, I shall become." In Walsh and Shapiro, reference note 384.

418. ____. "A working synthesis of transactional analysis and gestalt therapy." *Psychotherapy: Theory, Research, and Practice*, vol. 15, no. 1, 1978.

419. ____. "Are the chakras real?" In White, J., reference note 398.

420. ____. "Development and transcendence." American Theosophist, May 1, 1979.

421. ____. "A developmental view of consciousness." *Journal of Transpersonal Psychology,* vol. 11, no. 1, 1979.

422. ____. "Eye to eye — science and transpersonal psychology." *Re-Vision,* vol. 2, no. 1, 1979.

423. ____. "heroes and cults." *Vision Mound,* vol. 2, no. 1, 1979.

424. ____. "Into the transpersonal." *Re-Vision,* vol. 2, no. 8, 1979.

425. ____. "The master-student relationship." *Foundation for Human understanding,* vol. 2, no. 1, 1979.

426. ____. *No boundary*. Los Angeles: Center Publications, 1979.

427. ____. *Up from Eden*. Wheaton: Quest Books, 1996.

428. Wittgenstein, L. *Philosophical investigations*. Oxford: Blackwell, 1953.

429. ____. *Tractatus Logico Philosophicus*. London: Routledge and Kegan Paul, 1969.

430. Woods, J. H. *The yoga system of Patanjali.* Delhi: Banarsidass, 1977.
431. Yampolsky, P. (trans.) *The Zen master Hakuin.* New York: Columbia Univ. Press, 1971.
432. Yankelovich, K., and Barrett, W. *Ego and instinct.* New York: Vintage, 1971.
433. Yogananda, P. *The science of religion.* Los Angeles: Self-Realization Fellowship, 1974.
434. Yogeshwarand, Saraswati. *Science of soul.* India: Yoga Niketan, 1972.
435. Young, J. Z. *Programs of the brain.* Oxford: Oxford Univ. Press, 1978.
436. Zilboorg, G. "Fear of death." *Psychoanalytic Quarterly,* vol. 12, 1943.
437. Zimmer, H. *Philosophies of India.* London: Routledge and Kegan Paul, 1969.